Deutsche Dichter

Band 1

Mittelalter

Philipp Reclam jun. Stuttgart

Universal-Bibliothek Nr. 8611 [6]

Gesamtherstellung: Reclam, Ditzingen. Printed in Germany 1989

ISBN 3-15-008611-6

Inhalt

Vorbemerkung

Das achtbändige Werk *Deutsche Dichter* versammelt in über 300 Artikeln die großen und repräsentativen Autoren von den Anfängen der deutschsprachigen Literatur bis in die jüngere Gegenwart. Der zugrunde gelegte Literaturbegriff bezieht sich zwar in erster Linie auf Dichtung, also auf fiktionale Literatur, doch trägt er in früheren Jahrhunderten der historischen Eigenart des Literaturverständnisses Rechnung. Für die frühe Neuzeit ist deshalb auch die Aufnahme von Predigern und lateinsprachigen Autoren historisch begründet. In der alt- und mittelhochdeutschen Zeit durften die großen anonym überlieferten Werke – wie das *Nibelungenlied* – nicht etwa fehlen, nur weil kein Autor namhaft gemacht werden kann; außerdem wurden in diesem Zeitraum historisch wichtige und typische Werkgruppen wie die Spielmannsepik u. a. in Gattungsartikeln zusammengefaßt.

Die Anlage der nach literarischen Epochen gegliederten Bände ist – mit Ausnahme der Gattungsartikel – streng chronologisch und orientiert sich an den Geburtsdaten der Autoren. Für die Aufnahme gelten in erster Linie Kriterien der literarischen Qualität, doch wurde darüber hinaus die epochentypische Repräsentanz, in wenigen Fällen auch eine bemerkenswerte Rezeption berücksichtigt. Während sich für die Zeit bis etwa zum Ende des 19. Jahrhunderts ein fester Kanon wichtiger Autoren herausgebildet hat, der nur gelegentliche Schwankungen erlebt, befinden sich die Wertungsprozesse für die Literatur des 20. Jahrhunderts und insbesondere für die Gegenwart im Fluß. Es versteht sich, daß hier subjektive Wertungen und eine gewisse Vorläufigkeit des Urteils unvermeidbar sind. Selbstverständlich lassen sich Qualität und Bedeutung eines Autors nicht mechanisch in Relation zum Umfang des jeweiligen Artikels setzen, dennoch ist für die Umfänge der einzelnen Beiträge in der Regel die literarhistorische Bedeutung eines Autors maßgeblich.

Allerdings wirken naturgemäß auch andere Kriterien herein: der Umfang des literarischen Œuvres, seine Zugehörigkeit zu einer oder zu mehreren literarischen Formen und Gattungen, die Buntheit der Autor-Vita oder die Vielfalt der Rezeption sowie nicht zuletzt der Ansatz und die Schreibweise des Artikelverfassers.

Das Schwergewicht der Beiträge liegt auf der literaturgeschichtlichen, den neuesten Stand der Forschung repräsentierenden Darstellung der Werke und auf der Biographie der Autoren, von der ein anschaulicheres Bild entworfen wird, als dies lexikalisch-dürre Daten vermögen. Von jedem Autor ist – soweit vorhanden – ein Porträt beigegeben. »Bibliographische Hinweise« ergänzen die Artikel. Die Erscheinungsdaten der Hauptwerke werden jeweils innerhalb der Beiträge genannt; weitere wichtige Werke, deren Titel im jeweiligen Artikel nicht eigens erwähnt wurden, am Beginn der »Bibliographischen Hinweise« angeführt. Es folgen ausgewählte Werk- und Briefausgaben sowie neuere Editionen von Einzelwerken. Aufsatzsammlungen stehen am Anfang der Forschungsliteratur, die im übrigen eine Auswahl grundlegender und wichtiger Arbeiten verzeichnet, wobei neuere Titel den Vorrang erhielten. Literaturgeschichten oder lexikalische Standardwerke – wie die *Allgemeine Deutsche Biographie*, der ›Goedeke‹, Dünnhaupts *Bibliographisches Handbuch der Barockliteratur*, das *Kritische Lexikon zur deutschsprachigen Gegenwartsliteratur* u. ä. – wurden in der Regel nicht aufgeführt. – Jeder Band enthält einen Abbildungsnachweis, ein Verzeichnis der Mitarbeiter und ein Verzeichnis der Dichter. Ein Gesamtregister findet sich im letzten Band.

G. E. Grimm *F. R. Max*

Hildebrandslied

Von Klaus Düwel

Das *Hildebrandslied* bewahrt als einziger deutscher Überlieferungszeuge germanische Heldendichtung. Aufgezeichnet im 9. Jahrhundert, reicht es sagengeschichtlich in die Völkerwanderungszeit zurück.

Hildebrand und Hadubrand – Vater und Sohn – stehen sich zwischen zwei Heeren gegenüber und machen sich zum Einzelkampf fertig. Sie richten ihre Rüstungen, bereiten ihre Kampfgewänder, gürten ihre Schwerter und reiten zum Kampf. Hildebrand, der ältere von beiden, fragt mit wenigen Worten nach Herkunft und Name des Gegners. Hadubrand antwortet, er habe gehört, sein Vater habe Hildebrand geheißen, sein eigener Name sei Hadubrand. Vor Otachers Verfolgung sei der Vater mit Dietrich und vielen Königen nach Osten geflohen und habe die junge Frau und das unmündige Kind ohne Erbe zurückgelassen. Dietrich benötigte den Vater sehr, einen kühnen Kämpfer. Doch er glaube nicht, daß sein Vater noch am Leben sei. Hildebrand ruft Gott als Zeugen dafür an, daß jener noch nie einem so nah verwandten Mann gegenübergestanden habe. Er nimmt gewundene Ringe vom Arm, ein Geschenk des Hunnenherrschers, die er Hadubrand als Zeichen freundlicher Gesinnung überreichen will. Dieser verweigert die Annahme mit den Worten: Mit dem Speer solle man eine Gabe empfangen, Spitze gegen Spitze. Er lasse sich nicht von den Worten des alten Hunnen verlocken, der ihn dann mit dem Speer treffen könnte. Von Seefahrern wisse er, daß sein Vater tot sei. Hildebrand sagt (V. 46–48), Hadubrand habe daheim einen guten Herrn und sei noch kein

Vertriebener geworden, wie seine Rüstung zeige. Hildebrand ruft den waltenden Gott an und beklagt das Wehgeschick, das sich nun vollziehen müsse. Dreißig Jahre sei er außer Landes gewesen, immer in vorderster Linie kämpfend, doch nie von einer tödlichen Wunde ereilt. Nun müsse er durch das Schwert des Sohnes fallen oder diesen selbst töten. Wenn dessen Kraft ausreiche und er ein Anrecht darauf habe, könne er jetzt die Rüstung eines alten Mannes gewinnen. (Hierher gehören vielleicht die Verse 46–48 als eingeschobene Rede Hadubrands.) Der sei der feigste unter den Ostleuten, der jenem den Kampf verweigere. Nun gehe es darum, wer von beiden den Harnisch verlieren, wer beide Rüstungen besitzen werde. Zuerst kämpften sie zu Pferde mit den Eschenlanzen, so daß sie in den Schilden staken. Dann traten sie zusammen und kämpften, bis die Schilde von den Waffen zerkämpft waren.

Hier bricht der Liedtext mitten im Satz ab. Unter Hinweis auf nordische Quellen wird allgemein mit dem Tod des Sohnes durch den Vater gerechnet, doch auch die Tötung des Vaters durch den Sohn wird vereinzelt angenommen.

Mit der indogermanischen Vater-Sohn-Kampf-Fabel hat das *Hildebrandslied* einzelne Züge gemeinsam, anderseits fehlen kennzeichnende Merkmale wie z. B. das Motiv der Vatersuche. Germanische Heldensage hat man auf märchenhaftes, mythisches Geschehen zurückzuführen oder auf historische Ereignisse der Völkerwanderungszeit zu beziehen versucht. Die geschichtlichen Grundlagen des *Hildebrandsliedes* liegen in der ostgotischen Geschichte des 5. Jahrhunderts. Theoderich der Große (gest. 526) vertrieb den als Usurpator angesehenen Odoaker aus Verona (Bern) und besiegte ihn 493 vor Ravenna (Raben). Entgegen der vereinbarten gemeinsamen Herrschaft wurde Odoaker von Theoderich eigenhändig getötet. Die gotische Hofhistoriographie deutete diese Tat zugunsten Theoderichs um. Für Hildebrand kann ein geschichtliches Vorbild nicht zweifelsfrei gefunden werden.

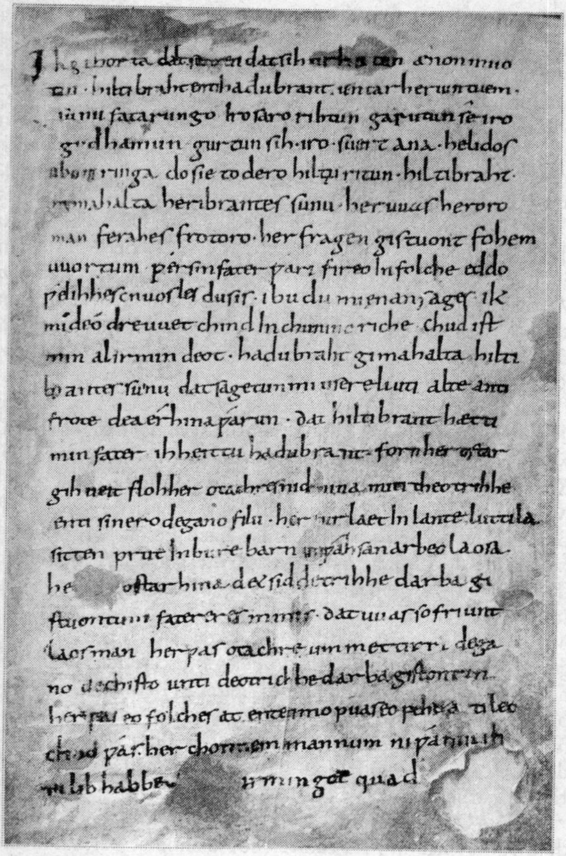
Ik gihorta dat seggen dat sih urhettun ænon muo
tin · hiltibraht enti hadubrant untar heriun tuem ·
sunufatarungo iro saro rihtun garutun se iro
gudhamun gurtun sih iro suert ana · helidos
ubar hringa do sie to dero hiltiu ritun · hiltibraht
gimahalta heribrantes sunu · her uuas heroro
man ferahes frotoro · her fragen gistuont fohem
uuortum ƿer sin fater ƿari fireo in folche eddo
ƿelihhes cnuosles du sis · ibu du mi enan sages ik
mi de odre uuet chind in chunincriche chud ist
mir al irmindeot · hadubraht gimahalta hilti
brantes sunu dat sagetun mi usere liuti alte anti
frote dea erhina ƿarun · dat hiltibrant hætti
min fater ih heittu hadubrant · forn her ostar
giƿeit floh her otachres nid hina miti theotrihhe
enti sinero degano filu · her furlaet in lante luttila
sitten prut in bure barn unƿahsan arbeo laosa
he [illegible] ostar hina des sid detrihhe darba gi
stuontun fatereres mines · dat uuas so friunt
laos man her ƿas otachre ummet tirri · dega
no dechisto unti deotrichhe darba gistontun
her ƿas eo folches at ente imo ƿas eo fehta ti leop
chud ƿas her chonnem mannum ni ƿaniu ih
iu lib habbe [illegible] irmingot quad

Erstes Blatt der Handschrift des »Hildebrandsliedes«

Als Hunnenherrscher gilt zumeist Attila (gest. 453) – die Verbindung von Personen aus verschiedenen Zeiten ist indes typisches Merkmal germanischer Heldensage.

Sagengeschichtlich stellt das *Hildebrandslied* eine Sproßfabel der Dietrichsage dar, in der das historische Geschehen bereits umgedeutet erscheint: Theoderich flieht vor Odoaker ins dreißigjährige Exil am Hunnenhof (vgl. *Nibelungenlied*), um von dort aus Italien wiederzugewinnen. Die Fabel des *Hildebrandsliedes* scheint die Exilfabel der Dietrichsage zu spiegeln, Dietrichs Rückkehr aus dem Exil wiederholt sich im Schicksal des getreuen Begleiters. Das Zusammentreffen von Vater und Sohn in unklarer Funktion zwischen zwei Heeren könnte sagengeschichtlich in die Rabenschlacht gehören. Die Begegnung der beiden Herausforderer wird häufig als Rechtskampf verstanden.

Der Ursprung des *Hildebrandsliedes* dürfte in Oberitalien liegen, und zwar nicht bei Goten, sondern bei Langobarden, wofür vor allem die Namen auf *-brand* sprechen. Ob dabei König Liutprand (gest. 744) eine Rolle gespielt hat, ist ungewiß. Von den Langobarden führt der Weg des Liedes nach Bayern und weiter wahrscheinlich nach Fulda, wo es im 4. Jahrzehnt des 9. Jahrhunderts auf die beiden Außenseiten (Blatt 1^r und 76^v) einer Pergamenthandschrift theologischen Inhalts (vor allem Jesus Sirach) von zwei Schreibern in karolingischer Minuskelschrift mit insularen Anklängen eingetragen wurde. Im Jahre 1634 kam der Codex in den Besitz des hessischen Landgrafen und ging später in den der Landesbibliothek Kassel über. 1943 ausgelagert, war die Handschrift nach Kriegsende erst einmal verschollen. Blatt 76^v kam 1955, der übrige Codex mit Blatt 1^r erst 1972 aus den USA nach Kassel zurück.

Bereits 1729 zum ersten Mal ediert, gibt es seit der Ausgabe der Brüder Grimm 1812 zahlreiche Faksimilia, Editionen und Übersetzungen sowie eine unübersehbare Forschungsliteratur. Fast jede Zeile, die meisten Wörter wurden immer wieder diskutiert. Umstellungen von Versen und Verspartien, zahlreiche Konjekturen und Ergänzungen, kontroverse Redezuweisungen und Interpunktionen kennzeichnen die Forschung. Es hat sich heute eine handschriftengetreue Darbietung des Textes durchgesetzt, lediglich die Verse 46–48 werden oftmals nach Vers 57 gesetzt und an Hadubrand verwiesen.

Die Sprache des *Hildebrandsliedes* mit ihrer Mischung aus hoch- und niederdeutschen Elementen wurde wohl schon durch ältere Vorlagen geprägt. Die Dialektüberschichtung hat sich im Verlauf der Überlieferungsgeschichte eingestellt: eine hochdeutsche Vorlage wurde saxonisiert. Umstritten ist dabei, ob dies bereits in der Vorlage geschah oder erst durch die beiden Schreiber (hoch- oder niederdeutscher Herkunft?) erfolgte. Mundartenmischung deutet weniger auf Mündlichkeit, eher scheint sie mit den Absichten der Verschriftlichung zu tun zu haben.

Der Stil des *Hildebrandsliedes* weist charakteristische Merkmale des germanischen Heldenliedes auf: Vorherrschen des Dialogs mit ausgewogener Verteilung auf die Gegner, Zwillingsformeln in Wiederholung und Variation, Reizrede. Sparsam sind Hyperbeln und schmückende Beiwörter gebraucht, zurückhaltend ist die Metaphorik.

Die metrische Gestalt des *Hildebrandsliedes* kennzeichnet der Stabreimvers. Der Stabreim (gleicher Anlaut) bindet An- und Abvers zu einer Langzeile. Gegen Schluß des Liedes begegnet auch der Hakenreim, bei dem der Anlaut der letzten Hebung eines Verses den Stabreim der folgenden Langzeile bildet. Die strengen Regeln des Stabreimverses (V. 3: »*h*iltibrant enti *h*adubrant untar *h*eriun tuem«; 2. Hebung im Abvers stablos) werden im *Hildebrandslied* oft nicht eingehalten; der Stabreim fehlt mehrfach, es kommen sogar Endreimbindungen und prosaähnliche Zeilen vor. Das hat zu unterschiedlichen Beurteilungen geführt, z. B.: das *Hildebrandslied* sei ein Spätzeitwerk, das dem Ende eines Zeitalters angehöre. Mit einem musikalischen Vortrag der germanischen Stabreimdichtung wird gerechnet, auch für das ursprünglich in der Mündlichkeit lebende *Hildebrandslied.*

Die überlieferte Fassung zeigt – mehr noch bei einer Umstellung der Verse 46–48 – einen einfachen, klaren Aufbau: Auf einen einleitenden erzählenden Teil folgt der Hauptteil mit einer großen Dialogpartie, die wiederum ein erzählender Teil abschließt. Der dialogische Hauptteil wird unterschiedlich gegliedert. Bemerkenswert die chiastische Struktur der Redeteile: Hadubrands Anteil nimmt im Fortgang des Dialogs ab, Hildebrands dagegen wächst. Trotz unterschiedlicher Auffassung im einzelnen besteht an der bewußten künstlerischen Komposition, an dem überlegten Gebrauch altepischer Formen wie an der absichtsvollen Verwendung bestimmter Stilmittel kein Zweifel.

Der tragische Konflikt, den Hildebrand zu bestehen hat, liegt in der unabwendbaren Entscheidung zwischen Vaterliebe und Kriegerehre. Das Ethos germanischer Heldendichtung kennzeichnet die ausweglos tragische Situation, in der hier der Vater um seiner Kriegerehre willen sich gezwungen sieht, wissentlich seinen eigenen und einzigen Sohn zu töten und damit sein Geschlecht auszulöschen. Demgegenüber fällt es schwer, Hadubrand, der den Vater in ›tragischer Blindheit‹ töten würde, als zentrale tragische Gestalt zu begreifen. Man hat auch, wie in anderen gotischen Heldenstoffen, die Tragik allein schon darin gesehen, daß der Sieg um einen Preis gewonnen werde, der ihn als sinnlos erscheinen lasse und damit die Schicksalsfrage aufwerfe.

Der Schicksalsbegriff des *Hildebrandsliedes* – »wewurt skihit« (»Wehgeschick vollzieht sich«; V. 49) – dürfte im Kern noch heidnisch-germanisch sein, auch wenn eine verchristlichte Fatum-Vorstellung in spätantik-christlicher Tradition schon eingewirkt haben könnte. Da die Gottesanrufungen dem germanischen heroischen Lied fremd sind, deutet ihr mehrmaliges Vorkommen auf ein nicht sehr hohes Alter der überlieferten Fassung. Hildebrands Christlichkeit bleibt allerdings formal, wie denn das *Hildebrandslied* ohnehin nur oberflächlich Berührung mit dem Christentum aufweist. Vor dem geschichtlichen Hintergrund der ersten Hälfte des 9. Jahrhunderts erweisen sich heidnische und christliche Elemente als ›synkretistische Symbiosen‹ der Missionszeit.

Im Hinblick auf diesen Zeitraum hat man auch die Motive für die Aufzeichnung des *Hildebrandsliedes* in Fulda zu klären versucht, wobei auch der versteckte Eintrag des fragmentarischen Liedes am Anfang und Ende eines theologischen Codex eine Rolle spielt. Folgende Motive sind erwogen worden: antiquarisches Interesse der Schreiber, Zusammenhang mit der angeblich von Karl dem Großen veranlaßten Liedersammlung, Zeugnis für die Bedeutung Theoderichs in der Karolingerzeit, speziell Karls ›Ansippung‹ an Theoderich. Weiter hat man die Aufzeichnung des *Hildebrandsliedes* mit dem Interesse am Recht im allgemeinen und an besonderen Rechtsfragen verbunden, darunter dem am Dialog über Rechtliches, am Kasuscharakter eines negativen Exemplums, in dem die göttliche Strafe des Verwandtenmordes vorgeführt wird. Den aktuellen Anlaß zu dieser Schrift glaubte man in den Konflikten zwischen Ludwig dem Frommen und seinen Söhnen in den dreißiger Jahren des 9. Jahrhunderts zu finden. Die Beziehung zur Bekehrungsgeschichte liegt nahe, freilich kaum in der Weise, daß Fragen der Theodizee vom *Hildebrandslied* aus hätten erörtert werden können. Dagegen hat noch immer folgende These etwas für sich: Den heidnischen Liedern der Sachsen sollte ein Gedicht gegenübergestellt werden, das eine heroische Fabel hat, aber christliche Glaubenshaltung anklingen läßt.

Die Nachwirkungen des *Hildebrandslied*-Stoffes sind sagengeschichtlicher Art: In der nordischen Überlieferung bezeugen Saxo mit seiner lateinischen Dänenchronik, eine isländische Vorzeitsaga und eine färöische Ballade im Sterbelied bzw. in der Klage Hildebrands nach einem Bruderkampf die Version von der Tötung des Sohnes durch den Vater. Nach der Repertoire-Strophe des mittelhochdeutschen Sangspruchdichters Marner könnte die tragische Version des Vater-Sohn-Kampfes bis in die Zeit um 1250 bekannt gewesen sein. Etwa gleichzeitig bietet die *Thidrekssaga* den glücklichen Ausgang des Kampfes, wie er auch im deutschen *Jüngeren Hildebrandslied* begegnet, das in Handschriften und Drucken seit dem 15. Jahrhundert überliefert ist. Es bleibt unklar, ob eine kontinuierliche Tradition vom alten zum *Jüngeren Hildebrandslied* vorliegt oder ob beide Versionen längere Zeit nebeneinander bestanden haben.

Bibliographische Hinweise

Hildebrandslied. In: Die kleineren althochdeutschen Sprachdenkmäler. Hrsg. von E. v. Steinmeyer. Dublin/Zürich 1971. (Nachdr. der Ausg. Berlin 1916.) S. 1–15. [Mit Kommentar.]

Das Hildebrandslied. In: Althochdeutsches Lesebuch. Zus.-gest. und mit Wörterbuch vers. von W. Braune. Fortgef. von K. Helm. 16. Aufl. bearb. von E. A. Ebbinghaus. Tübingen 1979. S. 84 f.

Hildebrandslied. In: Epochen der deutschen Lyrik. Bd. 1: Gedichte von den Anfängen bis 1300. Nach den Handschriften in zeitlicher Folge hrsg. von W. Höver und E. Kiepe. S. 32–34. [Mit Übersetzung.]

Das Hildebrandslied. In: Althochdeutsche Literatur. Mit Proben aus dem Altniederdeutschen. Ausgew. Texte mit Übertr. Hrsg., übers., mit Anm. und einem Glossar von H. D. Schlosser. Erw. Neuausg. Frankfurt a. M. 1989. S. 264–267.

Das Hildebrandslied. Faksimile der Kasseler Handschrift mit einer Einf. von H. Broszinski. Kassel 1984.

Zur germanisch-deutschen Heldensage. Sechzehn Aufsätze zum neuen Forschungsstand. Hrsg. von K. Hauck. Darmstadt 1961 [u. ö.]. (Wege der Forschung. 14.)

Althochdeutsch. In Verb. mit H. Kolb [u. a.] hrsg. von R. Bergmann [u. a.]. Bd. 1: Grammatik, Glossen und Texte. Heidelberg 1987. S. 655–719.

Baesecke, G.: Das Hildebrandslied. Halle a. d. S. 1945.

Düwel, K.: Hildebrandslied. In: Die deutsche Literatur des Mittelalters. Verfasserlexikon. Bd. 3. Berlin / New York ²1981. Sp. 1240–56.

Kolk, H. v. d.: Das Hildebrandslied. Eine forschungsgeschichtliche Darstellung. Diss. Amsterdam 1967.

Lühr, R.: Studien zur Sprache des »Hildebrandslieds«. Tl. 1: Herkunft und Sprache. Tl. 2: Kommentar. Frankfurt a. M. / Bern 1982. [Mit Bibliographie.]

Schwab, U.: Arbeo laosa. Philologische Studien zum »Hildebrandslied«. Bern 1972.

See, K. v.: Germanische Heldensage. Stoffe, Probleme, Methoden. Frankfurt a. M. 1971.

Heliand und *Altsächsische Genesis*

Von Bernhard Sowinski

Die älteste Großdichtung in deutscher Sprache, die altsächsische poetische Darstellung des Lebens Jesu in rund 6000 Stabreimversen, ist von ihrem ersten Herausgeber, Johann Andreas Schmeller (1830), in treffender archaisierender Verfremdung einer geläufigen deutschen Christus-Bezeichnung (lat. *salvator*: as. *heljand*, vgl. V. 266b: »Hêliand«) *Heliand* genannt worden und unter diesem Namen bekannt geblieben, obwohl die vollständigste Handschrift C den Titel *Quattuor evangelium* kennt.

Der Text ist nicht vollständig erhalten. Die jüngste Handschrift C (›Cottonianus‹), die nach 950 in Südwestengland abgeschrieben wurde, enthält die Verse 1–5968 (Lücke V. 2), während die wahrscheinlich schon um 850 in Corvey abgeschriebene Handschrift M (»Monacensis«, jetzt in München) nur die Verse 85–2198a, 2256–2514b, 2576–3114a, 3491–3950, 4017–4674, 4741–5275a, 5969–83 enthält. Neben diesen unvollständigen ›Gesamt-Handschriften‹ existieren noch 3 Fragmente: ein Prager Einzelblatt P mit den Versen 958b–1005 von etwa 850, ein erst kürzlich entdecktes verschnittenes Straubinger Doppelblatt (S), ebenfalls um 850 abgeschrieben, mit den Versen 351–360, 368–384, 393–400, 492–582, 675–683, 693–706, 715–722 und ein Exzerpt mit den Versen 1279–1358, wohl von etwa 860, in einem Bruchstück der Palatina-Sammlung des Vatikans (V), das auch *Genesis*-Bruchstücke enthält. Da alle Textüberlieferungen variieren, muß ein noch älterer Archetypus angenommen werden, der um oder (vgl. Rathofer, 1987) vor 840 datiert werden kann.

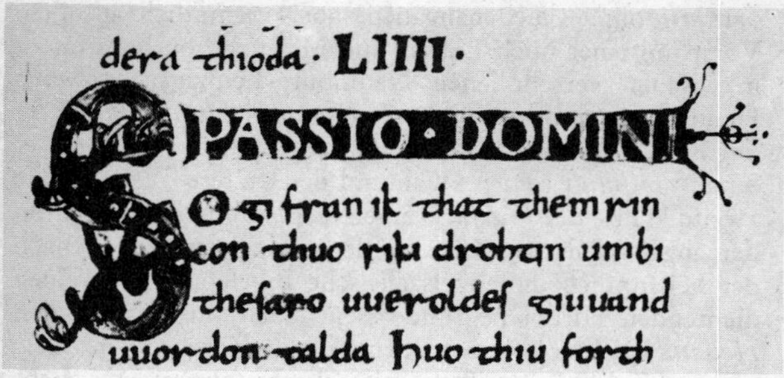
dera thioda · LIIII ·
PASSIO · DOMINI
SO gi fran ik that them rin
con thuo riki drohtin umbi
thesaro uueroldes giuuand
uuordon talda huo thiu forth

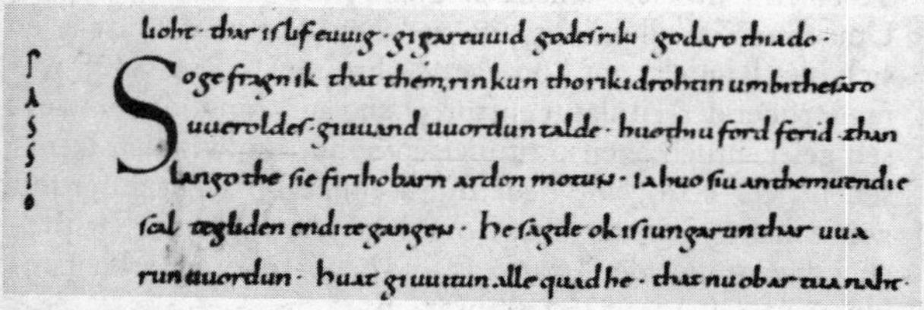
lioht · thar is lif euuig · gigaruuid godes riki · godaro thiado ·
PASSIO
SO ge fragn ik that them, rinkun tho riki drohtin umbi thesaro
uueroldes · giuuand uuordun talde · huo thiu ford ferid · than
lango the sie firihobarn ardon motun · ia huo siu an themu endie
scal tegliden endi te gangen · he sagde ok is iungarun thar uua
run uuordun · huat gi uuitun alle quad he · that nu obar tua naht ·

Aus den »Heliand«-Handschriften C und M

Der humanistische Reformationsschriftsteller Matthias Flacius Illyricus überliefert 1562 in seinem *Catalogus testium veritatis* ohne Quellenangaben, aber vermutlich aus dem Vorspann einer noch Luther und Melanchthon bekannten, inzwischen verschollenen Naumburg-Leipziger *Heliand*-Handschrift eine lateinische *Praefatio in librum antiquum lingua Saxonica conscriptum* und einen *Versus de poeta et interprete huius codicis*. Während der letztere Text und die zweite Hälfte der *Praefatio* eine Nachbildung und Variation der angelsächsischen Caedmonlegende Bedas bieten, nach der bekanntlich die angelsächsische Bibelepik durch einen dichtenden Hirten begründet sein soll, und dies auf den *Heliand*-Dichter übertragen, enthält die eigentliche *Praefatio* im historischen ersten Teil des lateinischen Prosatextes wichtige Hinweise auf den vermutlichen Verfasser des *Heliand* sowie zur Entstehung dieses Werkes. Danach habe »Ludouuicus piissimus Augustus« einen berühmten sächsischen Sänger (»cuidam viro de gente Saxonum, qui apud suos non ignobilis vates habebatur«) beauftragt, das Alte und das Neue Testament »in Germanicam linguam poetice« zu übertragen. Umstritten ist allerdings, um welchen Augustus Ludwig es sich hier handelt, um Ludwig den Frommen (814–840), wie man früher der Titulatur entsprechend annahm, oder um dessen gelegentlich ebenso titulierten Sohn, Ludwig den Deutschen (843–876), wie neuerdings einige Forscher aufgrund von Stilanalysen der *Praefatio A* annehmen. Dementsprechend wäre auch der Terminus ante quem für die Werkentstehung auf 840 oder 876 festzusetzen.

Noch weniger bestimmbar ist die Person des *Heliand*-Dichters. Obwohl es auch nach Einsicht der neueren Forschung ein recht bedeutender, gelehrter Autor gewesen sein muß, dessen Namen Werk und *Praefatio* vielleicht bewußt verschweigen, bleiben alle bisher vorgebrachten Annahmen bloße Vermutung; weder Heimo von Halberstadt (Heinrichs) noch der Friese Bernlêf (Weringha), weder ein im Kloster Werden a. d. Ruhr altsächsisch lernender Angelsachse

(Krogmann) noch ein ebenso unbekannter Friese (Drögereit) konnten als Dichter des *Heliand* nachgewiesen werden; auch Haubrichs' Vermutung, der Name des Notars Ludwigs des Deutschen, Adalleod (830–837 nachgewiesen), sei als Verfassername in der *Praefatio* verrätselt worden, oder Rupps letztlich auch noch nicht widerlegte Vermutung des Sachsen Gotschalk (um 800–870?) als Verfassers der ersten großen Bibeldichtung im Deutschen haben allgemeine Anerkennung gefunden.

Etwas genauer kann der Entstehungsort des *Heliand* bestimmt werden: Da der Dichter eindeutig die Evangelienharmonie (das *Diatessaron*) des Syrers Tatian (um 170) in einer lateinischen (oder sogar althochdeutschen) Übersetzung als Textquelle benutzt hat, wie sie seit 754 in der Fassung des Bischofs Victor von Capua von 546/547 nur im Kloster Fulda existierte (wo sie um 830 auch kopiert, ins Althochdeutsche übersetzt und in einer Bilingue zusammengefaßt wurde – Handschrift G, St. Gallen), kann Fulda mit großer Wahrscheinlichkeit als Herkunftsort des *Heliand* gelten, der sich so gut in die von diesem Kloster ausgehenden literarischen Missionierungsbestrebungen einfügte. Auch die weiteren theologischen Werke (Bibelkommentare), die der Dichter benutzt haben mag (besonders Hrabans Matthäus-Kommentar), konnte er in Fulda finden.

Wenn man – wie Haubrichs – den Fuldaer Abt Hraban (822–842 Abt in Fulda, 847–856 Erzbischof von Mainz) als Verfasser der *Heliand-Praefatio A* annimmt, so hätte der große Anreger und Förderer einer volkssprachlichen religiösen Dichtung darin mit der anonymen Dichtercharakterisierung zugleich die Zielsetzung dieser Bibeldichtung dargeboten: Sie solle nämlich nicht nur den Lateinkundigen (»literatis«), sondern auch den Unkundigen (»illiteratis«) die Heilige Schrift (hier: »sacra divinorum praeceptorum lectio«) vermitteln. Das kann nicht bedeuten, daß der Text – wie man früher oft vermutete – der unmittelbaren Missionspredigt diente, vielmehr ist anzunehmen, daß er (wie später Otfrids Bibeldichtung) bei der in Benediktinerklöstern üblichen Tischlesung wie vielleicht auch der Einzellesung sächsischer Mönche benutzt wurde. Das würde auch die Verbreitung in sächsischen Klöstern (z. B. Corvey) erklären. Nur gelegentlich mögen daraus Exzerpte für Predigtzwecke angefertigt worden sein, worauf etwa V (ursprünglich aus Mainz?) schließen läßt.

Die Überlieferung des *Heliand* (vgl. Handschrift C) als auch der *Altsächsischen Genesis* verweisen auf einen relativ engen Zusammenhang zwischen der angelsächsischen religiösen Epik (der sogenannten Caedmon-Schule) und der altsächsischen Bibelepik. Es scheint festzustehen, daß die Gattung im angelsächsischen Raum ihre erste Ausformung und Blüte erfahren hat. Inwieweit der *Heliand* davon abhängig ist, wie wiederholt behauptet, aber auch bestritten wurde, ist noch ungeklärt.

Die *Heliand*-Auffassung des 19. und frühen 20. Jahrhunderts ist entscheidend durch die These des evangelischen Theologen August Friedrich Christian Vilmar von der ›Germanisierung‹ der biblischen Berichte bestimmt worden, nach der Christus als ein Volkskönig, als Führer einer Gefolgschaft erscheine, seine Göttlichkeit wie auch seine Menschlichkeit dagegen zurückträten. Diese Auffassung, die lange in Literaturgeschichten und Schulbüchern kritiklos tradiert wurde, zuweilen sogar rassistischen und völkischen Forderungen nach arteigener Dichtung als Rechtfertigung diente, ist erst nach einer Reihe von Einzeluntersuchungen zur Christus-Figur sowie zum Wortgebrauch, besonders aber durch die gründlichen Untersuchungen Rathofers widerlegt worden.

Die Einfügung der biblischen Ereignisse in ein dem altsächsischen Publikum vertrautes Gesellschaftsbild, die Kennzeichnung Christi durch ursprünglich germanische, teilweise aber schon semantisch umgewidmete Herrschaftswörter (z. B. *drôhtin*, »Herr«), die Abkunft des Herrn aus adliger Sippe, die Charakterisierung der Apostel als *degen* des Herrn o. ä. entsprechen der kirchlichen Akkomodationspraxis, wie sie ähnlich im Lukasevangelium vorliegt (Rathofer, 1962, S. 51–194); sie bedeuten weder eine ›Germanisierung des Christentums‹ noch eine Schmähung der Gottes- und Menschennatur Christi. Auch die christliche Ethik, wie sie vor allem in der Bergpredigt verkündet wird, bleibt im wesentlichen bewahrt; was der traditionellen Ethik widerspricht, etwa die Verleugnung Petri, wird ausführlicher kommentiert, aber nicht verfälscht. Positive traditionelle Wertvorstellungen (z. B. der Sippen- und Gefolgschaftsgedanke) werden zur Verdeutlichung aufgegriffen und durch christliche Lehren erweitert.

Die besondere Leistung des *Heliand*-Dichters aber – das ist gemeinsame Erkenntnis neuerer Forschung – scheint in der formalen Gestaltung des biblischen Stoffes zu liegen. Die ältere Forschung hat den Blick nur auf die Entwicklung der Metrik und die Verwendung einzelner Stilmittel (Variation, Satzgestaltung u. ä.) gerichtet. In der Entwicklung des buchepischen Stils, der Ausformung des Hakenstils, der Häufung von Variationen, Enjambements und anderen syntaktischen Stilmitteln hat der unbekannte Autor die Ausdrucksmöglichkeiten des Alliterationsverses zweifellos zu einem Gipfel- und Endpunkt geführt, der ohne Vergleich dasteht.

Eine neuartige Würdigung des *Heliand* als Gesamtkunstwerk blieb allerdings erst Rathofer (1962) vorbehalten, der in enger Anlehnung an die karolingische Theologie den ›theologischen Sinn‹, u. a. der augustinisch-karolingischen Illuminationslehre, als ›tektonische Form‹ verwirklicht sieht. Ausgangspunkt dieser Sinnanalyse der Bauform des Werkes ist die Einteilung des Textes in numerierte Abschnitte (Fitten), wie sie in der Handschrift C durchgehend, in den anderen Handschriften resthaft sichtbar wird, aber zweifellos in der Urschrift des Dichters schon gegeben war, wie auch der entsprechende Hinweis in der *Praefatio A* bestätigt (»omne opus per uitteas distinxit«).

Wie die Verklärung Christi im Zentrum der Tatian-Handschrift G (91. der 181 Abschnitte) erscheint, so sieht Rathofer die 38. Fitte mit der Verklärung ebenfalls im Mittelpunkt des *Heliand*, zumindest eines christologisch wichtigen Kernbereichs von 13 Fitten (32.–44. Fitte = 6 + 1 + 6) von zusammen 1050 Versen (501 + 48 + 501), dem 31 Fitten vorausgehen und möglicherweise – dem Gesetz der Symmetrie entsprechend – 31 Fitten gefolgt sind, so daß hier, wie in der Mitte, auch im Gesamtwerk von 75 (71 erhaltenen + 4 verlorenen) Fitten eine zahlenproportionale Rahmen- und Kernstruktur vorläge (31 + 13 + 31 Fitten), die zudem, wie Rathofer subtil nachweist, durch zahlensymbolische Bezüge gestützt würde. Dieser Interpretationsansatz, der anfangs recht umstritten war, wird in letzter Zeit von manchen Skeptikern zumindest für erwägenswert gehalten.

Er findet manche Stütze in der stilistischen Einzelanalyse zahlreicher Fitten (Sowinski), die sowohl in ihren inhaltlichen und syntaktischen Proportionen als auch oft in Einzelformulierungen die Neigung des *Heliand*-Dichters zu rahmenden Konstruktionen erkennen lassen.

Insgesamt bestätigen diese neueren Untersuchungen (Rathofer 1962, Schwab, Sowinski), daß der Dichter des *Heliand* zweifellos ein theologisch wie rhetorisch-stilistisch besonders versierter Autor war, dem eines der großartigsten Sprachkunstwerke des frühen Mittelalters gelungen ist.

Der Autor der *Heliand-Praefatio A* spricht davon, daß der *Heliand*-Dichter beauftragt worden war, das Alte wie das Neue Testament in der Volkssprache (»lingua Germanica«) poetisch zu bearbeiten. Eine solche dichterische Bearbeitung des Alten Testaments existiert weder vom *Heliand*-Dichter noch von einem anderen Autor. Selbst im angelsächsischen Bereich hat sich niemand an ein derart umfangreiches Werk gewagt.

Es existieren aber Bruchstücke einer altsächsischen Genesis-Bearbeitung, die aufgrund ihrer Überlieferungsgeschichte wie auch ihrer Stoffwahl und Stoffbearbeitung besonderes Interesse verdienen.

1875 entdeckte Sievers, daß die Verse 235–851 der Caedmon zugeschriebenen angelsächsischen *Genesis* (insgesamt 2935 Verse) nicht angelsächsischer, sondern altsächsischer Herkunft sind, und schloß daraus auf eine verlorengegangene altsächsische Genesis-Dichtung. Seine Hypothese wurde zwanzig Jahre später durch den Fund der Vatikanischen Fragmente (einschließlich des *Heliand*-Fragments V) mit 337 alliterierenden Langzeilen bestätigt, zumal deren Verse 1–26 mit den interpolierten Versen 790–817 der angelsächsischen *Genesis* übereinstimmen. Es existieren somit insgesamt 926 Langzeilen der *Altsächsischen Genesis*, von denen 615 angelsächsisch überlieferte Verse die Ermahnung Gottes an die Stammeltern, die Erhebung und den Sturz Luzifers und die Verführung der Stammeltern schildern, während 311 nur altsächsisch überlieferte Verse das Schicksal Kains und seiner Nachkommen und den Untergang Sodoms und Gomorrhas erzählen.

Die Tatsache, daß in V *Heliand*- und *Genesis*-Exzerpte überliefert sind, läßt darauf schließen, daß dem Abschreiber ein Codex vorlag, in dem die alttestamentliche und die neutestamentliche Bibeldichtung vereint waren, was auch die entsprechende Angabe der *Heliand-Praefatio* verständlich machen würde.

Daß der *Heliand*-Dichter auch die *Altsächsische Genesis* gedichtet hat, wie es die *Heliand-Praefatio A* wahrscheinlich machen will, wird heute in der Forschung nicht bestätigt. Die breitere Erzählweise in der *Genesis*, die größere erzählerische Freiheit gegenüber den Textvorlagen, Unterschiede in Wortschatz und Stil gegenüber dem *Heliand* machen eine solche Gleichsetzung unwahrscheinlich. Man nimmt heute allgemein an, daß der Dichter der *Altsächsischen Genesis* ein Schüler des *Heliand*-Dichters war, der sich an dessen Stil geschult hatte. Allerdings darf zwischen beiden kein zu großer zeitlicher und örtlicher Abstand angenommen werden, da V zufolge schon um 860 Abschriften aus beiden Werken gemacht wurden.

Für die *Altsächsische Genesis* hat die ältere Forschung außer dem Alten Testament und seinen Kommentaren verschiedene Nebenquellen angenommen und zum Teil wieder bestritten (z. B. Avitus' *De initio mundi*, *De originali peccato*; die apokryphe *Vita Adae et Evae*, Bedas *De Sodoma*, Bonifatius' *Sermo VII*, Pirminius, Aldhelm, Hilarius und sogar mündliche orientalische Überlieferungen. Keine Vergleichstexte sind jedoch wörtlich übernommen, auch gegenüber der biblischen Überlieferung verhält sich der altsächsische *Genesis*-Dichter freier als der kunstreichere *Heliand*-Dichter. Dementsprechend zweifelt man heute, ob hier außer dem Alten Testament direkte Quellen zugrunde zu legen sind.

Bibliographische Hinweise

Heliand und Genesis. Hrsg. von O. Behaghel. 9. Aufl. bearb. von B. Taeger. Tübingen 1984.

Heliand und die Bruchstücke der Genesis. Aus dem Altsächsischen und Angelsächsischen übers. von F. Genzmer. Anm. und Nachw. von B. Sowinski. Stuttgart 1955 [u. ö.].

Belkin, J. / Meier, J.: Bibliographie zu Otfrid von Weißenburg und zur altsächsischen Bibeldichtung [Heliand und Genesis]. Berlin 1975.

Rathofer, J.: Der Heliand. Theologischer Sinn als tektonische Form. Vorbereitung und Grundlegung der Interpretation. Köln/Graz 1962.

– Realien zur altsächsischen Literatur. In: Niederdeutsches Wort 16 (1976) S. 4–62.

– Heliand. In: Theologische Realenzyklopädie. Bd. 15. Berlin 1987. S. 16–19.

Schwab, U.: Einige Beziehungen zwischen altsächsischer und angelsächsischer Dichtung. Spoleto 1988.

Sowinski, B.: Darstellungsstil und Sprachstil im »Heliand«. Köln 1985.

Zanni, R.: Heliand, Genesis und das Altenglische. Die altsächsische Bibeldichtung im Spannungsfeld zwischen germanischer Oraltradition und altenglischer Bibelepik. Berlin / New York 1980.

Otfrid von Weissenburg

Von Gisela Vollmann-Profe

Der erste namentlich bekannte Autor der deutschen Literaturgeschichte war Mönch und Priester, Bibliothekar und Lehrer im bedeutenden fränkischen Reichskloster Weißenburg (Nordelsaß, nahe der pfälzischen Grenze). Beiläufige Bemerkungen zur eigenen Person in den Begleitschreiben zu seinem Werk ermöglichen eine ungefähre Biographie, die jüngst durch die Erforschung der Weißenburger Bücherbestände des 9. Jahrhunderts weiter erhellt werden konnte. Otfrids Leben umfaßt etwa die ersten drei Viertel des 9. Jahrhunderts. Als Mönch in Weißenburg ist er um 830 durch eine von ihm geschriebene Urkunde nachweisbar. Wohl wenig später wurde er zu Hrabanus Maurus nach Fulda geschickt, um an der damals bedeutendsten Schule des ostfränkischen Reichsteils seine Studienausbildung abzuschließen. Spätestens um 845 treffen wir ihn wieder in Weißenburg an: Ab diesem Zeitpunkt sind mehrere Jahrzehnte hindurch verschiedene Weißenburger Codices von seiner Hand geschrieben oder korrigiert. Auch der große Aufschwung, den die Klosterbibliothek etwa zwischen 845 und 875 nahm, dürfte auf Otfrids Initiative zurückgehen, wobei fuldische Anregungen das Programm bestimmt zu haben scheinen: Sicherung eines autorisierten Schriftverständnisses durch Bereitstellung von möglichst umfangreichen Kommentaren zu allen biblischen Büchern. Dem gleichen Ziel eines vertieften Schriftverständnisses wollte auch Otfrids eigenes Werk dienen, das in südrheinfränkischem Dialekt geschriebene *Evangelienbuch*. Es handelt sich dabei um eine neutestamentliche

Einzug in Jerusalem,
aus dem »Evangelienbuch« von Otfrid von Weißenburg«

Bibeldichtung eigenen Gepräges, bestehend aus einer ›Evangelienharmonie‹ (d. h. einem aus den vier kanonischen Evangelien ›zusammengefügten‹, in chronologischer Reihenfolge erzählten Leben Jesu) mit dazwischengeschalteten geistlich-allegorischen Schriftauslegungen. Eine Evangelienharmonie war Otfrid aus Fulda bekannt; dort war – wohl unter Hrabans Leitung – der *Althochdeutsche Tatian* entstanden, eine volkssprachliche Übersetzung der lateinischen Übertragung der Evangelienharmonie des Syrers Tatian (2. Jahrhundert). Es bezeugt Otfrids Selbständigkeit auch gegenüber der ihn prägenden Schule, daß er nicht, was nahegelegen hätte, einfach dieser Vorlage folgte, sondern seine eigene Auswahl traf, wobei ihm die Reihenfolge der Perikopen, der an Sonn- und Feiertagen zur Verlesung kommenden Evangelienabschnitte, allenfalls ein Gerüst geliefert haben mochte, das dann durch erzähltechnische Erfordernisse modifiziert und durch eine an Augustinus orientierte Theologie überformt wurde. Ähnliche Selbständigkeit zeigte Otfrid dort, wo er theologische Schriften für sein Werk heranzog. Wo immer möglich, scheint er über die nächstliegenden Kommentare hinaus auf ältere Quellen zurückgegriffen zu haben. Wann der Autor die Arbeit am *Evangelienbuch* begonnen hat, ist unbekannt; der Abschluß der Arbeit muß zwischen 863 und 871 erfolgt sein: 863 trat der von Otfrid als Erzbischof apostrophierte Liutbert sein Amt an, und 871 starb Bischof Salomon, dem Otfrid gleichfalls seine Dichtung dediziert hatte. Otfrid wird zu dieser Zeit bereits ein alter Mann gewesen sein, aber er hat an der Reinschrift seines Werkes noch mitgearbeitet. Die schöne, aufwendig geschriebene und mit Bildern geschmückte Wiener Handschrift V enthält nicht nur kleinere Partien von Otfrids eigener Hand, sondern wurde von ihm auch vollständig durchkorrigiert. Bald darauf dürfte er gestorben sein, denn ein zweiter, von V abhängiger und wohl im gleichen Skriptorium entstandener Codex (jetzt in Heidelberg) weist keine Spuren von Otfrids Hand mehr auf. (Eine dritte Handschrift und Fragmente einer vierten sind nicht mehr in Otfrids unmittelbarer Umgebung entstanden: Der in München aufbewahrte Codex wurde in Freising unter Bischof Waldo, 884–906, geschrieben, und der fragmentarisch erhaltene Codex Discissus stammt erst aus dem 10. Jahrhundert und dürfte in Mainz oder Fulda beheimatet sein.)

Die Tatsache, daß wir Otfrids Namen kennen, ist kein Zufall, bedingt etwa durch die Gunst der Überlieferung, sondern hängt eng mit dem Charakter des Werks zusammen. Mit seinem *Evangelienbuch* versuchte Otfrid der volkssprachlichen Dichtung, die bis dahin ganz in der Mündlichkeit gelebt hatte, Zugang zur buchliterarischen Kultur zu verschaffen, wie sie ihm aus der lateinischen Tradition vertraut war. Neben vielen anderen Unterschieden differieren aber mündliche und schriftliterarische Dichtung gerade auch in dem Gewicht, das sie dem Autor zumessen. Der anonymen und für Veränderung jederzeit offenen Dichtung dort steht das (in der Regel) autorisierte, abgeschlossene Werk hier gegenüber. Es gehört also gewissermaßen zur angestrebten Gattung, wenn Otfrid in einem volkssprachlichen Buch-›Epos‹ als Autor hervortritt. Je wichtiger aber der Autor, desto größer seine Verantwortung. Das bedeutet auch, daß er – zumal wenn es sich um ein neuartiges Unterfangen handelt – Rechenschaft ablegen muß über sein Vorhaben und die Art seiner Durchführung. So ist es wiederum kein Zufall, sondern Folge der besonderen Intentionen, daß Otfrids Werk die ersten und auf lange Zeit hinaus auch die einzigen Reflexionen der altdeutschen Literatur über Ziel, Inhalt und Form der Dichtung enthält.

Als Ziel gibt Otfrid an, er wolle »in fränkischer Zunge unser Heil singen« (»Nu will ih scríban unser héil, [. . .] / in frénkisga zúngun«; I,1,113 f.,122). Dies impliziert ein dreifaches: einmal, den *cantus obsceni*, den »schmutzigen Liedern« der Laien, etwas Aufbauendes, Förderliches entgegenzusetzen (*prodesse*), zum zweiten, die Heilsbotschaft nicht einfach zu ›predigen‹, sondern in einer ästhetisch ansprechenden Form darzubieten (*delectare*), und zum dritten, eine fränkische Großdichtung zu schaffen, die den kulturellen Abstand zu den bewunderten literarischen Vorbildern der Antike verringern sollte. Dieses Programm ist aufschlußreich für die Mentalität der nachkarlischen Epoche. Zur Zeit Karls des Großen wurde die Muttersprache fast ausschließlich dazu benutzt, um in schlichter Prosa fundamentale Glaubenstexte (Gebete, liturgische Formeln, Predigten) zu vermitteln, während die dichterisch erhöhte Aussage, das ›Lied‹, unberührt vom christlichen Glauben, in der germanisch-heidnischen Tradition weiterlebte. Jetzt hingegen wird das Bedürfnis nach einer Ästhetisierung des Christentums spürbar – und durch Otfrid realisiert. Auch was das ›nationale‹ Selbstwertgefühl betrifft, läßt sich eine deutliche Fortentwicklung erkennen. Karl und sein Kreis hatten mit lateinischen Werken den Wettbewerb mit der Antike aufgenommen; Otfrid will ganz bewußt in deutscher Sprache etwas schaffen, was die ›kulturelle Lücke‹ zwischen »Griechen und Römern« (I,1,13) und den Franken schließen oder zumindest verkleinern konnte. (Wie deutlich Otfrid allerdings, trotz seiner entschieden vorgetragenen Ansprüche, das sprachlich-literarische Gefälle empfand, zeigt sein allegorisches Changieren zwischen Poetik und Ethik, wo er den antiken und den deutschen Vers vergleicht: »In gótes gibotes súazi laz gángan thine fúazi, / ni laz thir zít thes ingán: theist sconi férs sar gidán« (»Schöne Verse entstehen dort, wo man seine Füße auf Gottes Wegen gehen läßt«; I,1,47 f.).

Den Inhalt seines Werkes umschreibt Otfrid recht präzise im Widmungsbrief an Liutbert (Zl. 23–25, 38–46):

> scripsi namque eorum precum suffultus juvamine evangeliorum partem francisce compositam, interdum spiritalia moraliaque verba permiscens [...]. Volumen namque istud in quinque libros distinxi, quorum primus nativitatem Christi memorat, finem facit baptismo doctrinaque Johannis. Secundus jam accersitis ejus discipulis refert, quomodo se et quibusdam

signis et doctrina sua praeclara mundo innotuit. Tertius signorum claritudinem et doctrinam ad Judaeos aliquantulum narrat. Quartus jam qualiter suae passioni propinquans pro nobis mortem sponte pertulerit dicit. Quintus ejus resurrectionem, cum discipulis suam postea conlocutionem, ascensionem et diem judicii memorat.

Ich habe also [...] ausgewählte Abschnitte aus den Evangelien in fränkische Verse gebracht und bisweilen geistliche und moralische Auslegungen eingefügt [...]. Dieses Werk nun habe ich in fünf Bücher eingeteilt, von denen das erste die Geburt Christi erzählt und mit Taufe und Lehre des Johannes schließt. Das zweite berichtet, wie Christus nach der Berufung der Jünger sich durch verschiedene Wunderzeichen und seine erhabene Lehre der Welt zu erkennen gab. Das dritte teilt etwas mit von der Herrlichkeit seiner Wunder und der Lehre, mit der er sich an die Juden wandte. Das vierte zeigt ihn schon auf dem Weg zu seiner Passion und spricht davon, wie er freiwillig für uns den Tod erlitt. Das fünfte erzählt von seiner Auferstehung, seinen anschließenden Unterredungen mit den Jüngern, seiner Himmelfahrt und dem Jüngsten Gericht.

Wenn man die Stoffbehandlung mit der christlich-antiken Bibeldichtung (Proba, Juvencus, Sedulius) vergleicht, fallen drei Unterschiede ins Auge: Die Erzählung wird über das irdische Leben Jesu hinaus bis zum Jüngsten Gericht weitergeführt, sie wird – entgegen epischen Regeln – in Kapitel gegliedert, und die allegorische Ausdeutung wird nicht mit der Erzählung verschmolzen, sondern erhält eigene, mit Überschriften versehene Abschnitte. Dies ist aufschlußreich für die gewandelte Situation: Während die spätlateinische Bibeldichtung sich mit dem paganen Epos zu messen hatte und deshalb dem Erzählerischen stärker verpflichtet war, steht für Otfrid die Unterweisung im Vordergrund. Aus diesem Grund tritt im *Evangelienbuch* der Erzähler hinter dem Lehrer zurück, der theologisches Wissen vermittelt und – wie später die frühmittelhochdeutsche Bibelepik – das Leben

Jesu in den übergreifenden Rahmen der Heilsgeschichte einbaut.

Die Form des Werkes läßt sich wie folgt umreißen: Kleinstes Bauelement ist der Vers, bestehend aus An- und Abvers zu je 4 (frei gefüllten) Hebungen; beide Vershälften sind durch Endreim miteinander verbunden. Je 2 Verse bilden, wie die Akrosticha und Telesticha der Widmungen zeigen, eine Strophe. Die Strophen fügen sich zu Kapiteln sehr unterschiedlichen Umfangs zusammen, wobei im Falle längerer Kapitel mehrere Strophen auch eine Art Kleingruppe bilden können. Die Kapitel wiederum sind zu Büchern zusammengefaßt; auch hierbei können Kapitel, die besonders enge Korrespondenzen zeigen, eine Art Binnenstruktur bilden. Die einzelnen Bücher sind durch herausgehobene, häufig gebetartige Kapitel deutlich begrenzt. Das Gesamtwerk mit seinen 5 Büchern mit insgesamt 7104 Versen wird zusammengehalten durch die Klammer einander entsprechender Anfangs- und Schlußkapitel: In I,2 stellt der Autor sich und sein Werk unter den Schutz Gottes, im vorletzten Kapitel (V,24) dankt er für gewährte Hilfe und erneuert die Bitte um schützende Gnade. Im ersten und letzten Kapitel (I,1 und V,25) zieht der Autor das Publikum in die Betrachtung ein und macht sich Gedanken über die Aufnahme seines Werkes. Das *Evangelienbuch* als Ganzes wird ›gerahmt‹ durch sorgfältig nach dem Rang der Adressaten geordnete Widmungen (König, Erzbischof, Bischof, befreundete Mitbrüder). Otfrids deutlich erkennbares Streben nach Proportion und Symmetrie wird noch unterstrichen durch die Sonderstellung des zentralen 3. Buches. Wie weit sein planender Gestaltungswille auch noch in eventuellen zahlenästhetischen oder zahlensymbolischen Strukturen Ausdruck gefunden hat, kann hier nicht diskutiert werden, obwohl Otfrids Ausführungen über das Verhältnis zwischen Fünfteilung seines Werkes und Vierzahl der Evangelien wiederholt entsprechende Überlegungen veranlaßt haben. Deutlich ist in jedem Fall die formende Kraft und die geistige Zucht zu spüren, die in dem Werk zum Ausdruck kommen.

Damit ist die Frage nach Otfrids Leistung angesprochen. Die ältere Forschung sah diese, wenn auch nicht ausschließlich, so doch ganz wesentlich in der Schaffung des ›Otfrid-Verses‹, d. h. in der Erfindung oder zumindest Durchsetzung der binnengereimten Langzeile als deutschen Epenverses im Gegensatz zum älteren Stabreimvers. Daher bemühte man sich intensiv um die metrische Interpretation und die Genese des Otfrid-Verses, fragte, ob heimische oder lateinische Vorbilder für Otfrid maßgebend waren, und wenn letztere, ob eher der klassische Hexameter oder die Ambrosianische Hymnenstrophe. In jüngerer Zeit wich die Annahme einer monokausalen Entstehung allmählich einer differenzierten Betrachtungsweise. Man erwog das Zusammenwirken verschiedener Einflüsse, berücksichtigte den historischen Wandel, dem Hexameter und Hymnenstrophe zwischen Spätantike und Frühmittelalter unterworfen waren, und erkannte die fortschreitende Annäherung von heimischen und lateinischen Verstraditionen. So konnte schließlich gezeigt werden, daß Otfrids Vers und zeitgenössische Interpretationsmöglichkeiten der Hymnenstrophe (als rhythmisch verstandene, gereimte, im angelsächsischen Bereich auch schon für epische Dichtung verwendete Langzeilen) einander recht genau entsprechen. Diese Feststellung nimmt Otfrids Vers seine Einmaligkeit und spektakuläre Neuheit und läßt den Autor in einem anderen, aber keineswegs weniger hellen Licht erscheinen: Otfrid ist nicht der Mann, der sich an seinem Schreibtisch verbissen um die Schaffung eines neuen Verses bemüht, sondern der wohlinformierte, literarisch gebildete Autor mit dem sicheren Gespür für das, was Zukunft hat. Auch unter dem Aspekt der Form und der Intention wird Otfrids Leistung heute anders beurteilt als früher. Sah man ehedem fast mitleidig auf die Mühe herab, die Otfrid mit der Füllung jedes einzelnen Verses hatte, so erkennt man heute an, wie sicher er die schriftliterarische Großform, die Organisation des Stoffes bewältigte und daß er nicht nur ein frommer, still vor sich hin dichtender Mönch war, sondern ebenso ein engagierter Kulturpolitiker, der selbst vor aggressiven Formulierungen nicht zurückschreckte.

Welche Wirkungen konnte ein solcher Autor mit seinem Werk erzielen? Otfrid sagt expressis verbis, er wolle mit seinem *Evangelienbuch* Menschen erreichen, die sonst wegen fehlender Lateinkenntnisse keinen Zugang zur Heiligen Schrift hätten. Dieser Konzeption scheint freilich das Werk selbst in manchen Punkten zu widersprechen – nicht so sehr durch die grundsätzlich lateinischen Überschriften und Randglossen (die man sich als Zusatzinformationen für den Leser vorstellen kann), sondern wegen der wiederholten, im deutschen Text selbst erscheinenden Quellenangaben und der zahlreichen Aufforderungen zu eigener weiterführender Lektüre – was sich nur auf lateinische Texte beziehen konnte. Man hat versucht zu zeigen, daß es sich hier nur scheinbar um Widersprüche handle, da Otfrid eben unterschiedliche Rezipientengruppen im Auge gehabt habe: den Königshof mit primär weltlichem Publikum, Bischofshöfe mit weltlichen und geistlichen Zuhörern, religiös interessierte ›Privatpersonen‹ – eine »matrona Judith« erwähnt Otfrid selbst – und schließlich das Kloster, wo das *Evangelienbuch* lateinunkundigen Brüdern vorgelesen und im Schulunterricht verwendet worden sein könnte. Ist dies richtig, hätte sich Otfrid im Hinblick auf die Rezeption viel vorgenommen – zu viel wahrscheinlich. Es sollte noch rund 200 Jahre dauern, bis jene Entwicklung Kontinuität erreichte, die Otfrid mit seinem Werk hatte initiieren wollen, die Eroberung der Schriftkultur durch die Volkssprache. Voraussetzung dafür war eine größere Selbständigkeit gegenüber der lateinischen Tradition, aber auch eine veränderte Rezipientensituation. Erst das religiöse Engagement der Laien in der zweiten Hälfte des 11. Jahrhunderts ließ die geistliche Literatur in der Volkssprache in weiten Kreisen das Echo finden, das Otfrids Werk wohl höchstens in Einzelfällen zuteil wurde.

Bibliographische Hinweise

Evangelienbuch. Hrsg. von J. Kelle. Bd. 1: Text und Einleitung. Bd. 2: Die Formen- und Lautlehre der Sprache Otfrids. Bd. 3: Glossar der Sprache Otfrids. Aalen 1963. (Nachdr. der Ausg. Regensburg 1856–81.)

Evangelienbuch. Mit Einl., erklärenden Anm. und ausführlichem Glossar und einem Abriß der Grammatik hrsg. von P. Piper. 2 Tle. Freiburg i. B. / Tübingen ²1884.

Evangelienbuch. Hrsg. und erklärt von O. Erdmann. Halle a. d. S. 1882.

Evangelienbuch. Hrsg. von O. Erdmann. 6. Aufl. bes. von L. Wolff. Tübingen 1973. [Danach zit.]

Otfrid von Weißenburg. Hrsg. von W. Kleiber. Darmstadt 1978. (Wege der Forschung. 419).

Belkin, J. / Meier, J.: Bibliographie zu Otfrid von Weißenburg und zur altsächsischen Bibeldichtung [Heliand und Genesis]. Berlin 1975.

Hartmann, R.: Allegorisches Wörterbuch zu Otfrieds von Weißenburg Evangeliendichtung. Münster 1975.

Haubrichs, W.: Ordo als Form. Strukturstudien zur Zahlenkomposition bei Otfrid von Weißenburg und in karolingischer Literatur. Tübingen 1969.

Hellgardt, E.: Die exegetischen Quellen von Otfrids Evangelienbuch. Beiträge zu ihrer Ermittlung. Mit einem Kapitel über die Weißenburger Bibliothek des Mittelalters und der Otfridzeit. Tübingen 1981.

Kartschoke, D.: Bibeldichtung. Studien zur Geschichte der epischen Bibelparaphrase von Juvencus bis Otfrid von Weißenburg. München 1975.

Kleiber, W.: Otfrid von Weißenburg. Untersuchungen zur handschriftlichen Überlieferung und Studien zum Aufbau des Evangelienbuches. Bern/München 1971.

Patzlaff, R.: Otfrid von Weißenburg und die mittelalterliche versus-Tradition. Untersuchungen zur formgeschichtlichen Stellung der Otfrid-Strophe. Tübingen 1975.

Vollmann-Profe, G.: Kommentar zu Otfrids Evangelienbuch. Tl. 1. Bonn 1976.

Ludwigslied

Von Horst Dieter Schlosser

Die Macht zu preisen ist auch in neuerer Zeit nicht aus der Mode gekommen, wie Preislieder selbst seriöser Autoren auf Stalin peinlicherweise bewiesen haben. Um so verständlicher müssen uns panegyrische Texte auf antike Herrscher und mittelalterliche Könige sein, aus Zeiten also, in denen sich der einzelne und ganze Völker in sehr konkreter Abhängigkeit vom Wohlergehen ihrer Herrscher sahen. Antike Traditionen und germanische Überzeugungen von einer besonderen mythischen Kraft des Stammesfürsten sowie christliche Ehrfurcht vor einem von Gott Gesalbten wirkten zusammen, als ein unbekannter Dichter ein an sich wenig bedeutendes militärisches Ereignis des Jahres 881 zum Anlaß nahm, ein Königspreisgedicht zu schreiben.

Der Gepriesene des Liedes, Ludwig, war ein Sohn des westfränkischen Königs Ludwig der Stammler. Beim Tod seines Vaters 879 trat er, erst fünfzehnjährig (nach Müller: »etwa siebzehnjährig«), zusammen mit seinem Bruder Karlmann ein schwieriges Erbe an. Schon 879 marschierte der ostfränkische König Ludwig der Jüngere bis Verdun vor; um die westfränkische Thronfolge wurde verhandelt. Im Vertrag von Ribemont 880 sicherte sich der Ostfranke zumindest die Westhälfte Lothringens. Einigkeit herrschte nur im Widerstand gegen den nichtkarolingischen Usurpator Boso, der in Niederburgund (Provence) ein eigenes Königreich errichtet hatte (879). Gegen ihn zogen die westfränkischen Königsbrüder, Ludwig (III.) und Karlmann. Sie belagerten ihn, bis Ludwig die Nachricht erreichte, daß im Norden ein anderer

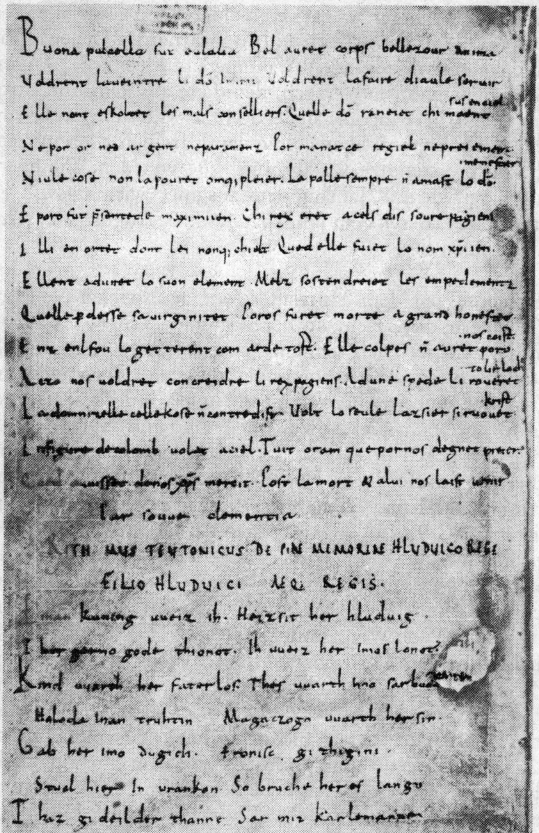

Buona pulcella fut eulalia. Bel auret corps bellezour anima
Voldrent la ueintre li deo inimi. Voldrent la faire diaule seruir
Elle nont eskoltet les mals conselliers. Quelle deo raneiet chi maent sus en ciel
Ne por or ned argent ne paramenz. Por manatce regiel ne preiement
Niule cose non la pouret omq pleier. La polle sempre non amast lo deo menestier
E poro fut presentede maximiien. Chi rex eret a cels dis soure pagiens
Il li enortet dont lei nonq chielt. Qued elle fuiet lo nom xpiien
Ell ent adunet lo suon element. Melz sostendreiet les empedementz
Quelle perdesse sa uirginitet. Poros furet morte a grand honestet
Enz enl fou la getterent com arde tost. Elle colpes non auret poro nos coist
A czo nos uoldret concreidre li rex pagiens. Ad une spede li roueret tolir lo chief
La domnizelle celle kose non contredist. Volt lo seule lazsier si ruovet krist
In figure de colomb uolat a ciel. Tuit oram que por nos degnet preier
Qued auuisset de nos xpc mercit. Post la mort et a lui nos laist uenir
Par souue clementia.
RITHMUS TEUTONICUS DE PIAE MEMORIAE HLUDUICO REGE
FILIO HLUDUICI AEQ REGIS.
Einan kuning uueiz ih. Heizsit her hluduig.
Ther gerno gode thionot. Ih uueiz her imos lonot.
Kind uuarth her faterlos. Thes uuarth imo sar buoz.
Holoda inan truhtin. Magaczogo uuarth her sin.
Gab her imo dugidi. Fronisc githigini.
Stual hier in urankon. So bruche her es lango.
Thaz gideilder thanne. Sar mit karlemanne.

Anfang des »Ludwigsliedes«
mit Schluß der altfranzösischen »Eulalia-Sequenz«

Feind, die Wikinger, wieder einmal ins Land eingefallen sei. Ludwig kehrte eilends heim und konnte die inzwischen schon in die Defensive gedrängten Wikinger am 1. (oder 3.) August 881 bei einem Ausfallversuch, den diese aus dem Fort Stromus (Etrun) bei Saucourt an der Somme-Mündung unternahmen, endgültig aufreiben, ohne damit freilich auch nur annähernd die ständige Gefährdung, die von den Wikingern bereits seit dem 8. Jahrhundert ausging, wirkungsvoll zu unterbinden. Bereits ein Jahr später, am 5. August 882, starb Ludwig überdies.

Geschichte war dem Mittelalter (wie auch vielen Neuzeit-Historikern) die Geschichte der Staatenlenker. Das *Ludwigslied* konzentriert sich ebenfalls ganz auf den jungen König, und doch offenbart der poetische Preis seiner Tugenden und Taten, daß sein Ansehen nicht ganz ungefährdet war. Als der Autor kurz auf die Abwesenheit Ludwigs durch seinen Kriegszug gegen Boso anspielt, beklagt er zugleich die Unsicherheit des Reiches: »Kunig uuas eruirrit, Thaz richi al girrit« (»Der König war in der Ferne, das ganze Reich in Wirren«; V. 19). Ludwigs Ansehen zu stärken, das eine relative Stabilität des Wohlergehens auch der weniger Mächtigen zu garantieren scheint, ist das unverkennbare Ziel des Gedichts; in ähnlicher Absicht war schon ein gutes Jahrzehnt zuvor Otfrid von Weißenburg in seinem *Liber evangeliorum* mit Ludwig dem Deutschen verfahren!

Von Otfrid mag der Autor auch die Form seiner insgesamt 59 Kurzpaarverse kennengelernt haben. Er bindet sie allerdings zu Strophen unterschiedlicher Länge zusammen: 22 zu je 2, 5 zu je 3 Verspaaren, ohne daß sich darin eine inhaltliche Gliederung spiegelt. Eine solche liegt eher in der Vierteilung des Textes: 1. eine kurze Vita Ludwigs bis zum Einfall der »Northmanno« (Normannen), V. 1–8; 2. der Bericht über deren Einfall und die Abwehrvorbereitungen, V. 9–41; 3. die Kampfschilderung, V. 42–56; und 4. ein kurzer zusammenfassender Preis des Siegers, V. 57–59, der in den gebetsähnlichen Wunsch mündet: »Gihalde inan truhtin Bi sinan ergrehtin« (»Der Herr erhalte ihn stets in seiner Gnade«).

Die Vita geht nur kurz auf die frühe Vaterlosigkeit Ludwigs, den Erwerb des Throns und die Teilung der Macht ein. Dafür sieht sie vornehmlich Gott als Lenker der Geschicke Ludwigs, stets in enger Anlehnung an biblisch-theologische Traditionen. Gott ist es auch, der die Wikinger ins Land schickt, um die den König entbehrenden Franken zu prüfen. Wie in allen christlichen Quellen der Zeit gelten auch im *Ludwigslied* die »Northman« als »Heiden« – ein stereotypes Feindbild, das sich bis in die Kriegspropaganda des 20. Jahrhunderts fortentwickelt hat. Die von ihnen verursachte Verwirrung fördert freilich auch mancherlei moralische Defizite auf christlicher Seite zutage: Von Dieben, Betrügern, Räubern und lockerem Lebenswandel ist die Rede. Ohne die ordnende Hand des Königs geht alles drunter und drüber. Doch – so möchte man heute fragen – war Ludwig nicht auch in Übereinstimmung mit Gottes Willen davongezogen?

Gott erbarmt sich schließlich, schickt Ludwig heim, wo er sofort zum Kampf rüstet (die historische vorherige Einschließung der Wikinger im Fort Stromus wird zugunsten der Erhöhung des königlichen Erfolgs unterschlagen!). Bis hierher waltet syntaktisch einfachster Berichtstil. Ludwigs Kampfappell bringt plötzlich etwas anspruchsvollere Hypotaxen, als habe der Autor eine reale Redeprosa festhalten wollen. Der sich anschließende ›Schlagwechsel‹ mit den Feinden, in dem sich Ludwig selbstverständlich als Kühnster hervortut, wird – stilistisch durchaus angemessen – erneut in praktisch gefügten Kurzsätzen wiedergegeben. Durchgängig aber schildert der Anonymus den König als Inbegriff eines gottergebenen Helden. Gleichsam Ludwigs Demut nachvollziehend, setzt der Autor der doppelten (!) Siegesmeldung in V. 55 f. jeweils ein Lob Gottes und einen Dank an alle Heiligen voran.

Die preisende Schlußstrophe (V. 57–59) betont – in offenbar nicht bemerktem Widerspruch zur früheren Feststellung, daß Ludwigs Abwesenheit die Wirrnis in seinem Reiche (mit) verursacht habe –, daß er stets zur Stelle gewesen, wo seine Hilfe vonnöten war (V. 58). Hier offenbaren sich Darstellungsbrüche, die wohl unvermeidlich waren, wenn der grundsätzliche Widerspruch zwischen der tatsächlich minderen Bedeutung Ludwigs im gesamt-karolingischen Verwandtenzwist und dem Anspruch auf eine Gott besonders wohlgefällige Position sowie der konkrete Widerspruch zwischen der eigentlich folgenlosen Niederwerfung eines einzelnen Wikinger-Kontingents und ihrer Hypostasierung zur heilsgeschichtlich bedeutsamen Tat durch eine königstreue Dichtung versöhnt werden sollten.

Königstreu war der Autor zweifellos, und es spricht alles dafür, ihn in der unmittelbaren Umgebung Ludwigs III. von Westfranken zu suchen. Homann hat das Motiv panegyrischer Überhöhung dieses Königs wohl nicht zu Unrecht in der Parteinahme für Ludwig gegen eine ›innenpolitische Opposition‹ um Hincmar von Reims gesehen, dessen Bericht vom Sieg bei Saucourt (*Annales Bertiniani*) den Erfolg Ludwigs sehr distanziert, ja sogar mit Kritik kommentiert. Unser Anonymus dagegen rühmt sich gleich in Vers 1, Ludwig persönlich zu kennen: »Einan kuning uueiz ih«; seine Sprache scheint sogar auch dialektal westfränkischer Hofkommunikation zu entsprechen, als diese noch nicht in der Reromanisierung des Westens untergegangen war (das heißt freilich auch, daß wir diesen Text nur unter Vorbehalt zur ›deutschen‹ Literaturgeschichte zählen dürfen!). Ganz sicher aber wissen wir dieses: Das Lied muß zwischen dem Tag des Sieges am 1. (oder 3.) August 881 und dem Todestag Ludwigs am 5. August 882 entstanden sein, da Ludwig im Text noch als Lebender gefeiert wird. Die überliefernde Handschrift aus Niederlothringen (die Herkunft aus St. Amand wird angezweifelt; jetzt: Valenciennes) weiß indes schon, daß er tot ist. Sie überschreibt den Text mit *Rithmus teutonicus de piae memoriae Hluduico Rege filio Hluduici aeque regis* (»Deutsches Gedicht zum frommen Gedenken an König Ludwig, den Sohn Ludwigs, der ebenfalls König war«). Indem die Handschrift das Lied im unmittelbaren Anschluß an das erste Zeugnis altfranzösischer Dichtung, die *Eulalia-Sequenz*, festhält, dokumentiert sie zum einen den eigentlich außerdeutschen Zusammenhang, zum anderen aber, daß es den Bewahrern des Textes – ähnlich wie schon seinem Autor – um eine *pia memoria* ging, deren sich sonst nur anerkannte Heilige wie Eulalia sicher sein konnten. Zur Heiligsprechung hat es allerdings nicht gereicht. Schon fünf Jahre nach Ludwigs Tod ist die karolingische Tradition im Westen faktisch erschöpft. Ludwigs III. überhöhtes Bild wird mit der Handschrift seines Lobgesangs erst 1672 von Jean Mabillon wiederentdeckt, 1780 in einer Übersetzung Johann Jakob Bodmers als *Siegeslied der Franken* der deutschen Öffentlichkeit zugänglich gemacht und 1825 durch Lachmann in seiner originalen Sprache in den akademischen Unterricht eingeführt. Seitdem darf es als einer von vielen verschiedenen Versuchen im frühen Mittelalter gelten, die Muttersprachen germanischer Stämme auch literarisch neben der europäischen Kultursprache Latein zu etablieren.

Bibliographische Hinweise

Rithmus teutonicus de piae memoriae Hluduico Rege [...]. In: Denkmäler deutscher Poesie und Prosa aus dem 8.–12. Jahrhundert. Hrsg. von K. Müllenhoff und W. Scherer. 3. Ausg. von E. Steinmeyer. Bd. 1: Texte. Berlin 1892. S. 24–27.

Ludwigslied. In: Die kleineren althochdeutschen Sprachdenkmäler. Hrsg. von E. v. Steinmeyer. Dublin/Zürich 1971. (Nachdr. der Ausg. Berlin 1916.) S. 85–88. [Mit Kommentar und Bibliographie.]

Das Ludwigslied. [Mit Übers. von R. Schützeichel.] In: Berg, E.: Das Ludwigslied und die Schlacht bei Saucourt. In: Rheinische Vierteljahrsblätter 79 (1964) S. 177–199 (Text: S. 197–199).

Das Ludwigslied. In: Althochdeutsche Literatur. Mit Proben aus dem Altniederdeutschen. Ausgew. Texte mit Übertr. und Anm. Hrsg., übertr. und mit Anm. vers. von H. D. Schlosser. Frankfurt a. M. ^{3}1989. S. 274–277.

Harvey, R.: The Provenance of the Old High German »Ludwigslied«. In: Medium Aevum 14 (1945) S. 1–20.

Homann, H.: Das »Ludwigslied« – Dichtung im Dienste der Politik? In: Traditions and Transitions. Festschrift für Harold Jantz. Hrsg. von L. E. Kurth [u. a.]. München 1972. S. 17–28.

Lefranqc, P.: »Rhythmus teutonicus« ou »Ludwigslied«? Paris 1945.

Müller, R.: Der historische Hintergrund des althochdeutschen »Ludwigsliedes«. In: Deutsche Vierteljahrsschrift für Literaturwissenschaft und Geistesgeschichte 62 (1988) S. 221–226.

Naumann, H.: Das »Ludwigslied« und die verwandten lateinischen Gedichte. Diss. Halle a. d. S. 1932.

Ostberg, K.: The »Ludwigslied« in the Context of Communication between the Continent and Anglo-Saxon England. In: German Life and Letters 38 (1985) S. 395–416.

Schützeichel, R.: Das »Ludwigslied« und die Erforschung des Westfränkischen. In: Rheinische Vierteljahrsblätter 31 (1966/67) S. 291–306.

Urmoneit, E.: Der Wortschatz des »Ludwigslieds« im Umkreis der althochdeutschen Literatur. Münster 1973.

Notker der Deutsche

Von Herbert Backes

Um ihn nicht mit anderen gleichen Namens zu verwechseln, die wie er Mönche – und jeder ein helles Licht in dem als ›dunkel‹ bezeichneten 10. Jahrhundert – des Benediktinerklosters St. Gallen waren, wurde er bereits von seinem durch Gelehrsamkeit hervorragenden Schüler Ekkehard IV. (980 bis 1060) »Notker der Dritte unter Trägern gleichen Namens« (»Notker tertius aequivocorum«) genannt: Notker I. (840–912), mit dem Beinamen »der Stammler« (»Balbulus«) oder »Poeta«, hat als Verfasser mittellateinischer Hymnen und Sequenzen bis in die Neuzeit literarisches Ansehen erlangt. Notker II., zu Lebzeiten als »Arzt« (»Medicus«) oder »Pfefferkorn« (»Piperisgranum«) beurkundet, war außerdem Lehrer, Maler und mittellateinischer Dichter. Er starb wie sein Neffe, Notker der Abt, im gleichen Jahr 975. Ein fünfter Notker war als sanktgallischer Mönch früh einem Ruf zur Erneuerung der Ordensschule nach Lüttich gefolgt und starb dort, zuletzt Bischof, 1008.

Die Beinamengebung entsprach mittelalterlicher Gepflogenheit. So erhielt Notker III. bereits von seinen geistlichen Mitbrüdern und Schülern die Beinamen »Labeo« (»der mit den dicken Lippen«) und Teutonicus (»der Deutsche«), letzteren wegen seiner schon von den Zeitgenossen gerühmten Übersetzungs- und Kommentiertätigkeit in der althochdeutschen Volkssprache. Diese Tätigkeit ist Ausdruck seines geistlich-sozialen Amtes und Berufs als Magister (»Notkerus magister« nach Ekkehard IV. und einem Eintrag im St. Galler Totenregister) an der St. Galler Ordensschule.

Leben und Persönlichkeit Notkers bezeugt, neben verstreuten annalistischen Hinweisen, vor allem Ekkehard IV. in den *Casus Sancti Galli*, einer Klosterchronik, und im *Liber benedictionum* (*Buch der Segnungen*, hymnusartige Dichtungen auf die verschiedenen Kirchenfeste). Nach diesen Zeugnissen ist Notker der Deutsche um 950 geboren. Den St. Galler Urkunden zufolge entstammt er einem alten adligen Geschlecht aus der Gegend um Wil im Thurgau, das dem Kloster schon viele bedeutende Männer, nicht zuletzt den hochgelehrten Ekkehard IV., zugeführt hatte. Am 29. Juni 1022, so verzeichnet es das St. Galler Totenregister, starb Notker an der Pest, die durch das aus Italien heimkehrende Heer Heinrichs II. eingeschleppt worden war. Relief gewinnt die Persönlichkeit Notkers durch die rund 30 leoninischen Hexameter in *De aliis sincellitis* (V. 62–83), die Ekkehard seinem Lehrer als dichterische Totenfeier widmet (in Kurzfassung nach G. Ehrismann): »Als er sein Ende nahe fühlte, legte er, zweiundsiebzigjährig, – öffentlich – seine Beichte ab. Als schwerste Sünde, und die ihn noch in Träumen verfolgte, bekannte er, daß er als junger Mönch in klösterlicher Kleidung einen Wolf getötet habe. Dann ließ er Arme und Dürftige kommen, damit er sterbend ihre Labung sehe. Im Mönchsgewand ließ er sich begraben, weil Sanctus Gallus die Entblößung der Lenden verbot, damit die Kette, die er um den Leib trug, ungelöst bleibe. Das war das Ende dieses unvergleichlichen Lehrers.« Die Worte des Nekrologs (»obitus Notkeri doctissimi atque benignissimi magistri«) sowie die *Annales S. Galli majores* (»nostrae memoriae hominum doctissimum«; V. 308) rufen den Nachfahren das Ansehen des Mannes als des »gelehrtesten und gütigsten Lehrers« in Erinnerung.

Über Umfang, Ziel und Motivation seines literarischen Schaffens unterrichtet Notker wenige Jahre vor seinem Tod in einem Schreiben an Bischof Hugo II. von Sitten. Dieses einzige autobiographische Dokument Notkers erweist ihn als

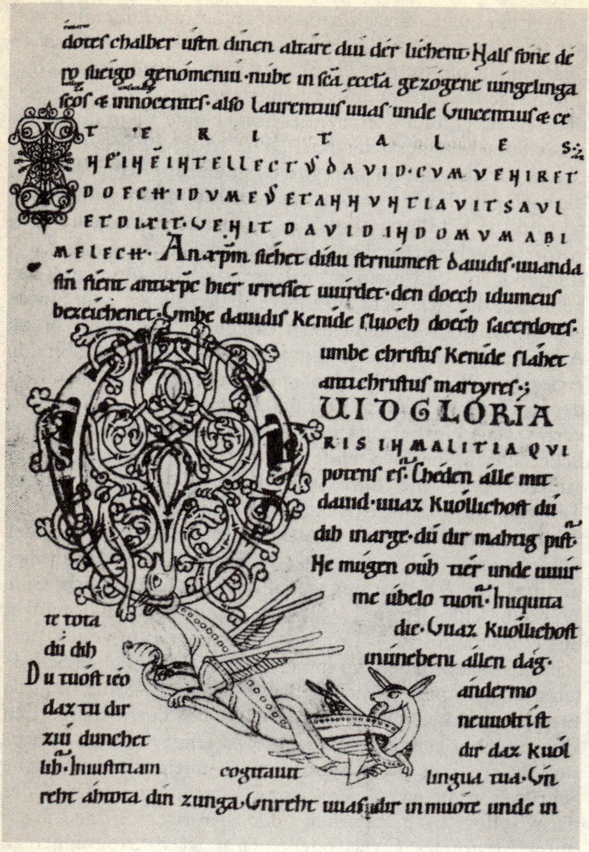
dotes chalber ufin dinen altare dui der lichent. Hals sone de
pp sueigo genomenu. nube in sca eccla gezogene iungelinga
scos & innocentes. also Laurentius uuas unde Uincentius & ce
TERITALES.
IN FINEM INTELLECTUS DAVID CUM VENIRET
DOECH IDUMEUS ET ANNUNTIAVIT SAUL
ET DIXIT. VENIT DAVID IN DOMUM ABI
MELECH. Anxpm sihet disu sternumest dauidis uuanda
sin sient antixpc hier irresset uuirdet. den doech idumeus
bezeichenet. Umbe dauidis Kenide sluoch doech sacerdotes.
umbe christus Kenide slahet
antichristus martyres.
QUID GLORIA
RIS IN MALITIA QUI
potens es. Cheden alle mit
dauid. uuaz kuollichost du
dih marge. du dir mahtig pist.
Ne mugen ouh tier unde uuur
me ubelo tuon. Iniquita
te tota die. Uuaz kuollichost
du dih iniunebenu allen dag.
Du tuost ieo andermo
dax tu dir neuuolrist
zuu duncher dir dax kuol
lih. Iniustitiam cogitauit lingua tua. Un
reht ahtota din zunga. Unreht uuas dir in muote unde in

Schluß von Psalm 50 und Anfang von Psalm 51,
aus der Psalter-Übersetzung Notkers des Deutschen

Lehrer der Sieben Freien Künste (Septem artes liberales) und der Theologie am St. Galler Kloster. In allen artographischen Disziplinen und in der Theologie ist er, dem Brief zufolge, durch eigene Schriften, uns zu einem großen Teil überliefert, übersetzerisch und kommentierend – einige allein in lateinischer Sprache – hervorgetreten. Die artographischen Disziplinen bereiten das unabdingbare Fundament der Theologie, die nach Alkuins Worten das »culmen litterarum« (»den Gipfel und die Erfüllung aller Wissenschaften«) darstellt: »Die göttliche Weisheit wird von den Säulen der sieben freien Künste getragen, und niemand gelangt zur vollkommenen Erkenntnis, der sich nicht auf diesen sieben Säulen oder Stufen erhebt.« In der Linie der frühen Väter über Augustinus bis zu Alkuin und in die nachkarolingische Zeit sieht Notker in den Artes den »Weg zur Weisheit« (»iter ad Sapientiam«), die als der in Christus inkarnierte Logos begriffen wird. Expressis verbis weist Notker auf diese innerhalb weltlicher und geistlicher Disziplinen waltende und für ihn und seine Schüler gültige Hierarchie hin. Seine gesamte schriftstellerische Tätigkeit begreift er eingangs – und hierin Paulus, 1. Kor. 9,16 ff., begrifflich und kontextual folgend – ganz aus der »Notwendigkeit« (»necessitas«) seiner geistlichen Berufung, die ihm der Wille Gottes ist, in dessen Hand er und seine Werke beschlossen sind (»conclusi sumus in manu domini et nos et opera nostra«). Damit seine Schüler zum vollen Verständnis (»ad intellectum integrum«) der kirchlichen Schriften gelangen, müssen sie sich zuvor das Artes-Schrifttum als Instrumenta aneignen. Notker wagt, um ihnen hierzu den Zugang zu erleichtern, etwas nahezu Ungewohntes (»ausus sum facere rem pene inusitatam«), indem er »lateinische Schriften in die eigene Volkssprache zu übertragen und das darin syllogistisch, figürlich oder rhetorisch Ausgedrückte durch Aristoteles, Cicero oder einen anderen Artographen zu erhellen versucht«.

Nach der (unvollständigen) Aufzählung in diesem Schreiben und nach gesicherter Überlieferung läßt sich für Notkers

Artes-Traktate und sein übersetzerisch-kommentierendes Werk in etwa chronologisch und zugleich systematisch – wie Sonderegger es einsichtig vorgeschlagen hat – folgende Entstehensfolge annehmen: ein lateinischer Grammatiktraktat, eine lateinische Rhetorik, die *Tröstung der Philosophie* des Boethius (eingeschlossen eine kleine althochdeutsche Rhetorik), *Über die Heilige Dreieinigkeit* des Boethius, die Schuldichter Cato (*Disticha*), Vergil (*Bucolica*) und Terenz (*Andria*), die *Hochzeit Merkurs und der Philologie* (nur die beiden ersten Bücher, d. h. der allegorische Rahmen) des Martianus Capella, die *Kategorien* und die *Hermeneutik* des Aristoteles in der Fassung des Boethius, kleinere Logiktraktate, *Über die Arithmetik* des Boethius, ein lateinischer *Computus* (Zeitberechnung), ein althochdeutscher Musiktraktat, der gesamte *Psalter* samt den *Cantica* und katechetischen Stücken sowie (teilweise) *Moralia in Iob* Gregors des Großen.

Von den genannten Werken sind der Trinität-Traktat, die lateinischen Schuldichter und der Hiob-Kommentar nicht auf uns gekommen. Wenngleich nur Trinität-Traktat, Psalter, Cantica und Hiob-Kommentar im engeren Sinn zur Disziplin der Theologie gehören, so gewähren auch die kommentarhaft aufbereiteten anderen Werke, die sich entsprechend ihrer spezifischen Ausrichtung auf Trivium und Quadrivium der Sieben Freien Künste verteilen, über ihre propädeutische Funktion hinaus durch die ebenso inhaltlich vorgenommene *interpretatio christiana* reiche Einblicke in das auch in der heidnischen Literatur vorausgesetzte Walten des Logos.

Konform den Regeln des (wohl von ihm selber verfaßten) *Grammatik-Traktats* verfährt Notker bei seinen Übersetzungen – mit Ausnahme der biblischen Texte – folgendermaßen: Zuerst formt er, ausgehend von der komplexen Stillage (*ordo artificialis*) des lateinischen Grundtextes, diesen – in kleinere Teilsatzeinheiten aufgeteilt – in den *ordo naturalis* (den einfachen Stil) um, d. h., er vereinfacht den Satz nach der linearen Gliedfolge Subjekt – Prädikat – Objekt, indem er auch die adverbialen und anderen Bestimmungen dem bezüglichen Satzglied jeweils direkt beiordnet. Diese *constructio in legendo* genannte, also zum lehrhaften Vortrag im Unterricht bestimmte Umformung des lateinischen Satzes bzw. Teilsatzes – mit unmittelbar folgender Übersetzung in die Volkssprache (*vertere*) – ist notwendig für die in einem dritten Schritt zu integrierenden, auf Einzelwörter bezogenen Kurzerläuterungen meist etymologischer Art (überwiegend nach den Kommentaren des Remigius von Auxerre), womit Notker innerhalb des fortlaufenden Textes eine traditionelle, grundlegende Argumentations- und Deutungsstruktur (*elucidare*) schafft. In der deutschen Erläuterung bleiben oft lateinische Kernbegriffe des Kommentars – mit oder ohne ihre deutschen Entsprechungen – erhalten. Selbst in Notkers reich differenzierter althochdeutscher technischer Übersetzungsterminologie spiegelt sich exakt eine terminologische Tradition bis zu den frühen Grammatikern und Varro, die zu den (von Notker auf Deutsch gebrauchten) Verba dicendi und Präpositionen auch Adverbien in vergleichend-einschätzender Funktion (*quasi, ut, velut, tamquam*: bei Notker ahd. *sámo-so, sô, álso*) als Übersetzungsindikatoren verwenden.

Während Notker in den artistischen Schriften neben anderen Kommentaren vor allem denen des Remigius als Leitkommentaren folgt, sind die Hauptquellen für seine Auslegung der Psalmen die Psalmenkommentare Augustins (*Enarrationes in psalmos*) und Cassiodors (*Expositio psalmorum*). Darüber hinaus schöpft er aus dem reichen Fundus seiner persönlichen Bildung, die ihn als den eminentesten deutschsprachigen Vertreter der nachkarolingischen Wissenschaften ausweist. Notkers hohe Kunstfertigkeit im Übersetzen ist in der gesamten althochdeutschen Epoche beispiellos geblieben: die Beherrschung der Muttersprache im Gefühl für die Wortwahl der verschiedenen Stilebenen, für den Eigenrhythmus lateinischer und deutscher Sätze (seine rhythmische Markierung nach *colon* und *comma*), der sicher selektierende Blick auf ein breites Spektrum deutscher Synonyme bei ein und demselben lateinischen Wort in verschiedenem Kontext, die an der Phonetik systemhaft orientierte Orthographie (z. B. Anlautgesetz und Akzentsystem).

Und doch pflegte Notker die deutsche Sprache nicht um ihrer selber willen, sondern »aus Liebe zu seinen Schülern«. Seine gesteigerte Sensibilität im Sprachlichen ist ihm zugleich und vor allem eine solche für Inhalte und Ziele sprachlicher Vermittlung, die der »Bildung« (»eruditio«) als »Weisheit« (»sapientia«) dient. Diese wird in der *Rhetorik* Notkers auf die Frage des Schülers: »Sapientia quid est?« (»Was ist Weisheit?«), vom Magister definiert als: »Quę divina atque humana novit« (»Sie kennt das Göttliche und Menschliche«). Das heißt im Sinne Notkers Kenntnis des Göttlichen in bezug auf das Menschliche, Kenntnis des Menschlichen in Ausrichtung allein auf das Göttliche.

Die cluniazensische Reformbewegung, die, auf eine rigoros asketisch-religiöse Ausrichtung der Klöster bedacht, alle weltliche Wissenschaft als Stufe zur Theologie ebenso rigoros zurückdrängte und vor allem über das Hirsauer Mönchtum in der zweiten Hälfte des 11. Jahrhunderts die oberdeutschen Klöster erfaßte, machte auch vor dem St. Galler Kloster nicht halt. Sie sorgte dafür, daß das von Notker auf den Sieben Freien Künsten als den ›Sieben Säulen der Weisheit‹ errichtete lateinisch-deutsche Bildungssystem keine Fortsetzung fand. Spätere Umarbeitungen von Notkers *Psalter* zeugen von diesem neuen Geist. Nicht lange nach Notkers Tod – und noch vor dieser Bewegung – war der Ruf seines Werkes weit in das Reich gedrungen: Kaiserin Gisela, Gemahlin Konrads II., die 1027 mit ihrem Sohn, dem späteren Kaiser Heinrich III., im St. Galler Kloster zu Besuch weilte, bekundete wärmstes Interesse für Notkers Werke, und es war ihr persönlichstes Anliegen, daß man ihr von seinem *Psalter* und *Hiob* Abschriften anfertigte. In der Neuzeit macht als einer der ersten Johann Gottfried Herder (*Andenken an einige ältere deutsche Dichter*, 1. Brief, 1793) auf Notkers Sprache, die »selbst in der Prose Poesie« sei, wieder aufmerksam.

Bibliographische Hinweise

Die Schriften Notkers und seiner Schule. 3 Bde. Hrsg. von P. Piper. Freiburg i. B. / Tübingen 1882–83.

Die Werke Notkers des Deutschen. Neue Ausg. Bd. 1 ff. Beg. von E. H. Sehrt und T. Starck. Fortges. von J. C. King und P. W. Tax. Tübingen 1972 ff.

Backes, H.: Die Hochzeit Merkurs und der Philologie. Studien zu Notkers Martian-Übersetzung. Sigmaringen 1982.

Hellgardt, E.: Notkers des Deutschen Brief an Bischof Hugo von Sitten. In: Befund und Deutung. Zum Verhältnis von Empirie und Interpretation in Sprach- und Literaturwissenschaft. Hrsg. von K. Grubmüller [u. a.]. Tübingen 1979. S. 169–192.

Hoffmann, P.: Die Mischprosa Notkers des Deutschen. New York / London 1967. (Nachdr. der Ausg. Berlin 1910.)

Luginbühl, E.: Studien zu Notkers Übersetzungskunst. (Nachdr. der Ausg. Weida 1933.) Mit einem Anh.: Die altdeutsche Kirchensprache. (Nachdr. der Ausg. St. Gallen 1936.) Einl. von S. Sonderegger. Berlin 1970.

Schröbler, I.: Notker III. von St. Gallen als Übersetzer und Kommentator von Boethius' »De consolatione philosophiae«. Tübingen 1953.

Sehrt, E. H.: Notker-Glossar. Ein althochdeutsch-lateinisch-neuhochdeutsches Wörterbuch zu Notker des Deutschen Schriften. Tübingen 1962.

Sehrt, E. H. / Legner, W. K.: Notker-Wortschatz. Das gesamte Material zus.-getragen von E. H. S. und T. Starck. Halle a. d. S. 1955.

Sonderegger, S.: Althochdeutsch in St. Gallen. Ergebnisse und Probleme der althochdeutschen Sprachüberlieferung in St. Gallen vom 8. bis ins 12. Jahrhundert. St. Gallen / Sigmaringen 1970. S. 79 bis 123.

– Latein und Althochdeutsch. Grundsätzliche Überlegungen zu ihrem Verhältnis. In: Variorum munera florum. Latinität als prägende Kraft mittelalterlicher Kultur. Festschrift für Hans F. Haefele. Hrsg. von A. Reinle [u. a.]. Sigmaringen 1985. S. 59–72.

Annolied

Von Arne Holtorf

Das *Annolied* ist ein kleines geistliches Epos (880 Verse) wohl noch aus dem 11. Jahrhundert, aus jener Phase der deutschen Literaturgeschichte also, die sich zwischen der noch althochdeutschen Frühzeit und der hochmittelalterlichen Blüte mit einer ganzen Reihe von charakteristischen, fast durchweg geistlichen Texten deutlich sichtbar herausgebildet hat. Typische Merkmale seiner Epoche zeigt das *Annolied* in seiner noch etwas klobigen Vers- und Reimkunst, in der geistlichen, auf Tod und Jenseits gerichteten Perspektive und in seiner – direkten und indirekten – Abhängigkeit von lateinischer Kirchenväter-Literatur. Der biographische Stoff, das Leben des Kölner Erzbischofs Anno II. (geb. um 1010, Erzbischof 1056–75), und der streckenweise ganz unbiblische Inhalt sind dagegen eher ungewöhnlich.

So wie sich der Text uns heute darstellt (erhalten ist er lediglich in einem frühen Abdruck des vorzeitbegeisterten Martin Opitz von 1639; seine Vorlage, wohl eine Breslauer Handschrift, ist nicht mehr auffindbar), fügen sich die Reimpaare zu 49 Strophen ungleichmäßigen Umfangs, 6 bis 28 Verse umfassend, zusammen. Diese dürften schon in der Handschrift durch Initialen markiert gewesen sein, und sie zeichnen sich auch in ihrer jeweiligen thematischen Geschlossenheit recht gut ab. Ein Überblick über Inhalt und Aufbau ist deshalb am einfachsten durch Strophengruppierung zu gewinnen:

Prolog (Str. 1, 18 Verse): Gegenüber verbreiteter, durch spektakuläre Handlung faszinierender Heldendichtung wird die besondere Wichtigkeit des folgenden geistlichen Themas ›Anno‹ betont; sein Leben macht uns auf das Hineinwirken Gottes in diese Welt aufmerksam und ermahnt uns, für das Leben der Seele nach dem Tode zu sorgen. – *Die geistliche Geschichte der Welt* (Str. 2–7, 102 Verse): Sie beginnt mit der Schöpfung, aus deren göttlicher Harmonie der Mensch auf teuflische Einflüsterung hin ausschert. Ihn vermag der Erlöser Christus mit Hilfe seiner Apostel und Heiligen zu retten, zu denen auch Anno gehört. Bemerkenswert ist die Theorie vom Menschen, derzufolge er das einzige Wesen ist, das gleicherweise aus *corpus* und *geist* geschaffen wurde (Str. 2). – *Die säkulare Geschichte der Welt* (Str. 8–33, 458 Verse): Sie beginnt mit den ältesten Stadtstaaten Ninive und Babilon und führt dann – der christlichen Weltreich-Lehre folgend, die sich auf Daniels Traum stützt (Dan. 7) – über das persische und griechische Großreich bis auf Rom und die Konstituierung des römischen Weltreiches durch Caesar. Dabei sollen die deutschen Stämme der Schwaben, Baiern, Sachsen und vor allem der Franken maßgeblich beteiligt gewesen sein, die über ihre angeblichen Herkunftsgeschichten – im *Annolied* sehr früh bezeugt! – noch zusätzlich mit der alten Welt verbunden werden. Mit der Geburt des Erlösers unter Augustus und der Errichtung der römischen Kirche durch Petrus bekommt das Reich eine religiöse Dimension, die sich dann bei der Franken-Missionierung bis hin zu Anno besonders auswirken soll. – *Die Geschichte Annos* (Str. 34–44, 196 Verse): Sein Weg beginnt mit der Ernennung zum Erzbischof von Köln, an die sich eine glanzvolle Regentschaft für den jungen Heinrich IV. anschließt. Dann aber prüft Gott ihn, indem sich die Stadt und das ganze Reich gegen ihn empören. Der Welt müde, erfährt er in einer Traumvision, daß er erst das Verhältnis zu den Kölnern wieder normalisieren müsse, bevor seine Seele geläutert ins ewige Paradies einziehen kann. – *Annos wundertätiges Wirken aus dem Jenseits* (Str. 45–48, 80 Verse): Anno bestraft einen Teufelsbündler, einen Unfreien namens Volprecht, durch Krankheit, der ihn

Der heilige Anno,
Titelfigur des »Annoliedes«

mitsamt Gott und allen Heiligen schmäht, heilt ihn aber, nachdem dieser seine Schuld eingesehen und Anno um Gnade gebeten hat. – *Epilog* (Str. 49, 26 Verse): Im Anschluß an diese Wundertat wird nachdrücklich auf Gottes lohnende und strafende Allmacht hingewiesen, von der alle Gläubigen nur Vorteil haben.

Das *Annolied* kann erst nach Annos Tod (4. Dezember 1075) und nach dem Einsetzen der ersten Wunderzeichen, also nach Beginn der Anno-Verehrung entstanden sein. Man grenzt die Entstehungszeit mittlerweile auf die Jahre 1077–81 ein, so daß der Text vermutlich während der heißen Phase des Investiturstreites noch zu Lebzeiten Heinrichs IV. entstanden ist. Ein Zusammenhang mit der erst 1183 erfolgten Heiligsprechung Annos besteht offenbar nicht, obwohl Anno ständig als Heiliger tituliert wird (»heilig«, »sent«). Entstehungsort dürfte das Kloster Siegburg (»ûffin Sigeberg«; I,11) gewesen sein, das er gegründet hat. Dort hat er sich in den letzten Lebensjahren gerne aufgehalten, und dort ist er auch begraben worden, auch war man ihm dort immer so gewogen, wie es zur Entstehung eines solchen Textes vorausgesetzt werden muß. In den westmitteldeutsch-fränkischen Raum weist auch die Sprache des Textes.

Mit dem Investiturstreit, der das Lebensgefühl der Menschen seiner Zeit erschüttert hat wie kein Ereignis zuvor, und mit der rheinisch-fränkischen Region sind die beiden Kraftfelder angesprochen, in deren heterogenem Einflußbereich sich die eigenartige Konzeption des *Annoliedes* ausgebildet haben muß.

Die grundsätzliche Teilung der Welt in eine diesseitig-›körperliche‹ und eine jenseitig-›geistige‹ Hälfte (Str. 2) ist zwar seit Augustin Allgemeingut christlicher Theologie, aber die programmatische Entfaltung dieses Gegensatzes am Beginn des *Annoliedes* und vor allem sein Niederschlag im Aufbau des Werkes (Str. 2–33) zeigen, daß hier ein altes Thema neuerliche Aktualität gewonnen haben muß. Das Bild von Körper und Geist wird im *Annolied* allerdings nicht dazu benutzt, um – nach Identifizierung mit Staat und Kirche, Kaiser und Papst – das Primat des jeweils letzteren daraus abzuleiten, wie es in den polemischen Schriften der Kurie im Investiturstreit geschieht, sondern beide ›Welthälften‹ entwickeln sich historisch aufeinander zu und treffen sich – in der Person Annos. Anno ist Erzbischof von Köln in der Nachfolge der Kölner Märtyrer und Bischöfe (Str. 6), und er ist gleichzeitig weltlicher Herrscher im Reich in Fortsetzung fränkischer Kämpfertugenden (Str. 33), nämlich in der Zeit, als er nach seiner Ernennung zum Kölner Erzbischof – nach Darstellung des *Annoliedes* – maßgeblicher Ratgeber Heinrichs III. und nach dessen Tod Regent für den noch kindlichen Heinrich IV. war. Unter Annos Regentschaft sind an der Spitze des Reiches die beiden Komponenten vereint, die zusammen das *imperium christianum* ausmachen. Machtvolle Herrschaft nach innen und außen, Gerechtigkeit und Friede verbinden sich mit persönlicher Demut, Schutz der Kirche, der Armen, der Witwen und Waisen. Unter dem desolaten Eindruck der Verwirrung des Reiches in seiner politischen Substanz wie in seinen ideellen Grundlagen durch den Investiturstreit rühmt das *Annolied* seinen Helden als den einzigen, der kraft der beiden in seiner Person zusammenfließenden Geschichtsstränge von sich aus die Voraussetzungen dafür mitbrachte, die Idee des Kaiserreiches in die Realität umzusetzen (Str. 34). Nur unter seiner Herrschaft konnten die Bewohner des Reiches sich im Diesseits und Jenseits geborgen fühlen, das Reich war Schutzraum und Heilsraum zugleich geworden und bot damit dem Menschen den ihm in seiner Doppelnatur von *corpus unte geist* allein angemessenen Aufenthaltsort. Mit der zunehmenden Agonie des Reiches, gegen die auch Anno machtlos war, blieb ihm – durch die Krise auf göttlichen Wunsch noch zusätzlich geläutert – doch die Fähigkeit, die erlösungsbedürftigen Seelen der auf ihn Vertrauenden ins paradiesische Jenseits zu geleiten.

Die Kühnheit dieses Entwurfs konnte und kann nur vor

dem Hintergrund der damaligen politischen Realität richtig gewürdigt werden. Einmal ist die Verklärung Annos zum Heilsbringer nicht lange nach seinem Tode und zu einer Zeit, als der spektakuläre Staatsstreich von Kaiserswerth, bei dem sich Anno des jungen Königs mit Hinterlist bemächtigte (1062), und die blutige Auseinandersetzung mit der Stadt Köln (1074) noch in guter Erinnerung gewesen sein müssen, ein sehr gewagter Schritt, denn Anno war zu Lebzeiten und noch lange danach eine sehr umstrittene Persönlichkeit. Immerhin haben dem *Annolied*-Dichter in dieser Hinsicht zugearbeitet Lampert von Hersfeld, der in seinen Annalen (1077–79) einen langen, rühmenden Nachruf auf Anno verfaßt hat (die Tendenz erklärt sich wohl aus Lamperts Abneigung gegenüber Heinrich IV.), und wohl auch die (erste) *Vita Annonis* des Siegburger Abtes Reginhard (nur in zwei Fragmenten erhalten, vor 1088) oder ähnliche Bestrebungen, deren Tendenz sich aus der lokalen kirchlichen Perspektive ergibt.

Darüber hinaus betreibt der *Annolied*-Dichter aber auch massive Geschichtsklitterung, indem er der Entstehung des römischen Kaiserreiches von vornherein ein starkes deutsches Element beimischt (Str. 24–28), aus dem sich regionale fränkische, ja geradezu stadtkölnische Interessen herausschälen. Mit der neugeschriebenen Reichsgeschichte wird das traditionelle Selbstverständnis des Reiches verändert. Weder Karl der Große noch irgendein Papst (außer Petrus, Str. 32) noch die Idee von der *translatio imperii ad Germanos* werden im *Annolied* erwähnt. Kein Urvater Karl leuchtet über den deutschen Kaisern, und kein Papst verleiht die römische Kaiserkrone, statt dessen ergibt sich die Verfügungsgewalt der Deutschen über das römische Kaiserreich (mittlerweile um die christliche Dimension erweitert) aus ihrer Mitwirkung bei seiner Entstehung und der besondere Herrschaftsanspruch der Franken aus ihrer politisch-militärischen und religiös-christlichen Tüchtigkeit wie auch aus ihrer Verwandtschaft mit Caesar, der Präfiguration des Kaisers (beide stammen angeblich von den Trojanern ab, Str. 22). Auch in bezug auf diese nationale und regionale Konzeption der Reichsidee ist dem *Annolied*-Dichter zugearbeitet worden, nämlich von Bistums-Chronisten und Hagiographen des Rhein-Maas-Raumes, die in mehreren Beispielen vor dem *Annolied* gezeigt haben, wie man die eigene Region mit ihren oder ihrem Heiligen in die gesamte Welt- und Heilsgeschichte einbetten kann (Knab).

Annos – stellvertretende und vorübergehende – Herrschaft im Reich, wie sie das *Annolied* darstellt, beruht also auf anderen Grundlagen als die historische deutsche Kaiserherrschaft, die mit dem Investiturstreit und mit Heinrich IV. in eine tiefe Krise geraten war. Kennzeichnend für die im *Annolied* vorgetragene Alternative ist zum einen, daß jeder weiterwirkende Einfluß der römischen Kurie auf Auswahl und Krönung des Herrschers im Reich vermieden wird. Die Herrschaft bekommt ihre unerläßliche sakrale Dimension dadurch, daß ihr Träger in der Tradition eines regionalen Märtyrer- und Heiligenkultes verwurzelt ist (Str. 6 und 33). Bezeichnenderweise ist der Papst auch bei Annos Ernennung zum Erzbischof nicht beteiligt, sondern nur Heinrich III. und vor allem Gott (Str. 34). Zum andern erfolgt die Legitimation zur weltlichen Herrschaft auch nicht durch Wahl oder Erbrecht, sondern durch Zugehörigkeit zu einer Region, deren Bewohner, hier die Franken, sich in besonderer Weise qualifiziert haben. Und schließlich bleibt im *Annolied* die Beziehung einer solchen Herrscherfigur zu seiner Region doch intakt, auch wenn die Herrschaft im Reich an der Ungunst der Verhältnisse scheitert, und zwar intakt sowohl in politischer wie in religiöser Hinsicht – und das über den Tod hinaus. Dafür gibt es eine göttliche Garantie, denn Anno darf erst sterben, nachdem er das Zerwürfnis mit den Kölnern von 1074, an dem er angeblich schuldlos gewesen ist, auf göttlichen Wunsch hin aus der Welt geräumt hat (Str. 43). Danach ist ihm die göttliche Gnade sicher, und er benutzt sie, um aus dem Jenseits für alle die zu sorgen, die ihn verehren und auf ihn vertrauen

(Str. 45). Dafür wird mit der Volprecht-Erzählung (Str. 45 bis 48) ein Beweis vorgelegt.

Anno, ein Fürst aus bester fränkischer und christlicher Tradition, sorgt also für die Seinen in Diesseits und Jenseits, sorgt für *corpus unte geist* aller Menschen, die sich seinem Kult anschließen. Der *Annolied*-Dichter wollte mit diesem Appell zugunsten der Verehrung seines Heiligen (der realiter ja noch gar nicht heiliggesprochen war!) offenbar in einer Zeit, in der dem Kaiser die diesseitige Macht und die jenseitige Gnade entglitten waren, all denen einen Weg zeigen, die besorgt waren, wie sie ihr Leben im Reich hinbringen könnten, ohne schuldig und damit verdammt zu werden. Dieser Weg führte in die Region, die sich im *Annolied* selbstbewußt gerade in den Bereichen als heil darstellte, die im Reich darniederlagen, nämlich in Gottesdienst und weltlicher Herrschaft. Zwangsläufig mußte auch Anno in diesem Rahmen vollkommener gemacht werden, als er gewesen sein dürfte.

Bibliographische Hinweise

Das Annolied. Mittelhochdeutsch und neuhochdeutsch. Hrsg., übers. und komm. von E. Nellmann. Stuttgart 1975 [u. ö.]. [Mit Bibliographie.]

Sankt Anno und seine viel liebe statt. Beiträge zum 900jährigen Jubiläum. Hrsg. von G. Busch. Siegburg 1975.

Monumenta Annonis. Köln und Siegburg. Weltbild und Kunst im hohen Mittelalter. Ausstellungskatalog. Hrsg. von A. Legner. Köln 1975.

Blumenthal, U. R.: Der Investiturstreit. Stuttgart [u. a.] 1981.

Jenal, G.: Erzbischof Anno II. von Köln (1056–75) und sein politisches Wirken. Ein Beitrag zur Geschichte der Reichs- und Territorialpolitik im 11. Jahrhundert. 2 Tle. Stuttgart 1974–75.

Knab, D.: Das Annolied. Probleme seiner literarischen Einordnung. Tübingen 1962.

Nellmann, E.: Die Reichsidee in deutschen Dichtungen der Salier- und frühen Stauferzeit. Annolied, Kaiserchronik, Rolandslied, Eraclius. Berlin 1963. S. 35–81.

Reusner, E. v.: Das Annolied. Historische Situation und dichterische Antwort. In: Deutsche Vierteljahrsschrift für Literaturwissenschaft und Geistesgeschichte 45 (1971) S. 212–236.

Kaiserchronik

Von Arne Holtorf

Das älteste umfänglichere Geschichtswerk in deutscher Sprache ist die sogenannte *Kaiserchronik*. Sie ist ein Kind der frühmittelhochdeutschen Epoche der deutschen Literaturgeschichte, aus der sie nicht nur durch das neue Thema herausragt, sondern auch durch ihren Umfang von 17283 Versen in ihrem ursprünglichen Bestand (ohne daß ein sichtbarer Abschluß erreicht wäre). Der Umfang ist ihrem Erfolg nicht hinderlich gewesen (es existieren 37 Handschriften und Fragmente, spätere Prosaauflösungen nicht gerechnet), weil die Großformen in der Epik ab dem 13. Jahrhundert die Regel zu werden beginnen. Für ihre Zeit scheint die *Kaiserchronik* erstaunlich diesseitsorientiert, doch ist eine geistliche Zielrichtung des dargestellten Geschichtsverlaufs unübersehbar, womit sie sich wieder in ihre Epoche eingliedert.

Die *Kaiserchronik* beginnt nicht mit den historischen Büchern des Alten Testamentes, sie will nicht Weltchronik in diesem umfassenden Sinne sein, sondern sie beschränkt sich auf die Geschichte des römischen, später deutschen Kaiserreiches, hält dieses Reich aber durchaus für das Weltreich und die Kaiserherrschaft für Weltherrschaft. Sie erzählt also ebenfalls Weltgeschichte, allerdings nach einem aktuellen Konzept des 12. Jahrhunderts, in dessen Mittelpunkt die Kaiserfigur steht. Geschichte besteht in der *Kaiserchronik* aus einer Abfolge von Kaiserherrschaften, die auf eine Erfüllung im christlich geprägten deutschen Kaisertum des Mittelalters hin ausgerichtet ist. Für den Historiker ist die Quelle deshalb nur insofern von Bedeutung, als sie ein Zeugnis für mittelalter-

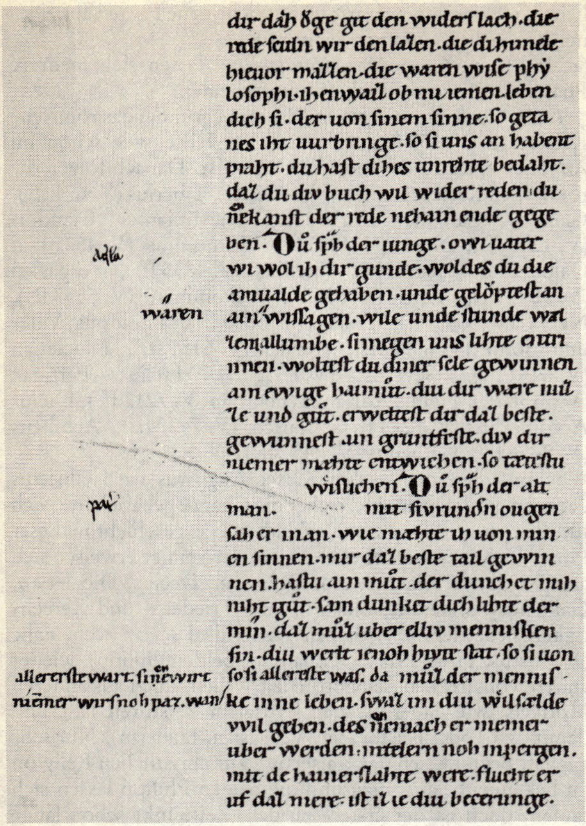
dir dah ðge git den widerslach. die
rede sculn wir den lazen. die di himele
hieuor mazzen. die waren wise phy
losophi. ih enwaiz ob nu iemen leben
dich si. der uon sinem sinne. so geta
nes iht uurbringe. so si uns an habent
praht. du hast dihes unrehte bedaht.
daz du div buch wil wider reden. du
nekanst der rede nehain ende gege
ben. Do sprach der iunge. owi uater
wi wol ih dir gunde. woldes du die
anwalde gehaben. unde geloptest an
ain wissagen. wile unde stunde waz
lent allumbe. si megen uns lihte cun
nen. woltest du diner sele gewinnen
ain ewige haimut. diu dir ware mil
le und gut. erwelest dir daz beste.
gewinnest ain gruntfeste. div dir
niemer mahte entwichen. so tatestu
wislichen. Do sprach der alte
man. mit siuruneden ougen
sah er in an. wie mahte ih uon min
en sinnen. mir daz beste tail gewin
nen. hastu ain mut. der dunchet mih
niht gut. sam dunket dich lihte der
min. daz mut uber elliv mennisken
sin. diu werlt ie noh hiute stat. so si uon
so si allererste was. da mus der mennis
ke inne leben. swaz im diu wilsaelde
wil geben. des ne mach er niemer
uber werden. in telern noh in pergen.
mit de haiuerslahte were. flucht er
uf daz mere. ist iz ie diu becerunge.

adsta

waren

pat'

allererste wart. si ne wirt niemer wirs noh paz. wan

Aus der Vorauer Handschrift der »Kaiserchronik«

liche Geschichtstheorie ist; wesentliche neue Fakten aus eigener Beobachtung teilt sie nicht mit.

Nach dem Grade der Entwicklung lassen sich mehrere Phasen der Kaiserherrschaft unterscheiden:

1. Die Vorbereitungsphase: Caesar begründet das römische Kaisertum (V. 455 ff.) mit deutscher Hilfe, wie schon im *Annolied* erzählt, das hier die Quelle ist. Danach folgen die römischen Kaiser Augustus (V. 603 ff.), Tiberius (V. 671 ff.), Gaius – Caligula (V. 1115 ff.), Faustinian – Claudius (V. 1219 ff.), Nero (V. 4083 ff.), Tarquinius (V. 4301 ff.), Galba und Piso, Otto, Vitellius (V. 4835 ff.), Vespasian (V. 5099 ff.), Titus (V. 5365 ff.), Domitian (V. 5557 ff.), Nerva (V. 5683 ff.), Trajan (V. 5839 ff.), Philippus Vater und Sohn (V. 6097 ff.), Decius (V. 6151 ff.), Diocletian (V. 6451 ff.), Severus (V. 6622 ff.), Helius Pertinax (V. 7136 ff.), Helius Adrianus (Hadrian; V. 7212 ff.), Lucius Accomodus (V. 7244 ff.), Alarich (V. 7420 ff.), Achilleus (V. 7426 ff.), Gallienus (V. 7452 ff.).

Schon unter dem ersten Kaiser Augustus wird Christus geboren, so daß jeder Herrscher die Chance gehabt hätte, sich für die richtige Sache zu entscheiden. Das geschieht in dieser Phase des Kaisertums aber nicht, sondern einige erweisen sich als Christenverfolger (Nero, Domitian, Decius, Diocletian, Gallienus), andere kommen in ihrer Friedens- und Gerechtigkeitsliebe dem christlichen Kaiserideal schon recht nahe (Augustus, Titus, Nerva, Trajan, die beiden Philipp), wieder andere vollstrecken den göttlichen Willen, doch aus anderen Motiven (wie Tiberius, der Jerusalem zerstören läßt und damit den Tod Christi rächt, Vespasian, Hadrian). Nur sehr zaghaft beginnt sich das Kaisertum zur christlichen Religion zu bekennen: Faustinian und die beiden Philipp lassen sich taufen, doch ist der erstere zu dem Zeitpunkt schon lange nicht mehr Kaiser, und die letzteren werden umgehend von dem Rivalen Decius erschlagen. Die Gegner der heidnischen Tyrannen sind zahlreich. Zu ihnen gehören in erster Linie die Märtyrer: Peter und Paul unter Nero; Johannes unter

Domitian; Sixtus, Laurentius, Hippolytus unter Decius; Vitus, Pancratius, Mauricius und die ganze thebaische Legion unter Diocletian. Sie stellen als Fürsprecher und Nothelfer den größten Gewinn für das spätere christliche Reich aus dieser Epoche dar. Respekt dürfen aber auch nichtchristliche, aufopferungsbereite Freiheitskämpfer verlangen wie Jovinus (unter Gaius), Conlatinus (unter Tarquinius) und Odnatus (unter Vitellius). In der sehr umfangreichen Faustinian-Erzählung wird eine Theorie des Christentums in Auseinandersetzung mit heidnischen Vorstellungen wie der Astrologie entwickelt, die umgehend ihre praktische Bewährung erfährt.

Deutsche Interessen artikulieren sich in der entscheidenden Mithilfe bei der Reichsgründung unter Caesar, in der Gründung Regensburgs durch Tiberius, in der Gestalt des Trierer Ritters Conlatinus und seiner römischen Frau Lukretia, die gemeinsam den Kaiser Tarquinius und seine Frau moralisch beschämen, und in Gestalt des Baiernherzogs Adelger, der sich diplomatisch und militärisch gegenüber dem Kaiser Severus zu behaupten vermag.

2. *Die Übergangsphase:* Die römischen Kaiser bekennen sich zunehmend zum Christentum und erfahren die göttliche Allmacht zu ihrem Vorteil. Die prägende Gestalt ist Constantin (V. 7806 ff.), dessen Herrschaft von seinem Vater Constantius vorbereitet wird (V. 7604 ff.). Es folgen die Kaiser Julianus (V. 10634 ff.), Heraclius (V. 11138 ff.), Narcissus und die beiden Dietriche (V. 11352 ff.), Justinian (V. 12813 ff.), Theodosius (V. 13067 ff.), Constantinus Leo (V. 13651 ff.), Zeno (V. 13825 ff.) und Constantius (Constantinus VI.; V. 14194 ff.).

Constantin wird vom Papst Silvester getauft und dadurch von tödlicher Krankheit geheilt. Beide zusammen schaffen in einer Art von zweiter Schöpfungswoche die institutionellen Voraussetzungen für das Zusammenwirken von Kirche und weltlicher Herrschaft im Reich. Außerdem sorgen sie auf einem großen Konzil für eine argumentative Absicherung der christlichen Dogmen gegenüber der jüdischen Position. In

Constantins Fußstapfen treten Heraclius, der den Heiden Jerusalem abgewinnt und nach dem Sieg demütig wie ein Büßer in die Stadt einzieht, Justinian, der von seiner Frau auf den Weg eines christlichen Herrschers gebracht wird, Theodosius, der sich in der erfolgreichen Auseinandersetzung mit den Arianern zum Sachwalter der römischen Kirche macht und dem die Pflichten des christlichen Kaisers offenbart werden (V. 13604 ff.), und Constantinus Leo, der die Gebeine des heiligen Stephan für Rom erwirbt. Dagegen wird Julianus, der den heidnischen Kult des Mercurius wiedererrichtet und drei christliche Herzöge das Martyrium erleiden läßt, auf göttliche Veranlassung hin erschlagen, und die beiden Dietriche, die sich gegenüber ihrer Frau und Schwägerin Crescentia versündigt haben, müssen erst öffentlich ihre Schuld bekennen, um vom bedeutungsträchtigen Aussatz geheilt zu werden. Auch Dietrich von Bern, der den Papst drangsaliert (unter Zeno), nimmt kein gutes Ende.

Die Deutschen sind in diesem Abschnitt nur durch die Trierer Mutter Constantins, die Gründung von Konstanz durch dessen Vater Constantius und allenfalls (und dann schlecht) durch Dietrich von Bern (sein Großvater war Dietrich von Meran) vertreten.

3. Die Erfüllungsphase: Mit Karl dem Großen (V. 14282 ff.) geht das Kaisertum endgültig auf die Deutschen über (V. 14815 ff.). Er setzt die organisatorischen Maßnahmen Constantins für das Reich auf göttliche Anweisung hin fort, in die auch die Kirche einbezogen ist (V. 14757 ff.), und verbreitet das Christentum mit Heeresmacht innerhalb und außerhalb des Reiches. Alle Nachfolger bemühen sich – mit unterschiedlichem Erfolg – um den Schutz dieser endgültigen Ordnung, und das sind Ludwig der Fromme (V. 15092 ff.), sein Sohn Liuther (Lothar; V. 15236 ff.), Ludwig der Deutsche (V. 15318 ff.), Karl der Dicke (V. 15400 ff.), Arnold (Arnulf von Kärnten; V. 15518 ff.), Ludwig das Kind (V. 15582 ff.), Konrad I. (V. 15652 ff.), Heinrich I. (V. 15760 ff.), Otto der Große (V. 15850 ff.), Otto II. (V. 15974 ff.), Otto III. (V. 16064 ff.), Heinrich II. (V. 16142 ff.), Konrad II. (V. 16254 ff.), Heinrich III. (V. 16376 ff.), Heinrich IV. (V. 16531 ff.), Liuther (Lothar von Supplinburg; V. 16942 ff.) und Konrad III. (V. 17183 ff.).

Der Verfasser der *Kaiserchronik* (vielleicht sind es auch mehrere gewesen) dürfte Geistlicher gewesen sein, wohl nicht ganz frei von reformpäpstlichem Gedankengut, da er dem Kaisertum gegenüber eine deutlich kirchliche Position vertritt. Er besaß offenkundig eine Beziehung zu Regensburg, das er mehrfach erwähnt, und stand dem Kaiser Lothar von Supplinburg (geradezu hymnisch gerühmt V. 17165 ff.), seinem Schwiegersohn, dem welfischen Baiernherzog Heinrich dem Stolzen, und dessen Bruder Welf VI. (unter Konrad III.) nahe. Alle diese Voraussetzungen erfüllte – zumindest zeitweilig – der Regensburger Bischof Heinrich von Dießen-Wolfratshausen (1132–55, Schützling Erzbischof Konrads von Salzburg, Wähler und ständiger Ratgeber Lothars), so daß die *Kaiserchronik* aus dessen Umkreis stammen könnte (trotz V. 17185–90!). Das letzte erzählte Ereignis ist die Kreuznahme Konrads III. (Weihnachten 1146), so daß das Werk frühestens kurz danach in der erhaltenen Form vorgelegen haben kann. Eine durchgehende Quelle scheint nicht benutzt worden zu sein, vielmehr schöpfte der Autor aus einem erstaunlich vielfältigen Überlieferungsstrom älterer und jüngerer chronikalischer Quellen, Sagen, Heiligenlegenden und zeitgenössischer deutscher Dichtung wie dem *Annolied* und Priester Arnolds *Von der Siebenzahl* (Ohly).

Kaiser und Reich sind nicht von Gott, so erzählt es die *Kaiserchronik*, sondern beide existieren jahrhundertelang ohne ihn, allerdings in einem bedenklich schwankenden moralischen Zustand und in einem ungeklärten Verhältnis zum Jenseits. Erst mit der Taufe des Kaisers sind die Voraussetzungen für eine Neubegründung des Reiches aus christlichem Geiste geschaffen. Nach Constantins und Karls Reformen genügt es, Angehöriger des Reiches zu sein, um vom Kult der Staatskirche zu profitieren. Das Reich ist Erlösungsraum geworden, der nun Nutzen aus seiner früheren ›Märtyrerphase‹ ziehen kann. In dieser Konzeption spricht sich ein gekräftigtes diesseitiges nationales Selbstbewußtsein aus: das Leben im Reich ist nicht Vorstufe und Vorbereitung für ein Leben im Jenseits, sondern das Reich hat die positive Klärung der Beziehung zum Jenseits hinzugewonnen. Es gibt auch in der heidnischen Phase des Reiches durchaus Wurzeln des späteren Selbstverständnisses wie die Gründung unter maßgeblicher Beteiligung der deutschen Stämme, die vorchristliche Geschichte Roms, das römische Kaisertum, die Vorbildfiguren unter den römischen Herrschern und die heroischen Gegner der Tyrannen.

Die geschichtliche Erfahrung relativiert alle abstrakten Konstruktionen. Auch die christlichen Kaiser vermögen nicht immer ihr Amt so auszufüllen, wie es von ihnen erwartet werden könnte (Ludwig das Kind, Heinrich IV.), und die *Kaiserchronik* liefert keine Legitimation der Herrschaft durch Kaiser und Adel mit Hilfe eines konstruierten religiös-ideologischen Überbaus, sondern sie weist diesen einen Aufgabenbereich zu, der erst auszufüllen ist. Die Aufgabe besteht in der Fürsorge für die Schutzlosen durch Herstellung von Friede und Ausübung von Gerechtigkeit, und die Schutzlosen sind Witwen und Waisen, die gesamte Kirche, Bauern und Kaufleute (V. 5845 ff., 8065 ff., 13604 ff., 14757 ff., 17169 ff.), wobei die Bauern erst zu Schutzlosen gemacht werden, indem ihnen von Karl dem Großen das Schwert verboten worden sein soll (V. 14791 ff., wohl ein Reflex des Reichslandfriedens von 1152). Während diese alle ihrem jeweiligen Stand und seinen Pflichten verhaftet bleiben sollen, eröffnet sich für die Herrschenden, den Kaiser an ihrer Spitze, ein breites Betätigungsfeld, auf dem sie Ansehen (*êre*) im Diesseits und die göttliche Gnade für das Jenseits erwerben können. Die *Kaiserchronik* präsentiert dem Adel das Reich als Abenteuer- und Bewährungsraum, so daß diese

Schicht das angesprochene Publikum gewesen sein dürfte. In diesem Sinne ist das zahlreich eingebundene literarische Erzählgut zu werten.

Die im Werk erstrebte Harmonie zwischen Kaiser und Papst läßt die *Kaiserchronik* als typisch für mittelalterliche Weltordnungsvorstellungen erscheinen, doch ist zu bedenken, daß diese Harmonie in einer der Entstehungszeit der *Kaiserchronik* unmittelbar vorausgehenden Epoche, im Investiturstreit nämlich, nachhaltig gestört war. Nach Abschluß des Wormser Konkordats 1122 unter Heinrich V. normalisierten sich die Beziehungen zwischen Kaiserhof und Kurie wesentlich doch erst unter dem Nachfolger Lothar von Supplinburg, der deshalb auch »Pfaffenkaiser« gescholten wurde. Die offenkundige Sympathie des *Kaiserchronik*-Dichters für ihn legt den Gedanken nahe, daß er die Politik des Kaisers in Richtung auf eine Wiederherstellung der alten Ordnung von geistlicher Seite her mit einer historisch entwickelten ›Theorie des Reiches‹ unterstützen wollte.

Zu überlegen wäre, inwieweit sich Folgen des Investiturstreites trotzdem in der Konzeption der *Kaiserchronik* niedergeschlagen haben. Man könnte von einem Neueinsatz herrschaftlichen Selbstverständnisses im Reich von der Geschichte – statt von der Religion – her sprechen, Zeichen einer vom Investiturstreit ausgelösten zunehmenden Verweltlichung adeligen Lebensgefühls und einer Nationalisierung des Klerus. Der geistliche Autor fordert von Kaiser und Adel die nicht mehr selbstverständliche Fürsorge für die Kirche und den Glauben, die für jene aber schon zu einer Aufgabe unter anderen geworden ist. Eine wachsende Emanzipation des Adels aus einem globalen, religiös überhöhten Weltverständnis heraus könnte sich auch insofern in der *Kaiserchronik* niedergeschlagen haben, als der Dichter anscheinend versucht, höfisch-ritterliche Lebensformen zu diskreditieren (V. 107 ff., 171 ff.; *hovescen* – »Ehebruch begehen« –, V. 13041, 16555; dagegen steht die erstaunlich zukunftweisende Conlatinus-Episode, V. 4347 ff.) und das Rittertum statt dessen moralisch-geistlich zu definieren und in ein traditionelles Staatsgefüge einzubinden (V. 8096 ff.). Damit hatte er jedoch keinen Erfolg, sondern durch die Aufbereitung literarischen Erzählgutes zum Medium der Selbstorientierung in der Welt hat er indirekt die Entwicklung der höfisch-ritterlichen Literatur, mit deren Hilfe sich (eher untere) Adelsschichten eigene diesseitige Lebensziele suchten, noch gefördert.

Bibliographische Hinweise

Kaiserchronik eines Regensburger Geistlichen. Hrsg. von E. Schröder. Dublin/Zürich 1969. (Nachdr. der Ausg. Hannover 1892.)

Blumenthal, U. R.: Der Investiturstreit. Stuttgart [u. a.] 1981.

Helff, M. M.: Studien zur Kaiserchronik. Leipzig 1930.

Massmann, H. F.: »Der keiser und der kunige buoch« oder die sog. Kaiserchronik. 3 Bde. Quedlinburg/Leipzig 1849–54. [Heute noch wichtig ist der reichhaltige Kommentar.]

Menhardt, H.: Regensburg ein Mittelpunkt der deutschen Epik des 12. Jahrhunderts. In: Zeitschrift für deutsches Altertum 89 (1958/1959) S. 271–274.

Mohr, W.: Lucretia in der Kaiserchronik. In: Deutsche Vierteljahrsschrift für Literaturwissenschaft und Geistesgeschichte 26 (1952) S. 433–446.

Nellmann, E.: Die Reichsidee in deutschen Dichtungen der Salier- und frühen Stauferzeit. Annolied, Kaiserchronik, Rolandslied, Eraclius. Berlin 1963. S. 82–163.

– Kaiserchronik. In: Die deutsche Literatur des Mittelalters. Verfasserlexikon. Bd. 4. Berlin / New York [2]1983. Sp. 949–964.

Ohly, E. F.: Sage und Legende in der Kaiserchronik. Untersuchungen über Quellen und Aufbau der Dichtung. Darmstadt 1968. (Nachdr. der Ausg. Münster 1940.)

Urbanek, F.: Zur Datierung der Kaiserchronik. Entstehung, Auftraggeber, Chronologie. In: Euphorion 53 (1959) S. 113–152.

Pfaffe Lambrecht

Von Werner Schröder

Sein Name ist strenggenommen nur noch das Etikett für eine Mehrzahl von Verfassern, die an der Ausformung des frühmittelhochdeutschen *Alexanderliedes* beteiligt waren. Daß »iz tihte der phaffe Lambret«, sagt gleich der 4. Vers in der Vorauer (V) wie in der Straßburger Fassung (S). Die Angabe fehlt in der Basler (B), aber von ihr existiert nur eine späte und lückenhafte Abschrift in einer Handschrift der *Sächsischen Weltchronik* aus dem 15. Jahrhundert. V ist in dem Vorauer Codex und S war in der 1870 verbrannten Straßburg-Molsheimer Handschrift in geistliche Gedichte eingebettet, vielleicht deshalb, weil von Alexander auch »in libro Machabeorum« (VS 12) die Rede ist.

Die Beibehaltung des Autornamens Lambrecht in S trifft nicht einmal für die parallellaufende Textpartie bis zum Abbrechen von V bei Vers 1533 zu, weil in S rund 500 Verse hinzugekommen sind. Da war ein Bearbeiter mit höheren Ansprüchen an die Formkunst am Werk, wie gegenüber V, so auch gegenüber B, wo die Geschichte Alexanders bis zu seinem Tode weitererzählt ist. Daß diese Fortsetzung von Lambrecht stammen und nur zufällig in V fehlen könnte, ist schon deshalb unwahrscheinlich, weil der Torso dort mit einem Schreiberschluß versehen wurde, wonach »maister Albrich / unde der gute phaffe Lampret« (V 1529 f.) nur bis zu dieser Stelle gekommen waren (»hie duhte si beide diu maze«; V 1532).

Demzufolge haben wir beim ersten deutschen Alexanderroman mit drei Autoren zu rechnen: Lambrecht für die ersten rund 1500 Verse; dem Fortsetzer X für die übrigen 5800; und dem Bearbeiter Y für die sprachliche und metrische Formgebung. In dieser Beziehung bleibt Lambrecht weit hinter dem Straßburger Anonymus zurück. Der Anteil des Fortsetzers X im Verhältnis zu Y ist am wenigsten sicher zu bestimmen. Man sieht, es gibt Gründe, die Verfassertrias unter einem Stichwort zu behandeln, doch muß dabei gegenwärtig bleiben, daß Lambrecht nur einer von dreien ist.

Zweierlei hat er den beiden anderen voraus: er war der erste, und er hat einen Namen. Leider ist das schon ziemlich alles, was wir von ihm wissen. Denn auch sein erster poetischer Versuch, bevor er sich an den *Alexander* wagte, eine Tobiaslegende, von der ein Bruchstück von 274 Versen erhalten ist, verrät im Eingangsgebet nicht mehr als: »des biddit der paffe Lambrecht«. Immerhin ist so sein geistlicher Stand doppelt gesichert.

Die *Tobias*-Reste zeigen moselfränkische Mundart, und die war zuvor auch für den *Alexander* aus den Reimen erschlossen worden. Hinter der Erwähnung der Gründung Triers im *Tobias* könnte ein Lob von Lambrechts Vaterstadt stecken. Die Vermutung, daß er an der Grenze zu Frankreich zu Hause war, wird auch durch den nachfolgenden Roman nahegelegt, dessen Vorlage der *Alexandre* des Alberic de Pisançon war. Lambrecht könnte ihn persönlich gekannt haben. »Alberich von Bisinzo / der brahte uns diz lit zu« (VS 13 f.), das klingt fast so, als hätte dieser selbst das Buch herbeigeschafft, vielleicht auf Verlangen eines deutschen Mäzens, von dem Lambrecht den Auftrag zur Übersetzung erhielt: »nu sol ich es iuh in dutisken berihten« (VS 16).

Ausgeführt wurde der Auftrag vermutlich im 6. Jahrzehnt des 12. Jahrhunderts und wahrscheinlich in Regensburg, wo die sicher benutzte *Kaiserchronik* vor kurzem fertig geworden war und für volkssprachliche Literatur reges Interesse herrschte. Spuren hat Lambrecht in Regensburg nicht hinterlassen. Die Dichter des 12. Jahrhunderts verschwinden hinter

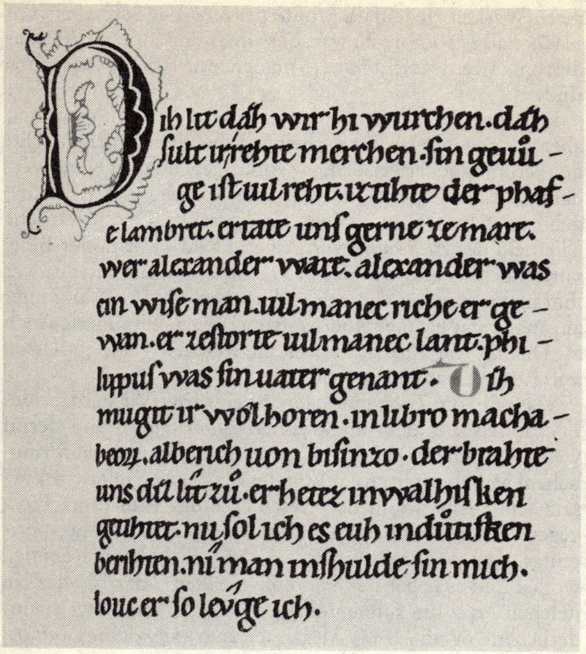

Dih liet dah wir hi wurchen. dah
sult ir rehte merchen. sin genû-
ge ist uil reht. ie tihte der phaf-
fe lambret. er tate uns gerne ze mare.
wer alexander ware. alexander was
ein wise man. uil manec riche er ge-
wan. er zestorte uil manec lant. phi-
lippus was sin uater genant. Vih
mugit ir wol horen. in libro macha-
beorum. alberich uon bisinzo. der brahte
uns diz liet zû. er hete iz in walhisken
gedihtet. nu sol ich es euh in dûtisken
berihten. niman inshulde sin mich.
louc er so louge ich.

Anfang des »Alexanderliedes«
des Pfaffen Lambrecht

ihren Werken. Jedenfalls wußte der Vorauer Schreiber (vor 1190), daß es Lambrecht war, der »maister Albrichs« Alexanderroman verdeutscht hatte, von dem nur 105 Verse erhalten sind.

Französisch bzw. Provenzalisch muß er verstanden haben, aber ganz wohl war ihm, scheint es, bei dem Auftrag nicht, den er möglicherweise dem vorausgehenden *Tobias* verdankte. Eine Legende in deutscher Sprache war risikolos, gehörte überdies zu seinem Predigeramt. Der heidnische Titelheld des *Alexandre* von Alberic kam zwar in der Bibel vor, aber was und wie der Provenzale von ihm redete, war ihm nicht geheuer: »louc er so liuge ich« (V 18). Wo immer angängig, hat er unorthodoxe Äußerungen eliminiert. Auch als Dichter war Alberic, soweit die wenigen Verse ein Urteil zulassen, von anderem Kaliber.

Was wir vom *Tobias* besitzen, ist eine freie Wiedergabe des 1. Kapitels aus dem apokryphen *Liber Tobie* und verrät wenig Erzählergeschick, um so mehr Neigung zu aufdringlichem Moralisieren. Kein Wunder, daß er sich mit dem Vorsatz jenes Alberic, in der Geschichte des Altertums Trost gegen die Eitelkeit der Welt zu suchen (»solaz nos faz' antiquitas / que tot non sie vanitas«; V. 7 f.), nicht hat befreunden wollen und es lieber mit Salomon gehalten: »daz ist allez ein itelcheit / daz diu sunne umbegeit« (V 23 f.) und den »wunderlichen« (V 45 / S 47) Alexander zum *exemplum vanitatis* gemacht hat.

Die Legendenbildung um den großen Makedonen hatte schon bald nach seinem Tod eingesetzt und sich im 3. nachchristlichen Jahrhundert im sogenannten Pseudo-Kallisthenes verdichtet. Aus ihm schöpften im 4. Jahrhundert die *Res gestae Alexandri* des Julius Valerius und im 10. Jahrhundert die *Historia de preliis* des neapolitanischen Archipresbyters Leo. Lambrecht und der Fortsetzer sind vorzugsweise Julius Valerius und einer interpolierten Fassung der *Historia de preliis* gefolgt, doch ist daneben auch der Historiker Curtius Rufus für die Belagerung von Tyrus herangezogen.

Alexander hatte viele Gesichter als Welteroberer und Abenteurer, kriegerischer Held und idealer Fürst, Werkzeug und Geißel Gottes und war so als Mittelpunktsfigur der verschiedensten literarischen Gattungen geeignet. Im frühmittelhochdeutschen *Alexander* kommen alle ein wenig zum Zuge: Geschichtsschreibung, Heldenepos, Reiseroman, Fürstenspiegel in ungleicher Verteilung. Die staunende Bewunderung wird hier noch jederzeit von der Genugtuung über die Hinfälligkeit menschlicher Größe überwogen. Das ist bei Lambrecht selbst erst in Ansätzen deutlich, weil sein Anteil lange vor der Begegnung mit Darius abbricht. Der überstürzt anberaumte und in wenigen Versen abgehandelte Kampf (»volchwich ze Mesopotamie«) in (V 1503), in welchem Alexander dem Perserkönig eigenhändig den Kopf abschlägt, widerspricht sowohl der Geschichte wie dem weiteren Verlauf der Erzählung und ist unüberlegte Schreiberzutat.

So dürftig wie diese sind Lambrechts eigene Kampfschilderungen bei der Zerstörung von Tyrus und dem Sieg über Herzog Mennes nicht. Da vergleicht er die blutige Schlacht mit dem Kampf um Troja und »dem sturm der uf Wolfenwerde gescach / zewisken Hagenen unde Waten« (V 1321–23). Weder diese Helden aus der hier erstmals bezeugten Kudrunsage noch »Achilles unde Hector« (V 1333) waren »dem chunige Alexander gelich« (V 1328). Zuvor war seine Jugend und seine Erziehung durch Aristoteles erzählt worden. Die wirkt nach bei der Schonung der Gesandten des Darius, so aufgebracht er über dessen Tributforderung ist. Aber schon vor Tyrus fällt zum erstenmal das Stichwort »ubermutecheit« (V 723), *superbia*.

Der Fortsetzer hat sich an das Prolog-Motto gehalten und den weiteren Weg des Helden bis zu seinem vermessenen Angriff auf das Paradies, für den der *Iter ad Paradisum* talmudischer Provenienz als Quelle diente, mit Vergänglichkeits-Signalen begleitet. Wegen des desolaten Zustands der Handschrift B ist die Leistung des Fortsetzers X von der des

Bearbeiters Y schwer abgrenzbar. Da die von Lambrecht übernommene überwiegend geistliche Weltsicht den höfisierenden Bestrebungen des Straßburger Anonymus auf formalem Gebiet eher konträr war, wird sie und mit ihr fast alles Inhaltliche auf sein Konto gehen.

Der besiegte Darius schreibt die Niederlage seinen »sunden« und seinem »ubirmut« (S 3413 f.) zu. Alexander findet ihn sterbend, von seinen eigenen Leuten erschlagen, und vernimmt seine Mahnung: »gedenke kuninc riche / Alexander, wer ih were« (S 3839 f.). Der hat, nachdem er noch König Porus von Indien besiegt und getötet hat, keinen Gegner mehr zu fürchten, so daß sein Zug bis ans Ende der bewohnten Welt mehr einer Entdeckungsreise gleicht. Von den kynischen Weisen im Brahmanenlande Occidratis, denen er die von ihnen gewünschte Unsterblichkeit nicht geben kann, muß er sich fragen lassen, »warumber an der erden / wunder« vollbracht habe, »ober selbe ouh solde sterben« (S 4866–68). Und die Königin Candacis in Meroves, die ihn bei einem Schäferstündchen überlistet hat, warnt ihn vor den Launen der Fortuna.

Zum Bewußtsein seiner Hybris bringen ihn erst der Wächter des Paradieses und der alte Jude, der ihm nach der Heimkehr nach Makedonien den Sinn des empfangenen Demutssteins erläutert. Der Erzähler spart jetzt nicht mit harten Urteilen, schilt seinen Helden einen »tobenden wuterich / der was der hellen gelich« (S 6671 f.) und zeiht ihn der »tumpheit« (S 6620). Im Paradies sieht man den Fall noch ernster: »er hat vil ubelis getan / wider got ist er sculdih« (S 6922 f.). Wenn er da wieder herauskommen wolle, so solle er demütig (»otmute«; S 6920) sein. Und das ist auch die Lehre des Steindeuters, »daz ir uh nihtis ne verhebet / al di wile di ir lebet« (S 7161 f.). Alexander nimmt sich's zu Herzen, läßt hinfort »urloge und giricheit« (»Kampf und Habgier«; S 7265) sein »und wandelte sine site / unde sin gemute / in allirslahte gute« (S 7260–62). Aber nach zwölf Jahren Friedensherrschaft stirbt er doch wie die Tyrannen in der *Kaiserchronik* – an Gift.

Die Verse, die ich zitierte, waren die des ›modernisierten‹ *Straßburger Alexander*. Nur in dieser Gestalt hat das Werk weitergewirkt. Heinrich von Veldeke hat seinen Stil an ihm gebildet.

Bibliographische Hinweise

Die Werke des Pfaffen Lamprecht. In: Die religiösen Dichtungen des 11. und 12. Jahrhunderts. Nach ihren Formen besprochen und hrsg. von F. Maurer. Bd. 2. Tübingen 1965. S. 517–566.

Tobias. Hrsg. von H. Degering. In: Beiträge zur Geschichte der deutschen Sprache und Literatur 41 (1916) S. 528–536.

Die Basler Bearbeitung von Lambrechts »Alexander«. Hrsg. von R. M. Werner. Stuttgart/Tübingen 1881.

Lamprechts »Alexander« nach den drei Texten. Mit dem Fragment des Alberic von Besançon und den lateinischen Quellen hrsg. und erklärt von K. Kinzel. Halle a. d. S. 1884.

Das »Alexanderlied« des Pfaffen Lamprecht. Das »Rolandslied« des Pfaffen Konrad. Hrsg. von F. Maurer. Darmstadt 1964. (Nachdr. der Ausg. Leipzig 1940.)

Boor, H. de: Frühmittelhochdeutsche Studien. Zwei Untersuchungen. Halle a. d. S. 1926.

– Die Stellung des »Basler Alexander«. In: Zeitschrift für deutsche Philologie 54 (1929) S. 129–167.

Buntz, H.: Die deutsche Alexanderdichtung des Mittelalters. Stuttgart 1973.

Cary, G.: The Medieval »Alexander«. Hrsg. von D. J. A. Ross. Cambridge 1956.

Czerwonka, E.: Der »Baseler Alexander«. Diss. Freie Universität Berlin 1958.

Dam, J. v.: Zur Vorgeschichte des höfischen Epos. Lamprecht, Eilhart, Veldeke. Bonn 1923.

Fischer, W.: Die Alexanderliedkonzeption des Pfaffen Lambreht. München 1964.
Hübner, A.: Alexander der Große in der deutschen Dichtung des Mittelalters. In: Die Antike 9 (1933) S. 32–48.
Kuhnt, J.: Lamprechts »Alexander«. Lautlehre und Untersuchung der Verfasserfrage nach den Reimen. Diss. Greifswald 1915.
Quint, J.: Die Bedeutung des Paradiessteins im »Alexanderlied«. In: Formenwandel. Festschrift für Paul Böckmann. Hrsg. von W. Müller-Seidel und W. Preisendanz. Hamburg 1964. S. 9–26.
Schröder, W.: Zum vanitas-Gedanken im deutschen »Alexanderlied«. In: Zeitschrift für deutsches Altertum 91 (1961) S. 38–55.
– Der Pfaffe Lambrecht. In: Die deutsche Literatur des Mittelalters. Verfasserlexikon. Bd. 5. Berlin / New York ²1985. Sp. 494–510.
Sitte, E.: Die Datierung von Lambrechts »Alexander«. Halle a. d. S. 1940.
Smet, G. de: Die »Eneide« Heinrichs von Veldeken und der »Straßburger Alexander«. In: Leuvense Bijdragen 57 (1968) S. 130–149.
Teusink, D.: Das Verhältnis zwischen Veldekes »Eneide« und dem »Alexanderlied«. Diss. Amsterdam 1945.
Urbanek, F.: Umfang und Intention von Lambrechts »Alexanderlied«. In: Zeitschrift für deutsches Altertum 99 (1970) S. 96–120.

Pfaffe Konrad

Von Dieter Kartschoke

Alles, was wir über Auftraggeber, Verfasser und Entstehung der deutschen Bearbeitung der *Chanson de Roland* wissen, verdanken wir dem umfänglichen Epilog (V. 9017–94). Danach haben ein Herzog Heinrich und seine Gemahlin aus königlichem Geblüt die französische Vorlage beschafft und einen »phaffe Chunrat« (V. 9079) mit der Verdeutschung beauftragt. Dieser Pfaffe Konrad habe den französischen Text zunächst ins Lateinische und aus dem Lateinischen ins Deutsche übertragen, ohne den Inhalt zu verändern. Das Werk gelte als verdienstlich im geistlichen Sinne wie im weltlichen Interesse dienlich dem *honor imperii*, der Ehre des Reichs. Der Stifter wird als königgleicher Fürst und Heidenbekehrer gefeiert, als ebenso gerechter wie frommer Herrscher, der in einer hervorragenden (aber nicht genannten) Bußleistung sich schon jetzt vor Gott rechtfertige.

Die enge sprachliche und stilistische Nähe des deutschen *Rolandsliedes* zur Regensburger *Kaiserchronik* spricht dafür, daß der Pfaffe Konrad für den welfischen Herzoghof tätig war. Der Epilog läßt jedoch offen, ob mit dem gepriesenen Auftraggeber Heinrich der Stolze (1126–38), Heinrich Jasomirgott (1143–56) oder Heinrich der Löwe (1155–80; gest. 1195) gemeint sei. Die alte Streitfrage nach der Datierung scheint heute zugunsten Heinrichs des Löwen entschieden zu sein. Da es sich bei der angedeuteten Bußleistung dann nur um Heinrichs Jerusalem-Fahrt von 1172 handeln kann, wäre die Zeit der Abfassung ziemlich genau auf die Zeit um oder nach 1172 festzulegen. Das deutsche *Rolandslied* paßt als

Feier von Kaiser und Reich vorzüglich zu den übrigen repräsentativen Ambitionen und mäzenatischen Aktivitäten des Welfenherzogs, der Karl den Großen als Spitzenahn seiner Sippe reklamierte, seit 1168 durch seine Frau Mathilde, »aines richen chůniges barn« (V. 9025), mit dem englischen Königshaus verbunden war und als Landesherr und Reichsvasall über die größte Hausmacht verfügte. Sein imperialer Anspruch führte zu den bekannten Konflikten mit der Zentralgewalt und schließlich zur Reichsacht (1180).

Die Vorlage des deutschen *Rolandsliedes*, »daz bůch [...] / gescriben ze den Karlingen« (V. 9022 f.), von dem der Epilog spricht, ist nicht erhalten geblieben. Am nächsten kommt ihr die Version der *Chanson de Roland*, die in der Oxforder Handschrift (O) überliefert ist. Nebenquellen hat man insbesondere für die Einleitung bis Vers 360 (*Entrée d'Espagne*) vermutet. Ob zu ihnen auch der lateinische Pilgerführer zur Wallfahrt nach St. Jacob di Compostela gehört, die einer der Zentralfiguren des *Rolandsliedes*, dem Bischof Turpin, zugeschrieben wird (*Pseudoturpinsche Chronik*), ist nicht gesichert.

Die *Chanson de Roland* hat, wie alle französischen Chansons de geste und deutschen Heldengedichte, einen historisch wahren Kern. Im Jahre 778 unternahm Karl der Große einen Spanien-Feldzug. Die Rückkehr wurde getrübt durch einen Überfall der Waskonen (Basken) aus dem Hinterhalt auf das siegreiche Heer. Unter den Toten war auch »Hruodlandus Britannici limitis praefectus« (»Hruodland, der Befehlshaber im bretonischen Grenzbezirk«) zu beklagen. So erzählt Einhard im 9. Kapitel seiner *Vita Karoli Magni*. Auch andere Chronisten wissen von dem Ereignis zu berichten. Wie diese historischen Vorgänge im Gedächtnis bewahrt wurden, wann, von wem und wie sie in ihnen gewidmeten Gedichten verklärt und der ›mémoire collective‹ überantwortet wurden, gehört zu den umstrittensten Fragen der literaturgeschichtlich interessierten Mediävistik. Um 1100 (auch dieses Datum beruht auf Spekulationen) scheint die *Chanson de Roland*

Roland empfängt die Fahne von Karl dem Großen, aus dem »Rolandslied« des Pfaffen Konrad

die uns bekannte, freilich in unterschiedlichen Redaktionen überlieferte Gestalt angenommen zu haben. Und das heißt: Aus dem historischen Ereignis ist eine Geschichte mit all den Ausschmückungen und Umdeutungen geworden, die für das sagenbildende, lebende Gedächtnis charakteristisch sind, eine Geschichte von Kampf und Glaubensstärke, Treue und Verrat, von der weltgeschichtlichen Auseinandersetzung zwischen Christen und Heiden und der Bewahrung der ›douce France‹.

Karl der Große hat sieben Jahre lang in Spanien Krieg geführt. Nur Saragossa steht noch unbezwungen. Da erklärt der Heidenkönig Marsilie in trügerischer Absicht, sich ergeben, Tribut zahlen und die Taufe annehmen zu wollen. Karl empfängt die Botschaft und berät sich mit seinen Vasallen, insbesondere mit den zwölf Pairs, unter denen die Helden Roland und Olivier und der streitbare Erzbischof Turpin eine herausragende Rolle spielen. Das Angebot wird angenommen. Roland schlägt seinen Stiefvater Ganelon als Boten vor. Dieser muß um sein Leben fürchten, hält den Vorschlag Rolands für ein Zeichen seines alten Hasses gegen ihn und sagt ihm Fehde an für den Fall, daß er mit dem Leben davonkomme. Die Botschaft wird ausgerichtet, und die Franzosen ziehen ab. Aber Ganelon hat sich mit den Heiden verbündet und in der dem Abzug vorausgehenden Beratung vorgeschlagen, Roland mit kleinem Gefolge zur Sicherung der Mark zurückzulassen. Der Kaiser hat unheilverkündende Träume. Marsilie überfällt Roland und seine Getreuen, der sich aus Stolz weigert, Karl und sein Heer durch ein Hornsignal zurückzurufen. Erst als die zahlenmäßig weit unterlegenen Christen aufgerieben sind, schickt Roland das Signal aus. Der Kaiser kehrt um, beklagt die Toten und verfolgt und vernichtet die fliehenden Heiden. Der auf den Tod verwundete Marsilie ruft seinen Lehnsherrn Baligant, das Oberhaupt aller heidnischen Reiche, zu Hilfe. In grausamer Racheschlacht siegt Karl über das unermeßliche Heer, und das heißt: über die ganze nichtchristliche Welt. Die Christen werden bestattet, und der Kaiser kehrt ins Reich zurück. In Aachen hält er Gericht. Ganelon beruft sich auf sein Fehderecht, deshalb muß ein Gottesurteil die Entscheidung herbeiführen. Ganelon unterliegt und wird zur Strafe der Vierteilung verurteilt.

Die überwiegend heroisch getönte *Chanson de Roland* ist durchsetzt von geistlichen Motiven. Die Konfrontation der christlichen und nichtchristlichen Welt und die Einführung des kämpfenden Bischofs Turpin sind Anlaß genug, immer wieder auf den göttlichen Auftrag und die göttliche Hilfe für die gerechte Sache zu verweisen. Der christliche Kaiser (der Papst als das geistliche Oberhaupt findet keine Erwähnung) handelt im Auftrag des Himmels, Bischof Turpin ermahnt die Kämpfer in Predigt und Gebet. Biblische Exempla wie die Errettung Davids, der drei Männer im Feuerofen, Daniels in der Löwengrube, Josuas usw. stellen den Heidenkampf unter heilsgeschichtliche Vorzeichen. Die Kämpfe selbst werden begleitet von Wundererscheinungen. Die Sonne bleibt stehen wie beim Kampf Gideons gegen die Midianiter, Himmelszeichen begleiten das Martyrium der christlichen Helden, die Erde bebt bei ihrem Tod. Dennoch ist das Erzählinteresse ganz überwiegend auf die Darstellung der kriegerischen Ereignisse und ihre Motivation durch den Vasallenkonflikt gerichtet. In der einen wie der andern Hinsicht jedoch boten sich Aktualisierungsmöglichkeiten: der Heidenkampf in Richtung auf die Kreuzzugsbewegung, der Vasallitätskonflikt im Blick auf die zeitgenössische politische Situation im Frankreich des 11. und 12. Jahrhunderts.

Der deutsche Pfaffe Konrad mußte den ihm vorliegenden Wortlaut der *Chanson de Roland* nicht nur in seine Sprache, sondern auch in einen anderen politischen und gesellschaftlichen Kontext übertragen. Dieser Kontext ist wesentlich bestimmt durch den imperialen Anspruch des Auftraggebers und im weiteren durch die Kulmination der Karlsverehrung – 1165 wurde Karl der Große auf Betreiben der staufischen Partei heiliggesprochen – und die seit der Jahrhundertmitte auch die deutschen Länder überziehende Kreuzzugsbewegung. Es kann also nicht verwundern, wenn der deutsche Nachdichter die französische Vorlage zu einer förmlichen Kreuzzugsdichtung umstilisiert. Die Paladine des Kaisers sind nicht mehr in erster Linie weltliche Fürsten und Großvasallen, sondern *milites Dei, gotes helede*, Gottesritter. Sie heften sich das Kreuz an wie *heilige pilgerime*, kämpfen im Bewußtsein der gerechten Sache und in der Hoffnung und unter der Verheißung himmlischen Lohnes und sterben als Märtyrer und in Begleitung all der die Sinne gefangennehmenden Erscheinungen, die die Legende mit dem Märtyrertod assoziiert: ein Licht geht von den Sterbenden aus (V. 6521 ff.), der Tag verdunkelt sich, ein Unwetter geht nieder, die Erde bebt (V. 6924 ff.). Ebensowenig verwundern kann aber auch, daß die Geschichte des Verrats, die Frage nach Unrecht und Recht Geneluns, nach der Rolle des Kaisers und der Funktion seiner Vasallen nicht mit gleicher Prägnanz in der deutschen Nachdichtung erscheint. Die Rechtsproblematik war nicht ohne weiteres auf deutsche Verhältnisse zu übertragen. Deshalb tilgt sie Konrad zwar nicht, überlagert sie jedoch mit einer durchweg geistlichen Interpretation des Geschehens. Genelun ist ein Abbild des Judas: »den armen Iudas er gebildot« (V. 1925). Ob solch eindeutige Rezeptionsvorgabe auch die modernen Interpreten verpflichtet, ob Kaiser Karl und seine zwölf Großvasallen (zu denen Genelun nicht gehört!) typologisch auf Christus und seine Jünger zu beziehen seien, ob überhaupt das deutsche *Rolandslied* nicht so sehr als geschichtliche Ereignisdichtung, als Geschichtslied oder Kreuzzugsepos, sondern als Legendenerzählung zu lesen sei, ist durchaus umstritten. Sicher ist nur, daß sich mehrere Diskursebenen überlagern, und es wäre wohl verfehlt, sie zugunsten einer einheitlichen Interpretation mit Gewalt zur Deckung bringen zu wollen.

Das deutsche *Rolandslied* hat offenbar schon bald nach seiner Entstehung weite Verbreitung gefunden. Dafür spricht die reiche Überlieferung. Außer der (fast) vollständigen Heidelberger Handschrift (P) sind 5 Fragmente bekannt, die alle wohl noch dem 12. Jahrhundert angehören. Seinen Siegeszug in der deutschen Literatur trat das *Rolandslied* jedoch in der modernisierenden Bearbeitung an, die der Stricker dem alten Text im zweiten Jahrzehnt des 13. Jahrhunderts hat angedeihen lassen. Von ihr sind weit über ein halbes Hundert Textzeugen nachzuweisen, die es verständlich machen, daß das formal (unregelmäßige Versrhythmik, assonierender Reim) rückständige Werk Konrads weitgehend verdrängt wurde. Seine unmittelbare Nachwirkung ist eindeutig nur im *Willehalm* Wolframs von Eschenbach nachzuweisen. Wolfram schließt nicht nur direkt an das Geschehen des *Rolandsliedes* an, sondern zitiert auch den Wortlaut von Konrads Gedicht immer wieder. Danach ist nur noch die aus dem Beginn des 14. Jahrhunderts stammende niederdeutsche Kompilation von Karlsgeschichten zu nennen, die in der Literaturgeschichtsschreibung unter dem Titel *Karlmeinet* (d. h. *Karolus magnitus*) geführt wird und im 5. Teil die Geschichte von Karls Spanien-Zug enthält, die – vermittelt über eine niederdeutsche Bearbeitung? – über größere Strecken auf Konrads *Rolandslied* zurückzugehen scheint. Konrads Name aber war vergessen. Keiner der Dichterkollegen und Nachfolger nennt den Namen dessen, der sich selbst nur als treuer Mittler des französischen Wortlauts verstand: »ich nehan dir nicht an gemeret, / ich nehan dir nicht uberhaben« (»ich habe nichts hinzugefügt, ich habe nichts weggelassen«; V. 9084 f.).

Bibliographische Hinweise

Das Rolandslied des Pfaffen Konrad. Mittelhochdeutscher Text und Übertragung. Hrsg., übers. und mit einem Nachw. von D. Kartschoke. Frankfurt a. M. 1970.

Das Rolandslied des Pfaffen Konrad. Faks. des Codex Palatinus Germanicus 112. Einf. von W. Werner und H. Zirnbauer. Wiesbaden 1970.

Das Rolandslied in den Bildern der Heidelberger Handschrift. Mit verbindendem Text und Erl. von W. Werner. Wiesbaden 1977.

Das Rolandslied des Pfaffen Konrad. Text, Nacherzählung, Wort- und Begriffserklärungen, Wortliste. Hrsg. von H. Richter. Darmstadt 1981.

Das Rolandslied des Pfaffen Konrad. Hrsg. von C. Wesle. 3., durchges. Aufl. bes. von P. Wapnewski. Tübingen 1985.

Backes, H.: Bibel und Ars praedicandi im »Rolandslied« des Pfaffen Konrad. Berlin 1966.

Bertau, K.: Das deutsche »Rolandslied« und die Repräsentationskunst Heinrichs des Löwen. In: Deutschunterricht 20 (1968) H. 2. S. 4–30.

Geith, K.-E.: Carolus Magnus. Studien zur Darstellung Karls des Großen in der deutschen Literatur des 12. und 13. Jahrhunderts. Bern/München 1977.

Nellmann, E.: Die Reichsidee in deutschen Dichtungen der Salier- und frühen Stauferzeit. Annolied, Kaiserchronik, Rolandslied, Eraclius. Berlin 1963.

– Pfaffe Konrad. In: Die deutsche Literatur des Mittelalters. Verfasserlexikon. Bd. 5. Berlin / New York ^{2}1985. Sp. 115–131.

Ohly, E. F.: Zum Reichsgedanken des deutschen »Rolandsliedes«. In: Zeitschrift für deutsches Altertum 77 (1940) S. 189–217.

– Die Legende von Karl und Roland. In: Studien zur frühmittelhochdeutschen Literatur. Cambridger Colloquium 1971. Hrsg. von L. P. Johnson [u. a.]. Berlin 1974. S. 292–343.

Ott-Meimberg, M.: Kreuzzugsepos oder Staatsroman? Strukturen adeliger Heilsversicherung im deutschen »Rolandslied«. München 1980.

Richter, H.: Kommentar zum »Rolandslied« des Pfaffen Konrad. Tl. 1 ff. Bern / Frankfurt a. M. 1972 ff.

Wentzlaff-Eggebert, F.-W.: Kreuzzugsdichtung des Mittelalters. Studien zu ihrer geschichtlichen und dichterischen Wirklichkeit. Berlin 1960.

Heinrich der Glichezare

Von Klaus Düwel

Der *Reinhart Fuchs* des Elsässers Heinrich erzählt in 3 Teilen: 1. von der Begegnung des Fuchses Reinhart mit kleineren Tieren (V. 11–384), 2. von dem Bündnis zwischen Fuchs und Wolf, seinem Verlauf und der Aufkündigung durch den Wolf (V. 385–1238) und 3. von der Krankheit des Löwen, seinem Hof- und Gerichtstag, den Anklagen gegen den Fuchs, von seinem Auftritt bei Hof bis zur Vergiftung des Löwenkönigs (V. 1239–2248).

Im 1. Teil versucht Reinhart, von Hunger getrieben, Hahn, Meise und Raben unter Berufung auf Verwandtschaft und durch Schmeichelei aus sicherer Höhe herabzulocken. Mit Hilfe einer Gegenlist, die Reinhart immer mehr in Bedrängnis bringt, entziehen sich die kleineren Tiere seinem Zugriff. Im Raben-Abenteuer tritt neben dem Hunger das *âne nôt*-Motiv (V. 256) hinzu: Reinhart gibt sich nicht mit dem vom Raben fallengelassenen Stück Käse zufrieden, sondern will ihn »ohne Notwendigkeit« töten. Der Rabe entkommt; er, wie Hahn und Meise zuvor, war Reinhart zu listig (V. 284). Von Jägern gehetzt, trifft Reinhart auf den Kater. Gegenseitig wollen sie sich überlisten, der Fuchs gerät dabei in eine Falle, aus der ihn nur der fehlgehende Schlag eines Bauern befreit.

Im 2. Teil führt die zunehmende Bedrohung durch die Menschen Reinhart zum Wolf Isengrim, mit dem er eine »gesellеschaft« (V. 396) eingeht, ein Zweckbündnis von »List« und »Stärke« zum Zwecke des gemeinsamen Schutzes und Nahrungserwerbs. Kaum ist dieses Bündnis geschlossen, macht sich Reinhart an Hersant, Isengrims Frau, heran (Minneparodie). Im Schinken-Abenteuer bewährt sich der Einsatz von List und Kraft, doch die Wölfe verschlingen den gewonnenen Schinken allein, ohne Reinhart seinen Anteil zu lassen. Von diesem Punkt an führt Reinhart den stets freßgierigen Wolf in immer neue sich steigernde Ungelegenheiten und Peinigungen.

Ihren Durst löscht die Wolfsfamilie auf Reinharts Anraten im Weinkeller eines Klosters. Das trunkene Grölen des Wolfes weckt die Gottesmänner, mit Stangen malträtieren sie Wolf und Wölfin. Die anschließende Begegnung zwischen Reinhart und dem Esel Baldewin fällt in eine Überlieferungslücke, deren Inhalt rekonstruiert werden kann: Im Schwur auf das Wolfseisen wird Isengrim entmannt. Gleichzeitig bricht Hersant mit Reinhart die Ehe. Dies erfährt Isengrim – hier setzt der Text wieder ein – von Kuonin, einem unbestimmbaren Waldbewohner. Im Beginn des Fischfang-Abenteuers gibt sich Reinhart als Zisterzienser (Ordenssatire). Um einiger Aalstücke willen verschafft Reinhart Isengrim auf schmerzhafte Weise eine Tonsur, die ihm den Eintritt in die »bruderschaft« (V. 686) ermöglicht. Reinhart verlockt Isengrim zum Fischfang mit dem eigenen Schwanz in einem zufrierenden Teich, von dem ihn ein verfehlter Schwertstreich des Ritters Birtin befreit. Das Brunnen-Abenteuer stellt die Protagonisten in ihrer Unterschiedlichkeit klar heraus. Reinhart kommt zu einem Ziehbrunnen, im Spiegelbild glaubt er, seine Frau zu sehen, und springt aus Liebe hinein. Er durchbricht den Spiegel, der Schein und Sein trennt. Obwohl getäuscht, vermag er sofort aus der Situation zu lernen. Er gibt vor, mit Hersant im Paradies zu sein. Mit dem Hinweis auf fette Zicklein veranlaßt er Isengrim, in den einen Schöpfeimer zu steigen, mit dem der schwere Wolf herunter fährt und zugleich den zweiten, unten befindlichen Eimer mit Reinhart darin nach oben befördert. Der Fuchs erweist sich als Schelm, der den Dümmling Wolf in die paradiesische Tiefe lockt (Parodie der Jenseitsvorstellung). Mönche ziehen den

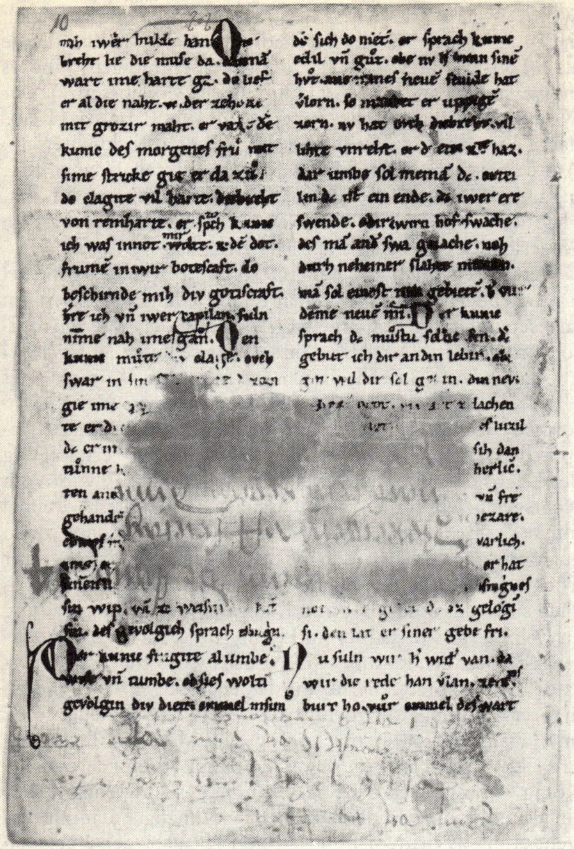

Aus dem »Reinhart Fuchs«

Wolf aus dem Brunnen. Als sie ihn fast zu Tode geprügelt haben, entdecken sie die Beschädigungen des Wolfes, die sie als »Tonsur« und »Beschneidung« eines reuigen Sünders mißverstehen, auch sie also Dümmlinge (Mönchssatire). Der Wolf kündigt die »gesellschaft« auf (V. 1049) und sagt Reinhart Fehde an. Da schaltet sich der Luchs als Schlichter ein. Auf dem anberaumten Sühnetermin soll Reinhart einen Reinigungseid leisten. Reinhart flieht, Hersant verfolgt ihn, bleibt aber im Fuchsbau stecken und wird von Reinhart im Angesicht des herbeieilenden Isengrim vergewaltigt.

Der 3. Teil spielt zur Zeit eines vom Löwenkönig Vrevel (sprechender Name) gebotenen Landfriedens. Der von ihm angesetzte Hof- und Gerichtstag wird mit der Ameisen-Episode motiviert: Der Herr einer Ameisenburg, die Vrevel überfallen hatte, kriecht diesem ins Hirn. Der König deutet seine Krankheit als Strafe Gottes für versäumtes Gericht. Im formstrengen Verfahren klagt der Wolf durch einen Fürsprech gegen den abwesenden Fuchs, dessen Verteidigung der Dachs übernimmt. Der erste Urteilsvorschlag wird vom rechtsgelehrten Kamel aus Tuschalan gescholten: dreimal müsse der Beklagte geladen werden. Hahn und Henne treten auf und klagen gegen den Fuchs wegen der Tötung ihrer Tochter, die der Hase in einer Fieberphantasie heiliggesprochen sieht (Parodie). Bär und Kater überbringen die Ladung an Reinhart, beide läßt er im Honig- bzw. im Mäuse-Abenteuer zu Schaden kommen. Der Fuchs wirkt hier als Katalysator, der die prätendierte Würde der Boten entlarvt und sie in ihrer wahren Natur vorführt. Das Mäuse-Abenteuer spielt im Haus eines Pfaffen mit Ehefrau und Mätresse (Pfaffensatire). Der immer mehr erregte und damit voreingenommene König verlangt nach der Rückkehr des geschundenen Katers ein Urteil, wogegen der Dachs auf dreimaliger Ladung besteht. Ihm als drittem Boten gelingt es auch, den Fuchs an den Hof zu bringen. Reinhart tritt jedoch als Arzt auf, der dem kranken König Heilmittel aus Salerno verschafft zu haben vorgibt. Nur auf Genesung bedacht, verfolgt Vrevel den Gerichtsgang nicht weiter. Die Heilmittel sind Fell und Haut der Kläger und ihrer Klientel. Der Hoftag löst sich auf. Reinhart lockt die Ameise aus des Königs Haupt und verspricht ihr Schonung gegen ein hohes Entgelt. Er läßt seine Fürsprecher vom König belohnen: Das Kamel wird Äbtissin im Kloster Erstein, der Elefant erhält Böhmen zu Lehen, beide werden aber sofort aus ihrer Pfründe vertrieben. Reinhart zieht sich in seinen Bau zurück, der König stirbt unter spektakulären Umständen – Reinhart hat ihn vergiftet.

Die Vermenschlichung der Tiere ist konstitutives Merkmal aller Tierdichtung. Besonders im 3. Teil nimmt die Anthropomorphisierung zu und verweist damit direkt auf die menschliche Gesellschaft. Doch handelt es sich nicht um einen Schlüsselroman, die Identifizierung historischer Personen bleibt vage: allein der König wird durchgängig auf den Stauferherrscher zu beziehen sein, der als gewalttätig und eigensüchtig, pflichtvergessen und voreingenommen in der Tierfiguration erscheint. Damit eignet dem *Reinhart Fuchs* insgesamt eine antistaufische Tendenz, mit dem Ziel der Entlarvung höfischer Scheinwelt und einer satirischen Warnung vor dem von der Perfidie eines Fuchses beratenen Gewaltherrscher. In diese Richtung weisen auch die im letzten Teil vermehrt vorkommenden Erzählerkommentare, in denen sogar die Tötung des Gewaltherrschers gutgeheißen wird (V. 2181 ff.). Der Fuchs ist durchgehend negativ als Bösewicht, ja Teufel gekennzeichnet (V. 1544, 1961). Er tritt in verschiedenen Rollen auf und scheint kein festes Glied der Gesellschaft zu sein, deren Ordnung er als Scheinordnung aufdeckt. So ist denn Reinhart, der Üble und Rote (V. 2172), zugleich auch der »Gute« (V. 2248), den der Prolog als Vorbildfigur herausstellt.

Die Geschichten vom Fuchs Reinhart sind in zwei eng verwandten Handschriften der Zeit um 1320/30 aus Heidelberg (P) und Genf-Cologny (K) überliefert. In dieser Fassung vom Ende des 13. Jahrhunderts nennt der Bearbeiter am Schluß den Dichter »der Glichesere her Heinrich« (»Heinrich der Gleisner«; V. 2250 f., vgl. V. 1786–88). Eine ältere Version überliefert Bruchstücke einer Kasseler Handschrift (S) vom Beginn des 13. Jahrhunderts, die nicht das Original darstellen und auch nicht Vorlage der Bearbeitung waren. Die Verse 1786–88, die den Autor hier nennen, sind stark beschädigt, lassen sich aber so rekonstruieren, daß der Beiname »der Gleisner« (Heuchler) sich wohl auf den Fuchs beziehen dürfte. Der Dichter Heinrich ist nur aus seinem Werk bekannt; wir wissen nicht, ob er ›Spielmann‹ – ›Mimus‹ – war, dem geistlichen Stand oder dem (niederen) Adel angehörte. Bemerkenswert sind seine juristischen Kenntnisse, stellt er doch wie kein zweiter mittelalterlicher deutscher Dichter den Prozeßverlauf ausführlich mit den zugehörigen Rechtsfiguren und -formeln dar. Heinrich wird aus dem Elsaß stammen. Dorthin weisen sprachliche Merkmale der Fragmente S und vor allem die historischen Anspielungen auf Walther von Horburg (V. 1024) und das Kloster Erstein (V. 2123). Dieser Walther von Horburg (urkundlich mehrfach von 1130 bis in die siebziger Jahre des 12. Jahrhunderts bezeugt) erscheint auf einer metaphorischen Ebene mit dem verstümmelten Wolf und kann deshalb nicht als Gönner oder Auftraggeber in Frage kommen. Diese sind möglicherweise eher unter den Dagsburger Grafen zu suchen, mit denen der Horburger 1162 in Fehde lag. Die Dagsburger schleiften die Horburg, mußten aber selbst durch das Eingreifen Friedrichs I. Barbarossa die Zerstörung ihrer Feste Girbaden hinnehmen. Feine Anspielungen im Text deuten darauf hin. Doch können auch die Zähringer als Gönner und Auftraggeber Heinrichs und seines *Reinhart Fuchs* nicht ausgeschlossen werden. In beiden Fällen werden antistaufische Absichten im Hintergrund gestanden haben. Mit der Horburger Fehde als historischem Bezugspunkt wäre eine Datierung in die siebziger Jahre des 12. Jahrhunderts möglich, wofür auch stilistische und reimtechnische Beobachtungen sprechen. In einem weiteren Zeitraum 1173–89 ergeben sich historische Anknüpfungspunkte zur Belehnung des Elefanten mit Böhmen (V. 2102), aus dem er bald darauf verjagt wird. Besonderes Gewicht für die Datierung des Originals hat eine historische Parallele: das Kamel von Tuschalan, als Äbtissin des Klosters Erstein eingesetzt (V. 2123 ff.), wird bei der Ankunft von den Ersteiner Nonnen sogleich vertrieben. Das Kloster Erstein schenkte Heinrich VI. 1191 unrechtmäßig an den Straßburger Bischof. Diese Schenkung wurde in Tusculan beurkundet, das im *Reinhart Fuchs* als »Tuschalan« (V. 1438, vgl. V. 1995) begegnet. Es handelt sich um die kaisertreue Stadt, die Heinrich VI., um die Kaiserkrönung zu erreichen, betrügerisch und rechtswidrig den Römern zum Plündern überließ. Die Vergabe des Klosters Erstein mußte Heinrich VI. – da unveräußerliches Reichsgut – bereits 1192 widerrufen. Wenn auf dieses historische, für den Kaiser blamable Geschehen im *Reinhart Fuchs* mit der Kamel-Episode angespielt ist, ergibt sich eine Datierung nach 1192. Sie würde eine antistaufische Stoßrichtung des Werkes bekräftigen, und zwar in der Weise, daß mit dem ungerechten und selbstsüchtigen Löwenkönig in einer »Mehrschichtigkeit der Anspielungsebenen« (Schwab, S. 93) sowohl auf Friedrich I. (den Berthold IV. von Zähringen einmal als »Zerstörer der Kirchen und Gesetze« bezeichnet) wie Heinrich VI. gezielt wird und damit auf den staufischen Gewaltherrscher schlechthin. Historische Detailkenntnis und entsprechende Anspielungen, parodierende Anklänge an Minnesang und Heldendichtung, satirische Angriffe gegen Geistlichkeit und Klosterleben, vor allem gegen den voreingenommenen Gerichtsherrn, der keineswegs dem Ideal eines *rex justus et pacificus*, eines gerechten und friedfertigen Königs, entspricht – all dies zeigt den Elsässer Heinrich als scharfen Beobachter und unerbittlichen Kritiker von Herrscherpersonen und Zeitgeschehen seiner Gegenwart. In der unmittelbaren Wirkungsabsicht und Aufnahme des Originals mag der aktuelle politische Bezug auf die staufische Gewaltherrschaft im Sinne einer Warnfabel auch für zukünftiges Geschehen vorherrschend gewesen sein, während die Bearbeitung mehr auf eine allgemein menschliche Perspektive über die Tiersozietät hinweg gerichtet zu sein scheint.

Die Stoffgeschichte geht in der Konfrontation von Löwe-Fuchs-Wolf bis zu aesopischen Fabeln zurück, aber erst im französischen *Roman de Renart* wird die Feindschaft zwischen Fuchs und Wolf in die feudale Welt gesetzt und damit in einen epischen Ablauf gestellt. Heinrichs eigene Leistung läßt sich zusammenfassend beschreiben: Die beliebige Reihung verschiedener Fuchs-Abenteuer im *Roman de Renart*, die zum mündlichen Vortrag bestimmt war, hat Heinrich in ein Buchepos überführt, in dem er sie in einen zeitlichen Ablauf ordnet, die einzelnen Abenteuer konsequent motiviert und final strukturiert, also zielgerichtet auf das in der Stoffgeschichte einmalige Ende, den Tod des Löwenkönigs, führt. Die Nachwirkungen des *Reinhart Fuchs* blieben – vielleicht aus diesem Grunde – bescheiden. Einige mittelalterliche Tierschwänke stehen in seiner Tradition, dazu kommt ein Holzschnitt aus der zweiten Hälfte des 15. Jahrhunderts, der Reinhart Fuchs in Bild und Text als Papst und Antichrist darstellt. Das Erzählthema vom Fuchs findet über flämisch-niederländische Versionen mit *Reynke de Vos* von 1498 neue Aufnahme und weitreichende Wirkung in der deutschen Literatur.

Bibliographische Hinweise

Heinrichs des Glichezares Reinhart Fuchs. Hrsg. von G. Baesecke [Hss. P und S]. Mit einem Beitr. von K. Voretzsch. Halle a. d. S. 1925.

Das mittelhochdeutsche Gedicht vom Fuchs Reinhart nach den Casseler Bruchstücken und der Heidelberger Hs. Cod. pal. germ. 341. Hrsg. von G. Baesecke. 2. Aufl. bes. von I. Schröbler. Halle a. d. S. 1952.

Heinrich der Glîchezâre: Reinhart Fuchs. Mittelhochdeutsch und neuhochdeutsch. Hrsg., übers. und erl. von K.-H. Göttert. Stuttgart 1976 [u. ö.].

Der Reinhart Fuchs des Elsässers Heinrich [Hss. K und S]. Unter Mitarb. von K. v. Goetz [u. a.] hrsg. von K. Düwel. Tübingen 1984.

Düwel, K.: Heinrich, Verfasser des »Reinhart Fuchs«. In: Die deutsche Literatur des Mittelalters. Verfasserlexikon. Bd. 3. Berlin / New York ²1981. Sp. 666–677.

– Zum Stand der »Reinhart Fuchs«-Forschung. In: Épopée Animale, Fable, Fabliaux. Actes du IVe Colloque de la Société Internationale Renardienne, Evreux, 7–11 septembre 1981. Éd. par G. Bianciotto et M. Salvat. Paris 1983. S. 197–213.

Frey, M.: Zwei Varianten des »Reinhart Fuchs« – Vergleich der Fassung S mit P und Untersuchung des Prozesses. Bern [u. a.] 1985.

Göttert, K.-H.: Tugendbegriff und epische Struktur in höfischen Dichtungen. Köln 1971.

Grimm, J.: Reinhart Fuchs. Hildesheim 1974. (Nachdr. der Ausg. Berlin 1834.)

Jauss, H. R.: Untersuchungen zur mittelalterlichen Tierdichtung. Tübingen 1959.

Kühnel, J.: Zum »Reinhart Fuchs« als antistaufischer Gesellschaftssatire. In: Stauferzeit. Geschichte – Literatur – Kunst. Hrsg. von R. Krohn [u. a.]. Stuttgart 1978. S. 71–86.

Linke, H.: Form und Sinn des »Fuchs Reinhart«. In: Strukturen und Interpretationen. Festschrift für Blanka Horacek. Hrsg. von A. Ebenbauer [u. a.]. Wien 1974. S. 226–262.

Meiners, I.: Schelm und Dümmling in Erzählungen des deutschen Mittelalters. München 1967. S. 7–38.

Schwab, U.: Zur Datierung und Interpretation des »Reinhart Fuchs«. Mit einem textkritischen Beitrag von K. Düwel. Neapel 1967.

Frühe Minnesänger

Von Helmut Tervooren

Einen an der Biographie von Minnesängern orientierten Artikel zu verfassen erfordert bei dem Mangel an biographischen Quellen vor allem, das überlieferte Werk der einzelnen Sänger nach ihrer künstlerischen Identität zu befragen und ihre literarische Produktion zu vergleichen. Aus diesen Bezügen mag man dann eine Entwicklung erkennen, die zugleich einen historischen Abriß der frühen deutschen Lyrik darstellt und eine Übersicht über die nach heutiger Wertschätzung bedeutendsten Vertreter der deutschen Lyrik vor Walther bietet. Dabei ist allerdings zu beachten, daß der Anfang dieser Entwicklung allein durch das Einsetzen der schriftlichen Überlieferung bestimmt ist, nicht aber durch den Beginn lyrischen Sprechens in deutscher Sprache überhaupt.

Ein festes Datum für die Geschichte der frühen deutschen Lyrik ist der Tod Friedrichs von Hausen, der, wie es zeitgenössische Quellen melden, am 6. Mai 1190 auf dem Kreuzzug Friedrich Barbarossas starb. Nach Ausweis von Reim und Strophik – formal-philologischen Kriterien also – muß der Kürenberger und zumindest ein Teil der lyrischen Produktion Dietmars von Aist älter sein als Hausen. Zum gleichen Ergebnis führt eine bisher in der Forschung unbestrittene Datierungshilfe, die sich an der Liebesauffassung orientiert, wie sie die Sänger in ihren Liedern ausdrücken. Der Kürenberger zeigt zwar schon höfische Elemente, aber es fehlen bei ihm noch deutliche Spuren des neuen, aus dem Westen kommenden Frauendienstes. Auch bei Dietmar sind nur Ansätze der hohen Minne zu erkennen.

Ein weiteres festes Datum ergibt sich aus der Biographie Walthers von der Vogelweide. Er wird 1203 in den Reiserechnungen Wolfgers von Aquileia als »cantor de Vogelweide« erwähnt. Diese Erwähnung ist deshalb so wertvoll, weil hier Name und Funktion zusammen genannt werden. Dies ist in der Regel nicht der Fall, so daß die Zuordnung von Name und Werk von der Literaturwissenschaft getroffen werden muß und daher mit Unsicherheiten behaftet ist. Walther war ein jüngerer Zeitgenosse Reinmars (vielleicht sein Schüler, mit Sicherheit ein Rivale) und beklagt dessen Tod (83,1–6). Die Totenklage wird allgemein ins erste Jahrzehnt des 13. Jahrhunderts datiert. Mit diesen Daten stimmen die Nachrichten überein, die sich auf Heinrich von Morungen beziehen. Sie besitzen zwar nicht immer die Zuverlässigkeit des zeitgenössischen Berichts, da sie zum Teil nur erschlossen sind, sind aber im Verhältnis zu dem, was wir sonst über Minnesänger wissen, von einer gewissen Zuverlässigkeit.

Schwierig ist es, ein exaktes Datum für den Beginn namentlich verantworteter deutscher Liebeslyrik zu ermitteln. Dies scheitert vor allem daran, daß der Kürenberger, dessen Name den Anfang markiert, als historische Person nicht faßbar und das Werk Dietmars so disparat ist, daß die Zuordnung zu einer Person problematisch bleibt. Es müssen zur zeitlichen Festlegung darum philologische Kriterien herangezogen werden. Form- und stilgeschichtliche Beobachtungen (Einstrophigkeit, Langzeile, Fehlen der Hohe-Minne-Thematik) verweisen auf die Zeit um 1150/60. Somit kann die Wirkungszeit der zu behandelnden Dichter zwischen 1150 und 1210 festgelegt werden.

Was den Lebens- und Wirkungsraum der Sänger betrifft, so zeigen sich hier Entwicklungslinien, die mit der Entwicklung in anderen Gattungen parallel verlaufen. Der Kürenberger und Dietmar gehören dem Südosten des deutschen Sprachgebietes an, das um die Mitte des 12. Jahrhunderts auch sonst ein interessanter Literaturraum ist (›bairisch-Regensburger Epik‹). Deswegen bezeichnet man diese erste

Phase deutscher Lyrik oft als die ›donauländische‹. Sie ist die Hauptquelle für eine eigene, kaum von fremden Einflüssen überlagerte Lieddichtung. Ob man diese Lieder ›volkstümlich‹ nennen soll, wie es auch heute noch gelegentlich geschieht, ist fraglich. Jedenfalls darf man eine solche Charakterisierung nicht im Sinne von ›vom Volk getragen‹ verstehen, denn der einzige Hinweis auf ihren ›Sitz im Leben‹, Heinrichs von Melk Polemik gegen die »troutliet« (*Erinnerung*, V. 612), spricht eher für eine Rezeption in adeligen Kreisen. Über ihre Quellen ist damit natürlich nichts gesagt; sie mögen durchaus in einfachen volkstümlichen Formen liegen.

Mit Friedrich von Hausen (und mit Heinrich von Veldeke) verlagert sich das Zentrum nach Westen, und die Lyrik gelangt – nicht nur aus poetologischer Sicht – unter romanischen Einfluß. Weiter ist für sie die Nähe zum Kaiserhof charakteristisch, so daß die oft benutzte Etikettierung ›staufisch‹ naheliegt. Sie ist auch gerechtfertigt, sofern sie nicht mehr besagen will, als daß einige Sänger Beziehungen zum Stauferhof unterhielten und sich in diesen Beziehungen etwas vom kulturellen Selbstverständnis des Hofes spiegelt.

Morungen verlängert diese Linie; seine Nähe zu den Staufern ist wahrscheinlich. Geographisch gehört er aber in den Nordosten, nach Thüringen, seine Sprache und urkundlich belegte Beziehungen zum Meißener Hof erweisen dies. Möglicherweise sind für ihn Herkunfts- und Wirkungsraum (zumindest zeitweise) nicht deckungsgleich. Das könnte auch für Reinmar von Hagenau zutreffen, wenn »von Hagenau« als Herkunftsbezeichnung die elsässische Kaiserpfalz meint; e i n Wirkungsraum Reinmars scheint jedenfalls der Babenbergerhof in Wien gewesen zu sein. Jedoch besteht hier viel Unsicherheit: die über 150 Jahre alte Annahme, Reinmar sei Hofsänger in Wien gewesen, ist jedenfalls quellenmäßig nicht zu belegen. Die denkbare Differenz zwischen Herkunfts- und Wirkungsort mag aber auch für Reinmar auf eine Fahrendenexistenz hinweisen, wie sie für Walther aufgrund seiner Lieder erwiesen ist.

Der von Kürenberg

Der Kürenberger ist als historische Person nicht festzumachen. Der Name ist im 12. Jahrhundert im bairisch-österreichischen Gebiet zwar mehrfach belegt, aber es ist aus verschiedenen Gründen schwierig, einen der Träger mit dem Dichter zu identifizieren. Man kann sogar fragen, ob der Name »Kürenberg« nicht schon von den Redaktoren der Handschrift C aus der Selbstnennung (II,1) erschlossen ist.

Unter dem Namen »Der von Kürenberg« sind in der großen Heidelberger Liederhandschrift C (und auch im 1985 entdeckten Budapester Fragment) insgesamt 15 Strophen in zwei nur leicht variierten Tönen (d. h. Strophenformen) überliefert. Trotz dieses geringen Umfangs ist sein Werk aber inhaltlich vielschichtiger als das vieler späterer Lyriker, die ihn im Werkumfang um ein Vielfaches übertreffen.

Kürenbergers Lyrik ist Rollenlyrik, in der der Mann (*ritter*) und die Frau (weniger ständisch fixiert: *wîp, frouwe, magetîn*) über erfahrenes Liebesglück und -leid sprechen. Auffallend ist dabei die hohe Zahl der Frauenstrophen. Sie zeichnen ein komplexes Frauenbild, das in der Vielfalt seiner Aspekte nur mit dem Reinmars zu vergleichen ist: die sehnsüchtig wartende Frau (II,4–5), Medium frühen lyrischen Sprechens in vielen volkssprachlichen Literaturen (vgl. die spanischen Hargas und die französischen Chansons de toile), das *magetîn* (II,12), die liebevoll verzichtende Frau im sogenannten Falkenlied (II,6–7), die sexuell aggressive Frau bzw. die Unterwerfung fordernde Herrin (II,3). Selbstbewußt, ja in überheblicher Attitüde (»wîp unde vederspil diu werdent lîhte zam«; II,13) tritt ihr der Mann entgegen und entzieht sich ihrem Liebeswerben (II,10). Doch dieser Geschlechterantagonismus ist nur eine Seite der männlichen Rolle. Charakteristischer für Kürenbergers Lyrik ist der Mann, der seine unbedingte Bindung an eine Frau durch die Absage an alle anderen bekräftigt (I,1–2) und sich um die Werthaftigkeit ihrer Liebe sorgt (II,9, 12). Der Mann ist es auch, der sich aus der emotionalen Betroffenheit zu lösen und praktische Verhaltensmaßregeln zu geben vermag, wie ihre Liebesgemeinschaft in der feindlichen Umwelt der *merkaere* und *nîdaere* bestehen kann (II,11). Was die männlichen und weiblichen Positionen verbindet, ist die Klarheit des Gefühls in Liebe oder Abneigung. Konkrete Raum- und Zeitbezüge (*zinne, bette, nehtint*) und andere Elemente der äußeren Wirklichkeit geben den Strophen ein episch-balladeskes Gepräge, auch ohne daß – wie in französischen Romanzen – der epische Rahmen gestaltet wird. Diesen Eindruck verstärkt die Form, die sich an die Nibelungenstrophe anlehnt, aber in Kadenz und Hebigkeit noch Variationen zuläßt. Nur im Wechsel überspringt die Aussage die Strophengrenze. Zur Darstellung der einfachen Gefühle, unreflektierter Sehnsucht und kompromißloser Entscheidung, genügt der kurze, den Vers nicht sprengende Satz (Zeilenstil) und das konkrete, unpreziöse Wort: *liep, vriunt, geselle* usw. Tiefe erhält die lyrische Aussage jedoch aus ihren Bildern und Gesten, einfach und konkret zwar, aber von großer lyrischer Intensität: Der kreisende Falke als Sinnbild des Geliebten (II,6), das intime Bild der Geliebten im Hemde (II,4), die wie eine Rose errötende junge Frau (ebd.) oder die herrische Geste auf der Burgzinne (II,2).

Die wissenschaftliche Kritik hat aus diesem Rahmen einige Strophen herausbrechen wollen (II,3, 5, 9, 13) und sie für unecht erklärt. Abgesehen davon, daß dabei der Antagonismus Mann-Frau, der dem Werk des Kürenbergers die innere Spannung gibt, an Klarheit verliert, scheint hier eher der wissenschaftliche Wunsch nach Einheitlichkeit eines Œuvres eine Rolle gespielt zu haben als historische Unvoreingenommenheit. Dem überlieferten Bild – und damit auch der Geschichte der mittelhochdeutschen Lyrik – nimmt eine solche Athetierung Farbigkeit und Tiefenschärfe. Letztlich ist ein solches Verfahren ein anachronistischer Vorgriff auf spätere Minnesänger-Corpora.

Der von Kürenberg

Dietmar von Aist

Ein freiherrliches Geschlecht von Aist ist seit 1125 im oberösterreichischen Raum belegt. Ein »Ditmarus de Agasta« urkundet ab 1139/40 und stirbt um 1171 kinderlos. Auch hier ist jedoch eine Identifizierung mit dem Dichter problematisch. Die Forschung denkt eher an einen jüngeren Dietmar, der aus einer Seitenlinie stammt oder auf andere Weise zu dem freiherrlichen Haus derer von Aist in Verbindung steht.

Für Literaturhistoriker sind die 16 Töne, die in den Handschriften A, B und C (verschiedentlich mit anderer Autorenzuschreibung!) überliefert sind, ein Problem, denn nur die Töne I–III (Einzelstrophen und Wechsel) sind eine organische Fortsetzung des lyrischen Ansatzes, wie er oben zum Kürenberger beschrieben ist – organisch in dem Sinne, daß Form, Inhalt und Motive des frühen Liebesliedes hier weiterentwickelt werden. Dem einen leicht variierten Ton des Kürenbergers stellt Dietmar den Formwechsel von Lied zu Lied gegenüber. Dabei baut er seine Strophen zwar noch mit paarweise gereimten Langzeilen, toleriert unreine Reime und Kadenzentausch, stellt aber in den Langzeilen schon Zweitakter ein (Ton I) und benutzt als Bauelemente des Abgesangs bereits vier- und sechshebige Verse (Ton II). Das Strophengefüge ist durch mannigfaches Spiel mit Reim und Binnenreim fester geworden.

Kristallisationspunkt lyrischen Sprechens ist die Situation der Trennung (I, III,4 f.). Daraus entwickelt sich einerseits die Klage über die Hindernisse, die sich der Liebe in den Weg stellen, über die *huote* also (I,1, II,4 f.), andererseits die Reflexion über *staete* und *triuwe* als die ethischen Prinzipien, die die Einheit in der Trennung gewährleisten. Gestalterisch findet diese Situation, die schon beim Kürenberger (I,1 f.) im Ansatz vorhanden ist, in der Gattung des Botenliedes (II) seinen Ausdruck. Hier bekommt der *huotaere* in dem vertrauten Boten, der die Verbindung zwischen den Liebenden herstellt, einen Gegenspieler. Minnesängerische Motive (viel-

Dietmar von Aist

leicht schon unter romanischem Einfluß) klingen an. Von der Veredelung des Mannes spricht III,2; Angst vor der *huote* verrät I,1; den *dienst*-Gedanken formuliert II,2, den Begriff der *mâze* III,3. Dies sind schon Begriffe und Verhaltensweisen, die die ethische Struktur des späteren Minnesanges prägen. Als Gestaltungselement tritt noch der Natureingang hinzu, der bei Dietmar (III,1) zum ersten Mal in der deutschen Lyrik voll ausgebildet ist.

Zu diesen Strophen wollen die beiden Frauenlieder IV und V (»Ez stuont ein vrowe alleine« und »Sô wol dir, summer wunne«) nicht recht passen. Altertümlich in der Form (paargereimte Vierheber), einfach und innig in der Aussage, sind sie ursprünglichen Formen noch am nächsten und gelten in ihrer konkreten Symbolik seit jeher als reinster Ausdruck vorminnesängerischen fraulichen Sprechens und Fühlens. Neben dem Falkenlied des Kürenbergers sind sie der eigentliche Höhepunkt der frühen deutschen Lyrik.

In eine spätere Zeit weisen die übrigen Lieder, die mit Dietmars Namen verbunden sind: die Kanzonenform, das hervorstechendste formale Merkmal des Minnesanges bis in späteste Zeit, setzt sie von den früheren ab, ebenso die explizit vertikale Rollenverteilung der Geschlechter (XII,1,1–4):

> Nu ist ez an ein ende komen, dar nâch ie mîn herze ranc,
> daz mich ein edeliu vrowe hât genomen in ir getwanc.
> der bin ich worden undertân,
> als daz schif dem stiurman.

Sie wird gestützt und verstärkt durch Ansätze zu Frauenpreis-Strophen, die mit dem Tugendlob (VI,2), dem Demiurgen- und Unsagbarkeitstopos (IX) und der Sonnenmetaphorik (XV,1) inhaltliche und gestalterische Möglichkeiten des hohen Minnesangs schon anklingen lassen. Freilich sind auch die Lieder dieses Blockes noch mit nicht minnesangkonformen Haltungen und Anschauungen (Preis der erfüllten Liebe IX, XIV; spöttische Geliebte XV; umherschweifender, suchender – aber auch fordernder – Mann VI,3, XV,2) durchsetzt, und sie benutzen noch die Form des Wechsels als offenbar einzige Möglichkeit für mehrstrophische Gesätze. Herauszuheben ist das Tagelied »Slâfest du, vriedel ziere« (XIII), das – sollte es echt sein – das älteste deutschsprachige Beispiel dieser Gattung wäre.

Eine Erklärung für diese wenig homogene Überlieferung ist bisher nicht gefunden worden. Die traditionelle Forschung hat nur den ersten Liederkreis Dietmar zugestanden und die anderen Lieder als frühere oder spätere Anlagerungen an sein Werk interpretiert. Diese Erklärung bemüht sich um eine kontinuierliche Entwicklung der frühen deutschen Lyrik im Sinne organischen Wachsens. Auch die mit diesem Entwicklungsmodell verbundene These von Dietmar als einer Übergangsfigur greift zu kurz, weil sie nur zwei Phasen plausibel machen kann. Die Übereinstimmung von Name und überliefertem Werk ist eigentlich nur dann gewährleistet, wenn man zugesteht, daß Dietmar sensibel auf die vielen Anregungen seiner Zeit reagiert und die vorhandenen, für uns freilich im einzelnen nicht mehr nachweisbaren Möglichkeiten lyrischen Sprechens voll ausnutzt. Daß er in ein von der modernen Wissenschaft entworfenes eindimensionales Entwicklungsmodell nicht hineinpaßt, sollte eher Anlaß sein, erneut über das Modell nachzudenken, als es in Literaturgeschichten unreflektiert festzuschreiben.

Friedrich von Hausen

Friedrich von Hausen entstammt einer einflußreichen rheinpfälzischen Ministerialenfamilie, die ihren Stammsitz in Rheinhausen bei Mannheim hatte. Literarisches Interesse bezeugt schon der Vater Walther, dem der Sangspruchdichter Spervogel ein ehrendes Gedenken widmet. Friedrich urkundet zwischen 1171 und 1190 bei Rechtsgeschäften der Mainzer und Trierer Erzbischöfe, des Abtes von Lorsch und des Bischofs von Worms, wird im Gefolge der staufischen Kaiser Friedrich I. und Heinrich VI. unter anderem auch in Italien erwähnt. Am 6. Mai 1190 ist dieser *vir probus et nobilis* und *miles strenuus et famosus* auf dem 3. Kreuzzug in Anatolien gefallen.

Mit Friedrich von Hausen fassen wir einen Dichtertyp, der für den deutschen Minnesang repräsentativ ist: den Typ des adeligen Dilettanten. Ein Dictum aus der Frühzeit der Minnesangforschung, das Friedrich Diez zugeschrieben wird und besagt, wer sechs oder sieben Lieder dieser Sänger gelesen habe, habe sie alle gelesen, ließe sich an seinem Werk trefflich belegen.

Hausen ist ein spröder Lyriker. Naturbilder sucht man bei ihm vergebens. Reflektierend oder beschreibend, immer im Bezug auf sich selbst umkreist er sein Thema: die *vrouwe*. Als Ausdrucksform benutzt er dabei die moderne Gattung des monologischen Rollenliedes, die Minneklage, und in zunehmendem Maße die Komplementärgattung, das Frauenpreislied (III, XI). Die älteren Typen des Wechsels (IX) und des Frauenliedes (XII) treten zurück. Literaturgeschichtlich bedeutet dies die Übernahme romanischer Formen, deren eigentlicher Vermittler er neben Heinrich von Veldeke und Rudolf von Fenis ist. Seine 17 Lieder sind bis auf das sangspruchartige Lied XVI zwei- oder mehrstrophige Kanzonen.

Die Assonanz ist weitgehend dem reinen Reim gewichen, die paargereimte Langzeile zwei- bis sechshebigen Versen, die durch kompliziertere Reimstellungen neue Strophenvariationen ermöglichen. Enjambement und die der romanischen Lyrik abgeschaute Durchreimung geben Strophe und Strophenteilen eine größere Festigkeit. Auch versucht sich Hausen an daktylischen Liedern (II, XV).

Hausens Bilder und Motive sind Allgemeingut des europäischen Minnesangs, und vieles scheint schon literarische Formel. Die völlige Introvertiertheit im Denken an die Geliebte (V,1), das Herz als ihre Wohnstätte (I,3), die Liebe von Kindheit an (XI), die Spaltung der Person in *herze* und *lîp* (VI), der Demiurgen- und der Kaiser-Topos (III, XI,1) als Versatzstück in der *descriptio pulchritudinis*, die Betonung

Friedrich von Hausen

der Vorbildlichkeit der Liebe in Rekurrenz auf klassische Liebespaare der Literatur (Aeneas und Dido; I), die Liebeskrieg-Terminologie – alles das findet man so oder ähnlich bei den Romanen, aber auch bei zeitgenössischen oder späteren deutschen Sängern.

Mit den Motiven und Bildern übernimmt er die Liebesauffassung der romanischen Kanzone mit ihrer dominanten Stellung der Dame – lieben heißt für ihn »trûren unde sorgen pflegen« (I,2,4), »âne lône dienen«, kurz: ganz der *gnâde* der Herrin anheimgegeben zu sein. Am deutlichsten wird diese existentielle Bindung in seiner Einstellung zur *huote*. Bei vielen Minnesängern Adressat von Verwünschungen und Flüchen, steht Friedrich von Hausen ihr positiv gegenüber, da er sie als Bestandteil der Beziehung akzeptiert. Sie ist für ihn institutionalisierter Ausdruck des Liebesdilemmas (II,2), aber damit zugleich Schutz der Dame und der Einzigartigkeit seiner Beziehung (XII). Friedrich von Hausen zelebriert nicht nur die Rituale des Minnesangs, er hält sie auch konsequent durch. Nur einmal bricht er offen mit der minnesängerischen Disziplin und verwünscht die Geliebte (VI,4), ein anderes Mal kaschiert er seinen Angriff in einer Minneanklage (XIII). Ausbruch aus dem Minnedienst, zumindest aber seine Ausweitung gestalten auch seine Kreuzlieder (VI, VII). Bestes Beispiel dafür ist sein berühmtes Lied »Mîn herze und mîn lîp diu wellent scheiden« (VI), wo er die Antinomie von Minne- und Gottesdienst perspektivenreich in der scholastischen Form des Zwiegesprächs zwischen *herze* und *lîp* abhandelt. In dieser Gegenüberstellung unterschiedlicher Sinndeutungen ritterlich-höfischen Daseins gelingt ihm eine gültige Ausdeutung des Konflikts: Indem er den Dienst an der Dame eindeutig dem Dienst für Gott nachordnet, wird das *scheiden* von der Geliebten sinnerfüllt und bekommt eine ethisch-moralische Dimension.

Albrecht von Johannsdorf

Zwischen 1172 und 1255 sind Träger des Namens »Albertus de Jahenstorff« in Bamberger und Passauer Urkunden erwähnt. Sie gehören einem Geschlecht an, das im niederbairischen Jahrsdorf (Kreis Landau) seinen Stammsitz hatte.

Die Kreuzzugsthematik in seinen Liedern und vor allem die Beziehungen seines Liedes XII zu einem Lied des Provenzalen Albert Marques de Malaspina (urkundl. 1188–1210) sprechen dafür, daß der Dichter der zweiten Generation des erwähnten Geschlechts angehört. Eine Teilnahme am Kreuzzug 1189/90 ist wahrscheinlich.

Albrechts von Johannsdorf schmalem Werk (13 Lieder, meist in C, aber auch in A und B) fehlen die scharfen Kontraste. Bei ihm ist vieles vereinbar, was andere Sänger zu programmatischen Auseinandersetzungen reizte. Natürlich kennt er die westliche Liebeskonzeption mit ihren Ritualen und benutzt das monologische Rollenlied als ihre adäquate Ausdrucksform (I, XI). Aber er versteht es auch, die der Minnekanzone innewohnende Spannung spielerisch zu überwinden. Seine von modernen Interpreten gerne (aber ohne Kontext!) zitierte Deutung des Minnedienstes (»daz ir dest werder sint unde dâ bî hôchgemuot«; XII,7,6) entwickelt sich aus einer pastourellenhaften Werbeszene und ist – berücksichtigt man den Kontext – nicht ohne parodistischen Nebensinn. Nicht weniger mehrdeutig ist in Lied IV seine Antwort auf die Frage, ob man mehr als einen lieben könne. Für sich selbst hatte Johannsdorf bekannt: »Sold ich minnen mêre danne eine / [...] / sône minnet ich deheine« (I,1,5–7). Wenn er in Anspielung auf minnekasuistische Diskussionen an westlichen Höfen jetzt spitzfindig antwortet: »wan solz den man erlouben unde den vrouwen niht« (IV,2,6), dann zeigt sich in dieser Antwort eine spielerische Distanzierung zur offiziellen Minnedoktrin.

Seine Minneauffassung bestätigt das. Ohne programmatische Schärfe und ohne Pathos nimmt sie Walthers von der

Vogelweide Ideal der gegenseitigen Liebe vorweg. Schlicht formulieren es die Verse VIII,2,1 f.: »Swâ zwei herzeliep gevriundet sich, / und ir beider minne ein triuwe wirt«. Sinnfällig wird das Geschlechterverhältnis aber schon in der Häufigkeit, in der die Frau in seinen Liedern das Wort nimmt und (anders als die *vrouwe* in der Kanzone) ihre Gefühle ausspricht. Zweifellos steht Johannsdorf hier in der Nachfolge der donauländischen Liebeslyrik, worauf auch Wortwahl (*vriunt, wîp, herzeliep, gevriunden* u. a.), Versbau (lange Zeilen in langzeilenhafter Gliederung) und Gattungen (Wechsel, Frauenstrophe) deuten. Aus dieser Tradition mag auch das anmutig bewegte Naturbild (VII,1) stammen, wiewohl hier auch Reminiszenzen an Walther und an mittellateinische Lyrik mitschwingen könnten.

Johannsdorfs eigentliche dichterische Leistung sind aber die Lieder, in denen ihm eine Synthese von Minne- und Kreuzlied gelingt. Konzeptionelle Voraussetzung dafür ist seine Auffassung von der Gegenseitigkeit der Liebe. Beide Liebende durchleben den Konflikt (»varn über mer und iedoch wesen hie«; II,2,4) in gleicher Intensität, ohne ihre ideelle Gemeinsamkeit aufzugeben. Er fährt zwar »gern ze helfe dem vil heiligen grabe« (II,3,4), führt die Geliebte aber im Herzen mit »in gotes lant« und teilt mit ihr Gottes Lohn (XIII,2,9 f.), sie bleibt ihm in unverbrüchlicher Treue und im Gebet um sein Wohlergehen verbunden (XIII,4).

Dabei fehlt diesen Liedern nicht der Schwung der Kreuzzugsbegeisterung. Johannsdorf ist vielmehr der Dichter, der die Argumente der zeitgenössischen Kreuzzugspredigt, aber auch Elemente der Lebenswirklichkeit am stärksten in seine Lyrik integriert (und dies mit bemerkenswertem rhetorischen Geschick). Er thematisiert die verzweifelte Lage im Heiligen Land (IIIb,3) und die defätistische Gegenpropaganda zu Hause (V) ebenso wie seine quälende Sorge um die *êre* und *triuwe* der Geliebten, die den Verführungen der schmählich sich dem Kreuzzug entziehenden Männer ausgesetzt ist

Albrecht von Johannsdorf

(IIIb,2,7 f.). Alle Spannungen und Sorgen sind aber aufgehoben in der sündenlösenden Kraft der Liebe (IIIb,2,1–4):

> Swer minne minneclîche treit
> gar âne valschen muot,
> des sünde wirt vor gote niht geseit.
> si tiuret und ist guot.

Heinrich von Morungen

Die sprachlichen, formalen und inhaltlichen Eigentümlichkeiten der Lieder Heinrichs von Morungen deuten auf die Wende des 12. zum 13. Jahrhundert als Lebenszeit und auf Ostmitteldeutschland als Herkunftsraum. Hierher weisen auch die Wappen der Handschriften B und C. Damit könnte der Minnesänger mit jenem »Hendricus de Morung« identisch sein, den zwei Urkunden des Markgrafen Dietrich von Meißen 1217 bzw. 1218 bezeugen. Dieser stammt vermutlich von der Burg Morungen bei Sangershausen (Thüringen), er hat Besitzungen, die er von Dietrich erhalten hatte und die er später dem Thomaskloster in Leipzig vermacht, wo er vermutlich auch gestorben ist. Über die Burg Morungen lassen sich Beziehungen zu Friedrich Barbarossa konstruieren sowie die Zugehörigkeit zum niederen Rittertum wahrscheinlich machen.

Von Heinrich von Morungen sind 35 Lieder erhalten. Neben die Haupthandschriften A, B und C treten noch einige kleinere Überlieferungsträger (C^a, E, p). Er ist der erste Minnesänger, bei dem es einer literarischen Kritik möglich ist, ausgeprägtere persönliche Züge herauszuarbeiten und Ansätze zu einer künstlerischen Individualität zu entdecken. Ein Schlüssel zu seiner Lyrik ist die Selbstaussage »wan ich wart dur sî unt durch anders niht geborn« (XV,2,6). Es ist der Kernsatz seines lyrischen Schaffens und spiegelt die fast monomanische Zentrierung des lyrischen Ichs auf die Minne-

Heinrich von Morungen

herrin sowie seine als existentiell erfahrene Abhängigkeit von ihr, das ausschließliche Thema seiner Lieder.

Wenn die lyrische Aussage dennoch nicht in steriler Reflexion oder in monotonen Ergebenheitsversicherungen erstarrt, verdankt Heinrich dies der leidenschaftlichen Bewegtheit seines Temperaments. Die strenge Form der Kanzone schafft aber wiederum eine Distanz, die es ihm ermöglicht, trotz seiner Verfallenheit an die glänzende Erscheinung der Geliebten in Einklang mit der Minnedoktrin zu bleiben. Die angebetete Dame ist folglich auch nicht nur Inbegriff des Guten und Schönen – und damit Gegenstand platonischer Verehrung –, sondern eine Persönlichkeit, die auch durch körperlich-sinnenhafte Schönheit den Dichter in ihren Bann zieht. Als erster im deutschen Minnesang deutet Morungen nicht nur durch Beiwörter und kurze Vergleiche auf weibliche Schönheit hin, sondern beschreibt sie aus der Sicht des Betroffenen in breiter Deskription (bes. I, XXV,2). Aus mannigfachen Reaktionen des Dichters auf die Reize der Dame gewinnt ihr Bild dann schärfere Konturen: sie ist launische Herrin, verklärte Göttin, verspieltes Mädchen oder dämonische Zauberin, aber sie ist immer auch *vrouwe*.

Morungen liebt das geschaute Bild, bald statisch, bald aufgelöst in kleinen Szenen. Die Ausstrahlung und Faszination der Geliebten konkretisiert sich in ihrem Tun. Er sagt nicht, die Geliebte sei schön; er zeigt es vielmehr in ihren Erscheinungsformen, als Elfe, als Venus, als *toeterinne*. Auch in der Verwendung des Vergleichs zeigt Morungen eine eigene poetische Technik. Dort haben sprachliche Bezüge nur die Aufgabe, die Vergleichsstruktur anzudeuten. Die Wirkung des Vergleichs beruht indessen auf den assoziativen Beziehungen, die durch Konnotationen zum Vergleichsgegenstand gegeben sind. Die so erreichte Verschmelzung verschiedener Bild- und Vorstellungsbereiche zu neuen poetischen Einheiten, die Ambiguität der Aussage und die zeichenhafte Bedeutung der Bilder selbst machen die eigenartige, individuelle dichterische Leistung aus. Sie geben der lyrischen Aussage eine magisch-poetische Kraft, die besonders spürbar ist in den Liedern, in denen sich Reales und Irreales zu traumhaft-visionären Bildern verbindet (so das Narziß-Lied XXXII, das Tagelied XXX, das Venus-Lied XXII und, vor allem, das visionäre Lied »Vil süeziu senftiu toeterinne«, XXXIV).

In Form und Gehalt bewegt sich Morungen jedoch im üblichen Rahmen. Seine Stoffe, Motive und Vergleiche sind Gemeingut der Zeit, nur die Auswahl verrät persönlichen Zuschnitt. Breit ausgefächert ist z. B. der Motivkomplex des Liebeskrieges oder das Thema ›singen – schweigen‹, oft verbunden mit dem Topos vom Verlust von Sprache und Sinnen beim Anblick der Geliebten (VII, XIII, XVI, XVII u. ö.). Auffallend an seiner Bildsprache sind die vergleichenden Wörter des Glanzes (Sonne, Mond, Abendstern, Edelstein, Spiegel). Die Natur tritt dagegen zurück.

Der Einfluß von Heimisch-Volkstümlichem ist selten (XXIII, XXX). Stark geprägt ist dagegen seine Lyrik durch Motive und Stoffe der Antike (vgl. das Narziß-Motiv in XXXII, die Fabel von Prokne und Philomela in VII,1, den Topos vom Schwanengesang XXII,5 oder die Grabinschrift VIII,3). Auf die Lyrik der Provence (hier vor allen Dingen auf Bernart de Ventadorn, Guilhem de Cabstanh und Peirol) deutet die relative Zurückhaltung bei der Idealisierung der Frau, die Vorliebe für weitgesponnene Bilder, das Spiel mit dem Verstecknamen in einem ›Geleit‹ (XVIII,5), die Ansätze zu einer Tornada (XX) und das Thema ›Aufkündigung des Dienstes‹ (XVII,2). Die antiken Stoffe sind wohl durch die provenzalische Lyrik vermittelt. Zu dieser mag er durch den staufischen Kaiserhof, besonders durch Beatrix von Burgund, der Gemahlin Friedrichs I., unmittelbar Zugang gehabt haben (vgl. Lied I, das als eine Ergebenheitsadresse an Beatrix interpretiert wird). Auch der kirchliche Bereich scheint auf Morungen Einfluß gehabt zu haben. Er ist faßbar in Anklängen an Hymnen und liturgische Gesänge (IV) und in Entlehnungen aus der marianischen Literatur.

Formal bewegt sich Morungen auf traditionellen Bahnen.

Wie Friedrich von Hausen u. a. greift er auf romanische Formtraditionen zurück. Als Bauform verwendet er ausschließlich die Kanzone, in schlichten, aber auch in sehr kunstvollen Formen. Das virtuose Spiel mit den Reimen (erweiterte Reime, Doppel-, Binnen- und Innenreime) lokkert ihre Strenge. Für ihn ist der Reim jedoch nicht nur Schmuck, er benutzt ihn auch als tektonisches Prinzip zur Gliederung von Versen und Strophen und, verbunden mit Refrain, Sinn- und Klangreponsionen anderer Art, zur Verbindung der Strophen zum Lied.

Heinrich von Morungen ist der eigentliche Meister des großen daktylischen Liedes (VIII, XIII–XVI, XXV–XXVII). Planmäßig und kunstvoll verbindet er daktylische Verse mit alternierenden zu Kombinationen, aus denen er nicht nur diffizile und überraschende Klangreize, sondern auch neue Möglichkeiten zur inhaltlichen Gliederung der Strophe gewinnt.

Die Minneklage, die oft zugleich Gesellschaftsklage ist, dominiert absolut. Daneben oder damit verbunden der Frauenpreis. Ältere Formen (Wechsel, Frauenlied) fehlen fast ganz, aber er entdeckt bis dahin nicht gekannte Möglichkeiten in der Verwendung solcher tradierten Formen. So gelingt es ihm in XXX, die gegenläufige Bewegung von Tagelied und Wechsel zu einer neuen Einheit zu verbinden (vgl. auch die Ansätze dazu in den Liedern VII, X, XVII und XVIII,3).

Einzig Morungen formuliert sein Selbstverständnis in der bündigen Formel »wan ich dur sanc bin ze der welte geborn« (XIII,1,7). Es ist müßig, hier darüber zu streiten, ob dieser Vers Ausdruck eines gesteigerten dichterischen Selbstbewußtseins ist: eines ist er sicher, nämlich ein Bekenntnis Morungens zu seinem Dichtertum. Er sagt: Ich bin Dichter, sonst nichts! Natürlich war er auch Minnesänger, denn der Minnesang war in der damaligen Gesellschaft die einzige Form, in der Liebeslyrik aktualisiert werden konnte; doch bei Morungen spürt man den Drang, die gesellschaftliche Bindung des Minnesangs zu sprengen und die Kunst als

Selbstzweck zu sehen. Er sang zwar – wie alle – von der Minne, er sang auch in der Form der Zeit, aber er zwang die Minne, sich dem Primat der Poesie zu unterwerfen.

Reinmar der Alte

Die Lebenszeugnisse für Reimar sind dürftig. Nur seine Lieder und die Nachrufe von Dichterkollegen zeugen von seiner Existenz. Die Handschriften nennen ihn »Reimar« bzw. »herre Reinmar«, die Handschrift C fügt das Attribut »der Alte« hinzu. Der Beiname »von Hagenau« stammt von Gottfried von Straßburg, der zwei »nahtegallen« nennt: die »von der Vogelweide« und ihre Vorgängerin als »leitevrouwe«, die von »Hagenouwe« (*Tristan*, V. 4749 ff.). Seit der Frühzeit der Germanistik wird Reinmar der Alte mit der »nahtegal von Hagenouwe« identifiziert und Hagenau mit der elsässischen Stadt gleichgesetzt; sie galt als sein Geburtsort. Seine Auseinandersetzungen mit Walther und sein Lied XVI, das wahrscheinlich den Tod Leopolds VI. 1194 beklagt, führten dann zu der Annahme, Reinmar habe als ›Hofsänger‹ am Babenbergerhof in Wien gewirkt.

Dieser lange Zeit kanonische Lebensrahmen Reinmars ist in neuester Zeit als eine Forschungslegende entlarvt worden. Als sicher darf nur gelten, daß Reinmar ein älterer Zeitgenosse Walthers gewesen ist, vor allem im westlichen Oberdeutschland gewirkt hat und (eventuell nur zeitweilig) Beziehungen zur Kaiserpfalz Hagenau und zum Babenbergerhof gehabt hat.

Die Sammler der großen Handschriften schenkten Reinmar (neben Walther) die meiste Beachtung. Die mittelalterliche Überlieferung enthält 88 Töne, die zumindest in einer Handschrift mit dem Autornamen Reinmar versehen sind. Sie reicht von den frühen südwestdeutschen Überlieferungen des 13. Jahrhunderts in der Kleinen Heidelberger Liederhandschrift A bis zu der niederrheinischen Überlieferung der

Haager Liederhandschrift s und hat für einzelne Lieder die ungewöhnliche Breite von vier bis fünf Bezeugungen.

Um das traditionelle Reinmar-Bild zu entwerfen, genügen einige rasche Striche. Dabei ist zunächst festzuhalten, daß die Themen und Motive, Bilder und selbst die Problemstellungen in Reinmars Liedern Allgemeingut lyrischen Dichtens um 1200 sind. Eigentümlich ist die Art der Gestaltung und die Konsequenz in der Problemlösung: Reinmar akzeptiert die Unerfüllbarkeit der Minne und stilisiert sein *trûren* zur Kunst. In nuce verrät dies schon das ethische und ästhetische Credo, wie es im Lied XII,5,1–5 formuliert ist:

Des einen und dekeines mê
wil ich ein meister sîn, al die wîle ich lebe:
daz lop wil ich, daz mir bestê
und mir die kunst diu werlt gemeine gebe,
Daz nieman sîn leit also schône kan getragen.

Die aus einem solchen Selbstverständnis geschaffene Dichtung ist im strengen Sinne keine Rollenlyrik mehr, da die Minne für den Sprechenden zur Lebensform geworden ist und nur noch monologisch-reflektierend angemessen dargestellt werden kann. Diese Reflexion spürt freilich den diffizilsten Regungen des Fühlens und des Denkens nach und analysiert sie mit dem Ziel einer sublimen, feinen Selbststilisierung zum vorbildlichen Minnenden, der sein »leit mit zühten kan getragen« (XIII,5,3) und dadurch zur reinsten Form der Liebe aufzusteigen hofft. Natürlich hebt die Zentrierung auf das lyrische Ich die strukturelle Spannung der Minnekanzone (*vrouwe, ritter, werlt*) nicht auf, doch das Bild der Dame verblaßt bei diesem Ansatz: Mehr als bei anderen Minnesängern ist sie Funktionsträgerin, die seelische Vorgänge auslöst, auf die das lyrische Ich reagiert. In dieser Reaktion hat die Dame ihre eigentliche Existenz. Es ist darum folgerichtig, daß Reinmars Frau nie redet, es sei denn in Situationen, wo es die Gattungsstereotype erfordert, und meist nur in verhüllender Paraphrase (»diu guote, der ich vil gedienet hân« u. a.)

Reinmar der Alte

oder pronominal (*sî, ir*) dem Publikum vorgestellt wird. Die Gesellschaft (*werlt, liute*) ist dagegen in den Liedern immer gegenwärtig. Sie ist allerdings weniger durch den *merkaere* repräsentiert – er hat in den introvertierten, alles Äußere verinnerlichenden Reflexionen höchstens als literarischer Typus in überkommenen Situationen Platz – als durch die höfische Welt. Sie ist Reinmars eigentlicher Gesprächspartner, mit ihr setzt er sich auseinander, in sie will er hineinwirken. Sie ist darum zugleich Folie seiner Vorbildlichkeit und Adressat seiner Botschaft.

Sprachlicher Ausdruck dieses lyrischen Ansatzes ist ein weitgehend bilderloses Sprechen, das stilistisch geprägt ist durch die Antithese, das Oxymoron und die Revocatio, durch irreale konjunktivische Gefüge in Konditional- und Eventualsätzen, durch das panchronistische Präsens und die Sentenz als Zeichen der allgemeinen Gültigkeit und Unabänderlichkeit des Geschehens. Das sind die Stilzüge, die den zentralen minnetheoretischen Liedern den unverwechselbaren Ton der melancholischen Resignation geben.

Dieser Entwurf zu einem Reinmar-Bild hat aber einen entscheidenden Mangel: er zieht nur knapp die Hälfte der für Reinmar überlieferten Lieder heran und deutet sie als eine Art Roman, der die innere Entwicklung einer Liebe schildert (›Zyklus‹). Der Rezeptionsrahmen für einen solchen Roman kann aber nur eine Gesellschaft von Kennern sein, die seine Entwicklung und Ausdifferenzierung im einzelnen verfolgen konnte. Die frühere Forschung hat das auch so gesehen und einen solchen Rahmen geschaffen, indem sie Reinmars Wirkungsstätte an den Babenbergerhof verlegte (was unter anderem auch bedeutete, daß die sogenannte Reinmar-Walther-Fehde über die literarische und persönliche Rivalität hinaus als ein Ringen um Anerkennung und Vorherrschaft an diesem Hof verstanden werden mußte). Gerade diesen biographischen Annahmen hat die neuere Forschung weitgehend die Grundlagen entzogen. Nichts spricht dafür, daß Reinmar sich über Jahre am Wiener Hof aufgehalten hat.

Aber selbst bei dieser Liedauswahl hätte das Bild differenzierter gezeichnet werden können, wenn die Literaturwissenschaft nicht so streng an der Uhland zugeschriebenen Charakterisierung Reinmars als »Scholastiker der unglücklichen Liebe« festgehalten und sie noch weiter stilisiert hätte. Allein das Frauenlied hat Reinmar, der als eigentlicher Vertreter dieses Genres im deutschen Minnesang gelten muß, so facettenreich ausgestaltet, daß es als ein Gegenentwurf zu dem egozentrisch um sich kreisenden Meister des *trûrens* und der sich zum Symbol verflüchtigenden *vrouwe* der Minnekanzone gelten kann. Farbe ins Bild bringen auch Reinmars Lieder I und II mit ihrem einfachen Satzbau, ihren altertümlichen sprachlichen und motivlichen Elementen (*willen tuon, ritter, mîden*, Botenmotiv, Wechsel) und der ›hochgemuten‹ Stimmung oder das ganz aus dem Bild des Falkenfluges gestaltete Lied VII mit seinen formalen und motivlichen Anklängen an den donauländischen Minnesang (Falkenmotiv, Einstrophigkeit, paargereimte Vierzeiler). Vollends verliert das traditionelle Reinmar-Bild seine Konturen, wenn man die gesamte Überlieferung, d. h. auch die von der Forschung verworfenen Lieder, zu einem Entwurf heranzieht. Es zeichnen sich dann Umrisse eines Gattungssystems ab, das von der Minnekanzone über das Frauenlied, Tagelied und Partimen (bzw. ihren Spiegelungen) bis zur burlesken Chanson de mal mariee (LXIV) reicht, selbst Sangspruchhaftes (LXII) und Obszönes (LXVII) umfaßt, das Lieder mit Anklängen an den frühen Minnesang (VII, LIII, LIX) mit Liedern vereinigt, deren Typenhorizont auf Walthers Mädchenlieder und auf Neidhart verweist (LV, LX). Eine solche Erweiterung nähme der literaturwissenschaftlichen Deskription auch die bequeme Möglichkeit, Reinmar vor dem Hintergrund anderer zeitgenössischer Dichtercorpora zu stilisieren. Der Reinmar der Überlieferung spielt mit dem Binnenreim wie Morungen (LIII), er benutzt kunstvolle Sprach- und Reimspiele wie Veldeke, Gutenburg und Walther (LIV, LV, LX) und verwendet gelegentlich romanische Reimarten wie die Hausen-Schule (XXX, XXXII, LIII, LVII). Selbst Fahrenden-Attitüden – seien es nun stilistische Mittel oder Reflexe von Wirklichkeit – findet man gelegentlich in diesen Liedern (XXXVIa,4, XLIII,4, LX).

Hier mag manches wegen seiner Dürftigkeit ausscheiden, manches mag sich auch an das Reinmar-Corpus angelagert haben – aber warum nur, wenn die Zeit nur den Melancholiker gekannt hätte? –, dennoch: es bleibt genug, um das herkömmliche Bild Reinmars als eines feinnervigen, aber wenig abwechslungsreichen Minnesängers zu modifizieren. Daß er die überkommene Minneideologie in letzter Konsequenz gestaltet hat, ist die eine Seite seines Werkes, die andere ist die Offenheit für traditionelle und innovatorische Ansätze seiner Zeit. Dies kann eine detaillierte Analyse aller seiner Lieder erweisen. Eine Charakterisierung als professioneller Künstler, der über alle Möglichkeiten lyrischen Schaffens um 1200 souverän verfügt, ist darum auch angemessener als die eines Hofsängers am »wünneclîchen hôfe ze Wiene«.

Bibliographische Hinweise

Des Minnesangs Frühling. Unter Benutzung der Ausg. von K. Lachmann und M. Haupt, F. Vogt und C. v. Kraus bearb. von H. Moser und H. Tervooren. Bd. 1: Texte. 38., erneut revid. Aufl. Stuttgart 1988. [Danach zit.]

Die mittelhochdeutsche Minnelyrik. Texte und Übersetzungen. Hrsg. von G. Schweikle. Bd. 1: Die frühe Minnelyrik. Darmstadt 1977.

Brinkmann, S. Ch.: Die deutschsprachige Pastourelle, 13. bis 16. Jahrhundert. Göppingen 1985.

Bumke, J.: Mäzene im Mittelalter. Die Gönner und Auftraggeber der höfischen Literatur in Deutschland 1150–1300. München 1979.

– Liebe und Ehebruch in der höfischen Gesellschaft. In: Liebe als Literatur. Hrsg. von R. Krohn. München 1983. S. 25–45.

Ehlert, T.: Konvention – Variation – Innovation. Ein struktureller Vergleich von Liedern aus »Des Minnesangs Frühling« und von Walther von der Vogelweide. Berlin 1980.

Grubmüller, K.: Ich als Rolle. »Subjektivität« als höfische Kategorie im Minnesang? In: Höfische Literatur – Hofgesellschaft – Höfische Lebensformen um 1200. Hrsg. von G. Kaiser und J.-D. Müller. Düsseldorf 1986. S. 387–408.

Hölzle, P.: Die Kreuzzüge in der okzitanischen und deutschen Lyrik des 12. Jahrhunderts. 2 Bde. Göppingen 1980.

Hofmann, W.: Die Minnefeinde in der deutschen Liebesdichtung des 12. und 13. Jahrhunderts. Eine begriffsgeschichtliche und sozialhistorische Untersuchung. Diss. Würzburg 1974.

Kaiser, G.: Minnesang – Ritterideal – Ministerialität. In: Adelsherrschaft und Literatur. Hrsg. von H. Wenzel. Bern / Frankfurt a. M. 1980. S. 181–208.

Kircher, A.: Dichter und Konvention. Zum gesellschaftlichen Realitätsproblem der deutschen Lyrik um 1200. Düsseldorf 1973.

Kleinschmidt, E.: Minnesang und höfisches Zeremonialhandeln. In: Archiv für Kulturgeschichte 58 (1976) S. 35–76.

Kuhn, H.: Minnesang als Aufführungsform. In: Festschrift für Klaus Ziegler. Hrsg. von E. Catholy und W. Hellmann. Tübingen 1968. S. 1–12.

Liebertz-Grün, U.: Zur Soziologie des »amour courtois«. Heidelberg 1977.

Müller, U.: Die mittelhochdeutsche Lyrik. In: Lyrik des Mittelalters. Probleme und Interpretationen. Von H. Bergner [u. a.]. Bd. 2. Stuttgart 1983. S. 7–227.

Salem, L.: Die Frau in den Liedern des »Hohen Minnesangs«. Forschungskritik und Textanalyse. Frankfurt a. M. / Bern 1980.

Schnell, R.: Hohe und niedere Minne. In: Zeitschrift für deutsche Philologie 98 (1979) S. 19–52.

– Causa amoris. Liebeskonzeption und Liebesdarstellung in der mittelalterlichen Literatur. Bern/München 1985.

Schweikle, G.: Die »frouwe« der Minnesinger. Zu Realitätsgehalt und Ethos des Minnesangs im 12. Jahrhundert. In: Zeitschrift für deutsches Altertum 109 (1980) S. 91–116.

– Das Klischee in der (mediävistischen) Literaturgeschichtsschreibung. In: Literatur und Sprache im historischen Prozeß. Hrsg. von Th. Cramer. Bd. 1. Tübingen 1983. S. 57–76.

Stamer, U.: Ebene Minne bei Walther von der Vogelweide. Studien zum gedanklichen Aufbau und zum Einfluß der Tradition. Göppingen 1976.

Taiana, F.: Amor purus und die Minne. Freiburg (Schweiz) 1977.

Tervooren, H.: Bibliographie zum Minnesang und zu den Dichtern aus »Des Minnesangs Frühling«. Berlin 1969.

– Lied und Kommentar – Überlegungen zur Kommentierung mittelhochdeutscher Liebeslyrik. In: Der Deutschunterricht 41 (1989) H. 1. S. 74–89.

Wenzel, H.: Frauendienst und Gottesdienst. Studien zur Minne-Ideologie. Berlin 1974.

Wolf, A.: Variation und Integration. Beobachtungen zu hochmittelalterlichen Tageliedern. Darmstadt 1979.

Der von Kürenberg

Ehlert, T.: Ablehnung als Selbstdarstellung. Zu Kürenberg 8,1 und 9,29. In: Euphorion 75 (1981) S. 288–302.

Erfen-Hänsch, I.: Von Falken und Frauen. Bemerkungen zur frühen deutschen Liebeslyrik. In: »Minne ist ein swaerez spil«. Neue Untersuchungen zum Minnesang. Hrsg. von U. Müller. Göppingen 1986. S. 143–168.

Heinen, H.: Konventionen und höfische Haltung in den Kürenbergliedern. In: Zeitschrift für deutsche Philologie 100 (1981) S. 346–357.

Schützeichel, R.: Textgebundenheit. Kleinere Schriften zur mittelalterlichen deutschen Literatur. Tübingen 1981.

Schweikle, G.: Kürenberg. In: Die deutsche Literatur des Mittelalters. Verfasserlexikon. Bd. 5. Berlin / New York ²1985. Sp. 454 bis 461.

Wilson, H. B.: Wooing in some poems of Der von Kürenberg. In: The Journal of English and Germanic Philology 83 (1984) S. 469–481.

Dietmar von Aist

Reichert, H.-G.: Zur Szenerie von MF 39,18: »Slâfest du, vriedel ziere?«. In: Colloquia Germanica 17 (1984 [1985]) S. 193–199.

Tervooren, H. / Weidemeier, R.: Reimkonjekturen bei Dietmar von Aist und Friedrich von Hausen. In: Zeitschrift für deutsche Philologie 90 (1971) Sonderh. S. 46–65.

– Dietmar von Aist. In: Die deutsche Literatur des Mittelalters. Verfasserlexikon. Bd. 2. Berlin / New York ²1980. Sp. 95–98.

Wapnewski, P.: Zwei altdeutsche Frauenlieder. In: P. W.: »Waz ist minne«. Studien zur mittelhochdeutschen Lyrik. München 1975. S. 9–22.

Friedrich von Hausen

Lieder. Mittelhochdeutsch/Neuhochdeutsch. Text, Übers. und Komm. von G. Schweikle. Stuttgart 1984.

Bekker, H.: Friedrich von Hausen: »Lîhte ein unwîser man verwüete«. In: Seminar 8 (1972) S. 147–159.

Deuser, H. / Rybka, K.: Kreuzzugs- und Minnelyrik. Interpretationen zu Friedrich von Hausen und Hartmann von Aue. In: Wirkendes Wort 21 (1971) S. 402–411.

Holtorf, A.: Friedrich von Hausen und das Trierer Schisma von 1183–1189. Zu MF 47,9 ff. und zur Biographie des rheinischen Minnesängers. In: Rheinische Vierteljahrsblätter 40 (1976) S. 72 bis 102.

Mowatt, D. G.: Friderîch von Hûsen. Introduction, Text, Commentary and Glossary. Cambridge 1971.

Müller, U.: Friedrich von Hausen und der »sumer von Triere« (MF 47,38). In: Zeitschrift für deutsche Philologie 90 (1971) Sonderh. S. 107–115.

Räkel, H.-H.: Drei Lieder zum dritten Kreuzzug. In: Deutsche Vier-

teljahrsschrift für Literaturwissenschaft und Geistesgeschichte 47 (1973) S. 508–550.
Schweikle, G.: Friedrich von Hausen. In: Die deutsche Literatur des Mittelalters. Verfasserlexikon. Bd. 2. Berlin / New York ²1980. Sp. 935–947.
Wagner, N.: Zum Wohnsitz des Friedrich von Hausen. In: Zeitschrift für deutsches Altertum 104 (1975) S. 126–130.

Albrecht von Johannsdorf

Bergmann, R.: Albrecht von Johannsdorf und seine Stellung im deutschen Minnesang. In: Deutschunterricht 19 (1967) H. 2. S. 32–50.
Ingenbrand, H.: Interpretationen zur Kreuzzugslyrik Friedrichs von Hausen, Albrechts von Johannsdorf, Heinrichs von Rugge, Hartmanns von Aue und Walthers von der Vogelweide. Diss. Frankfurt a. M. 1966. S. 75–131.
Meves, U.: Zur urkundlichen Bezeugung Albrechts von Johannsdorf. In: Euphorion 75 (1981) S. 103 f.
Räkel, H.-H.: Drei Lieder zum dritten Kreuzzug. In: Deutsche Vierteljahrsschrift für Literaturwissenschaft und Geistesgeschichte 47 (1973) S. 508–550, bes. S. 538 f., 543 f., 545–550 (Melodien).
Schirmer, K.-H.: Rhetorisches im Kreuzzugslied Albrechts von Johannsdorf: »Die hinnen varn, die sagen durch got« (MF 89,21). In: Mediaevalia litteraria. Festschrift für Helmut de Boor. Hrsg. von U. Hennig und H. Kolb. München 1971. S. 229–253.
– Albrecht von Johannsdorf. In: Die deutsche Literatur des Mittelalters. Verfasserlexikon. Bd. 1. Berlin / New York ²1978. Sp. 191–195.
Sudermann, D. P.: The Minnelieder of Albrecht von Johansdorf. Edition, commentary, interpretation. Göppingen 1976.

Heinrich von Morungen

Lieder. Mittelhochdeutsch und neuhochdeutsch. Text, Übers., Komm. von H. Tervooren. Stuttgart 1975 [u. ö.].
Brandes, K.: Heinrich von Morungen. Zyklische Liedgruppen. Rekonstruktion, Forminterpretation, krit. Ausg. Göppingen 1974.
Hölzle, P.: »Ainsi m'ave cum al enfan petit« eine provenzalische Vorlage des Morungen-Liedes »Mirst geschên als eime kindelîn« (MF 145,1). In: Mélanges à Charles Rosteing. Liège 1974. S. 447–467.

Huber, Ch.: Narziß und die Geliebte. Zur Funktion des Narziß-Mythos im Kontext der Minne bei Heinrich von Morungen [MF 145,1] und anderen. In: Deutsche Vierteljahrsschrift für Literaturwissenschaft und Geistesgeschichte (1985) S. 587–608.

Kaiser, G.: Narzißmotiv und Spiegelraub. Eine Skizze zu Heinrich von Morungen und Neidhart von Reuental. In: Interpretation und Edition deutscher Texte des Mittelalters. Festschrift für John Asher. Hrsg. von K. Smits [u. a.]. Berlin 1981. S. 71–81.

Kühnel, J.: Heinrich von Morungen, die höfische Liebe und das »Unbehagen in der Kultur«. In: »Minne ist ein swaerez spil«. Neue Untersuchungen zum Minnesang. Hrsg. von U. Müller. Göppingen 1986. S. 253–282.

Mohr, W.: Spiegelungen des Tageliedes. In: Mediaevalia litteraria. Festschrift für Helmut de Boor. Hrsg. von U. Hennig und H. Kolb. München 1971. S. 287–304.

Peschel, D.: Ich, Narziß und Echo. Zu Heinrich von Morungen: »Mir ist geschehen als einem kindelîn«. In Germanisch-Romanische Monatsschrift 61 (1980) S. 25–40.

Räkel, H.-H.: Das Lied vom Spiegel, Traum und Quelle des Heinrich von Morungen (MF 145,1). In: Zeitschrift für Literaturwissenschaft und Linguistik 7 (1977) S. 95–108.

Reusner, E. v.: »Jâ ist mîn geloube boese und ist wider got«. Zu Morungen XXII (MF 138,17). In: Zeitschrift für deutsche Philologie 103 (1984) S. 366–370.

– Hebt die Vollendung der Minnesangkunst die Möglichkeit von Minnesang auf? Zu Morungen »Ich hôrte ûf der heide« (MF XXIII; 139,19) und »Mir ist geschehen als einem kindelîne« (MF XXXII; 145,1). In: Deutsche Vierteljahrsschrift für Literaturwissenschaft und Geistesgeschichte 59 (1985) S. 572–586.

Schmid, E.: Augenlust und Spiegelliebe. Der mittelalterliche Narziß. In: Deutsche Vierteljahrsschrift für Literaturwissenschaft und Geistesgeschichte 59 (1985) S. 551–571.

Schnell, R.: Andreas Capellanus, Heinrich von Morungen und Herbort von Fritslar. In: Zeitschrift für deutsches Altertum 104 (1975) S. 131–151.

Schweiger, V.: Textkritische und chronologische Studien zu den Liedern Heinrichs von Morungen. Diss. Freiburg i. B. 1970.

Schweikle, G.: Eine Morungen-Parodie Walthers? Zu MF 145,33. In: Mediaevalia litteraria. Festschrift für Helmut de Boor. Hrsg. von U. Hennig und H. Kolb. München 1971. S. 305–314.

Smits, K.: Das Preislied Walthers von der Vogelweide (L 56,14). Eine Reaktion auf Morungens Lied MF 122,1? In: Zeitschrift für deutsche Philologie 99 (1980) S. 1–20.

Speckenbach, K.: Gattungsreflexion in Morungens Lied »Mir ist geschehen als einem kindelîne« (MF 145,1). In: Frühmittelalterliche Studien 20 (1986) S. 36–53.

Tervooren, H.: Heinrich von Morungen. In: Die deutsche Literatur des Mittelalters. Verfasserlexikon. Bd. 3. Berlin / New York ²1981. Sp. 804–815.

Reinmar der Alte

Lieder. Nach der Weingartner Liederhandschrift (B). Mittelhochdeutsch/Neuhochdeutsch. Hrsg., übers. und komm. von G. Schweikle. Stuttgart 1986.

Ashcroft, J.: Crabbed age and youth: The self-stylisations of Reinmar and Walther. In: German Life and Letters 28 (1974/75) S. 187–199.

Bertau, K.: Überlieferung und Authentizität bei den Liedern Reinmars des Alten. In: Zeitschrift für deutsche Philologie 88 (1969) S. 389–400.

Birkhan, H.: Reinmar, Walther und die Minne. Zur ersten Dichterfehde am Wiener Hof. In: Beiträge zur Geschichte der deutschen Sprache und Literatur (Tübingen) 93 (1971) S. 168–212.

Haller, R.: Reinmar der Alte. In: Die deutsche Literatur des Mittelalters. Verfasserlexikon. Bd. 3. Berlin 1943. Sp. 1055–66.

Jackson, W. E.: Reinmar's women. A study of the woman's song (»Frauenlied« and »Frauenstrophe«) of Reinmar der Alte. Amsterdam 1981.

Kasten, I.: »geteiltez spil« und Reinmars Dilemma MF 165,37. Zum Einfluß des altprovenzalischen dilemmatischen Streitgedichts auf die mittelhochdeutsche Literatur. In: Euphorion 74 (1980) S. 16–54.

– Weibliches Rollenverständnis in den Frauenliedern Reinmars und der Comtessa de Dia. In: Germanisch-Romanische Monatsschrift 37 (1987) S. 131–146.

Maurer, F.: Die »Pseudo-Reimare«. Fragen der Echtheit, der Chronologie und des »Zyklus« im Liedercorpus Reinmars des Alten. Heidelberg 1966.

Mertens, V.: Reinmars »Gegensang« zu Walthers »Lindenlied«. In: Zeitschrift für deutsches Altertum 112 (1983) S. 161–177.

Ranawake, S.: Gab es eine Reinmar-Fehde? Zu der These von Walthers Wendung gegen die Konventionen der hohen Minne. In: Oxford German Studies 13 (1982) S. 7–35.

Rupp, H.: Reinmars Lied Nr. 12 und die Reinmar-Philologie. In: German Life and Letters 34 (1981) S. 81–93.

Schmaltz, W.: Reinmar der Alte. Beiträge zur poetischen Technik. Göppingen 1975.

Schweikle, G.: Reinmar der Alte. Grenzen und Möglichkeiten einer Minnesangphilologie. Tübingen 1965. [Habil.]

– Die Fehde zwischen Walther von der Vogelweide und Reinmar dem Alten. Ein Beispiel germanistischer Legendenbildung. In: Zeitschrift für deutsches Altertum 115 (1986) S. 235–253.

Stange, M.: Reinmars Lyrik. Forschungskritik und Überlegungen zu einem neuen Verständnis Reinmars des Alten. Amsterdam 1977.

Stevens, A.: »Dîn wol redender munt«: Reinmar der Alte als Minnesänger. In: Minnesang in Österreich. Hrsg. von H. Birkhan. Wien 1983. S. 176–196.

Tervooren, H.: Brauchen wir ein neues Reinmar-Bild? Überlegungen zu einer literaturgeschichtlichen Neubewertung hochhöfischer deutscher Lyrik. In: Germanisch-Romanische Monatsschrift 36 (1986) S. 255–266.

Heinrich von Veldeke

Von Dieter Kartschoke

Mit Heinrich von Veldeke und seinem aus geistlicher und weltlicher Epik (*Servatiuslegende* und *Eneasroman*) und Lieddichtung (Minnesang) bestehenden Werk tritt ein Typus des höfischen Dichters auf die literarische Bühne, wie er uns in der Folgezeit noch mehrfach gerade unter den Großen des ausgehenden 12. und des 13. Jahrhunderts begegnet. Von seinen Zeitgenossen wird er als Begründer der höfischen Dichtung in deutscher Sprache gefeiert und von seinen Nachfolgern als Vorbild gerühmt. Wir kennen seinen Namen also nicht nur aus seinen eigenen Werken und den späten Liedersammlungen, sondern auch aus entsprechenden Erwähnungen durch Herbort von Fritzlar, Gottfried von Straßburg, Wolfram von Eschenbach, durch den unbekannten Verfasser des *Moriz von Craûn*, Rudolf von Ems und Albrecht, den Verfasser des *Jüngeren Titurel*, durch den Spruchdichter, der sich selbst Marner nennt, und andere mehr. Was seine Lebensdaten, seine gesellschaftliche Stellung, die Chronologie seiner Werke und die Umstände ihrer Entstehung betrifft, so sind wir auf die Auskünfte der Epiloge zur *Servatiuslegende* (V. 3181–3254, 6135–6226) und zum *Eneasroman* V. 13429–90) angewiesen. Das ist mehr, als wir über seine größeren Nachfolger, über Hartmann von Aue, Gottfried von Straßburg und Wolfram von Eschenbach, in Erfahrung bringen können, aber doch nicht eindeutig genug, als daß nicht viele Fragen offenblieben oder nur spekulativ beantwortet werden könnten. Mit aller gebotenen Vorsicht wird man danach sagen dürfen, daß Heinrich von Veldeke kurz

Heinrich von Veldeke

vor der Mitte des 12. Jahrhunderts in der Gegend zwischen Maas und Schelde geboren wurde. Er entstammt möglicherweise einem Ministerialengeschlecht, das im Dienst der Grafen von Loon stand, aber erst seit dem ausgehenden 12. Jahrhundert ausreichend bezeugt ist. Aus seiner Herkunft schließen wir auf die Kenntnis der französischen Sprache, aus seinen Werken auf eine geistliche Ausbildung. Unklar bleiben sein Stand und seine Funktionen. Die wechselnde Titulatur als »Herr« oder »Meister« gibt keinen hinreichenden Aufschluß. Zwar hören wir, daß Heinrich seine Legendendichtung auf Veranlassung des Küsters von St. Servatius zu Maastricht, Herrn Hessel, und der Gräfin Agnes von Loon, »seiner lieben Herrin« (V. 3237), verfaßt hat; daß er der Gräfin Margarete von Kleve das unfertige Manuskript des *Eneasromans* auslieh, das daraufhin während der Feierlichkeiten aus Anlaß ihrer Vermählung mit dem Landgrafen Ludwig III. von Thüringen (1174?) durch einen Grafen Heinrich (Raspe, den Bruder des Bräutigams?) entwendet und erst neun Jahre später wieder zugänglich gemacht wurde, damit er es im Auftrag der Brüder Ludwigs, des Pfalzgrafen Hermann von Sachsen und des Grafen Friedrich (Heinrich war 1180 gestorben), fertigstelle. Zwar erfahren wir, daß er am Hoffest Friedrichs Barbarossa (Pfingsten 1184) teilgenommen hat (V. 13221 ff.) – doch wissen wir nicht, in welch näherer oder fernerer Beziehung er zur Propstei oder zum Domkapitel von Maastricht, zu den Grafenhöfen von Loon, Kleve, Sachsen und Thüringen oder gar zum kaiserlichen Hof gestanden hat. Um oder wenig nach 1190 scheint Heinrich von Veldeke gestorben zu sein, denn Wolfram von Eschenbach beklagt seinen allzu frühen Tod (*Parzival* 404,28 f.), und Gottfried von Straßburg spricht von ihm aus offenbar größerem zeitlichen Abstand (*Tristan*, V. 4726 ff.).

Heinrichs *Servatius* ist noch streng kirchlich gebunden, erzählt die Legende nach einer lateinischen Vorlage und fügt ihr eine Reihe von *miracula* an, die den Rang des Heiligen bis in die jüngste Vergangenheit bestätigen. Die Verehrung des heiligen Servatius, eines Bischofs von Tongern (4. Jahrhundert) und Gegners von Arius, erreichte im 12. Jahrhundert einen Höhepunkt. Das können wir aus der Entwicklung der lateinischen Legende, aus der Bautätigkeit an der ihm geweihten Kathedrale in Maastricht und an der mit seinem Namen verbundenen Vermehrung des Domschatzes (Servatius-Schrein) ablesen. In diesen Kontext gehört offensichtlich auch die volkssprachliche Legendendichtung, deren Entstehung sich über längere Zeit hingezogen zu haben scheint, denn dem ersten Teil, der Vita des Heiligen, folgt ein Epilog, der zum Teil wörtlich wiederholt wird in einem zweiten Epilog zum sich anschließenden Bericht über Translatio und Wundererscheinungen. Es liegt nahe zu vermuten, daß der ältere Teil, die Lebensgeschichte des Heiligen, später erweitert wurde und bei der Redaktion der Vorlage des uns überlieferten Textes irrtümlich der erste Epilog nicht eliminiert wurde. Zumindest dieser ältere Teil gilt als Jugendwerk Heinrichs von Veldeke. Durch eine Tochter der Gräfin Agnes von Loon, die 1169 Otto von Wittelsbach, Herzog von Bayern, heiratete, wurde der Servatius-Kult auch nach Süddeutschland getragen und fand seinen Niederschlag in einer bayrischen Nachdichtung der lateinischen Legende, dem *Oberdeutschen Servatius*, der sicher unter dem Eindruck von Heinrichs Gedicht, aber ohne engere Anlehnung an den Vorgänger entstand und wohl nur wenig Verbreitung gefunden hat.

Das Hauptwerk Heinrichs von Veldeke ist die Bearbeitung des altfranzösischen *Roman d'Eneas*. Wir wissen nicht, in wessen Auftrag der deutsche *Eneasroman* (*Eneide* oder *Eneit*) in Angriff genommen wurde. Wir wissen nur, daß das bis etwa Vers 10930 gediehene Manuskript im Jahre 1174 sich in den Händen der Gräfin von Kleve befand und Jahre später im Auftrag Hermanns von Sachsen, des späteren Landgrafen von Thüringen und großen Förderers volkssprachlicher Dichtung, zwischen 1184 (Mainzer Hoffest) und 1190 (Tod

Ludwigs III., dessen im Epilog als noch Lebenden gedacht wird) abgeschlossen wurde.

Die für ein deutsches Gedicht des 12. Jahrhunderts ungewöhnlich reiche Überlieferung (6 vollständige Handschriften, eine gekürzte Version und Bruchstücke von weiteren 5 Handschriften) führt bis ins 12. Jahrhundert zurück. Darunter befindet sich eine der schönsten illustrierten Handschriften der älteren Zeit, die Berliner Handschrift (B), die dem Verstext einen förmlichen Bilderroman von (erhaltenen) 72 ganzseitigen und zumeist zweigeteilten Illustrationen hinzufügt.

Die literaturgeschichtliche Würdigung des *Eneasromans* hat die vielfältigen Vermittlungsstufen des Stoffes ins Mittelalter zu bedenken. Vergils *Aeneis* zählt zu den unvergessenen Werken der Antike. Ihre andauernde Rezeption hat sich niedergeschlagen in einer Reihe spätantiker und mittelalterlicher Kommentare und (meist episodischer) Nachdichtungen weit über das Mittelalter hinaus. Dido und Aeneas gehören zu den vielbesungenen Liebespaaren der Weltliteratur. Die *Aeneis* hatte ihren festen Platz im Kanon der mittelalterlichen Schultexte. Es ist deshalb kein Zufall, daß neben der Bibel auch Vergil Pate gestanden hat bei der Geburt der volkssprachlichen Buchepik. Den Schritt in die Volkssprache vollzog um die Mitte des 12. Jahrhunderts der anglonormannische *Roman d'Eneas*. Der anonyme Verfasser hat das mythologische Nationalepos der Römer in einen mittelalterlichen Geschichts- und Minneroman umgedeutet. Es hat den mythologischen Apparat weitgehend eliminiert, hat die Handlung gegen die Vorlage in die ›natürliche Ordnung‹ gebracht, d. h., er erzählt, anders als Vergil, die Geschichte des Aeneas vom Fall Trojas (unter Auslassung der Irrfahrten) bis zur Eroberung von Latium im chronologischen Nacheinander, und er erweitert die bei Vergil nur angedeutete Vermählung mit Lavinia zu einer mit allen Mitteln der im 12. Jahrhundert modernen Liebesthematik und -problematik ausstaffierten Minnehandlung.

Heinrich von Veldeke ist dem französischen Vorbild weitgehend gefolgt, hat die Götterwelt noch weiter reduziert und auf Venus und Amor/Cupido beschränkt, hat Fatum und Götterwillen umgedeutet in ein christlich-heilsgeschichtliches Glück, das die Schritte des Gründervaters Roms zu gutem Ende lenkt, und hat die abschließende Minnehandlung seinerseits noch einmal erweitert. Seine Bearbeitung ist wohl zu Recht als Glättung, Harmonisierung, rhetorische Ausschmückung und Korrektur besonders in den höfisch-zeremoniellen Handlungsteilen beschrieben worden. Der prallen Anschaulichkeit der französischen Vorlage hat all das eher Abbruch getan. Ob der deutsche Bearbeiter einer programmatischen Tendenz folgt (vgl. Dittrich), ist umstritten. Deutlich wird nur, daß er das Geschehen als Vorgeschichte der Roma aeterna unter den Fluchtpunkt der augusteischen Zeitenwende stellt. Das zweite, die Erzählung abschließende Geschlechterregister mündet in den Preis des *rex pacificus* Augustus, »bi des ziten wart der gotes sun / geboren ze Bethlehêm« (V. 13412 f.). Damit wird das in seinem Ursprung heidnische Gedicht der christlichen Heilsgeschichte eingeordnet und die nationalrömische Prophetie in ihrer christlichen Erfüllung gefeiert – gemäß der patristisch-mittelalterlichen Auffassung Vergils als einer *anima naturaliter christiana*, eines Dichterpropheten, der in seiner 4. Ecloge das Erscheinen des christlich zu deutenden göttlichen Kindes vorhergesagt habe. Dies steht im Einklang mit der im 12. Jahrhundert noch der Legitimation bedürftigen epischen Fiktion (vgl. *König Rother*, *Herzog Ernst* u. a.). Für die Nachwelt bedeutsamer aber war die exemplarische Erfüllung eines Erzählmusters, das die Adelsliteratur des Mittelalters von nun an bestimmen wird: Kampf und Liebe. Die in breiten Kampfschilderungen vorgetragene Eroberung Italiens wird umrahmt von den beiden Minnehandlungen, der ritterliche (freilich noch nicht ›Ritter‹ genannte) Held qualifiziert sich gleichermaßen als Kämpfender wie als Liebender. Auf die unglückliche Dido folgt Lavinia, die vorbestimmte Frau. Die durch sie dem Helden zufallende Herrschaft über Latium und ganz Italien wird errungen nicht nur durch die Bewährung im Kampf, sondern auch durch die erfolgreiche Initiation in das Mysterium der *minne*. ›Was ist Minne‹? – die Frage, die die Liederdichter und Didaktiker der weltlichen Fürstenhöfe von nun an unablässig reflektieren werden, wird hier zum erstenmal im epischen Kontext gestellt (V. 9818).

Sänger und Lehrer der *minne* war Heinrich von Veldeke auch in einer Reihe von Liedern, deren chronologische Zuordnung zum epischen Werk bis heute nicht zufriedenstellend gelungen ist und wohl auch nie wird gelingen können. Sprachliche Indizien (die vom Oberdeutschen divergierende Reimtechnik und Einzelheiten des Wortschatzes) sprechen dafür, die Mehrzahl der Lieder der Frühzeit zuzurechnen; die Auseinandersetzung mit der hohen Minne und biographische Topoi wie der Hinweis auf die grauen Haare des Sängers (XIII) und der mit einiger Wahrscheinlichkeit anzunehmende Einfluß der provenzalischen Lieddichtung sind eher mit dem fortgeschrittenen Alter des Dichters und mit der Zeit nach 1184, also mit den Jahren nach dem Mainzer Hoffest und seinen interkulturellen Kontakten, zu vereinbaren. Formal und inhaltlich stehen Heinrichs Lieder dem oberdeutschen Minnesang eher fern. Die Einstrophigkeit vieler Lieder, die strophenweise Ausdehnung des Natureingangs, der volkstümlich anmutende Tanzliedcharakter, die an Vagantenlieder anklingende Gnomik, Anspielungen auf Exempelgestalten wie Salomon (XXVI) und Tristan (IV) und die Feier des Liebesglücks weisen in Richtung einer heimisch-höfischen Tradition, die vor und neben Heinrich von Veldeke aber nicht greifbar wird. Anderseits hat Heinrich aber auch Lieder der hohen Minne und der Minneauseinandersetzung gedichtet, die in die Nähe des rheinischen Minnesangs der ersten Generation führen. Ob sich daraus auf die chronologische Abfolge der Lieder schließen läßt, ist umstritten.

Das eigentliche Veldeke-Problem ist jedoch nicht die Rekonstruktion seiner Lebensgeschichte, sondern liegt beschlossen in der Frage nach der sprachlichen Gestalt seiner Werke. Die Herkunft Heinrichs von Veldeke aus dem Limburgischen und die Tatsache, daß der offenbar für ein lokal begrenztes Publikum verfaßte *Servatius* nur in niederdeutschen (altlimburgischen) Bruchstücken und einer jüngeren, ebenfalls limburgischen Fassung des 15. Jahrhunderts überliefert ist, stehen in irritierendem Gegensatz zu der ausschließlich hochdeutschen (Minnelieder) bzw. mittel- oder oberdeutschen Überlieferung (*Eneasroman*) seiner höfischen Gedichte. Da aber alle seine Werke in Sprachform und Wortschatz niederdeutsche Spuren aufweisen, lag es nahe zu versuchen, ihre ›ursprüngliche‹ sprachliche Gestalt wiederzugewinnen. Diese besonders von Wilhelm Braune, Otto Behaghel, Theodor Frings und Gabriele Schieb unternommenen Versuche waren aber von vornherein deshalb problematisch, weil die Schriftüberlieferung in dem Sprachraum, dem man die Dichtungen Heinrichs zuordnen wollte, erst nach ihrer Entstehung in größerem Umfang einsetzt, so daß die sprachhistorischen Rekonstruktionen auf allzu unsicherer Basis ruhen. Widerspruch haben sie auch deshalb erfahren, weil als wahrscheinlich gelten kann, daß die höfischen Dichtungen im Interesse ihrer überregionalen Verständlichkeit und Verbreitung schon von ihrem Autor ins Hochdeutsche übersetzt oder überhaupt in einer wie immer konstituierten Ausgleichs- und Literatursprache abgefaßt worden sind. Die Primärrezipienten des *Eneasromans* gehörten nachweislich niederrheinischen und mitteldeutschen Höfen an. Auch die Lieder werden vor gemischtem Hofpublikum vorgetragen worden sein, dem der Sänger-Autor sich hat verständlich machen müssen. Heinrich von Veldeke oder Henric van Veldeken – Tatsache ist, daß seine weltlichen Werke nachweislich nur im mittel- und oberdeutschen Sprachgebiet verbreitet waren und zumal der *Eneasroman* nur hier seine überwältigende Wirkung entfaltet hat.

Die Nachwirkung Heinrichs von Veldeke geht so gut wie ausschließlich vom *Eneasroman* aus. Zwar scheint Gottfried von Straßburg im Literaturexkurs des *Tristan* auch an den Lieddichter gedacht zu haben: »van Veldeken Heinrich / der sprach uz vollen sinnen. / wie wol sanc er von minnen« (V. 4726–28), und der Marner zählt Heinrich den »Veldeggaere« unter die Lieddichter (XIV,276). Im übrigen aber gilt das Gedächtnis dem Epiker, ganz deutlich dort, wo die Auseinandersetzung mit ihm geführt wird. So sagt Wolfram von Eschenbach im *Parzival* von dem, den er im *Willehalm* explizit »minen meister« nennt (76,24), er habe wohl zu erzählen gewußt, wie man Minne »sol erwerben«, nicht aber auch, wie man sie »süle behalten« (292,18 ff.). Der deutsche *Eneasroman* wurde wahrscheinlich bis ins 15. Jahrhundert gelesen, kopiert und weitergegeben. Aber er hat keine modernisierende Bearbeitung erfahren wie andere Gedichte des 12. Jahrhunderts, wie das *Rolandslied* des Pfaffen Konrad, *Herzog Ernst*, der *Trierer Floyris* oder die ihnen zugrunde liegenden Stoffe, wie etwa die Geschichten von Alexander dem Großen, dem Trojanerkrieg und – in allererster Linie – von Tristan und Isolde.

Bibliographische Hinweise

Die epischen Werke des Henric van Veldeken. Bd. 1: Sente Servas. Sanctus Servatius. Krit. hrsg. von Th. Frings und G. Schieb. Halle a. d. S. 1956. [Mehr nicht ersch.]

Heinrich von Veldeke. [Lieder und Sprüche. Eneasroman.] Hrsg. von L. Ettmüller. Leipzig 1852.

Eneide. Hrsg. von G. Schieb und Th. Frings. 3 Bde. Berlin 1964–70. [Mit Untersuchungen und Wörterbuch.]

Eneasroman. Mittelhochdeutsch/Neuhochdeutsch. Nach dem Text von L. Ettmüller ins Neuhochdeutsche übers., mit einem Stellenkomm. und einem Nachw. von D. Kartschoke. Stuttgart 1986.

Lieder. In: Des Minnesangs Frühling. Unter Benutzung der Ausg. von K. Lachmann und M. Haupt, F. Vogt und C. v. Kraus bearb. von H. Moser und H. Tervooren. Bd. 1: Texte. 37., revid. Aufl. Stuttgart 1982. S. 97–149. Bd. 2: Editionsprinzipien, Melodien, Handschriften, Erläuterungen. 36., neugest. und erw. Aufl. Stuttgart 1977. S. 79–83.

Lieder. In: Die mittelhochdeutsche Minnelyrik. Texte und Übertr., Einf. und Komm. Hrsg. von G. Schweikle. Bd. 1: Die frühe Minnelyrik. Darmstadt 1977. S. 166–205, 414–449.

Henric van Veldeken. Symposion Gent 23.–24. Oktober 1970. Hrsg. von G. de Smet. Antwerpen/Utrecht 1971.

Brandt, W.: Die Erzählkonzeption Heinrichs von Veldeke in der »Eneide«. Ein Vergleich mit Vergils »Aeneis«. Marburg 1969.

Dittrich, M.-L.: Die »Eneide« Heinrichs von Veldeke. Tl. 1: Quellenkritischer Vergleich mit dem »Roman d'Eneas« und Vergils »Aeneis«. Wiesbaden 1966.

Schieb, G.: Henric van Veldeken. Heinrich von Veldeke. Stuttgart 1965. (Sammlung Metzler. 42.)

Schröder, W.: Veldeke-Studien. Berlin 1969.

Wolff, L. / Schröder, W.: Heinrich von Veldeke. In: Die deutsche Literatur des Mittelalters. Verfasserlexikon. Bd. 3. Berlin / New York ^{2}1981. Sp. 899–918.

Nibelungenlied

Von Ursula Schulze

Der Dichter – ein Phantombild. Ein Kleriker am Hof des Passauer Bischofs Wolfger von Erla (1191–1204), tätig in verschiedenen Bereichen, insbesondere in der Kanzlei, begleitet seinen politisch aktiven, literaturinteressierten geistlichen Herrn auf Reisen. Er ist ein Homo litteratus, ein schriftkundiger und gebildeter Mann, verkehrt mit den Angehörigen der Höfe in Passau und andernorts, nimmt an deren literarischer Unterhaltung teil. So kennt er den Gesang von Minneliedern, religiösen und politischen Gedichten, er hört den Vortrag der neuen, durch französische Vorlagen vermittelten Epik wie auch der einheimischen, mündlich tradierten Heldendichtung, d. h. Geschichten von Siegfried, vom Untergang der Burgunden, von Dietrich von Bern. Dem höfischen Repräsentationsbemühen des herrschenden Adels um 1200 entsprechend, gibt auch der Passauer Bischof ein großes episches Werk in Auftrag: Die jahrhundertealte mündliche Erzähltradition von den Nibelungen soll zusammengefaßt, schriftlich fixiert und zeitgemäß ausgestaltet werden, so daß sie mit den höfischen Romanen über König Artus und seine Ritter, über Troja und Aeneas konkurrieren kann. Der Passauer Kleriker macht sich ans Werk, sammelt und verarbeitet, was er aus mündlichem Vortrag kennt und erreichen kann, was das Interesse seines Auftraggebers und Publikums geprägt hat. Er trifft auf Heterogenes, mehr oder weniger Vorgeformtes, das er verbindet und dem er ein einheitliches strophisches Gewand gibt. Er spiegelt zu Ehren seines Herrn das Bild eines Passauer Bischofs Pilgrim in die erzählte

Kriemhild bringt Hagen Gunthers Kopf

Geschichte ein, macht ihn zum Verwandten der burgundischen Königsfamilie, an dessen Hof Kriemhild und später die Burgunden auf dem Weg ins Hunnenland festliche Einkehr halten.

Das ist ein Phantombild des *Nibelungenlied*-Dichters, es beruht auf Anhaltspunkten, die sich aus dem Werk selbst ergeben. Mäzen und Entstehungsort lassen sich wahrscheinlich machen, aber nicht beweisen, ebensowenig wie die Entstehungszeit, sie liegt an der Wende vom 12. zum 13. Jahrhundert, wenn man immanenten Hinweisen und anderen literarischen Bezügen folgt.[1] Zu den Passau-Indizien kommt, daß der Dichter das Donauland zwischen Passau und Wien geographisch besser kannte als andere Gegenden, daß sich die Textüberlieferung im bairisch-österreichischen Raum konzentriert und daß die *Klage* (ein in fast allen Handschriften an das *Nibelungenlied* angefügtes Erzählgedicht aus dem gleichen Stoffkreis) ebenfalls dorthin weist.[2] Doch identifizieren konnte man den Verfasser aufgrund all dieser Indizien nicht, und die Suche nach einem bestimmten Namen – erwogen wurden u. a. der Kürenberger, Walther von der Vogelweide, Heinrich von Ofterdingen – erscheint müßig. Anonymität gilt heute als Gattungsmerkmal der Heldendichtung (vgl. Höfler, 1965), die seit Ende des 12. Jahrhunderts aus der mündlichen Existenzform in eine schriftliche überführt wurde (neben dem *Nibelungenlied* die Dietrichepik). Zu Recht verworfen wurde auch die romantische Vorstellung einer Vielzahl von Dichtern, denn sie können wohl die zugrunde liegende mündliche Tradition getragen, nicht aber die schriftliterarisch durchgestaltete Großform des *Nibelungenliedes* geschaffen haben, die letztlich in den verschiedenen Textredaktionen der 34 Handschriften und Bruchstücke aus dem 13. bis 16. Jahrhundert trotz erheblicher Differenzen erkennbar bleibt. Die Annahme eines bestimmten Verfassers impliziert im Grunde auch die Vorstellung, daß das *Nibelungenlied* ein umgreifendes Konzept und markante ästhetische Qualitäten besitzt. Eine solche Beurteilung war allerdings im

Laufe der Literaturgeschichtsschreibung der letzten 200 Jahre immer wieder umstritten.[3]

Der Stoff – Sage als Vorzeitkunde. Unsicher bleibt vor allem, in welchem Zustand der *Nibelungenlied*-Dichter sein Material vorfand, wie weit der Stoff bereits ausgearbeitet und verknüpft war, wie die Form jener mündlichen Tradition aussah.[4] Diese Fragen lassen sich ebensowenig klären wie die Entwicklung des Stoffes, der Nibelungen s a g e.

Aufgrund neuzeitlicher Geschichtsforschung weiß man heute, daß die Sage historische Elemente birgt: Namen und Ereignisse der Völkerwanderungszeit (4.–6. Jahrhundert) liegen dem Burgundenuntergang, den der 2. Teil des *Nibelungenliedes* erzählt, zugrunde; vielleicht bezieht sich die im 1. Teil behandelte Geschichte von Siegfrieds Tod auf Vorgänge unter den Merowingern des 6./7. Jahrhunderts. Historisch gesichert ist folgendes:

Im 5. Jahrhundert bestand ein Reich des ostgermanischen Stammes der Burgunden am Rhein. Bei dem Versuch ihres Königs Gundahar, die Herrschaft nach Westen auszudehnen, wurden sie 436/437 von dem römischen Feldherrn Aëtius mit Hilfe von hunnischen Truppen geschlagen, die Königsfamilie und große Teile des Volkes vernichtet. Ein neues Burgundenreich entstand in Südgallien am Genfer See, wo Aëtius die Reste des Volkes angesiedelt hatte. König Gundobad bewahrte in einem um 500 entstandenen Gesetzbuch die Erinnerung an die königlichen Vorfahren Gundahar, Gislahar, Gundomar, Gibica, deren Namen in ähnlicher Form im *Nibelungenlied* und in altnordischen Liedern fortleben.

Attila beherrschte das hunnische Großreich 434–453 und starb in der Nacht nach seiner Hochzeit mit der Gotin Ildico. Der Hunnenherrscher war Zeitgenosse, aber nicht direkter Gegner der burgundischen Könige.

Theoderich der Große gründete das Ostgotenreich in Italien (493–526). Gundahar und Attila lebten zu seiner Zeit nicht mehr.

Die Geschichte des merowingischen Frankenreichs stellt sich im 6. Jahrhundert als eine Folge von Verwandtenmorden dar, bei denen Frauen eine bestimmende Rolle spielten: Die fränkische Königin Brunichild trieb ihren Mann König Sigibert von Austrasien zum Krieg gegen seinen Bruder Chilperich von Neustrien, weil dieser seine Gemahlin Galswitha, Brunichilds Schwester, verstoßen und seine Geliebte Fredegunde geheiratet hatte. Sigibert wurde 575, Chilperich 584 ermordet. Der austrasische Adel erhob sich gegen die Herrschaft Brunichilds und ging zu Chlothar II., dem Sohn der Fredegunde, über, der das Frankenreich wieder vereinigte. Brunichild wurde gefangengesetzt und zu Tode gefoltert.

Neben und außerhalb gelehrter Historiographie, die Daten und Fakten festhalten will, wird die Vergangenheit im Bewußtsein nachfolgender Generationen in einem Sagenbildungsprozeß bewahrt und bewältigt, in dem ungleichzeitiges und entferntes Geschehen verschmolz, voneinander unabhängige Ereignisse verknüpft, komplizierte Abläufe vereinfacht und durch gängige Erzählmuster als elementare menschliche Beziehungen und Reaktionen gedeutet werden. Auf diese Weise sind der Burgundenkönig Gundahar (Gunther), Attila (Etzel) und Theoderich (Dietrich von Bern) in der Sage auf eine zeitliche Ebene zusammengerückt. Die Niederlage der Burgunden wurde für die Nachgeborenen offenbar erst als Konfrontation mit einem großen Gegner verständlich. So erscheint Attila in dem altnordischen *Atlilied* (*Atlakviða*, vielleicht im 9. Jahrhundert entstanden, aufgeschrieben im 13. Jahrhundert) als goldgieriger Betrüger, der die Burgunden in böser Absicht einlädt und umbringt. Seine Frau, die Schwester der Burgunden, übt tödliche Rache an ihrem Mann. Im *Nibelungenlied*, wo der Burgundenuntergang mit einer anderen Sage verbunden ist, hat Kriemhild Attilas Rolle übernommen, indem sie als zweite Frau Etzels ihre Brüder hinterhältig einlädt, um den Mord an ihrem ersten Mann Siegfried zu rächen. Etzel bleibt passiv und überlebt. Wie in den Sagen um Dietrich von Bern gewährt er friedfertig Vertriebenen Zuflucht.

Für die Siegfried-Geschichte weichen die historische und literarische Konstellation derart voneinander ab, daß Namen und Vorgänge einen Sagenprozeß nur andeuten.[5]

Der lange Weg zwischen dem *Nibelungenlied* und der Geschichte der Völkerwanderungszeit, rund 700 Jahre, läßt sich nicht zurückverfolgen, weil es keine literarischen Zeugnisse gibt, die die Entwicklungsschritte dokumentieren.[6] Neben dem *Nibelungenlied* bietet sich als erhaltene dichterische Gestaltung des Nibelungenstoffes nur die altnordische *Edda* zum Vergleich an. *Thidrekssaga* und *Völsungasaga* sind zeitlich nach dem *Nibelungenlied* entstanden, vielleicht von ihm beeinflußt.

Gemeinsam zeichnen sich im *Nibelungenlied* und in der *Edda* mehrere Stoffbereiche ab: Sagen über den Burgundenuntergang, über Siegfrieds Tod und Siegfrieds Jugend. Der letzte, ohne historischen Kern, ist ein Sammelbecken von Märchenmotiven; auch der Drachenkampf gehört dazu, doch dieser eröffnet wohl kaum eine mythologische Dimension für die Siegfried-Gestalt, führt nicht auf einen göttlichen, das Chaos ordnenden Heilsbringer zurück.[7] Abweichend erscheinen in den deutschen und skandinavischen Texten die Versionen der Sagen. Der Burgundenuntergang und Siegfrieds Tod sind in der *Edda* nicht miteinander verbunden, Siegfrieds Jugend und die Geschichte von Brünhild werden auch selbständig erzählt. Im *Nibelungenlied* kommen die in der *Edda* ausgebreiteten Märchenmotive nur wenig zur Geltung.

Eine Sonderung von Sage und Geschichte, wie sie die Überlegungen zur Entstehung des Stoffes geleitet hat, war für Dichter und Publikum des *Nibelungenliedes* nicht relevant. Was die 1. Strophe als Wiedergabe »alter mæren« programmatisch formuliert, begriff man als Vorzeitkunde:

Uns ist in alten mæren wunders vil geseit
von helden lobebæren, von grôzer arebeit,
von fröuden, hôchgezîten, von weinen und von klagen,
von küener recken strîten muget ir nu wunder hoeren sagen.

Die Heldensage lebte als Erinnerung an vergangene Zeiten konkurrierend zu der chronikalischen, seit dem 12. Jahrhundert auch in deutscher Sprache verfaßten schriftlichen Geschichtsdichtung, zwar ohne Daten, aber durchaus mit Anspruch auf Realitätsgehalt (vgl. Gschwantler). Wenn im *Nibelungenlied* der burgundische und der niederländische Hof, Kriemhilds und Siegfrieds erster Lebensbereich, mit konkreten geographischen Namen und feudalrechtlichen Bezeichnungen eingeführt werden, so signalisieren diese Angaben, daß Geschehenes, nicht Erdachtes erzählt werden soll. Die Vergewisserung der Geschichtshaltigkeit erfolgt allerdings gerade durch Annäherung an die Gegenwart. Der Erzähler kleidet die Vergangenheit in die Lebensformen der eigenen Zeit, z. B. nimmt er am burgundischen Hof das erst Ende des 12. Jahrhunderts geschaffene Küchenmeisteramt auf (vgl. Rosenfeld). Deutlich bezeugt auch eine anhaltende Polemik, die in geschichtsschreibenden Konkurrenztexten gegen die Sage zu finden ist, daß diese immer wieder für historisch glaubwürdig gehalten wurde. Ebenso ist es nur durch ein derartiges Verständnis der Nibelungensage als Geschichte zu erklären, daß Heinrich von München im 14. Jahrhundert eine Art Resümee des *Nibelungenliedes* in seine Weltchronik aufgenommen und damit den nibelungischen Gestalten die gleiche Historizität zugesprochen hat wie Dietrich von Bern und Karl dem Großen. Noch Historiographen des 16. Jahrhunderts sind entsprechend verfahren (vgl. Gschwantler, S. 63–65).

Die erzählte Geschichte. Zwei höfische Herrschaftszentren, Worms in Burgund und Xanten in den Niederlanden, bilden die Anfangsschauplätze der Geschichte, die die burgundische Königstochter Kriemhild und den niederländischen Königssohn Siegfried zusammenführt. Das zentrale Geschehen, Siegfrieds Ermordung und der Untergang der Burgunden und ihrer Könige Gunther, Gernot und Giselher im Land Etzels, wird gleich zu Anfang durch Vorausdeutungen (z. B. Kriemhilds Falkentraum) skizziert. Siegfried erscheint als höfisch vollendeter Ritter in Xanten, doch als wilder Herausforderer in Worms. Der mächtigste Vasall der Burgunden, Hagen von Tronege, kennt ihn und seine exorbitanten Jugendtaten (Erringen von Nibelungenhort, Schwert, Tarnmantel und den Drachenkampf). Sie geben der Gestalt eine außerhöfische Dimension, die dem Siegfried-Bild der mündlichen Tradition entsprach und für den Verlauf der Handlung unverzichtbar war. Kriemhild zu gewinnen, stellt Siegfried seine Kräfte in den Dienst des burgundischen Hofes, er übernimmt für Gunther die Werbung um Brünhild, die Königin auf Isenstein – eine zugleich höfisch und archaisch dimensionierte Gestalt wie er selbst. Die Brautwerbung um Brünhild gerät zu einem großen Betrugsmanöver. Vorgetäuscht wird Siegfrieds ständische Inferiorität (er gibt sich als Gunthers *man* aus, das ist sowohl als ›freier adeliger Lehensmann‹, Vasall, wie auch als ›unfreier Dienstmann‹, Ministeriale, deutbar. Brünhild nimmt später die degradierende Interpretation auf und spitzt sie zu *eigenholt*, Leibeigener, zu.); vorgespiegelt wird außerdem Gunthers Überlegenheit in der Freierprobe, dem sportlichen Zweikampf mit der unmäßig starken Brünhild (Gunther führt die Bewegungen aus, während Siegfried, unter dem Tarnmantel verborgen, Stein und Speer wirft, Gunther im Sprung voranträgt) und später in der Brautnacht, wenn er noch einmal Brünhild niederringt. Für die Betrogene undurchschaubar, birgt der Betrug das Konfliktpotential der weiteren Geschichte.

Bei der Doppelhochzeit in Worms von Gunther mit Brünhild und Siegfried mit Kriemhild glaubt Brünhild, die königliche Schwägerin sei einem Ministerialen vermählt. Anhaltende Betroffenheit veranlaßt sie – zehn Jahre später – zur Einladung von Siegfried und Kriemhild. Ein Streit der Königinnen um den Vorrang ihrer Männer angesichts eines ritterlichen Turniers wird zum Streit um die Stellung der Frauen, zuerst unter vier Augen, dann vor der Öffentlichkeit des Hofes. Standesrechtliche und personenbezogene Schmähungen verbinden sich. Zeichen, die auf eine Scheinrealität weisen (Brünhilds Ring und Gürtel, die Siegfried entwendet und Kriemhild geschenkt hat), sollen Kriemhilds Anwurf erhärten: Brünhild sei Siegfrieds Kebse. Brünhild bleibt als Beleidigte zurück. Doch sie gewinnt Hagen, der für sie handelt, der – motiviert durch staats- und machtpolitische Gründe – den Mord an Siegfried hinterhältig plant und ausführt. Kriemhild wird unversöhnlich verletzt. Sie hat den Mächtigsten des Hofes zum Gegner, niemand tritt für sie ein, denn ihre Brüder sind selbst an der Mordtat beteiligt, auch der Nibelungenhort wird ihr unter dem Schein der Versöhnung von Hagen geraubt und im Rhein versenkt.

Aber Kriemhilds Rache ist nur aufgeschoben, sie kommt mit großer Verzögerung im 2. Teil der Geschichte zur Entfaltung. Als der verwitwete Hunnenkönig Etzel dreizehn Jahre nach Siegfrieds Tod um sie wirbt, erkennt sie die Chance, von neuer Macht getragen zu handeln; sie lädt nach weiteren dreizehn Jahren die Brüder und Hagen ins Hunnenland. Nur Hagen begreift die Gefahr bei Etzels Werbung wie bei Kriemhilds Einladung, aber die Burgunden verschließen sich seinen Warnungen. Um den Vorwurf der Feigheit zu entkräften, wird er zum trotzigen Führer ins Hunnenland, der für starke Bewaffnung und ein begleitendes Heer sorgt.

Kriemhilds Pläne, zunächst nur auf Hagens Tod zielend, werden durchkreuzt, als die Gäste mit Heerscharen und, durch Dietrich von Bern gewarnt, in Waffen erscheinen. Da sie Hagen nicht zu isolieren vermag, entfacht sie durch den Überfall auf die burgundischen Knappen ein allgemeines Gemetzel, ein Inferno von Massen- und Einzelkämpfen. Aus der unmittelbaren und mittelbaren Konfrontation der zentralen Gegner heben sich prägnante Szenen heraus. Ein letzter Versöhnungsversuch Giselhers muß im Zuge der rächenden Reaktionen ebenso vergeblich bleiben wie Kriemhilds Verlangen nach Hagens Auslieferung, die gerade die lehensrechtliche *triuwe* der Gegner herausfordert. Während Kriemhild und Hagen immer wieder das Geschehen steuern (Tötung des Königssohns Ortlieb, Saalbrand und Überleben), bleibt Etzel lange ahnungslos und bis zuletzt passiv.

Ein außerordentlicher, gleichwohl signifikanter Konflikt wird vorgeführt an Markgraf Rüdiger von Bechelarn, der durch Lehnsrecht an Etzel, durch Eid bei der Brautwerbung an Kriemhild gebunden, zum Kampf gegen die ihm befreundeten Burgunden antreten muß. Der erbetene Ausweg in die Neutralität wird ihm angesichts der bedrängten Lage versagt. So kämpft er in dem ihm seelengefährdend erscheinenden Konflikt der Bindungen. Hagen begreift das Dilemma, erbittet und erhält von dem erzwungenen Gegner dessen Schild und zieht sich aus dem Kampf zurück, in dem Rüdiger und Gernot fallen. Auch Dietrich von Bern, als Exulant an Etzels Hof um Friedenswahrung und Vermittlung bemüht, wird schließlich in den Kampf hineingezogen. Er überwältigt die einzig noch lebenden Burgunden Hagen und Gunther und überantwortet sie Kriemhild, die gnadenlos bleibt.

Das grausame Ende vollzieht sich im Gegenüber von Kriemhild und Hagen in einer Folge von absurdem Zug und Gegenzug, befrachtet mit markanten Motiven der Tradition, aufgeladen mit Spannung und Emotion: Kriemhilds Rückforderung des Hortes und Hagens Verweigerung, Enthauptung Gunthers auf Kriemhilds Veranlassung. Zuletzt vollstreckt Kriemhild selbst ihre Rache, sie erschlägt Hagen mit Siegfrieds Schwert. Dann wird auch sie getötet, von Hildebrand entwürdigend in Stücke zerhauen. Die Überlebenden Etzel und Dietrich beklagen die Toten.

Vom Sinn der Geschichte. Die Geschichte von Liebe, Betrug, Mord, Rache und Massensterben besteht keineswegs nur aus

›action‹, sie wurde bei der Adaptation an die Großform des höfischen Romans mit einer Fülle von zeremoniellen Handlungen, Gesprächen und anschaulichen Schilderungen erzählend eingekleidet. Seinen unverwechselbaren literarischen Charakter erhält das Epos durch eine Reihe darstellerischer Eigenarten, die man als das »Nibelungische« bezeichnet hat:[8] Wiederkehrende Erzählmuster strukturieren das Werk (Brautwerbung, betrügerische Einladungen, Mordpläne). Doppel- oder Mehrfachmotivierungen tauchen in gleichen Vorgängen auf, so daß Widersprüche und Redundanzen entstehen (z. B. bei Siegfrieds Ankunft in Worms, beim Werbungsbetrug, beim Frauenstreit, bei der Mordberatung). Viele Episoden sind mit prägnanten Details szenisch ausgestaltet und gewinnen durch kurze Dialoge und bedeutungsvolle Gesten große Dramatik und sinnliche Anschaulichkeit.

Wesentlich geprägt ist die stilistische Eigenart des *Nibelungenliedes* durch seine strophische Bauweise. (Die Nibelungenstrophe besteht aus vier paarweise gereimten Langzeilen, die durch eine Zäsur in An- und Abvers, in der Regel mit je drei Hebungen, gegliedert sind und durch eine zusätzliche vierte Hebung im letzten Abvers eine deutliche Schlußmarkierung besitzen.) Die Strophen setzen das Erzählkontinuum aus kleinen Sinneinheiten zusammen, deren vorgegebener metrischer Rahmen – viel stärker als fortlaufende Reimpaarverse – zum Gebrauch formelhafter Wendungen geführt hat und deren betonter Schlußvers oft Pointierungen, Zusammenfassungen und Vorausdeutungen enthält. Wie die Strophen kleine Einheiten aneinanderreihen, so wird im großen die chronologisch erzählte Geschichte aus 39 Aventiuren, kapitelartigen Abschnitten von unterschiedlicher Strophenzahl, zusammengefügt, die mehr oder weniger abgeschlossene Episoden oder Handlungskomplexe umfassen. Diese Gliederung wie auch die Proportionierung der Gesamtgeschichte in zwei annähernd gleiche Teile mit 19 bzw. 20 Aventiuren zeigen eine bewußte Planung und Aufbereitung des Stoffes für das epische Großformat, in der ein verantwortlicher Verfasser zu erkennen ist.

Ein besonders signifikantes nibelungisches Stilistikum sind die Vorausdeutungen, die die Geschichte von Anfang an durchziehen (vgl. vor allem Wachinger, 1960). Neben einer kompositorischen Funktion der Handlungsverknüpfung haben sie auch eine sinnvermittelnde Wirkung. Auf verschiedenen Darstellungsebenen – als Bemerkungen des Erzählers und als Träume, Vorahnungen, Warnungen, Prophezeiungen einzelner Personen – weisen sie immer wieder konkret und allgemein auf den unglücklichen Verlauf und Ausgang der Geschichte hin, sie werfen dunkle Schatten auf glanzvolle Momente und antizipieren deren Vergänglichkeit. Dadurch wird eine Verständnisperspektive geschaffen, die das Geschehen ständig zu Leid und Untergang determiniert erscheinen läßt. Diese Perspektive faßt der Dichter schließlich resümierend als allgemein waltendes Verhängnis (Str. 2378):

Diu vil michel êre was dâ gelegen tôt.
diu liute heten alle jâmer unde nôt.
mit leide was verendet des küniges hôhgezît
als ie diu liebe leide z'aller jungeste gît.

Verifiziert durch die vorangehende Geschichte ist diese Feststellung nicht sentimentalisierender Abschluß mit einer übernommenen Formel des Minnesangs »liep âne leit mac niht sîn« (Dietmar von Aist XIII,2), sondern Einsicht in den Weltlauf. Wie das Rad der Fortuna mit der steigenden und fallenden Königsfigur die Wechselhaftigkeit des Glücks ins Bild setzt, zeigt hier der Blick auf die Vorzeit, daß persönliche Glückserfahrung und glanzvolle Machtentfaltung immer schon den Keim zum Untergang in sich tragen.

Mit dieser desillusionierenden Sicht läßt der Dichter sein Publikum allein. Eher als neuzeitliche Interpreten, die – wie Goethe – nur »Grundheidnisches« sahen und eine Öffnung des Himmels vermißten (Naumann, S. 53), konnten die Hörer im Mittelalter den schrecklichen Ausgang der Geschichte in verfügbare sinngebende Vorstellungen einordnen und bewältigen; denn die Vergänglichkeitsperspektive entsprach dem biblisch begründeten, in Predigt und Literatur oft gebrauchten Vanitas-Modell, das als Mahnung zur Umkehr und somit als Wegweiser zum Heil gedacht war. Ausdrückliche Signale für die Übertragung dieses Verständnismusters auf das *Nibelungenlied* gibt es freilich nicht, jedenfalls nicht in der als primär geltenden Fassung der mit A und B bezeichneten Handschriften. Es fehlt, abgesehen von der wesentlichen Stufe der erkennenden Umkehr, vor allem ein explizites Schuld-Strafe-Schema. Qualifizierende Begriffe wie *übermuot* (Unüberlegtheit, Überheblichkeit) und *untriuwe* (Treulosigkeit) bleiben auf den Umkreis bestimmter Episoden beschränkt. Im Hinblick auf das Gesamtgeschehen zeichnet sich zwar für den Hörer bzw. Leser eine Kausalkette ab: Betrug ist das auslösende Moment, Streit, Mord, Rache, Untergang dessen Folgen; im einzelnen aber ist die Handlung nicht konsequent und einsinnig durchmotiviert. Personen haben verschiedene Dimensionen, Handlungen werden mehrfach begründet, erzählte Vorgänge sind widersprüchlich. Diese Beschaffenheit des Textes, die sich leicht aus seiner Entstehungsgeschichte erklärt, hat zu einer Fülle kontroverser Interpretationen und neuerdings zur Infragestellung der Interpretierbarkeit des *Nibelungenliedes* überhaupt geführt, weil die gängigen Verfahren gegenüber dem inhomogenen Text versagten.[9]

Nun fordert das *Nibelungenlied* zwar immer wieder zum Vergleich mit dem logisch durchkomponierten Artusroman heraus, aber es sollte nicht daran gemessen werden, denn nicht nur in seiner pessimistischen Weltsicht, auch in seiner Struktur repräsentiert es ein anderes Erzählmodell, das Varianten einschließt. Verschiedene Motive und Aspekte werden simultan behandelt und ergeben parallellaufende oder sich kreuzende Linien. Durch die Bibelexegese und eine analoge Auslegung von Literatur, Natur und Geschichte war zumindest der Homo litteratus, aber auch der Predigthörer mit dem Umgang von Bedeutungsvarianten vertraut. Dementsprechend ist das nibelungische Erzählmodell nicht Ausdruck eines Unvermögens, die disparate Stofftradition zu bewältigen, sondern es besitzt klar erkennbare Funktionen: Zur Darstellung vermeintlicher Historie erscheint es in höherem Maße geeignet als die konsequentere Erzähllogik des Artusromans; denn es bietet die Möglichkeit, die Geschichte partiell auf dem Vorstellungshorizont des Publikums um 1200 abzubilden, ohne den Stoff in seiner sinnlichen Anschaulichkeit zu beschneiden. Beispielsweise konnte auf diese Weise die bildhafte Darstellung des Werbungsbetrugs als Täuschung mit Hilfe des Tarnmantels zweifach durchgespielt werden, im Wettkampf und im Brautbett, und es konnte eine rationale Version mit dem feudalrechtlichen Argument der Standeslüge hinzugefügt werden. Außerdem fördert gerade das gebrochene Motivierungsverfahren den Widersinn des Geschehens zutage, indem Absicht und Wirkung menschlicher Handlungen in ein konträres Verhältnis zueinander geraten, begrenzt gedachte Taten unabsehbare Folgen haben und ein einzelner das vielfältig verflochtene Geschehen nicht aufhalten kann: So setzt Siegfried den folgenschweren Betrug ein, um Gunther zu dienen und Kriemhild zu gewinnen; Kriemhild will Siegfried schützen, als sie die verwundbare Stelle bezeichnet und ihn damit dem Tod preisgibt; Hagen will dem Burgundenreich nützen, als er mit Mord und Hortraub den Grund zu Rache und Untergang legt; gerade Rüdiger, »der vater aller tugende« (2202,3), gerät in Handlungszwänge, in denen Recht und Moral auseinanderklaffen (vgl. Wapnewski).

Das *Nibelungenlied* bietet keine eindeutigen Handlungsmuster; und alle Gestalten haben Licht- und Schattenseiten: Der strahlende Siegfried wird auch als »übermüete« (unbesonnen, draufgängerisch) bezeichnet, und der Werbungsbetrug ist sein Werk; Hagen ist der rücksichtslose politisch kalkulierende Mörder, aber auch der verstehende Freund Rüdigers und »den Nibelungen ein helflîcher trôst« (1526,2) im

Hunnenland; Kriemhild, zunächst liebende und von Leid betroffene Frau, handelt später erbarmungslos grausam und fügt Hagens Mord zahllose Tote hinzu.

Probleme der zeitgenössischen Feudalordnung scheinen in der Erzählung verschiedentlich auf: Kollision mehrfacher Lehnsbindungen, Diskrepanz von rechtlichem und sozialem Status (der unfreie Ministeriale mit großer faktischer Macht und Besitz), eingeschränkte Aktivität des Königs, Präpotenz des Vasallen, Fehde und Friedenswahrung – all das gehört zum Assoziationshintergrund von Verfasser und Publikum, doch es fügt sich nicht zu einer sinngebenden Grundschicht des Werkes zusammen. Die erzählte Geschichte und die reale Historie widersetzen sich einer bestimmten sozialgeschichtlichen Deutung – etwa als Ausdruck der Auflehnung des alten Adels gegen die Bedrohung durch die aufsteigende Ministerialität[10] – ebenso wie dem Versuch, aus einer Antithese von christlichen und heidnischen bzw. höfischen und unhöfischen Kräften ein umfassendes Verständnis zu gewinnen (vgl. Nagel u. a.).

Oft werden Eigenarten des *Nibelungenliedes* als ›heroisch‹ bezeichnet, so wenn Verhalten und Lebensformen vom höfischen Ideal abweichen, wenn Menschen erbarmungslos und affektgeladen miteinander umgehen und vor allem wenn sie gesteigerte Kampfbereitschaft in der Gewißheit des nahen Todes beweisen. In diesem Sinne besitzt das *Nibelungenlied* eine heroische Dimension, die das Heldenepos als Kontrastmodell zum höfischen Roman auch inhaltlich mitprägt (vgl. bes. Haug, 1974). Als literarische Gattung hat das *Nibelungenlied* keine Schule gemacht, aber es hat eine unvergleichliche Rezeptionsgeschichte in Gang gebracht.

Entfernung von den ›alten mæren‹. Das *Nibelungenlied* gilt heute als das bekannteste Werk der deutschen Literatur des Mittelalters, allerdings beruht diese Kenntnis kaum auf der Lektüre des Epos selbst, sondern ist Ergebnis einer einzigartigen Aneignung der Nibelungengeschichte. Nach der letzten handschriftlichen Bewahrung des Textes in Kaiser Maximilians *Ambraser Heldenbuch* am Anfang des 16. Jahrhunderts geriet es über 200 Jahre in Vergessenheit und rückte erst im 18. Jahrhundert wieder ins Licht der Aufmerksamkeit, als 1755 und 1779 zwei Handschriften (C und A) in Schloß Hohenems bei Bregenz entdeckt wurden und das Lied 1757 von Johann Jakob Bodmer teilweise und 1782 von Christoph Heinrich Myller zum ersten Mal vollständig herausgegeben wurde. Im 19. und 20. Jahrhundert folgte eine wachsende Zahl von Editionen, Übersetzungen und Nachdichtungen.[11]

Keine andere mittelalterliche Dichtung hat im germanistisch-wissenschaftlichen und im popularisierenden Interesse an der altdeutschen Vergangenheit eine vergleichbare Rolle gespielt.[12] Dabei wurde der Blick oft über das Mittelalter hinaus in eine vage germanische Vorzeit gelenkt. Das *Nibelungenlied* diente als Demonstrationsobjekt für literaturgeschichtliche, poetologische, historische und aktuelle politische Bedürfnisse. Mit seiner Hilfe sollte belegt werden, daß die Deutschen wie die Griechen ein Nationalepos besäßen, daß im Volk eine ursprüngliche poetische Kraft der Welterfassung existiere, die zu einer neuen Poesie und Mythologie führe, daß der deutsche Nationalcharakter, insbesondere die Treue, einen langen Stammbaum hätte, daß Macht, die sich auf physische und moralische Überlegenheit gründet, nur durch einen hinterhältigen Dolchstoß zu Fall zu bringen sei.[13] Man berief sich auf nibelungische Gestalten, um im Ersten Weltkrieg Siegeshoffnung zu suggerieren und später die Niederlage zu bewältigen. Hermann Göring rückte den Kampf um Stalingrad in eine perfid-verklärende, heroisierende Analogie zu dem Überleben der Burgunden in der brennenden Halle, um zum Durchhalten und zu Opferbereitschaft zu animieren.[14] Was bei all diesen Demonstrationen benutzt wurde, waren Namen und losgelöste Motive, die kaum in ein Verständnisbemühen um das mittelalterliche *Nibelungenlied* eingebettet waren, ja meist überhaupt keinen Bezug zu einem konkreten Text besaßen. Vorstellungen von Gestalten wie Siegfried und Brünhild sind im 19. und 20. Jahrhundert weniger durch das *Nibelungenlied* geprägt als vielmehr durch Elemente skandinavischer Dichtungen, die über Richard Wagners *Ring des Nibelungen*, dem sie als vornehmliche Stoffquelle dienten, weiter vermittelt wurden. So überblendet das Bild von Siegfried dem Drachentöter, der den Flammenwall durchreitet und die Walküre Brünhild erweckt, den höfischen Ritter und König des *Nibelungenliedes*, der, um Kriemhild zu gewinnen, Minnedienst leistet und dessen Schwertleite ausführlich erzählt wird. Die positive Funktionalisierung nibelungischer Motive in der Rezeptionsgeschichte steht in krassem Gegensatz zu dem mittelalterlichen Epos, in dem Betrug, Tod und Leid dominieren.

Das der trostlose Schluß bereits für das mittelalterliche Publikum schwer zu ertragen war, dafür zeugen die Fassung der Handschrift C und vor allem die Anbindung der *Klage* an das *Nibelungenlied*.[15] In der Überlieferungseinheit, die beide Texte in den Handschriften bilden, löst die *Klage* das schreckliche Schlußbild des *Nibelungenliedes* auf und führt eine christliche Wertung von Gut und Böse ein. Im Laufe der Jahrhunderte erscheint die Rezeption des *Nibelungenliedes* als Kette derartiger Versuche, die Sinnlosigkeit des Geschehens und den pessimistischen Schlußakkord zu übertönen.[16] Man benutzte die Aura eines großen literarischen Werkes, um durch einzelne Bilder und ein unterstelltes Gesamtethos Anliegen der jeweiligen Gegenwart zu legitimieren, und sah nicht die Entfernung von den »alten mæren«, wie sie im *Nibelungenlied* Gestalt geworden sind.

Anmerkungen

1 Die Erwähnung von Rumolds Rat (Warnung des Hofküchenmeisters vor dem Zug der Burgunden ins Hunnenland) im 8. Buch von Wolframs *Parzival*, das kurz nach 1203 entstanden ist, bietet den wichtigsten Datierungsanhalt. **2** In einem fiktiven Wahrheitsbeweis nennt die *Klage* den Oheim der Burgunden, Bischof Pilgrim von

Passau, und seinen Schreiber Konrad als Verantwortliche für die lateinische Aufzeichnung der Geschichte nach Augenzeugenberichten. Eine lateinische ›Nibelungias‹ hat sich jedoch nicht ermitteln lassen. 3 Die Forschungsdiskussion, auch das Verhältnis zur ›oral poetry‹ betreffend, wird übersichtlich zusammengefaßt bei Fromm. 4 Ob erst der *Nibelungenlied*-Dichter, angeregt von der neuen mittelhochdeutschen Lyrik der zweiten Hälfte des 12. Jahrhunderts, die sogenannte Kürenberger-Strophe für das epische Werk aufgegriffen hat oder ob es schon vorher strophische Erzähllieder zur Nibelungengeschichte gab, ist umstritten. 5 Eine andere historische Ausgangssituation hat de Boor (1939) vorgeschlagen. 6 Heusler meinte, die Zwischenstufen, die sich stets in dichterischer Gestalt manifestiert hätten, rekonstruieren zu können. Haug (1975, 1980) hat dieses Modell einer grundsätzlichen Kritik unterzogen. Das Postulat einer nur dichterisch geformten Tradition der Sage läßt sich nicht aufrechterhalten. 7 Schröder und Höfler haben nachdrücklich die mythische Herkunft der Heldensage vertreten. Höfler (1959, 1978) zieht eine Verbindung von Siegfried zu Hermann dem Cherusker und der Schlacht im Teutoburger Wald als Wiederholung des mythischen Drachenkampfes. 8 Der Ausdruck findet sich zuerst bei Jacob Grimm. (*Kleinere Schriften*, Bd. 4, Berlin 1864, S. 86), allerdings im Sinne einer überzeitlichen, in der Geschichte der Menschheit wirkenden Idee. Für den Komplex der stilistischen Eigenarten wird er gebraucht bei Curschmann (1979), Wachinger (1981) u. a. 9 Eine Übersicht vermittelt die mit Kurzkommentaren versehene Bibliographie bei Ehrismann (1987). Heinzle (S. 88–92) wendet sich gegen ein Interpretieren »in der üblichen Weise«, konstatiert aber gleichzeitig, daß das *Nibelungenlied* aufgrund seiner epischen Struktur immer besonders interpretationsbedürftig gewirkt habe. 10 J.-D. Müller und Kaiser haben das *Nibelungenlied* von einer adeligen Kommunikationsgemeinschaft her interpretiert, die sich über die Bedrohung der alten Ordnung durch den Territorialisierungsprozeß verständige und in einer Apotheose idealisierter Treuebindung von Herr und Mann gegen die Auflösung der Herrschaftsstrukturen des Personenverbandes auflehne. Die historische Voraussetzung dieser Deutung hat Knapp aufgrund neuerer Forschung von Historikerseite in Frage gestellt: Der Territorialisierungsprozeß setzte in Österreich erst im 13. Jahrhundert, also nach der Verschriftlichung des *Nibelungenliedes*, ein. Die erzählte Geschichte mit dem Mord an Siegfried, mit Rüdigers Dilemma und Hagens Verhalten am Schluß ist für eine Verherrlichung der Treue kaum geeignet. **11** Bis 1983 hat Grosse (S. 134 f.) 28 verschiedene Ausgaben ermittelt; dazu kommen bis 1988 bei Grosse/Rautenberg 62 Übersetzungen – diejenige von Karl Simrock mit mehr als 50 Auflagen – und 400 dichterische Bearbeitungen – abgesehen von Parodien und Travestien. **12** Siehe bes. Ehrismann, Brackert (1971), Schulte-Wülwer. **13** Wichtige Stationen der Rezeption repräsentieren die Brüder Grimm, August Wilhelm Schlegel, Friedrich Heinrich von der Hagen, Ludwig Uhland, A. F. C. Vilmar. Die entsprechenden Schriften sind bibliographisch erfaßt bei Ehrismann (1975, 1987). Eine Sammlung aufschlußreicher Texte der *Nibelungenlied*-Rezeption vom 18. bis 20. Jahrhundert bietet Wunderlich. **14** Appell des damaligen Reichsmarschalls Göring an die deutsche Wehrmacht: »Stalingrad – der größte Heroenkampf unserer Geschichte«, in: *Völkischer Beobachter*, 3. Februar 1943. **15** Es handelt sich um eine Reimpaardichtung, vielleicht vor, eher aber nach dem *Nibelungenlied* am Anfang des 13. Jahrhunderts entstanden, die sich im gleichen Stoffkreis bewegt, doch zeitlich weiterführt. Vgl. die unterschiedlichen Einschätzungen bei Hoffmann (1967), Sklenar, Curschmann (1979), Voorwinden, Wachinger (1981). **16** Ehrismann (1987) versucht, die Verbindung von Faszination und Umdeutung des *Nibelungenliedes* als apotropäische Geste, als Ausdruck der »Unfähigkeit zu trauern« zu erklären.

Bibliographische Hinweise

Der Nibelunge Not mit der Klage. Hrsg. von K. Lachmann. Berlin 1826. – Nachdr. mit einem Vorw. von U. Pretzel. Berlin 1960. [Handschrift A.]

Das Nibelungenlied. Nach der Ausg. von K. Bartsch. Hrsg. von H. de Boor. 21. Aufl. von R. Wisniewski. Wiesbaden 1974. [Handschrift B.]

Das Nibelungenlied. Mittelhochdeutscher Text und Übertragung. 2 Bde. Hrsg., übers. und mit einem Anh. vers. von H. Brackert. Frankfurt a. M. 1970–71 [u. ö.]. [Handschrift B.]

Das Nibelungenlied nach der Handschrift C. Hrsg. von U. Hennig. Tübingen 1977.

Das Nibelungenlied. Paralleldruck der Handschriften A, B und C nebst Lesarten der übrigen Handschriften. Hrsg. von M. S. Batts. Tübingen 1971.

Diu Klage. Mit Lesarten sämtlicher Handschriften hrsg. von K. Bartsch. Darmstadt 1964. (Nachdr. der Ausg. Leipzig 1875.)

Das Nibelungenlied. Zweisprachige Ausgabe. Hrsg. und übertr. von H. de Boor. Bremen ²1964. [Versübertragung nach Handschrift B.]

Beyschlag, S.: Das Motiv der Macht bei Siegfrieds Tod. In: Germanisch-Romanische Monatsschrift 33 (1952) S. 95–108.

Boor, H. de: Hat Siegfried gelebt? In: Beiträge zur Geschichte der deutschen Sprache und Literatur 63 (1939) S. 250–271.

Brackert, H.: Beiträge zur Handschriftenkritik des Nibelungenlieds. Berlin 1963.

– Nibelungenlied und Nationalgedanke. Zur Geschichte einer deutschen Ideologie. In: Mediaevalia litteraria. Festschrift für H. de Boor. Hrsg. von U. Hennig und H. Kolb. München 1971. S. 343–364.

Curschmann, M.: »Nibelungenlied« und »Nibelungenklage«. Über Mündlichkeit und Schriftlichkeit im Prozeß der Episierung. In: Deutsche Literatur im Mittelalter – Kontakte und Perspektiven. Hrsg. von Chr. Cormeau. Stuttgart 1979. S. 85–119.

– »Nibelungenlied« und »Klage«. In: Die deutsche Literatur des Mittelalters. Verfasserlexikon. Bd. 6. Berlin / New York ²1987. Sp. 926–969.

Ehrismann, O.: Das Nibelungenlied in Deutschland. Studien zur Rezeption des Nibelungenlieds von der Mitte des 18. Jahrhunderts bis zum Ersten Weltkrieg. München 1975.

– Nibelungenlied. Epoche – Werk – Wirkung. München 1987. [Mit Bibliographie.]

Fromm, H.: Der oder die Dichter des Nibelungenlieds. In: I Nibelunghi. Rom 1974. S. 63–74.

Grosse, S.: Zur Rezeption des Nibelungenliedes im 19. Jahrhundert. In: Kunsterfahrung und Kulturpolitik im Berlin Hegels. Hrsg. von O. Pöggeler und A. Gethmann-Siefert. Bonn 1983. S. 309–331.

Grosse, S. / Rautenberg, U.: Die Rezeption mittelalterlicher deutscher Dichtung. Eine Bibliographie ihrer Übersetzungen und Bearbeitungen seit der Mitte des 18. Jahrhunderts. Tübingen 1989. Nr. 1411–1910.

Gschwantler, O.: Die Historische Glaubwürdigkeit der Nibelungensage. In: Nibelungenlied. Ausstellungskatalog. Bregenz 1979. Nr. 86. S. 55–69.

Haug, W.: Höfische Idealität und heroische Tradition im Nibelungenlied. In: I Nibelunghi. Rom 1974. S. 35–50.

– Andreas Heuslers Heldensagenmodell: Prämissen, Kritik und Gegenentwurf. In: Zeitschrift für deutsches Altertum 104 (1975) S. 273–292.

– Normatives Modell oder hermeneutisches Experiment: Überlegungen zu einer grundsätzlichen Revision des Heuslerschen Nibelungen-Modells. In: Montfort. Vierteljahrsschrift für Geschichte und Gegenwartskunde Vorarlbergs 32 (1980) S. 212–226.

Heinzle, J.: Das Nibelungenlied. München/Zürich 1987. [Mit Bibliographie.]

Heusler, A.: Nibelungensage und Nibelungenlied. Die Stoffgeschichte des deutschen Heldenepos. Dortmund 1921. [6]1965.

Höfler, O.: Die Anonymität des Nibelungenlieds (1955). In: Zur germanisch-deutschen Heldensage. Hrsg. von K. Hauck. Darmstadt 1965. S. 330–392.

– Siegfried, Arminius und der Nibelungenhort. Wien 1978.

Hoffmann, W.: Die Fassung *C des Nibelungenliedes und die »Klage«. In: Festschrift für Gottfried Weber. Hrsg. von H. O. Burger und K. v. See. Bad Homburg 1967. S. 109–143.

– Die Nibelungendichtungen. In: W. H.: Mittelhochdeutsche Heldendichtung. Berlin 1974. S. 69–111. [Mit Bibliographie.]

– Das Nibelungenlied. Stuttgart [5]1982. (Sammlung Metzler. 7.) [Mit Bibliographie.]

Ihlenburg, K. H.: Das Nibelungenlied. Problem und Gehalt. Berlin [Ost] 1969.

Kaiser, G.: Deutsche Heldenepik. In: Neues Handbuch der Literaturwissenschaft. Bd. 7: Europäisches Hochmittelalter. Hrsg. von H. Kraus. Wiesbaden 1981. S. 181–216.

Knapp, F. P.: Nibelungentreue wider Babenberg? Das Heldenepos und die verfassungsgeschichtliche Entwicklung Österreichs im Lichte der neuesten Forschung. In: Beiträge zur Geschichte der Deutschen Sprache und Literatur (Tübingen) 107 (1985) S. 174–189.

Müller, J.-D.: »Sivrit: künec – man – eigenholt«. Zur sozialen Problematik des Nibelungenliedes. In: Amsterdamer Beiträge zur Älteren Germanistik 7 (1974) S. 85–124.

Nagel, B.: Das Nibelungenlied. Stoff – Form – Ethos. Frankfurt a. M. 1965.
Panzer, F.: Das Nibelungenlied. Entstehung und Gestalt. Stuttgart/Köln 1955.
Schröder, F. R.: Mythos und Heldensage (1955). In: Zur germanisch-deutschen Heldensage. Hrsg. von K. Hauck. Darmstadt 1965. S. 285–315.
Schulte-Wülwer, U.: Das Nibelungenlied in der deutschen Kunst des 19. und 20. Jahrhunderts. Gießen 1980.
Sklenar, H.: Die literarische Gattung der Nibelungenklage und das Ende »alter mære«. In: Poetica 9 (1977) S. 41–61.
Voorwinden, N.: Nibelungenklage und Nibelungenlied. In: Montfort. Vierteljahresschrift für Geschichte und Gegenwartskunde Vorarlbergs 32 (1980) S. 276–287.
Wachinger, B.: Studien zum Nibelungenlied. Vorausdeutung, Aufbau, Motivierung. Tübingen 1960.
– Die »Klage« und das Nibelungenlied. In: Hohenemser Studien zum Nibelungenlied. Hrsg. von A. Masser. Dornbirn 1981. S. 90–101.
Wapnewski, P.: Rüdigers Schild. Zur 37. Aventiure des Nibelungenliedes. In: Euphorion 54 (1960) S. 380–410.
Weber, G.: Das Nibelungenlied. Problem und Idee. Stuttgart 1963.
Wunderlich, W.: Der Schatz des Drachentöters. Materialien zur Wirkungsgeschichte des Nibelungenliedes, zus.-gest. und komm. Stuttgart 1977.

Hartmann von Aue

Von Volker Mertens

Hartmann der Ouwaere,
âhî, wie der diu maere
beide ûzen unde innen
mit worten und mit sinnen
durchverwet und durchzieret!
wie er mit rede figieret
der âventiure meine!
wie lûter und wie reine
sîniu cristallînen wortelîn
beidiu sint und iemer müezen sîn!
si koment den man mit siten an,
si tuont sich nâhen zuo dem man
und liebent rehtem muote.
swer guote rede ze guote
und ouch ze rehte kan verstân,
der muoz dem Ouwaere lân
sîn schapel und sîn lôrzwî.

Hartmann von Aue, ah, wie der die Geschichten in ihrer äußeren und inneren Form sprachlich und gedanklich vollkommen schön ausgestaltet. Wie er mit seiner Sprache den Sinn der Erzählung genauestens trifft! Wie klar und durchsichtig seine kristallenen Worte für immer bleiben werden! Sie nähern sich dem Leser, wie sich's ziemt, werden ihm vertraut und gefallen dem Kundigen. Wer eine gute Erzählung bereitwillig und verständnisvoll aufzunehmen weiß, der wird Hartmann seinen Lorbeer lassen.

Hartmann von Aue

So preist Gottfried von Straßburg in seinem *Tristan*-Roman (V. 4621–37) den Erzähler Hartmann als Poeta laureatus, als Dichter von höchster Vorbildhaftigkeit, der in seinen Erzählungen Modellfälle der Harmonie von Sprache und Sinn geschaffen habe. Vorbild, ›Klassiker‹ war Hartmann für die Epiker des 13. Jahrhunderts – für Heinrich von dem Türlin (*Crône*, um 1230), Rudolf von Ems, den Pleier (*Garel*, um 1250), Albrecht (*Jüngerer Titurel*, um 1270), und noch für Ottokar in der *Österreichischen Reimchronik* (um 1310) ist er zusammen mit Wolfram von Eschenbach der große Meister. Andere erwähnen ihn zwar nicht, stehen aber stilistisch in seinem Bann oder in seiner Nachfolge; seine Werke werden bis ins 16. Jahrhundert hinein abgeschrieben und gelesen – das für Kaiser Maximilian zwischen 1504 und 1516 entstandene *Ambraser Heldenbuch* (*Klagebüchlein*, Artusromane) bezeugt dies ebenso wie die 1521 geschriebene Handschrift des *Iwein* aus Lindau.

Daß Hartmanns Name nur von Dichtern genannt wird, keine Urkunde oder Chronik ihn überliefert, ist für einen mittelalterlichen Autor die Regel, wir sind daher auf seine Selbstzeugnisse angewiesen. In den Prologen zum *Iwein* und zum *Armen Heinrich* (V. 1–5) stellt er sich vor:

Ein ritter sô gelêret was
daz er an den buochen las
swaz er dar an geschriben vant:
der was Hartman genant,
dienstman was er zOuwe.

Ein Ritter hatte eine solche Schulbildung, daß er alles lesen konnte, was er in Büchern geschrieben fand: Der hieß Hartmann und war Ministeriale zu Aue.

Er spricht von Bildung und sozialer Position, will sich legitimieren für die Rolle des Erzählers der folgenden Geschichte. Er nennt sich »Ritter«: das ist zu diesem Zeitpunkt (um 1200) nicht mehr die Bezeichnung für eine Funktion (›Krieger‹) und noch nicht für einen Stand (›niederer Adel‹), sondern für eine Geisteshaltung, die das ethische, ästhetische und religiöse Ideal der höfischen Laienkultur umschließt: Ausübung der herrschaftlichen und kriegerischen Aufgaben in sozialer Verantwortlichkeit und im Dienst Gottes, verbunden mit der umfassenden, ästhetisch exklusiven Repräsentation dieses laikalen Adelsheils – Hartmann als Angehöriger dieser politisch-kulturellen Schicht. Aber nicht nur dieser: er bezeichnet sich als gebildet, das bedeutet: lateinisch gebildet im Rahmen der Institutionen, die die klerikale Schriftkultur vermitteln, in denen der Kirche. Er hat also teil an der Laienwelt und ihren Aufgaben, verfügt aber auch über eine klerikale Bildung: ein Grenzgänger zwischen beiden Welten. Sozial gehört er zur Schicht der Ministerialen, der unfreien Dienstmannen, die die oberste Gruppe in der herrschaftlichen Familia bildete und durch ihre Lebensweise kaum noch vom Adel unterschieden war, da sie von den großen Herren für die Organisation der Herrschaft eingesetzt wurde.

Hartmann war Ministeriale »zu Aue« – dieser Ortsname ist so häufig, daß es nicht gelungen ist, ihn eindeutig zu identifizieren. Hartmanns Werke sind zwar in einer überregionalen Literatursprache verfaßt, aber Indizien weisen auf das Alemannische als Heimatdialekt. Heinrich von dem Türlin nennt seine Herkunft: aus dem alten Stammesherzogtum Schwaben, so daß man Hartmanns Heimat im Raum des heutigen südlichen Baden-Württemberg, in Vorarlberger oder Ostschweizer Gebiet oder auch im Elsaß sucht. Eine mögliche Eingrenzung gibt das Wappen, das die illustrierten Liederhandschriften Hartmann beilegen: weiße abgerissene Adlerköpfe auf blauem bzw. schwarzem Grund; man kann es verstehen als Veränderung des Wappens, das eine der bedeutendsten Adelsfamilien des fraglichen Raums geführt hat: die Herzoge von Zähringen. Gute Gründe sprechen dafür, ein derart mächtiges Geschlecht mit weitreichenden Verbindungen, vor allem nach Frankreich, als Dienstherrengeschlecht Hartmanns anzunehmen: so würden sich die ausgezeichneten

Sprachkenntnisse Hartmanns erklären, auch das mäzenatische Interesse an den neuesten Erzeugnissen der französischen Adelsliteratur und die schwierige und kostspielige Besorgung der Vorlagen. Die Beziehungen der Zähringer reichen bis zu den Gönnern Chrestiens de Troyes, der mit zwei Romanen Vorlagen für Hartmann geliefert hat. Somit ist die (unbeweisbare) Wahrscheinlichkeit gegeben, daß Hartmann zähringischer Ministeriale zu Au bei Freiburg war.

Seine Schaffenszeit ist ebenfalls nur mit Hilfe von Indizien zu erschließen. Keines seiner Werke gibt ein absolutes Datum her – Chrestiens Romane liegen wohl zu Beginn der achtziger Jahre des 12. Jahrhunderts vor, Wolfram von Eschenbach erwähnt den *Iwein* im 5. Buch seines *Parzival*, das sich nach 1205 halbwegs sicher datieren läßt: Hartmann hätte dann zwischen 1180 und 1200 gewirkt, ob er noch im ersten Jahrzehnt des 13. Jahrhunderts tätig war (*Armer Heinrich*?), bleibt offen. Seine Kreuzlieder sind sowohl auf den 3. (1187) wie den 4. Kreuzzug (1197) interpretierbar; wenn Hartmann in zwei Liedern vom Tod eines Dienstherrn spricht, könnte der 1186 verstorbene Zähringer Berthold IV. gemeint sein.

Als Hartmanns erstes Werk gilt allgemein das sogenannte *Klagebüchlein*, ein Reimpaargedicht in 1914 Versen in Form eines Streitgesprächs über den Sinn der Minne und richtiges Verhalten in ihr. Gesprächspartner sind das »herze« als geistiges Zentrum der Person und der »lîp« als der sinnlich wahrnehmende und handelnde Teil. Der Weg zur Minne erfordert die Ausbildung ethischer Werte, die dann gesellschaftliches Ansehen verleihen. Die Minne aber ist begründet in der subjektiven Betroffenheit durch die erotische und gesellschaftliche Attraktion der erwählten Partnerin, deren Zuwendung dann als persönliches und gesellschaftliches Heil beschworen werden kann; analog zum religiösen Heil, das die Kirche verkündet, wird hier das weltliche Heil der feudalen Gesellschaft in der bewußt erlebten und gestalteten Geschlechterliebe gesehen. Diese neue Ideologie der Adelsgesellschaft kleidet der ›gelehrte‹ Hartmann in die Form der Disputation, eine Form, die, aus der Antike stammend, in der lateinischen Kultur des Mittelalters beliebt war und mit religiöser Thematik auch in die Volkssprachen übernommen wurde, so in der Visionsliteratur mit dem Streitgespräch zwischen Leib und Seele. Hartmann hat dieses Muster auf die weltliche Thematik übertragen, ebenso wie die vorwiegend theologisch genutzte Darstellungsform der Allegorese im ›Kräuterzauber aus Frankreich‹ (V. 1280 ff.), dessen Ingredienzien die typischen Tugenden der Adelsgesellschaft sind. Das *Klagebüchlein* ist ein singuläres Werk, ohne direkte Vorgänger und unmittelbare Nachfolger; wir können es am ehesten als eigenständigen Versuch verstehen, die moderne laikale Minnesymptomatik und -thematik mit den Mitteln zu gestalten, die die gelehrten klerikalen Traditionen bereitstellten. Anregungen sind gewiß von Frankreich ausgegangen, wo die Verbindung von Laien- und Klerikerkultur älter und enger war, davon zeugt außer der Herkunftsbezeichnung des ›Kräuterzaubers‹ auch die romanischen Vorbildern abgelauschte Reimvirtuosität im Schlußteil (ab V. 1645).

In thematische Nähe des *Klagebüchleins* gehören die 17 Minnelieder, die die – seit Friedrich von Hausen von den okzitanischen Trobadors übernommene – ›hohe‹ Minne diskutieren und ihre Möglichkeiten und Grenzen ausspekulieren. Versuche, eine zyklische Ordnung herzustellen, etwa im Sinne eines fiktiven Minneromans, einer ›Dichterliebe‹, können nicht überzeugen: die diskursive Faktur der Lieder, das Umkreisen der Thematik, entspricht dem als nicht systematisch erfaßbar vorgestellten Phänomen Minne – das gilt auch für die Gesamtheit der Lieder. Wichtige Themen sind: Minneklage über die Erfolglosigkeit der Werbung (I–IV, VII), Minneerwartung (VIII, X, XI, XIII), das Frauenrollenlied (IX, XII, XIV, XVI), Minneabsage (V) und Kreuzzugsthematik (V, VI, XVII). Die Minneklage thematisiert die wechselseitige Bedingtheit von Öffentlichkeit der Werbung und Erfolglosigkeit; die Trauer ist die gemäße Artikulation der subjektiven Betroffenheit jenseits des gesellschaftlich-spielhaften Charakters des Minnerituals am Hof. Die Minneerwartungs-Lieder akzentuieren stärker den Heilscharakter der Liebe, der sich zwar vorwiegend in der ethisch-religiösen Perfektionierung, aber auch in der Erfahrung der erotischen Anziehung bei gewahrter Distanz verwirklicht (XIII). Das Frauenrollenlied, eine aus dem frühen Minnesang ererbte Gattung, ermöglicht infolge der offensichtlichen Rollenhaftigkeit eine deutlichere Thematisierung der erotischen Dimension, ohne daß jedoch die ethische aufgegeben würde (XIV). Lied XV (›Unmutslied‹) diskutiert die Ständeklausel der hohen Minne: der Sänger will sich von den hochgestellten Damen, die sich versagen müssen, den unfreien Frauen, den »armen wîben«, zuwenden, die nicht unter gesellschaftlichen Restriktionen stehen, sondern, ohne Gefährdung einer gesellschaftlichen Position, Liebesgewährung geben können. Hartmann konfrontiert das Minneritual mit den – als gesellschaftliche Praxis der adligen Herren gängigen – Geschlechtsbeziehungen mit Frauen niederer Schichten. Im Rahmen der Aufführungssituation ›Minnesang‹ eine Affirmation, keine Kritik des Ideals: die Demonstration der Unmöglichkeit, das objektiv-subjektive Minneheil anders zu erlangen als durch die gesellschaftlich wirkende hohe Minne. Die Kreuzlieder thematisieren die Konkurrenz von Minneheil und übergeordnetem religiösem Heil. Damit werden Grenzen bezeichnet und befestigt; wegen ihrer ›progressiven‹ Thematik möchte man die Lieder XV und XVI spät in die 1190er Jahre setzen. Hartmann ist auch als Lyriker von den Nachfahren genannt (so von dem von Gliers), von den Interpreten aber meist weniger geschätzt worden: er hat weder die Bildkraft Heinrichs von Morungen noch die Subjektivität Reinmars; seine argumentierend-diskutierende Rationalität entspricht jedoch besonders der Rationalität des höfischen Minnediskurses.

Hartmanns erzählerisches Erstlingswerk war der erste Artusroman in deutscher Sprache, der *Erec*. Wäre der Prolog erhalten (der einzige unversehrte Überlieferungsträger, das *Ambraser Heldenbuch*, setzt unvermittelt in der ersten Handlungseinheit ein), wüßten wir vielleicht etwas über Auftraggeber und Auftragsanlaß. So bleiben wieder Vermutungen: etwa daß die 1183 geschlossene Ehe des Zähringerherzogs Berthold IV. mit Ida von Boulogne die Wege bahnte zur Vorlage Hartmanns: *Erec et Enide* von Chrestien de Troyes, geschrieben wahrscheinlich am Hof Graf Heinrichs von Champagne, eines Vetters Idas; und daß das Mainzer Hoffest Kaiser Friedrichs Barbarossa Pfingsten 1184 den Anstoß gegeben haben könnte, da dort höfische Repräsentation nach westlichem Vorbild entfaltet wurde, was adlige Selbstdarstellung durch Literatur einschloß – so war der Epiker Heinrich von Veldeke mutmaßlich im Gefolge des Landgrafen von Thüringen. Die Vollendung seines *Eneas*-Romans, die Aufnahme der höfischen Liebeskonzeption in der Minnelyrik fallen mit dem Hoftag zusammen, vielleicht gab er auch die ›Initialzündung‹ für die Rezeption des arthurischen Romans. Als Roman, als *conjointure*, ›sinngebend strukturierte Erzählung‹, hatte ihn Chrestien geschaffen zur Selbstverständigung der Adelsgesellschaft über ihre Werte, zur Bewußtseinsbildung durch Aneignung und Anverwandlung gesellschaftlicher Ideale im Nachvollzug des ›Königswegs‹ eines qualifizierten Helden durch Versagen und Mißlingen hindurch zu Bewährung und Herrscheramt.

Der Held, Erec, ein junger, unerprobter Ritter am Artushof, besteht seine erste Herausforderung glänzend: als er in Begleitung der Königin und einer Hofdame unbewaffnet spazierenreitet, begegnet er einem Ritter mit einem Zwerg, der erst das Fräulein und dann ihn selbst mit einer Geißel schlägt. Um diese Ehrverletzung zu rächen, reitet Erec Zwerg und Ritter sofort hinterher bis nach Tulmein, wo er bei einem verarmten Ritter unterkommt. Dort soll ein Preisturnier stattfinden: die Dame des Siegers erhält einen Sperber, was sie als die Schönste bestätigt. Der hochmütige Ritter hat schon zweimal den Preis für seine Dame gewonnen; Erec braucht, um gegen ihn anzutreten, eine eigene Dame und eigene Waffen – er findet beides in der »Armen Herberge«: Enite, die Tochter, und die altmodischen Waffen des Hausherrn. So ausgestattet tritt er gegen den Ritter an, besiegt ihn nach langem Kampf und schickt ihn an den Artushof. Er selbst reitet mit Enite dorthin, und auf dem Weg finden die beiden jungen Leute, die bisher ein Zweckbündnis zusammengeführt hatte, Gefallen aneinander. Am Hof wird Enite von Artus persönlich als Schönste ausgezeichnet: sie im Glanz ihrer Schönheit, Erec im Glanz seines Sieges sind die ideale Verkörperung adligen Menschentums. Im großen Hochzeitsturnier bestätigt sich Erecs überragender Rang als Kämpfer. Beide reisen in Erecs Heimatland, wo er die Regentschaft für seinen Vater übernimmt. Ihnen aber ist das Glück der neugefundenen Eheliebe wichtiger als die Herrschaftspflichten: während sie das Schlafgemach nicht verlassen (»sich verligen«), verödet der Hof und verfällt in Schande. Als Erec durch Enite davon erfährt, kennt er nur ein Mittel: neue ritterliche Taten im Beisein seiner Frau – das bedeutet Bewährung Erecs vor sich und ihrer Gemeinschaft, denn, so versteht er es, ihre Liebe bezieht sich auf seine Rittertüchtigkeit. Verschiedene Kämpfe muß Erec bestehen, verschiedene Proben auf ihre Treue muß Enite absolvieren, ehe sie wieder zur ehelichen Gemeinschaft und der Anerkennung durch die Gesellschaft zurückfinden. Am Schluß des Romans steht ein Abenteuer, das die Situation von Verfehlung und Bewährung noch einmal spiegelt: *joie de la curt*, ›die Freude des Hofes‹. Der Ritter Mabonagrin hat sich auf Drängen seiner Freundin aus der Gemeinschaft zurückgezogen, unerbittlich verteidigt er seine Liebesidylle, achtzig Gegner hat er schon überwältigt und getötet, bis Erec ihn besiegt – und damit erlöst, ihn der Hofgemeinschaft zurückgibt. Das also war auch der Fehler Erecs und Enites: der fehlende soziale Bezug (nicht die kampflose Existenz). Mit seiner Tat hat Erec bewiesen, daß er den rechten Ausgleich zwischen dem neuen höfischen Ideal der Liebe in der Ehe und den Anforderungen von Leistung und Repräsentation des adligen Führungsanspruchs finden kann: er ist der vorbildhafte Herrscher.

Hartmann verhält sich bei seiner Übertragung erstaunlich frei gegenüber Chrestien, er nimmt einerseits Rücksicht auf die literarisch weniger vorgebildete Hörerschaft (Erklärungen, Steigerung der höfischen Idealität), andererseits erhält die Krise seiner Helden eine verstärkt existentielle Dimension, wie sie z. B. in der großen Totenklage Enites um den vermeintlich toten Erec artikuliert wird.

In seinem zweiten Artusroman, dem *Iwein* (am Ende seiner Schaffenszeit um 1200 entstanden), bleibt Hartmann enger an seiner Vorlage, Chrestiens *Yvain*, setzt aber dennoch etwas andere Akzente: ihn interessiert weniger die Liebesbeziehung zwischen Iwein und Laudine als die Herrschaftsproblematik. Iwein hat im Verlauf einer Aventiure (Auslösung eines Unwetters am Zauberbrunnen) Askalon, den Herren des Brunnenlandes, getötet (die moralische Bewertung ist bei den Interpreten umstritten); da er bei der Verfolgung auf dessen Burg geraten ist, sieht er, selbst ungesehen, die Witwe, Laudine, in ihrem Schmerz und verliebt sich in sie. Ihre Vertraute, Lunete, steht Iwein bei und kann Laudine überzeugen, daß sie als schutzlose Frau einen tüchtigen Landesherren braucht und daß der, der ihren Mann bezwungen hat, der tapferste und geeignetste ist. Es kommt zur Eheschließung, und Iwein verteidigt den Brunnen erfolgreich, als das Artus-Heer heranrückt. Um nicht in den Fehler Erecs zu verfallen, bittet er auf den Rat Gaweins seine Frau um Urlaub für Turnierfahrten – Laudine gewährt ihm ein Jahr: dieses Jahr ist eine wichtige Rechtsfrist. Iwein vergißt die Rückkehr und wird deshalb des Verrats bezichtigt und verstoßen, aus Schmerz verliert er den Verstand. Eine Burgherrin heilt ihn, ihr hilft er gegen einen Feind. Als er einem Löwen gegen einen Drachen beisteht, wird er zum »Löwenritter«, weil das Tier ihn fortan begleitet. Er trifft auf die zum Scheiterhaufen verurteilte Lunete und verspricht ihr Hilfe, muß aber vorher für einen Burgherrn gegen einen Riesen kämpfen und versäumt beinahe den Gerichtskampf für Lunete: er muß lernen, Fristen einzuhalten. Er kann die Ankläger besiegen – Laudine, die als Gerichtsherrin dem Kampf beiwohnt, erkennt ihn nicht. Auch seine nächste Kampfzusage betrifft einen Gerichtskampf: im Erbschaftsstreit zweier Schwestern übernimmt er die Vertretung der jüngeren, Gawein kämpft für die ältere. Doch zuvor befreit er gefangene Frauen auf der »Burg zum Schlimmen Abenteuer«: die Schachtelung der Kämpfe thematisiert Iweins wachsende Fähigkeit im Umgang mit Terminen. Im Erbstreit bleibt der Kampf unentschieden, Artus als oberster Richter entscheidet für die Jüngere. Iwein hat seine Ehre am Hof zurückgewonnen, aber die Versöhnung mit Laudine fehlt ihm: er löst erneut das Unwetter aus; Lunete rät Laudine, den Löwenritter als Brunnenschützer zu wählen, dieser wird geholt: es ist Iwein, und Laudine nimmt ihn, zuerst notgedrungen, wieder an – die Darstellung der Versöhnung bleibt nicht ohne skeptische Untertöne.

Der Roman ist nach dem gleichen Doppelweg-Schema gebaut wie der *Erec*: Iwein hat nach dem Anfangserfolg im ersten Handlungszyklus seine politischen Pflichten vernachlässigt, im zweiten lernt er, was verantwortungsvolle Herrschaft bedeutet, er wird zum Wahrer des Rechts vor allem für schutzbedürftige Frauen. Die juristisch-politische Intention des Romans impliziert eine Relativierung der Rolle des Königs Artus: nicht die Wiederaufnahme an seinem Hof begründet das Glück des Helden, sondern erst die Wiedergewinnung der eigenen Herrschaft – und der Ehefrau. Artikuliert ersteres die Interessen der Territorialherren, so ist das zweite Ausdruck des höfischen Ideals, daß in der Geschlechterliebe das individuelle Heil gesellschaftlich vermittelt werde. Die Repräsentanz von Herrschafts- und Minneideal mehr als ihre Problematisierung machte den *Iwein* zum klassischen Vorbild für den Artusroman des 13. Jahrhunderts, als welcher er auch zum Gegenstand von Wandmalereien wurde: schon bald nach 1200 auf Burg Rodeneck in Südtirol, wenig später im Hessenhof in Schmalkalden (Thüringen), als Minneverfallener erscheint Iwein auf dem Malterer-Teppich (Augustinermuseum Freiburg i. Br.) und als beispielhafter Ritter auf Burg Runkelstein bei Bozen (um 1400).

Gegenüber der höfisch-politischen Problematik der Artusromane thematisieren die höfisch-religiösen Erzählungen Hartmanns die transzendente Sinngebung der adligen Existenz. Sein *Gregorius* (1185/90) geht auf eine altfranzösische Quelle zurück, den *Grégoire* (vor 1150): eine erbaulich-unterhaltende Legende von einem nicht historischen Papst Gregor. Er entstammt einer inzestuösen Beziehung hochadliger Geschwister, wird ausgesetzt, im Kloster erzogen, verläßt es, um Ritter zu werden, befreit seine in ihrer Herrschaft bedrohte Mutter, beide heiraten, ohne einander zu erkennen. Als der zweite Inzest aufgedeckt wird, büßt Gregor siebzehn Jahre lang als Eremit auf einer Felseninsel, dann wird er zum Papst erwählt und trifft auch seine Mutter wieder. Im Zentrum steht die Buße für ungewußte Schuld in der Nachfolge Christi und die gnadenhafte Erwählung zum geistlichen Herrschertum. Im Prolog stellt der Autor sich selbst als Sünder dar, für den die Abfassung der Erzählung das Heil bewirken soll: eine literarische Bußübung, die ihm und den Hörern lebensgeschichtliche Konsequenzen wie die des Gregorius erspart und daher von der höfischen Gesellschaft problemlos rezipiert werden konnte. In der Häufung der Unwahrscheinlichkeiten und ihrer erzählerischen Präsentation bleiben zudem ironische Momente spürbar. Als Heiligengeschichte ist der *Gregorius*, in Prosa umgeformt, in das populärste Legendenbuch des deutschen Spätmittelalters, *Der Heiligen Leben* vom Ende des 14. Jahrhunderts, aufgenommen worden, die Fassungen des 17.–19. Jahrhunderts (Martin Cochem, Volksbuch) gehen auf eine latinisierte Fassung des *Grégoire* in den *Gesta Romanorum* (erste Hälfte des 14. Jahrhunderts) zurück. Thomas Mann hat eine ironische Sünden- und Gnadengeschichte daraus gemacht: *Der Erwählte*, ein komödiantisches Nachspiel zum *Doktor Faustus* mit der

Sehnsucht nach Rettung jenseits der ironisierten christlichen Gnade.

Als Hartmanns persönlichstes Werk gilt die höfische Mirakelerzählung *Der arme Heinrich*: obwohl er im Prolog von der Quellensuche in (lateinischen) Büchern spricht, hat sich eine Vorlage nicht nachweisen lassen. Möglicherweise hat der Autor selbst die Verbindung von zwei Erzählmodellen geschaffen, der Heilungs- und Heilsgeschichte eines Aussätzigen und einer Selbstopfergeschichte: der Freiherr Heinrich, aussätzig geworden, heilbar nur durch jungfräuliches Blut, zieht zu einem Bauern, und dessen kleine Tochter will für seine Heilung Blut und Leben opfern. Als sie schon auf dem Operationstisch liegt, Heinrich ihre schöne Gestalt sieht, schreitet er ein und verhindert ihr Opfer. Gott gibt ihm darauf die Gesundheit zurück, und er nimmt das Mädchen, ohne sich durch den Standesunterschied hindern zu lassen, zur Frau. Eine Wundergeschichte, die im Umgang mit dem Leben eine Selbstverantwortung propagiert, die aus dem Vertrauen auf Gott erwächst. Die bestandenen Prüfungen machen beide zu vor Gott und den Menschen ebenbürtigen Ehepartnern – eine in der mittelalterlichen Standesgesellschaft nicht unproblematische These, die auch durch ihren Bezug auf die traditionelle Tugendadel-Konzeption keine Brisanz verliert. Vielleicht geht es Hartmann um die poetische Verklärung seiner Familiengeschichte: der arme Heinrich ist Freiherr von Aue, und nach mittelalterlichem Recht waren die Nachkommen aus der unstandesgemäßen Ehe Unfreie – wie Hartmann von Aue. So wollte er womöglich die Gründe für den Abstieg seiner Familie in einer edlen Handlung begründet sehen – und bot der aus Freien und Unfreien bestehenden höfischen Gesellschaft eine Utopie von grundsätzlicher, sittlicher und christlicher Freiheit – daß dieses Element für die geringe mittelalterliche Resonanz (nur 3 Handschriften) verantwortlich ist, kann man nur vermuten.

In der Neuzeit war es das erbauliche und sentimentale Potential, das den *Armen Heinrich* zum meistrezipierten Werk

Hartmanns machte – angefangen von der Nacherzählung der Brüder Grimm (1815), die zum romantischen ›Volksbuch‹ wurde, über Adalbert von Chamissos Ballade (1839), Henry W. Longfellows *Golden Legend* (1851), Hans Pfitzners Oper nach einem Libretto von James Grun (1895) bis zu Ricarda Huchs Novelle (1898) und Gerhart Hauptmanns Drama (1902): alle im Grunde einem romantischen Mittelalter-Bild verpflichtet, das den Blick verstellt auf den ›gelehrten Ritter‹ Hartmann mit seiner sprachlichen Präzision und Sensibilität, seiner Freude an der rhetorischen Kompetenz, seiner sanften Ironie und mit seinem Gespür für soziale und existentielle Probleme der feudalen Gesellschaft, das wohl durch seine gesellschaftliche und kulturelle Zwischenposition verschärft wurde und Momente einer modernen Subjektivität spürbar werden läßt.

Bibliographische Hinweise

Das Klagebüchlein Hartmanns von Aue und das zweite Büchlein. Hrsg. von L. Wolff. München 1972.
Lieder. Mittelhochdeutsch/Neuhochdeutsch. Hrsg., übers. und komm. von E. v. Reusner. Stuttgart 1985.
Erec. Hrsg. von A. Leitzmann. 6. Aufl. bes. von Ch. Cormeau und K. Gärtner. Tübingen 1985.
Erec. Mittelhochdeutscher Text und Übertr. von Th. Cramer. Frankfurt a. M. 1972 [u. ö.].
Gregorius. Hrsg. von H. Paul. 13. Aufl. bes. von B. Wachinger. Tübingen 1984.
Gregorius der gute Sünder. Mittelhochdeutsch/Neuhochdeutsch. Mittelhochdeutscher Text nach der Ausg. von F. Neumann. Übertr. von B. Kippenberg. Nachw. von H. Kuhn. Stuttgart 1963 [u. ö.].
Der arme Heinrich. Hrsg. von H. Paul. 15. Aufl. bes. von G. Bonath. Tübingen 1984.
Der arme Heinrich. Hrsg. und übertr. von H. de Boor. Hamburg / Frankfurt a. M. ^{15}1981.
Iwein. Text der 7. Ausg. von G. F. Benecke, K. Lachmann und L. Wolff. Übers. von Th. Cramer. Berlin ^{3}1981.

Hartmann von Aue. Hrsg. von Ch. Cormeau und H. Kuhn. Darmstadt 1973. (Wege der Forschung. 309.)
Hartmann von Aue. Colloquium London 1985. Hrsg. von T. McFarland und S. Ranawake. Göppingen 1988.
Cormeau, Ch.: Hartmanns von Aue »Armer Heinrich« und »Gregorius«. München 1966.
– Joie de la curt. In: Formen und Funktionen der Allegorie. Hrsg. von W. Haug. Stuttgart 1979. S. 194–205.
Cormeau, Ch. / Störmer, W.: Hartmann von Aue. Epoche – Werk – Wirkung. München 1985.
Fischer, H.: Ehre, Hof und Abenteuer in Hartmanns »Iwein«. München 1983.
Gewehr, W.: Hartmanns »Klagebüchlein« im Lichte der Frühscholastik. Göppingen 1975.
Hirschberg, D.: Zur Struktur von Hartmanns »Gregorius«. In: Befund und Deutung. Hrsg. von K. Grubmüller. Tübingen 1979. S. 240–267.

Kolb, H.: Der wuocher der riuwe. Studien zu Hartmanns »Gregorius«. In: Literaturwissenschaftliches Jahrbuch. N. F. 23 (1982) S. 9–56.

Mertens, V.: Gregorius Eremita. München 1978.

– Laudine. Soziale Problematik im »Iwein« Hartmanns von Aue. Berlin 1978.

– Das literarische Mäzenatentum der Zähringer. In: Die Zähringer. Hrsg. von K. Schmid. Sigmaringen 1986.

Neubuhr, E.: Bibliographie zu Hartmann von Aue. Berlin 1977.

Peters, U.: Artusroman und Fürstenhof. Darstellung und Kritik neuerer sozialgeschichtlicher Untersuchungen zu Hartmanns »Erec«. In: Euphorion 69 (1975) S. 175–196.

Pérennec, R.: Recherches sur le roman arthurien en vers en Allemagne aux XIIe et XIIIe siècles. 2 Tle. Göppingen 1984.

Ranawake, S.: Zu Form und Funktion der Ironie bei Hartmann von Aue. In: Wolfram-Studien 7 (1982) S. 75–116.

Ruh, K.: Höfische Epik des deutschen Mittelalters. Bd. 1. Berlin ^{2}1972.

Schulze, U.: amîs unde man. Die zentrale Problematik in Hartmanns »Erec«. Beiträge zur Geschichte der deutschen Sprache und Literatur (Tübingen) 105 (1983) S. 14–47.

Schupp, V.: Die Ywain-Erzählung von Schloß Rodenegg. In: Literatur und bildende Kunst im Tiroler Mittelalter. Hrsg. von E. Kühebacher. Innsbruck 1982. S. 1–27.

Voß, R.: Die Artusepik Hartmanns von Aue. Köln/Wien 1983.

Wapnewski, P.: Hartmann von Aue. Stuttgart ^{7}1979. (Sammlung Metzler. 17.)

Wolfram von Eschenbach

Von Werner Schröder

Es sagt sich leicht, daß der Interpret von Dichtung, will er nach einer berühmt gewordenen Formulierung Emil Staigers »begreifen was ihn ergreift«, von ihrem Schöpfer nichts zu wissen brauche, solange ihm dies verschmähte Wissen jederzeit zur Verfügung steht und unbewußt auch gegenwärtig ist, wenn er darauf zu verzichten vorgibt. Wieviel ihm fehlt, wo er ganz oder fast ganz ohne biographische Vor- und Hintergrundkenntnisse auskommen muß, wird ihm auf mittelalterlichem Felde schnell klar. Von Hartmann von Aue und Gottfried von Straßburg wissen wir nicht viel mehr als den Namen, von dem *Nibelungenlied*-Epiker nicht einmal diesen. Bei dem Lyriker Walther von der Vogelweide sind wir etwas besser daran, weil er sich als Spruchdichter in die politischen Händel der Zeit einmischte. Und bei dem größten von allen, Wolfram von Eschenbach, glaubte man es ebenfalls zu sein, weil seine Romane von Anspielungen auf zeitgenössische und eigene Lebensumstände voll sind.

Auf der Suche nach zeitlichen und örtlichen Fixpunkten, um den Autor in seiner Gegenwart festzumachen, hat man sie begierig zum Nennwert genommen und zu wenig bedacht, daß sie alle, poetisch verwandelt, zu Bestandteilen der fiktionalen Erzählung gemacht worden sind und jeder urkundlichen Beglaubigung ermangeln. In verständlichem Gegenschlag auf biographistische Übertreibungen hat dann Skepsis Platz gegriffen, die zu Lebenszeugnissen erklärten Anspielungen eine nach der anderen entwertet und am Ende nicht viel mehr übriggelassen als die enge Beziehung zu dem Land-

Wolfram von Eschenbach

grafen Hermann von Thüringen, die nicht gut zu leugnen war.

Wie kaum ein zweiter mittelalterlicher deutscher Dichter ist Wolfram in jeder Zeile seiner Versromane nicht bloß als organisierender Erzähler, sondern als Autor-Ich präsent. So nötig es ist, auch bei seinen subjektiven Äußerungen ihre erzähltechnische Funktion mitzubedenken, so wenig geht es an, ihnen jeden biographischen und zeitgeschichtlichen Stellenwert zu bestreiten. Zu gesicherten Daten und Fakten zwar kommen wir mit ihrer Hilfe nicht. Wann Wolfram geboren ist, kann man bestenfalls schätzen. Sein Dasein beginnt für uns mit seinen poetischen Werken und endet mit ihnen und den Klagen von Bewunderern, daß er gestorben sei. Aber so zufällig, abseitig, alltäglich, ironisch, enigmatisch die Andeutungen großenteils sind, sie werfen Schlaglichter auf die Bedingungen der Existenz von Dichter und Dichtung, die den Vorzug haben, von ihm selbst zu stammen. Obwohl manches vage und ungefähr bleibt, es ist viel mehr Atmosphäre und Wirklichkeit um Wolfram als um Hartmann oder Gottfried, die von ihren Lebens- und Schaffensvoraussetzungen so gut wie nichts in ihre Romane haben einfließen lassen.

Wolfram hat sich zeitlebens und ohne falsche Bescheidenheit zu sich selber, zu seinem Stand, seinem Beruf, seinem Werk bekannt. Gleich das erste Selbstzeugnis, voll Zorn gegen eine Dame gerichtet, die ihm als Mann oder als Dichter nicht die gebührende Wertschätzung hatte zuteil werden lassen: »ich bin Wolfram von Eschenbach, / unt kan ein teil mit sange« (P 114, 12 f.), weist ihn als anerkannten Lyriker aus. Es steht in der sogenannten Selbstverteidigung zwischen den Büchern II und III des *Parzival* und gehört sicher in das erste Jahrzehnt des 13. Jahrhunderts, vermutlich an seinen Anfang, was nicht heißen muß, daß alle erhaltenen Lieder damals schon vorlagen. Seine Tagelieder sehen nicht nach Jugendwerken aus. Dieselbe stolze Form der Selbstnennung wiederholt sich in dem ersten großen Roman noch zweimal (P 185,7, 827,13) und wird im *Willehalm* beibehalten (W 4,19).

»Von Eschenbach her Wolfram« nennt ihn Ulrich von Türheim im Epilog seines *Rennewart*-Romans (V. 36478), der den unvollendeten *Willehalm* zu vollenden bestimmt war. »Her Wolfram ein wise man von Eschenbach« heißt er im *Wigalois* (V. 6343) des Zeitgenossen Wirnt von Gravenberg. Die Ortsangabe als Bestandteil seines Namens ist gesichert, so unfest die Familiennamen sonst zu dieser Zeit noch waren. Wolframs-Eschenbach, wie der Ort seit 1917 aus Ober-Eschenbach umbenannt ist, liegt südöstlich von Ansbach. Ein Adelsgeschlecht von Eschenbach ist dort erst seit 1268 bezeugt. Sein Grundbesitz bestand aus Lehen der Grafen von Öttingen und von Wertheim, des Bistums Eichstätt und des Deutschen Ordens, war offenbar immer recht bescheiden und ging im 14. Jahrhundert an den Deutschen Orden verloren.

Arme Ritter, verarmten Adel, wie den Grafen Koralus in Hartmanns *Erec*, gab es sicher nicht bloß als poetische Erfindung. Wolframs Eingeständnis – angesichts der Hungersnot in dem belagerten Pelrapeire –, daß auch bei ihm zu Hause (»da man mich herre heizet, / da heime in min selbes hus«; P 184,30–185,1) nicht einmal eine Maus satt werde, kann selbstironisch übertreibend auf tatsächliche Verhältnisse Bezug nehmen und ist um so glaubhafter, weil er die Armut als unverdiente Schmach empfand und darunter litt. Doch wie ärmlich es auch darin zugegangen sein mag, er besaß ein Haus, das ihn berechtigte, auf den lehen- und hauslosen Walther von der Vogelweide herabzusehen, dem erst die späte Gunst Kaiser Friedrichs II. dazu verhalf.

Nirgends kennt sich Wolfram besser aus als im Umkreis von Eschenbach, wie die Erwähnungen von »Abenberc« (P 227,13) und des Nürnberger »Sant« (W 426,30) östlich, »Tolenstein« (P 409,8) südöstlich, »Trühendingen« (P 184,24) und »Nördelingen« (W 295,16) südwestlich des fränkischen Städtchens verraten. Der Autor des *Jüngeren Titurel*, der sich selbst als Wolfram ausgab, in Wahrheit jedoch Albrecht hieß, hat ihn als »friunt von Blienvelde« (V. 608,4) apostrophiert, das südöstlich von Eschenbach liegt. Jakob Püterich von Reichertshausen will seinem *Ehrenbrief* von 1462 zufolge (Str. 128 f.) Wolframs Grab in Eschenbach besucht haben. Der Nürnberger Hans Wilhelm Kreß hat es noch im Jahre 1608 gesehen und seine Inschrift mitgeteilt, wonach »der Streng Ritter herr Wolffram von Eschenbach ein Meister Singer« gewesen sei. Die kann so unmöglich ursprünglich sein. Das Grabmal mag nach dem Wegzug der Familie, falls sie es gestiftet hat, wiederholt erneuert worden sein; jedenfalls bezeugt es eine am Ort haftende Tradition.

Seine großen Romane kann Wolfram hier nicht geschrieben haben, dafür fehlten in Eschenbach alle Voraussetzungen. Aber seine Familie hat hier gelebt. Deren Mitglieder sind zwar nicht mit Namen bekannt; daß es sie gab, wird nicht verschwiegen. Um sich von dem Treiben am Artus-Hof zu distanzieren, wo eine Dame ohne einen *amis* wenig galt (P 216,25), brauchte Wolfram nicht seine eigene Frau ins Spiel zu bringen (»ich bræhte ungerne nu min wip / in also groz gemenge«; P 216,28 f.), wenn er keine gehabt hätte. Dasselbe gilt von der beiläufigen Erwähnung der Puppe seiner Tochter (»miner tohter tocke«; W 33,24), die beileibe nicht so schön sei wie die prächtig ausstaffierten sarazenischen Minneritter. Die Anmerkung, daß er lieber keine Schwester haben wollte (P 686,29 f.), als wie Gawan von dem Liebhaber seiner Schwester Itonje mit Haß verfolgt zu werden, hat keinerlei erzählerische Funktion: niemand würde etwas vermissen, wenn sie fehlte. Nachdem er die Widernatürlichkeit des Bruderkampfes zwischen Parzival und Feirefiz mit dem Hinweis getadelt hat: »si warn doch bede niht wan ein« (P 740,28), bekräftigt er es auch noch aus eigener Erfahrung: » min bruoder und ich daz ist ein lip« (P 740,29). Eine Erzählerrolle war in diesem wie in den übrigen Fällen nicht zu stilisieren. Man kann die Skepsis gegen Selbstaussagen auch übertreiben.

Daß Wolfram sich durch Herkunft und Lebensart dem Rittertum zugehörig fühlte: »schildes ambet ist min art« (P 115,11), wagt seit Bumkes streitbarem Feldzug gegen einen ständisch verstandenen Ritterbegriff des 12. und 13. Jahrhunderts kaum mehr ein Germanist offen auszusprechen. Es mag dahingestellt sein, wann sich der seit Chrestien und Hartmann auch zum Kulturideal erhobene *ritter* zum rechtlichen Terminus für einen Geburts- und Dienstadel umgreifenden Stand verfestigt hat, im Bewußtsein der kulturell führenden Schicht existiert er lange vorher und unbestritten. Indem Wolfram sich auf den hohen Einsatz desjenigen beruft, »der an ritterschaft nach minnen zilt« (P 115,20), erhebt er sich über Kleriker und Literaten, die nichts anderes aufzuweisen haben als Feder und Tinte und den Damen mit Lateinkenntnis imponieren wollen, und er tut es nicht mit »zeitlosen Männerphantasien eines Haudegens« (Bumke), sondern als ein Dichter, der »mit schilde und ouch mit sper« (P 115,16) umzugehen befähigt und berechtigt ist, eben als *ritter*. Daß das keine leeren Worte waren, daß er von dem Kriegshandwerk etwas verstand, beweist nicht zuletzt seine großartige Darstellung einer mittelalterlichen Massenschlacht im *Willehalm* (die erste in unserer Literatur): die ist nicht bloß ausgedacht oder angelesen, dahinter steht eigene Erfahrung.

Durch Herkunft begründeter Anspruch, wirtschaftliche Grundlage und soziale Geltung sind in keiner Gesellschaft deckungsgleich, waren es auch im Falle Wolframs nicht. Am Ende rührte die Anerkennung, die ihm schon von den Zeitgenossen, gebildeten wie hochgestellten, zuteil geworden ist, doch von den Erzeugnissen seiner Feder her. Reichtümer hat er dabei nicht erworben. Er blieb, solange er lebte, auf Gönner angewiesen, nicht allein für seinen und der Seinen Lebensunterhalt, auch für die materiellen Voraussetzungen seiner Schriftstellerei, das teure Pergament vor allem und die für Unbegüterte unerreichbaren Quellen und Vorlagen seiner Erzählungen.

»Lantgrave von Duringen Herman / tet mir diz mære von im bekant«, notiert er im Prolog zum *Willehalm* (W 3,8 f.). Ohne dies uns banal erscheinende Faktum gäbe es den vielleicht bedeutendsten Roman der mittelalterlichen deutschen Literatur nicht. Im 9. Buch wird der Freigiebigkeit des Landgrafen als eines Verstorbenen rühmend gedacht (W 417,22–26). Gerngesehener Gast dieses herausragenden Förderers der deutschen Literatur um 1200 ist Wolfram auch schon während der Arbeit am *Parzival* gewesen, doch ist dieser nicht, wie der *Willehalm*, nur am Landgrafenhof entstanden.

Der sowohl scherzhafte wie vertrauliche Ton, in welchem anläßlich der Belagerung von Pelrapeire »min herre der graf von Wertheim« (P 184,4) erwähnt wird, läßt vermuten, daß dieser (Poppo I. oder Poppo II.) nicht nur einer seiner Lehnsherren, sondern auch sein erster Förderer gewesen ist. Daß er an seinem Hof geweilt habe, sagt Wolfram nicht, aber mindestens eine herrschaftliche Burg, das bei Amorbach im Odenwald gelegene »Wildenberc«, kennt er von innen (P 230,12 f.). Sie war im Besitz der den Wertheimern befreundeten Herren von Durne. Für den wohlsituierten Geburts- und Lehnsadel gehörte es zur Pflege seines Prestiges, die Autoren der neuen volkssprachlichen Dichtung weltlicher Observanz »in sinem huse ze viure« (W 5,6) zu laden. Die wiederum erhöhten ihre Chance, eingeladen zu werden, indem sie die Namen der Gastgeber verewigten, bei denen sie bereits gewesen waren.

Auch daß sie Rivalitäten publizistisch austragen halfen oder sich an der Verbreitung von Klatsch beteiligten, konnte unter Umständen nützlich und einträglich sein. So hat man den Schönheitsvergleich der Markgräfin Elisabeth von Vohburg, »diu dicke vonme Heitstein / über al die marke schein« (P 404,1 f.), mit Antikonie im 8. Buch des *Parzival* gedeutet. Mit zweifelhaftem Recht, denn Vergulahts schöne Schwester, die Gawan in Schampfanzun gegen eine vom Burgvogt aufgehetzte Meute verteidigt, ist eine Frau ganz nach Wolframs

Sinn. Wenn es an dem Vorfall etwas zu tadeln gab, war es nicht Antikonies Verhalten und ihre unverhohlene Neigung für Gawan, sondern der Bruch des Gastrechts und die Prüderie der Angreifer. Die Markgräfin Elisabeth brauchte sich der mit ihr Verglichenen nicht zu schämen. Zudem wäre es äußerst unklug von Wolfram gewesen, durch eine leichtfertige Ehrenkränkung der Gräfin sowohl ihren Bruder, Herzog Ludwig I. von Bayern, gegen sich aufzubringen wie die Gunst Landgraf Hermanns aufs Spiel zu setzen, der ihre Schwester Sophie zur Frau hatte.

Mit dem war er, als er am 8. *Parzival*-Buch schrieb, längst bekannt, vielleicht selbst auf thüringischer Seite an der Belagerung König Philipps in Erfurt im Jahre 1203 beteiligt, bei welcher die als chronologischer Festpunkt vielzitierten »Erffurter wingarte« (P 379,18) von Pferdehufen zertrampelt wurden, und muß sich schon vorher am Hof in Eisenach oder auf der Neuenburg aufgehalten haben, zeitweilig zusammen mit Walther von der Vogelweide. Beide haben das undisziplinierte Treiben dort kritisiert, und Wolfram hat dem namentlich angeredeten »von Dürgen fürste Herman« (P 297,16) einen strengen Truchseß von der Art Keies am Artus-Hof empfohlen. Die Stelle ist höchst aufschlußreich dafür, wie sehr die Hofzucht, selbst an einem Musenhof, noch zu wünschen übrig ließ, weil das »ingesinde«, das Wolfram dort antraf, »uzgesinde hieze baz« (P 297,17 f.). Ein offen ausgesprochener Tadel, versüßt durch ein *zwivellop* für Hermanns unmäßige Freigebigkeit (P 297,20), die neben Fördernswerten und Schutzbedürftigen auch allerlei zweifelhaftes Volk anlockte und so »smæhlich gedranc« (P 297,22) verursachte.

Wolfram redete den großen Herren nicht nach dem Munde und war wohl eher ein unbequemer Gast. Landgraf Kingrimursels Drohung gegenüber seinem König Vergulaht: »kunnet ir niht fürsten schonen, / wir krenken ouch die kronen« (P 415,21 f.), und den gleichen an die römische Königin gerichteten Vorwurf Willehalms, »si solte der vürsten scho-

…« (W 158,19), mag der Landgraf beifällig aufgenommen …aben, aber viel mehr Honig war für den rücksichtslosen Territorialpolitiker, der er war, aus dem von ihm subventionierten Roman nicht zu saugen.

Mehr Schwierigkeiten als mit seinen Gönnern scheint Wolfram mit hochmögenden Damen gehabt zu haben, auf deren Fürsprache er nicht weniger angewiesen war. Nur dann könne er am *Parzival* weiterdichten, läßt er am Ende des 6. Buches verlauten, »wolt ez gebieten mir ein munt« mit Füßen, die nicht in den Stegreif passen (P 337,28–30). Das ist schwerlich dieselbe, die zu hassen er laut ›Selbstverteidigung‹ »keinen rat« (P 114,18) sah. In den letzten Versen des Werkes bleiben beide Fragen offen: »ist daz durh ein wip geschehen« (P 827,29) und »op mir decheiniu guotes gan« (P 827,27) und der Name der Gönnerin verschwiegen. Da diese in der Regel früher und besser gebildet waren als ihre Männer, ist ihr Anteil am literarischen Leben möglicherweise bedeutend gewesen.

Um Wolframs Bildung ist ein lebhafter Streit entfacht worden. Während die einen ihn für einen Analphabeten halten, trauen ihm die anderen zu, daß er lateinisch schreibende Kirchenschriftsteller wie Bernhard von Clairvaux selbst gelesen habe. Beide Parteien berufen sich auf Selbstzeugnisse, die jedoch noch mehr als früher erörterte auf ihren jeweiligen Stellenwert im Erzählzusammenhang geprüft werden müssen. Auszugehen ist von dem unbestrittenen Faktum, daß Wolfram – anders als Veldeke, Hartmann und Gottfried – keine lateinische Schulbildung genossen hat, die nur in geistlichen Anstalten zu haben war. Wer sie nicht besaß, galt nach den Maßstäben der Zeit als *illiteratus*. Da so gut wie alle Wissensquellen lateinisch geschrieben waren, war der ungemein wissensdurstige Wolfram nolens volens auf Informationen aus zweiter Hand angewiesen.

Er hat den Mangel durch übersteigertes Selbstbewußtsein zu kompensieren versucht und den bildungsstolzen Kunstgenossen entgegengehalten, daß große Kunst weder von Buchgelehrsamkeit herrühre noch auf sie angewiesen sei. Hatte Hartmann sich als »so geleret« empfohlen, »daz er an den buochen las«, also »sogar (lateinische) Bücher lesen konnte« (*Der arme Heinrich*, V. 1 f.), bekennt Wolfram: »swaz an den buochen stet geschriben, / des bin ich künstelos beliben« (W 2,19 f.), ohne jedoch deswegen unwissend zu sein: »niht anders ich geleret bin: / wan han ich kunst, die git mir sin« (»mein Wissen habe ich durch eigenes Nachdenken erworben«; W 2,21 f.). Nicht »so geleret« wie Hartmann, aber dennoch »geleret«, wie Wirnt von Gravenberg ihm nachrühmt: »laien munt nie baz gesprach« (»kein Laie hat jemals mehr gewußt«; *Wigalois*, V. 6346).

Das im *Willehalm*-Prolog bekundete Zutrauen zu seinen Fähigkeiten als Erzähler, der nicht bloß unterhalten will, sondern auch etwas zu sagen hat, hatte er bereits im *Parzival* zu Protokoll gegeben: »disiu aventiure / vert ane der buoche stiure« (P 115,29 f.): »(lateinische) Bücher brauchte ich dafür nicht zu studieren« wie andere, »die da nement [. . .] ir urhap« (P 115,28), »ihr Wissen aus ihnen beziehen«. Und deshalb soll niemand die Aventiure von Parzival, den *Parzival*-Roman, für ein *buoch* nehmen, denn »ine kan decheinen buochstap« (P 115,27): »(im Vertrauen gesagt) ich kann gar nicht lesen«. Das ist, mit dem Trotz des Genies polemisch zugespitzt, gegen die gelehrten Dichter gerichtet, die wie Gottfried von Straßburg über den Autodidakten die Nase rümpften.

Man hat aus dieser Invektive das Eingeständnis Wolframs herausgelesen, er habe weder lesen noch schreiben können. Es ist richtig, daß die Laien zu Anfang des 13. Jahrhunderts noch weit überwiegend Analphabeten waren, dafür aber ein ausgezeichnetes Gedächtnis hatten. Trotzdem ist unvorstellbar, daß wohlkomponierte Romane mit zahllosen Vorausdeutungen und Rückverweisen, Entsprechungen und Verfugungen wie *Parzival* und *Willehalm* hätten geschaffen werden können, ohne daß ihr Autor persönlich passiv und aktiv über das Medium Schrift verfügte. Selbst wenn seine jeweili-

Gönner ihm einen Vorleser und Schreiber gestellt haben llten, konnte der ihm allenfalls die Materialbeschaffung abnehmen und die Reinschrift des Konzepts besorgen. Der Zugang zu den schriftlichen Vorlagen, nach denen er gearbeitet hat, und der Rückgriff auf bereits fixierte Werkteile mußten ihm selbst jederzeit offenstehen. Landgraf Hermann, versichert er nicht ohne Grund, »tet mir diz mære [...] bekant« (W 3,9). Sogar Karl der Große, dem es an geschultem Kanzleipersonal nicht fehlte und der keinen literarischen Ehrgeiz besaß, hat nach dem Zeugnis seines Biographen Einhard noch in späteren Jahren lesen gelernt, und das sollte ein Schriftsteller aus Beruf und Neigung nicht getan haben, wenn er es schon in seiner Jugend versäumt hatte?

Ohne eine gediegene Kenntnis des Französischen und – für Lyriker – des Provenzalischen kam in hochhöfischer Zeit kein deutscher Dichter aus. Daß er es auch so geläufig wie ein französischer Bauer sprechen konnte, tat nicht not. Die dem »ungevüegen Schampaneys« (W 237,5) zugebilligte Überlegenheit bezog sich selbstverständlich nur auf die mündliche Rede, »swie ich franzoys spreche« (W 237,7). Für Wolfram war wichtiger, daß er Chrestiens Romane und die Chansons de geste fließend lesen konnte. Übersetzungsfehler mögen ihm unterlaufen sein, aber vieles hat er auch absichtlich verballhornt, besonders bei den Namen. Sein Umgang mit den fremdsprachlichen Vorlagen ist, soweit wir ihn kontrollieren können, nicht der eines um Genauigkeit bemühten Übersetzers, er verrät auf Schritt und Tritt die Souveränität des schöpferischen Dichters.

Wolfram dachte nicht daran, seine Freiheit unnötig einengen zu lassen. Aus der einen Szene mit Perceval und der »germainne cousine« bei Chrestien hat er deren vier gemacht, weil ihm seine Sigune besonders ans Herz gewachsen war und weil er die Begegnungen mit ihr als Stufen auf dem Wege seines Helden brauchte. Dabei wußte er wohl, daß freie Erfindung nach den Regeln mittelalterlicher Poetik verpönt war. Um nicht mangelnder Quellentreue geziehen zu werden, hat er im *Parzival* vorsichtshalber seinen hauptsächlichen Gewährsmann Chrestien verleugnet und einen fiktiven namens Kyot an seine Stelle gesetzt und behauptet, daß nur dieser »uns diu rehten mære enbot« (P 827,4), während »von Troys meister Cristjan / disem mære hat unreht getan« (P 827,1 f.). Die detaillierten Auskünfte, die er über ihn auftischt, obgleich Kyot ihn ausdrücklich um Verschwiegenheit gebeten hatte (P 453,5), klingen mehr als abenteuerlich: es handele sich um einen Provenzalen, der französisch dichtete und sowohl lateinische Chroniken wie arabische Schriften lesen konnte, die er in Toledo entdeckt habe. Auch deren Verfasser kennt er mit Namen: er heiße Flegetanis und stammte mütterlicherseits von Salomon ab, war aber selbst ein Heide, »der an ein kalp / bette als ob es wær sin got« (P 454,2 f.).

Die auf beinahe mittelalterliche Weise quellengläubige Forschung hat diese Angaben lange für bare Münze genommen und sich nur widerwillig zu der Einsicht durchgerungen, daß Wolfram damit das Autoritätsbedürfnis seiner Hörer und Leser zugleich befriedigt und verspottet hat. »Kyot der meister wol bekant« (P 453,11) existiert nur in der Phantasie des Dichters. Mindestens einer, sein Rivale Gottfried von Straßburg, hat ihn durchschaut und im literaturkritischen Exkurs des *Tristan* als »vindære wilder mære, / der mære wildenære« (V. 4665 f.), »Erfinder unglaubwürdiger Geschichten und Verderber der glaubwürdigen«, angeprangert. Wolfram ist der bösartigen Attacke im *Parzival*-Prolog mit Ironie begegnet und hat den mißgünstigen Kollegen, als er im *Willehalm* auf die Resonanz zu sprechen kommt, die sein *Parzival* gefunden hatte, gelassen jenen gesellt, »diez smæhten / unde baz ir rede wæhten« (W 4,23 f.).

Beim *Willehalm* brauchte er sich vor der unfest fluktuierenden französischen Heldenepik nicht eigens zu salvieren. Die *Titurel*-Fragmente vollends sind freie Variationen über das Sigune-Thema und zur Vorgeschichte seines tragischen Ausgangs im *Parzival*. Wolfram ist von Werk zu Werk freier und selbständiger geworden, hat mit Formen und Gattungen experimentiert und für die Folgezeit stilprägend gewirkt.

Wolframs Ruhm als Verfasser der bedeutendsten Romane des deutschen Mittelalters hat beinahe vergessen lassen, daß er auch ein Lyriker von Rang war. Wie sich die lyrischen und epischen Dichtungen auf seine Lebens- und Schaffenszeit verteilen, dafür gibt es keine gesicherten Daten. Nur eine relative Chronologie ist möglich. Als er mit dem *Willehalm* begann, lag der *Parzival* abgeschlossen und veröffentlicht vor: »swaz ich von Parzival gesprach«, merkt er im Rückblick auf Geleistetes an, »etslich man daz priste« (W 4,20–22). Wenn wir, dem Hinweis auf die noch verwüsteten Erfurter Weinberge folgend, die Arbeit am 7. *Parzival*-Buch richtig ins Jahr 1204 verlegen, dürften die insgesamt 16 Bücher das ganze erste Jahrzehnt des 13. Jahrhunderts in Anspruch genommen haben. Am Schluß des 6. Buches macht der Autor die Weiterarbeit vom Gebot einer Dame abhängig, scheint er sogar bereit, sie einem Kunstgenossen abzutreten, »der aventiure prüeven kan / unde rime künne sprechen« (P 337,24 f.). Obgleich das mutmaßlich nicht ganz ernst gemeint war, ist mit Unterbrechungen aus äußeren oder inneren Gründen immer zu rechnen.

Auf eigene Lieder beruft sich Wolfram dort, wo er sich gegen die ihm widerfahrene »missetat« (P 114,17) einer Dame verteidigt und gegen den seiner Ansicht nach unbegründeten »haz« (P 114,19) anderer, die sich mit ihr solidarisch erklärt haben. Ganz grundlos scheint der Zorn der Dame nicht gewesen zu sein, denn er gibt zu, daß er sich »versprochen« (P 114,23) habe: möglicherweise fühlte sie sich bloßgestellt. Ausgesprochene Minnelieder, die dem *Parzival* vorausgegangen sein bzw. ihn begleitet haben mögen, sind kaum erhalten. Die Tagelieder dürften eher an das Ende des ersten oder den Anfang des zweiten Jahrzehnts gehören.

Als Wolfram am 9. *Willehalm*-Buch schrieb, war Landgraf Hermann tot. Wie lange schon, geht aus den preisenden

Worten nicht hervor. Vielleicht stehen auch die resignativen Töne am Schluß von Buch VIII: »swer nu lieze niht verderben / dirre aventiure mære, / deste holder ich dem wære« (W 402,28–30) im Zusammenhang mit dem Tod seines Mäzens am 25. April 1217. Man hat die *Titurel*-Fragmente hier einschieben wollen, bevor die Arbeit am *Willehalm* weiterging. Es gibt zwei auffällige Gemeinsamkeiten zwischen beiden Werken: die Namen »Ahkarin« (T 40,2 und W 45,16) und »Berbester« (T 42,2 und W 303,1 u. ö.) und die Gleichstellung des »Rœmeschen keisers« mit dem »admirat al der Sarrazine« (T 93,2 bzw. W 434,1 f.), die auf parallel laufende Beschäftigung mit ihnen hindeuten könnten. Daß der Dichter seinen zweiten Roman, der die Krönung seines Werkes zu werden versprach, unfertig liegengelassen haben sollte, um sich einem anderen Gegenstand zuzuwenden, ist höchst unwahrscheinlich. Die *Titurel*-Fragmente verfolgen experimentierend einen Nebenstrang der *Parzival*-Handlung nach rückwärts; der *Willehalm* weist mit neuem Thema und einem anderen Romantypus über den *Parzival* hinaus.

Mit der zeitgenössischen deutschen Literatur zeigt sich Wolfram erwartungsgemäß wohlvertraut. Ebenso deutlich ist, daß er sie nicht gleichmäßig geschätzt hat. Heinrich von Veldeke, dessen Tod er schon im *Parzival* (P 404,28 f.) betrauert hatte, nennt er im *Willehalm* »minen meister« (W 76,24). Angesichts von Parzivals Minneversunkenheit bedauert er (im Streitgespräch mit Frau Minne), daß Veldeke zwar glänzend dargestellt habe, wie Liebe erworben, nicht aber wie sie »behalten« werde (P 292,20–23). Sein eigentliches Minneproblem ist die *triuwe*.

Dem als »min her Hartman von Ouwe« (P 143,21) angeredeten Poeta doctus begegnet er mit Ironie und der von ihm importierten Artus-Gesellschaft ebenfalls. Sie sollen sich hüten, seinen *tumben* Helden Parzival zu verspotten, sonst würden auch sie von ihm »durch die mül gezücket« (P 144,1) werden, wie es dann Laudine widerfährt, weil sie »froun Luneten rat« (P 253,10, 436,5 f.) folgend, *ergetzen* suchte und die *triuwe* verriet. Das Urteil wird ihr durch Sigunes Beispiel gesprochen: »Sigune gerte ergetzens niht, / als wip die man bi wanke siht« (P 253,15 f.).

Den Namen des anderen Großen, Gottfrieds von Straßburg, hat er nirgends erwähnt, sich jedoch deutlich von ihm distanziert. Der Dichter des *Nibelungenliedes* war eher nach seinem Geschmack, und es spricht manches dafür, daß der Eindruck der Kriemhilt-Tragödie nicht ohne Einfluß auf Wolframs Absage an den Artusroman, seine mit dem *Willehalm* vollzogene Wendung zur Geschichte und die Konzeption eines tragischen Romans gewesen ist.

Von den Minnesängern, welche die Literaturszene vordergründig beherrschten, hat er keinen bei Namen genannt. Daß er sich mit den Spielformen des Minnedienstes auskannte, hat er an Gawans Werbung um Obilot vorgeführt und, da die Minnedame noch ein Kind ist, zugleich ironisiert. Als dann bei Sigune und Schionatulander tödlicher Ernst daraus wird, ist die Kritik unüberhörbar.

Mit Walther von der Vogelweide stimmte er in manchem überein (P 297,24 f.), ohne ihn jedoch voll als Gleichen zu akzeptieren (W 286,19–22). Auch Neidharts Winterlieder kannte er bereits während der Arbeit am *Willehalm* (W 312,12–14). Die so an scheinbar beliebiger Stelle von Wolframs Werken aufscheinen, sind einschließlich des Ungenannten, aber Mitgemeinten allesamt repräsentative Vertreter der klassischen mittelhochdeutschen Literatur. Wolfram hat deren Grenzen nach allen Seiten ausgeschritten.

Nicht bloß als Erzähler, auch als Liederdichter ist er von ausgeprägter Individualität, immer Einzelgänger und zu neuen Ufern unterwegs. Die provenzalische Alba war bis dahin in Deutschland kaum nachgeahmt worden. Wolfram hat sie aufgegriffen, die ihr zugrunde liegende Situation des Abschieds der Liebenden beim Morgengrauen durch die Einführung des Wächters weiter dramatisiert und die Sonderform des deutschen Tagelieds geschaffen. Die neue lyrische

Gattung erreicht mit ihm gleich im ersten Anlauf ihren höchsten Gipfel.

In Wolframs Tageliedern ist der erzählende Kern besonders betont: es geschieht etwas. Der Tagesanbruch ist zum Dämon personifiziert (L 4,8–10):

Sine klawen
durh die wolken sint geslagen,
er stiget uf mit grozer kraft.

Er ist der Feind der Liebenden, löst den Weckruf des Wächters aus, macht die Trennung unausweichlich nach einer letzten leidenschaftlichen Vereinigung: »sus kunden si do vlehten / ir munde, ihr brüste, ir arm, ir blankiu bein« (L 4,1 f.). Die Redenden wechseln: je ein Monolog der klagenden Frau (L 3,1) und des besorgten Wächters (L 6,10), je ein Dialog zwischen beiden (L 4,8) und zwischen den Liebenden (L 7,41). Es gibt auch ein Anti-Tagelied zum Preis der Ehe (L 5,34) und zwei Minnelieder, deren eines (L 5,16) auf Walthers Streit mit Reinmar Bezug nimmt und mit ihnen den ganzen Minnesang parodiert. Charakteristisch für Wolfram ist, daß er sich in den erhaltenen echten Liedern nicht ein einziges Mal wiederholt hat.

Wolframs *Parzival* ist der am reichsten überlieferte Roman des deutschen Mittelalters. Aus drei Jahrhunderten sind 16 vollständige Handschriften und an die 80 Fragmente, d. h. Reste von ebenso vielen weiteren Handschriften, erhalten, und das ist wegen der verlorenen, aber vorauszusetzenden Vor- und Zwischenstufen nur ein Bruchteil der einstmals vorhandenen. Von dem konkurrierenden *Tristan* Gottfrieds von Straßburg sind noch 11 Handschriften und 16 Fragmente bekannt. Falls der Publikumserfolg der beiden Romane sich im 13. Jahrhundert etwa die Waage gehalten hat, war der des *Parzival* jedenfalls von längerer Dauer.

Das mag zum Teil auch an dem schnell beliebt gewordenen Stoff gelegen haben. Auf Chrestiens unvollendetem *Conte del Graal* fußen außerdem der kymrische *Peredur* und die norwegische *Parcevals saga* des 13. Jahrhunderts sowie der mittelenglische *Sir Perceval* des 14. Jahrhunderts, und in Frankreich selbst ist der Torso im Laufe des 13. Jahrhunderts von 9234 auf mehr als 60000 Verse aufgeschwellt worden. Aus diesen Fortsetzungen haben die Straßburger Goldschmiede Claus Wisse und Philipp Colin zwischen 1330 und 1340 einen *Nüwen Parzifal* von 37000 Versen gezimmert und im Rappoltsteiner *Parzival* zwischen das 14. und 15. Buch eingeschoben. Daß Wolframs Name das eigentliche Gütesiegel war und blieb, beweist der spektakuläre Mißbrauch, den ein Albrecht, Verfasser des *Jüngeren Titurel*, mit ihm getrieben hat, indem er dreist behauptete, er sei Wolfram, ihm 6000 Strophen seines Riesenopus unterschob und erst kurz vor Schluß seine wahre Identität zu erkennen gab.

Das Artusroman-Modell des doppelten Kursus mit der Krise des Helden am Übergang vom ersten zum zweiten war vorgegeben, aber schon bei Chrestien insofern außer Kraft gesetzt, als der Artus-Hof seiner Mittelpunktstellung verlustig gegangen und zugunsten des Grals als neuen religiösen Zentrums an den Rand gedrängt ist. Wolfram hat diese Tendenz verstärkt. Nicht Artus ist das vorbestimmte Ziel des jungen Parzival, wie er selbst glaubt, als er von Soltane aufbricht. Im Gegenteil, alles was er auf dem Wege dahin erfährt, lernt oder zu lernen meint, führt ihn von seiner wahren Bestimmung ab und ungewollt und ungewußt in immer neue Verschuldungen, die ihn unfähig machen, auf Munsalvæsche das zu tun, was er eigentlich sollte und müßte. Daß er hier versagt, ist der Grund seiner Krise, die am Artus-Hof ausbricht, von der niemand dort etwas begreift, auch der Musterritter Gawan nicht, und schon gar nicht König Artus, der nun endgültig zum Kartenkönig degeneriert.

Die wirklich Bescheid wissen, raten und helfen können: Parzivals durch eigene Schuld um ihr Lebensglück betrogene Cousine Sigune und sein Oheim Trevrizent, der nach glänzender ritterlicher Laufbahn schwer am Schicksal seiner

Familie trägt, haben die Welt des schönen Scheins längst hinter sich gelassen. Trevrizent sucht stellvertretend für seines Bruders Anfortas Schuld zu büßen, den Gott mit unheilbarer Krankheit geschlagen hat, so daß er weder leben noch sterben kann. Seine Schwester Schoysiane ist an Sigunes Geburt gestorben; die andere, Herzeloyde, hat nach dem Kriegertod ihres Mannes Gahmuret den stürmischen Aufbruch ihres einzigen Sohnes nicht überlebt.

Parzival weiß nichts von ihrem Tod, erfährt ihn erst von Trevrizent, auch daß er mit Ither, dem roten Ritter, einen Verwandten getötet und was er auf Munsalvæsche versäumt hat: seinen nicht geringen Anteil am Verhängnis des Gralsgeschlechts, das aufzuheben ihm auferlegt ist. Es gelingt am Ende, nachdem er noch zweimal nur mit knapper Not davor bewahrt geblieben ist, zuerst am Freunde Gawan und dann an seinem Halbbruder Feirefiz neue Blutschuld auf sich zu laden. Aber wer wagte schon, angesichts solcher Schicksale, der unverhofften gnadenhaften Erhöhung des einen zu vertrauen und nicht weiter das Rollen des Sündenwagens zu gewärtigen, wie Trevrizent es erfahren und mitgelitten hat: »daz diu sippe ist sünden wagen, / so daz wir sünde müezen tragen« (P 465,5 f.)?

Als Gawan und Gramoflanz miteinander versöhnt sind und ihre Doppelhochzeit mit Orgeluse und Itonje am Artus-Hof gefeiert wird, stiehlt Parzival sich traurig davon, voller Sehnsucht nach seiner Frau Condwiramurs, die er fünf Jahre lang nicht gesehen hat, im Gedenken an den leidenden Anfortas und selbst »trurens unerlost« (P 733,16–20):

gelücke müeze freude wern
die endehafter freude gern:
got gebe freude al disen scharn:
ich wil uz disen freuden varn.

Endehaftiu freude ist die Signatur der Artus-Welt. Parzival fühlt, daß er nicht dazu gehört: er distanziert sich und mit ihm und durch ihn Wolfram. Es klingt wie Abschied vom Artus-Roman.

Chrestiens Doppelroman hatte zwei Helden, Perceval und Gauvain, deren Handlungsstränge sich ablösen, indem bald der eine, bald der andere die Bühne beherrscht. Wolfram hat das Nacheinander prinzipiell beibehalten, jedoch dergestalt verzahnt, daß auch in den Gawan-Büchern dem Leser keinen Augenblick zweifelhaft wird, wer »des mæres herre« (P 338,7) ist, bis am Ende des 13. Buches endgültig »an den rehten stam diz mære ist komen« (P 678,30). Chrestiens *Conte del Graal* reichte nur bis zu diesem Punkte. Wolfram hat es jetzt eilig, die Gawan-Handlung zu Ende zu bringen, aber eine bloße Pflichtübung war ihre Beibehaltung doch nicht.

Gawan ist der Artus-Ritter comme il faut, im Waffenhandwerk geübt, mit gepflegten Manieren eine Zierde des Hofes, kraft wachen Verstandes ein gesuchter Ratgeber, ein Beschützer aller Bedrängten, ein verläßlicher Freund, ein erfahrener und begehrter Liebhaber. Dem geborenen Optimisten kann nichts schiefgehen, er ist stets auf der Höhe der Situation, und die ihm folgen, dürfen gewiß sein, daß sie auf der Gewinner-Seite sind. Einen »Katalysator der Humanität« (Mohr) hat man ihn genannt. Streit zu schlichten, Verworrenes zu entwirren, Kränkungen zu bereinigen, Entzweite zu versöhnen, das ist sein vornehmstes Geschäft. In Fragen der Minne kennt er sich aus wie keiner sonst: weiß instinktiv, was Parzival angesichts der drei Blutstropfen im Schnee die Sinne trübt; erweist dem Kinde Obilot bereitwillig den heißersehnten Minnedienst; hilft ihrer Schwester Obie, ihr zänkisches und schmähsüchtiges Betragen abzulegen und die überspannten Dienstforderungen an ihren Geliebten Meljanz fahrenzulassen; befreit die auf »Schastel marveille« eingesperrten und von Fest- und Minnefreuden ferngehaltenen Damen des Artus-Hofes, an denen sich der in flagranti ertappte Clinschor für seine Entmannung zu rächen suchte; erträgt mit engelsgleicher Geduld die gehässigen und für ihn lebensgefährlichen Launen Orgeluses, weil er die Ursache ihrer Verstörtheit und Rachsucht ahnt.

Dieser Gawan ist, wie man sieht, vielbeschäftigt, wird überall gebraucht und renkt die in Unordnung geratene Artus-Welt wieder ein. Aber sein Tun und Lassen bleiben eigentümlich vordergründig, die Reihenfolge beliebig, der Ausgang vorhersehbar. Der Musterritter steht schon beim ersten Auftritt fertig da, ist am Ende derselbe wie am Anfang, hat weder eine Entwicklung noch ein Schicksal. Seine Auftritte sind die Galanummern des wandernden Artus-Zirkus, dem Wolfram mit ihnen seinen Tribut zollt. Die heitere Szenerie ist zwar ausgiebig und raffiniert entfaltet, zugleich jedoch mit Spott übergossen und von Ironie durchtränkt. Der Leser kann sich dem Eindruck nicht entziehen, daß dieser Erzähler die ihren poetischen Erfindern und Betreibern und ihrem Publikum so teure Gaukel-Welt nicht wirklich ernst nimmt. Sie dient ihm als helle Folie, von der sich um so deutlicher abhebt, wie unsicher und gefährdet die gefeierten Ideale: *ere*, *wirde*, *pris*, *schœne*, *güete*, *milte*, *maze*, *minne*, *triuwe* und ihre Träger und Trägerinnen in Wahrheit sind.

Der Verschiebung der Gewichte zugunsten Parzivals dient auch die von Wolfram hinzugetane Elternvorgeschichte, wie es sie im Tristanroman schon immer gab und wie sie von Gottfried zu einem präfigurierenden Vorspiel der Haupthandlung genutzt ist. Wolfram hat auf diese Weise das ihm wichtige Verwandtennetz dichter geknüpft, mit Gahmurets Kriegszügen auch den Orient einbezogen und durch die späte Begegnung Parzivals mit dem ihm unbekannten Halbbruder Feirefiz einen Rahmen um das ganze Geschehen gelegt. Gahmuret ist ein typischer Chevalier errant, den weder Herrscher- noch Ehepflichten lange festzuhalten vermögen, der die schwangere Christin Herzeloyde ebenso allein läßt wie die Heidin Belakane zuvor. Keiner seiner beiden Söhne hat ihn gekannt, doch sprechen beide von ihm voller Hochachtung, und beider »unverzaget mannes muot« (P 1,5) ist Vaterserbe.

Als sich Gahmuret nach seinem Turniersieg vor Kanvoleiz von neuen Ehefesseln bedroht sieht, denen er gerade entkommen zu sein glaubte, erinnert er sich der verlassenen Belakane, behauptet, sich nach ihr zu sehnen und seiner Treulosigkeit zu schämen. Das ist jedoch nur eine Schutzbehauptung, die ihm angesichts von Herzeloydes Drängen auf Heirat wenig nützt, und es sieht nicht so aus, als würde sein Gewissen dadurch belastet, daß Belakane »durh minne ein sterben nach im kos, / do si minne an im verlos« (P 750,25 f.). Solange er nicht wußte, daß sein Vater im Dienste des »baruc« gefallen war, betrachtete sein Sohn Feirefiz den durch ihn verschuldeten Tod der Mutter als eine unbeglichene Rechnung. Aber die Schuld wird ihm von niemandem sonst ausdrücklich zur Last gelegt.

Ganz anders ist das bei Parzival. Daß er – durch Karnahkarnanz über »ritters orden« (P 126,7) informiert – sich nicht länger in Soltane halten ließ und seine Mutter die Trennung nicht überlebte, wird ihm von Trevrizent als »groze sünde« (P 499,20) vorgehalten: »diner muoter daz ir triwe erwarp, / do du von ir schiet, zehant si starp« (P 476,25 f.). Dabei war seine Schuld eher geringer als die seines Vaters: Herzeloyde hatte schweren Herzens in den Abschied eingewilligt, während Gahmuret sich heimlich aus Zazamanc weggeschlichen hatte und wenig später – wiewohl nicht ganz freiwillig – eine zweite Ehe eingegangen war, ohne sonderliche Skrupel.

Parzival dagegen wird durch die Nachricht vom Tode der Mutter – fast fünf Jahre danach – schwer getroffen. Selbst die verfehlte Herrschaft über den Gral, gesteht er, vermöchte ihn nicht über diesen Verlust hinwegzutrösten und über seine Schuld daran. Der vom Dichter als »küene, træcliche wis« (P 4,18) eingeführte Held des Romans kommt zu sich selber durch das wachsende Bewußtsein seiner Verstrickung in Schuld und der dauernden Anfälligkeit dafür.

Chrestiens Perceval hatte die von ihm erwarteten Fragen nicht stellen können, weil er nicht umgekehrt war, als er seine Mutter umsinken sah. Von soviel Herzenshärtigkeit hat

Wolfram seinen Helden entlastet und den »Schuldautomatismus« (Kellermann) beseitigt. Parzival denkt an seine Mutter als eine Lebende, verläßt seine Frau Condwiramurs, um sie zu suchen, und gelangt, wie gefordert, unwissend und ohne es zu wollen, zum Gral, um ebenfalls zu versagen. Seine Cousine Sigune wendet sich deswegen von ihm ab, und Cundrie verflucht den gerade mit allen Artusweihen Versehenen. Er beginnt zu begreifen: »ay helfeloser Anfortas, / waz half dich daz ich pi dir was« (P 330,29 f.), verhärtet sich jedoch in Trotz und Zweifel an der Gerechtigkeit Gottes: »hat er haz, den wil ich tragen« (P 332,8). Viereinhalb Jahre lang geht das so, aber als er zu Trevrizent kommt, weiß er: »ich bin ein man der sünde hat« (P 456,30) und »hazzes vil gein gote« (P 461,9).

Trevrizent erspart ihm nichts. Die harte Konfrontation mit seinen vergleichsweise geringen Verschuldungen ist Teil des Läuterungsprozesses und dient dem Einüben in das Leben mit der Schuld. Die ihm hier vorgehalten werden: daß sein Davonstürmen in die Artus-Welt seine Mutter das Leben kostete; daß er, vom Artus-Hof ermuntert, mit Ither einen Verwandten tötete; daß er Anfortas' Leiden verlängerte, waren sämtlich ungewußt und ungewollt und um so mehr geeignet, das Gewissen zu schärfen und auf weitere gefaßt zu sein. Hätten nicht vorbeikommende Knappen Gawans Namen gerufen, hätte er den Freund getötet, den er für Gramoflanz hielt; wäre nicht sein Schwert zerbrochen, wäre er zum Totschläger seines Bruders Feirefiz geworden. Aber »got des niht langer ruochte« (P 744,14), er lieferte Parzival auf Gnade und Ungnade seinem Gegner aus, dessen Großmut er das Leben verdanken soll. Erst die bittere Erfahrung eigener Ohnmacht macht ihn im Geist der Erzählung frei, von Cundrie geleitet auf Munsalvæsche die Anfortas erlösenden Worte zu sprechen.

Die Frage, was geschehen wäre, wenn der Heide sich nicht so ›christlich‹ verhalten hätte, hat Wolfram hier nicht gestellt und seine Leser mit dem wiederhergestellten Vertrauen Parzivals auf Gottes Gnade und Gerechtigkeit entlassen. Er wußte wohl, daß es in der wirklichen Welt nicht so ›verteufelt human‹ zugeht, auch unter Christen nicht, und deshalb auch nicht überall in seinen Romanen. Schionatulander wird von Orilus erschlagen, als er nach einer von Sigune begehrten Hundeleine fahndet, und so muß diese ihr junges Leben büßend vertrauern und über ihrer Schuld vergrübeln. War dies der Sinn und der Grund, warum Gott dem Totschläger diesmal nicht in den Arm fiel? Die Frage nach der Gerechtigkeit Gottes war nur im Glauben zu beschwichtigen. Im *Willehalm* bricht der *zwivel* wieder auf.

Über die Minne, deren Erfüllung der ritterlich-höfischen Gesellschaft um 1200 als Krönung irdischen Daseins erschien, hat Wolfram gründlicher nachgedacht als die meisten höfischen Poeten, mit Ausnahme seines Antipoden Gottfried von Straßburg. Seinen Gestalten bereitet sie mehr Leid und Kummer als Freude und Glück, nicht bloß den von ruhmsüchtigen Männern verlassenen Frauen. Der Zeitmode huldigend, schrauben diese nicht selten die geforderten Dienste so hoch, daß ihre Liebhaber dabei den Tod finden. Die Tragödie Sigunes und Schionatulanders war, wie Wolfram in den *Titurel*-Fragmenten zeigt, in der von Florie und Ilinot präludiert, die ihnen zur Warnung hätte dienen können. Er sieht den Grund der Katastrophe in der Unzeitigkeit ihrer Liebe, die er »frou Minne« zur Last legt: »waz touc din kraft under kinder?« (T 49,1) und der überspannten Minnetheorie, die Sigune zu unnatürlicher Härte verleitet, so daß sie Schionatulanders Werben erst erhören will, wenn er die Leine herbeigeschafft habe (T 168,3). Daß sie ihn dadurch in den Tod geschickt hat, wird sie sich selber nie verzeihen und hatte sie im *Parzival* im voraus als Schuld bekannt (P 141,20–23):

ich hete kranke sinne,
daz ich im niht minne gap:
des hat der sorgen urhap
mir freude verschroten.

Die kostbaren Fragmente – vermutlich während und neben der Arbeit am *Willehalm* entstanden – sind Teilstücke eines unvollendeten Werkes und der Gattung nach noch im Stadium eines Experiments. Wolfram kehrte mit ihnen noch einmal zu der besonders geliebten, so erst von ihm geschaffenen Gestalt der Sigune zurück, deren bittersüße Geschichte er im *Parzival* vom Augenblick der Katastrophe (dem Tod ihres Geliebten Schionatulander) her erzählt hatte. Die Wiederaufnahme des Themas sollte berichten und begreiflich machen, wie es dazu gekommen war. Ausgeführt sind davon nur die Entstehung der Jugendliebe zwischen den von Herzeloyde und Gahmuret erzogenen Kindern und dann Sigunes verhängnisvolles Verlangen nach dem Brackenseil als Minnepreis. Dialogszenen zumeist: Gespräche der Liebenden miteinander, in welchen sie sich wechselseitig überfordern, und mit Herzeloyde bzw. Gahmuret, in welchen sie sich zu ihrer Liebe bekennen. Nachdem Schionatulander als Knappe Gahmurets in den Orient gezogen ist, verzehrt sich Sigune in Sehnsuchtsklagen, die an *Kürenberges wise* erinnern (T 117):

Ich han vil abende al min schouwen
uz venstren über heide, uf straze unde gein den liehten ouwen
gar verloren: er kom et mir ze selten.
des müezen miniu ougen friundes minne mit weinen tiure gelten.

Die kunstvolle Langzeilenstrophe hat Wolfram für die mehr lyrisch-elegische als epische Dichtung eigens erfunden. Daß ein Nachahmer namens Albrecht sie, leicht modifiziert, für ein monströses Epos (den *Jüngeren Titurel*) verwendet hat, war schwerlich in seinem Sinne.

Um die verzehrende Gewalt der Leidenschaft, die er *ungehiure* nannte, wußte Wolfram wie Gottfried von Straßburg und wollte sie – wie dieser – durch *triuwe* gebändigt sehen, jedoch nicht allein im Verhältnis der Liebenden zueinander. Gerade weil neben Freude auch Leid unabdingbar zu ihr gehört, hielt er daran fest, daß »reht minne« und »wariu triuwe« (P 532,9 f.) letztlich identisch seien. Der gelebte Beweis dafür sind Willehalm und Gyburg in seinem zweiten großen Roman.

Der *Willehalm* ist von den Wolfram-Interpreten lange unterschätzt worden. Wiewohl unvollendet, ist er von seinen beiden großen Romanen mutmaßlich der bedeutendere. Seine Überlieferung steht mit 12 vollständigen Handschriften und etwa 65 Fragmenten an Reichhaltigkeit kaum hinter der des *Parzival* zurück, läßt aber noch mehr als bei diesem daran zweifeln, ob die Mit- und Nachlebenden Wolfram wirklich verstanden haben. In den großen, zum Teil illuminierten Prachthandschriften des 14. Jahrhunderts ist das Werk mit der *Arabel*-Vorgeschichte Ulrichs von dem Türlin und der *Rennewart*-Fortsetzung Ulrichs von Türheim zu einem Opus tripartitum vereinigt und von Bestellern und Besitzern offenbar als eine Art Chronik gelesen und mißverstanden worden. Es verwundert daher nicht, daß in der großen *Weltchronik*-Kompilation Heinrichs von München aus dem 15. Jahrhundert neben anderen auch umfangreiche Exzerpte aus dem *Willehalm* zweckentfremdet worden sind.

Wolfram hatte seine Erzählung nicht ohne Grund aus dem Chanson-de-geste-Zyklus um Guillaume d'Orange herausgelöst und zu einem tragischen Roman verselbständigt. Die Gattungsbestimmung ist strittig. Wie als Geschichtsdarstellung ist der *Willehalm* auch als Heiligenlegende etikettiert worden. Daß neben romanhaften auch heldenepische und legendenhafte Bauelemente in ihm verarbeitet sind, braucht man nicht zu bestreiten. Jedoch, was in analytischer Betrachtung als Opus mixtum erscheint, war der poetischen Konzeption nach als Opus novum gemeint.

Der quasi-historische Hintergrund ist die in die Zeit Ludwigs des Frommen verlegte Verhinderung einer sarazenischen Invasion der Provence, die in einer ersten Schlacht gegen das Grenzschutzkorps des Markgrafen verlorengeht und nach der von diesem nur gegen erheblichen Widerstand erreichten Mobilisation des Reichsheeres zurückgewonnen wird. Die Verteidigung des Frankenreichs und der abendländischen Christenheit gegen heidnische Bedrohung und Überwältigung war als solche noch kein epischer Vorwurf, jedenfalls keiner, der einen Erzähler vom Range Wolframs hätte reizen können. Auch ein historischer Stoff, dem er sich hier zuwandte, braucht einen poetisch fruchtbaren Ansatz- und Organisationspunkt. In Homers *Ilias* war es der Zorn des Achilleus, im *Nibelungenlied* Kriemhilts Liebe, Leid und Rache, im *Willehalm* ist es die Liebe des christlichen Titelhelden zur Heidin Arabel und getauften Christin Gyburg und ihre Bedrohung durch Anfechtungen und Anfeindungen von beiden Seiten.

Der Fabel zufolge war es die von Wolfram nur in Rückblenden berichtete spektakuläre Flucht des in sarazenische Gefangenschaft geratenen Markgrafen Willehalm mit seiner Befreierin aus achtjähriger Kerkerhaft, welche die sarazenische Armada unter Führung von Arabel-Gyburgs Vater Terramer und ihres heidnischen Exgatten Tybalt in Bewegung setzte. Vorrangiges Kriegsziel der Angreifer ist die Bestrafung des Entführers und – mehr noch – Arabel-Gyburgs für ihren Ehebruch und ihren Abfall vom heidnischen Glauben. Am französischen Hof sieht man den Sachverhalt zunächst genauso und sperrt sich gegen das Begehren des Markgrafen nach einem Heer zum Entsatz der in Oransche eingeschlossenen Gyburg: »nu wil er aber ein niuwez her, / daz gein den heiden si ze wer / vür der küneginne Gyburge minne« (W 129,25–27), sagt die französische Königin, Willehalms Schwester, und läßt die Türen des Palastes vor ihrem im Burghof wartenden Bruder verschließen.

Am andern Morgen kommt es zum Eklat, als der Markgraf gegen seine königliche Schwester tätlich wird und den zögerlichen schwachen König Loys schwer beleidigt. Ihrer beider Tochter Alyze gelingt es, ihn zu besänftigen; die Königin besinnt sich auf ihre verwandtschaftlichen Bande; und der König willigt endlich in die Mobilisierung, weil mit der

Grenzmark das gesamte Reich und die ganze Christenheit bedroht sind, tritt aber den Oberbefehl über das Entsatzheer an Willehalm ab. Es kommt zu einer zweiten größeren und blutigeren Schlacht auf Alischanz, die mit dem Sieg der Christen endet und die Angreifer zur Flucht zwingt, soweit sie die Schiffe noch erreichen. Weiter ist Wolfram mit seiner Erzählung nicht gekommen. Das skizzierte dürre Gerippe gibt von ihrem Inhalt keine auch nur annähernd zureichende Vorstellung, weil die äußeren Ereignisse in Oransche und Munleun wie auf dem Schlachtfeld lediglich die Folie sind für das, was mit und in den handelnden und leidenden Menschen geschieht.

Kreuzzugsstimmung wird noch gelegentlich beschworen, und selbstverständlich ist unbezweifelbar, daß die christliche Religion gegen die Ungläubigen verteidigt werden muß. Gyburg selbst fordert in ihrer großen Rede die Heerführer dazu auf, »daz ir kristenlich ere meret« (W 306,19) und den in der ersten Schlacht gefallenen jungen Vivianz, Willehalms Neffen und Ziehsohn, »an minen magen« rächt (W 306,22), aber sie ermahnt sie auch, sobald sie den Sieg errungen hätten, »erbarmen ime strit« (W 309,6) zu üben und auch im Heiden »gotes hantgetat« zu achten und zu schonen (W 306,28).

Nicht daß sie zwischen den Fronten stünde. Ihres Vaters herzzerreißende Bitte, seine nur auf Verlangen der heidnischen Priester verfolgte, noch immer geliebteste Tochter möge umkehren: »swaz dir ie geschach oder noch geschiht / von mir, daz ist min selbes not: / ja gieng ich vür dich in den tot« (W 217,16–18), hat keine Chance. Aber die schweren Blutopfer an geliebten und geachteten Verwandten auf beiden Seiten als Folge der kriegerischen Konfrontation, »darumbe ich der getouften nit / trag und ouch der heiden« (W 306,14 f.), lasten schwer auf ihrer Seele, weil sie sich persönlich daran schuldig fühlt (»und si ich schuldic dran«; W 306,17). Der weltgeschichtliche Konflikt wird in ihrem Innern ausgetragen und gewinnt erst dadurch ästhetische Würde.

An Gyburg scheiden sich die Geister. Lieber will ihr Schwager Bernart in Kauf nehmen, daß die Sarazenen die Haut seines gefangenen Sohnes in Streifen schneiden könnten, »e daz uns Tybalt / Gyburge næme mit gewalt« (W 260,19 f.). Die lapidare Feststellung des Erzählers, bevor sie im Kriegsrat das Wort ergreift: »Durh Gyburge al diu not geschach« (W 306,1), ist das eigentliche Thema des Romans: der blutige Krieg findet um Gyburgs willen statt.

Obwohl sie während der ganzen erzählten Zeit Oransche niemals verläßt, ist sie immer überall gegenwärtig, im Denken und Handeln, in Zuneigung und Abneigung der Protagonisten beider Lager, Willehalms vor allem. Bei allem, was er tut und unterläßt, denkt er immer zuerst an sie, der Ankündigung des Prologs entsprechend (W 3,4–7):

er liez en wage iewedern tot
der sele und des libes
durh minne eines wibes
er dicke herzenot gewan.

Das vordringlichste Ziel seines Gewaltrittes an den Hof in Munleun ist ihre Errettung aus tödlicher Bedrohung. Ihretwegen versteht er sich zu Bittgängen, läßt er sich zu Wutausbrüchen hinreißen, setzt er sogar das Gelingen des Feldzugs aufs Spiel wie in der bittersten Stunde seines Lebens, als er an der Spitze der Vorhut Oransche von ferne brennen sieht, Gyburg tot oder in der Hand des auf Rache sinnenden Tybalt wähnt, alles verloren glaubt und nur noch den einen verzweifelten Wunsch hat: »swar Gyburc vert, dar ker ouch ich« (W 224,17).

Ihr Schwiegervater Heimrich erhebt sie über alle Frauen um ihrer »wipheit« und ihrer »triuwe« willen (W 251,13) und weil sie »der minne ir reht getan« (W 252,15) habe. Willehalms Bruder Ernalt schwärmt: »man mac an ir gedienen gote« (W 120,8). Daß sie ihren heidnischen Mann verlassen und die Ehe gebrochen hat, beschwert nur sie selbst: »deswar ich liez ouch minne dort« (W 310,9) und ist Teil der schuldlosen Schuld in der Liebe der Heidin zu einem Christen in der religiös und politisch gespaltenen Welt.

Daß Willehalm nach der siegreichen zweiten Schlacht die gefallenen Heidenkönige durch den freigelassenen Matribleiz in ihre Heimat überführen läßt, geschieht um Gyburgs willen und unter dem Eindruck ihres Appells, auch die Heiden als Geschöpfe Gottes (»gotes hantgetat«; W 450,19) zu achten, obgleich sie während des Kampfes wieder »alsam ein vihe« (W 450,17) hingemetzelt worden waren, wovon der Dichter sich mit Entschiedenheit distanziert: »grozer sünde ich drumbe gihe« (W 450,18). Er hatte auch die Tötung von Gyburgs schwerverwundetem Vaterbruder Arofel durch Willehalm in der ersten Schlacht nicht gebilligt, sonst hätte er ihn die Tat nicht später als Minneschuld (W 204,25–30) bekennen lassen. Willehalms Verhalten gegenüber Matribleiz verrät, daß er dazugelernt hat.

Die in *Aliscans* wuchernden Rainoart-Szenen hat Wolfram zwar stark zurückgeschnitten, aber beibehalten, um den tragischen Grundklang der Erzählung etwas aufzuhellen. Der entführte und an den französischen Hof verkaufte Terramer-Sohn Rennewart ist auch im *Willehalm* ungeschlacht und von gewaltiger Körperkraft. Er versteht keinen Spaß, wenn man ihn verspottet, wofür ein Knappe und zwei Köche mit dem Tode büßen. Aber unter der rauhen Schale verbirgt sich ein edles und leicht verletzliches Inneres. Weil er nicht konvertieren wollte, hatte ihn König Loys in die Küche verbannt, woraus ihn erst Willehalm befreit, dem er mit seiner ungefügen eisenbeschlagenen Stange als Waffe ein wertvoller Helfer im Kriege und ein treuer Freund wird.

Rennewart wirft seinem Vater Terramer zu Unrecht vor, daß er ihn nicht freigekauft habe. Er liebt die Königstochter Alyze, deren Spielgefährte er war, und wird wiedergeliebt. Mit vertauschten Rollen wiederholt sich die Konstellation zwischen Arabel und Willehalm seinerzeit in Todjerne und zeichnet sich ein weiterer tragischer Konflikt ab, in den auch Gyburg eingebunden ist, die in Rennewart ihren von seiner

Familie verloren geglaubten jüngsten Bruder erkennt. Nach gewonnener Schlacht wird Rennewart vermißt und Willehalm deshalb des Sieges nicht froh. Wir wissen nicht, wie Wolfram die unentwirrten Fäden weitergesponnen hätte, weil der Roman an dieser Stelle abbricht.

Ein versöhnlicher Ausgang wie beim *Parzival* steht nicht zu erwarten. Für ihn ist kein Platz in der rauhen Wirklichkeit und der eisigen Luft der Geschichte, in welcher sich auch die Frage nach Gottes Gerechtigkeit neu und anders stellt als in den Märchenwäldern und Mysterien des *Parzival*. Gyburgs Vertrauen, daß Gott, »der rehte erbarmekeit truoc ie, / mac sich erbarmen« (W 307,29 f.), sogar über die »zer vlust« (W 307,28), »zu ewiger Verdammnis« bestimmten Heiden, ist nicht unerschütterlich. Der Katastrophe der ersten Schlacht, klagt sie, nachdem der Markgraf als einziger Überlebender zurückgekehrt ist, »sich mac din gotheit wol schamen« (W 101,10). Den Religionsdisput mit ihrem Vater, den ihre Laientheologie nicht überzeugte, bricht sie ab mit der Flucht in ihre und Willehalms Liebe »unz an den tot« (W 220,3), falls »möhten hoher sin nu dine gote« (W 220,1). Der über Rennewarts Verlust untröstliche Markgraf begehrt noch heftiger auf: »Miner vlust maht du dich schamen, / der meide kint!« (W 456,1). Und Wolfram unterstreicht just in einem der wenigen glücklichen Augenblicke seiner Erzählung, als Willehalm und Gyburg nach ungewisser Trennung wieder vereint sind, daß uns die Aussicht nach drüben verrannt ist (W 280,17–20):

wan jamer ist unser urhap,
mit jamer kom wir in daz grap.
ine weiz wie jenez leben erget:
alsus diss lebens orden stet.

Unverwechselbar unter den Autoren der mittelhochdeutschen Blütezeit ist Wolfram von Eschenbach nicht bloß durch das, was er sagt, sondern fast mehr noch durch die Art, wie er es sagt, durch seine Sprache und seinen Stil. Damit sind nicht lautliche Besonderheiten seiner Mundart gemeint, deren Zurückdrängung in den Jahrzehnten von 1190 bis 1220 nach dem Willen der Schreibenden einer überregionalen Literatursprache den Weg bereiten sollte und bis zu einem gewissen Grade auch bereitet hat. Wo Reime gemieden werden, die bei der Umsetzung in eine andere Mundart nicht rein sein würden, entfällt die wichtigste Handhabe für dialektale Zuordnung. Die Charakterisierung der Sprache Wolframs als fränkisch mit bairischem Einschlag sagt nicht mehr, als seiner Herkunft nach zu erwarten ist. Die Originalität dichterischer Sprache ist nicht an den Lauten abzulesen, sie gründet in Wortschatz und Wortbildung, Semantik und Metaphorik, Syntax und Periodenbildung und, bei gebundener Poesie wie der Wolframs, in der Verfugung von Vers und Satz mittels Enjambement und Reimbrechung.

Wolframs dichterische Sprache ist knorrig und eigenwillig, Neologismen und Fremdworten nicht abhold, ohne Scheu vor gewagten Ellipsen und Anakoluthen, sie liebt Überraschungen und hat einen langen Atem. So ist sie auch von den Zeitgenossen empfunden, gerühmt und abgelehnt worden. Gottfrieds Kritik war böswillig, traf aber etwas Richtiges. Er vermißte, was er an Hartmanns Diktion in den höchsten Tönen pries, »cristalline wortelin« (*Tristan*, V. 4629), »geschliffene Ausdrucksweise«, und tadelte die »bickelwort« (V. 4641), den »Jargon von Würfelspielern«. Statt daß seine Worte, wie vom Dichter gefordert, »wol getwagen« (V. 4660), »vom Schmutz des Alltags gereinigt«, seien und seine Sätze »ebene unde sleht« (V. 4661), »einfach und schlicht«, dahinflössen, brauche man, sagt er, für Wolframs Sprünge und Haken auf der »wortheide« (V. 4638–40) einen »tiutære« (V. 4684), einen »Dolmetscher«, um sie zu entwirren und zu verstehen. Der Gescholtene hat die Kritik indirekt bestätigt, als er sich in seiner Replik im *Parzival*-Prolog zu dem für »tumbe liute« zu komprimierten »vliegenden bispel« (P 1,15 f.), dem ›Elsterngleichnis‹ bekannte und den Lesern zumutet, daß seine Sätze »vliehent unde jagent, / entwichent unde kerent« (P 2,10 f.). Geändert hat er an seiner Schreibweise auch im *Willehalm* nichts, geschweige denn im *Titurel*, obwohl er wußte, daß sein »tiutsche ist etswa doch so krump« (W 237,11).

Daß seine Sprache mündlicher Rede näher geblieben ist als bei anderen höfischen Dichtern, hat man damit erklären wollen, daß er seine Werke diktiert habe. Verssprache ist stilisierte Sprache, daran ändert auch das Diktat nichts. Selbst Konstruktionen wie Nominativus pendens, Asyndeta, Apokoinu, Numerus-Inkongruenzen, gleitende Übergänge aus direkter in indirekte Rede, Parenthesen, die alle von Hause aus mündlichem Gebrauch entstammen mögen, waren längst zu Stilmitteln verstetigt und werden als solche bewußt eingesetzt. Archaische Wörter der Heldenepik, französische Fremd- und Lehnwörter des höfischen Gesellschaftslebens und eigene ausgefallene Neubildungen sind ihm ebenfalls nicht spontan über die Lippen oder aus der Feder geflossen. Sie dienen der Lebendigkeit, Farbigkeit, Unmittelbarkeit des poetischen Ausdrucks, verleihen ihm eine persönliche Note, machen ihn wolframisch.

Die Originalität seines Stils hängt vor allem an der Fülle seiner eigenwilligen Bilder aus unbelebter Natur, Pflanzen- und Tierreich und allen Bereichen des menschlichen Lebens, vorab dem ritterlichen in Krieg und Frieden, Turnieren und Jagden, Sport und Spiel, dazu Handwerk und Handel, Recht und Sitte. Sein Einfallsreichtum scheint unerschöpflich wie sein Vorrat an Metaphern, Vergleichen, Hyperbeln, Oxymora. Er gefällt sich in grotesken Übersteigerungen und Anzüglichkeiten, auch zweideutigen bis zur Zote, beherrscht alle Spielarten der Ironie und verfügt über einen abgründigen Humor. Der Leser soll und kann darüber lachen, bis er merkt, wie ernst es dem Autor im Grunde damit ist, seine Art, das Unbegreifliche und Grausame des Daseins erträglich zu machen. So, wenn er die blutige Ernte des Todes in der zweiten Alischanz-Schlacht damit beschreibt, daß die Kämpfenden »den orsen streuten / mit manegem gezimiertem man«, obgleich diese lieber »da heime / [. . .] ein trucken stro« gehabt hätten (W 393,8–12). Als Gahmuret nach einem halben Jahr immer noch nicht zurückgekehrt ist, heißt es von der schwangeren Herzeloyde: »do brast ir freuden klinge / mitten ime hefte enzwei« (P 103,18 f.). Die Boten mit der Trauernachricht von seinem Kriegertod sind schon unterwegs.

Als Erzähler ist Wolfram in seinen Romanen allgegenwärtig. Er denkt nicht daran, sein Ich auszulöschen und hinter dem Erzählten unsichtbar die Fäden zu ziehen. Immer wieder ergreift er selbst das Wort, rückweisend und vorausdeutend, kommentierend, belehrend. Er sucht den Dialog nicht bloß mit dem Leser, auch mit eigens eingeführten allegorischen Damen wie Frau Aventiure oder Frau Minne. Ihnen sind die ernsten Gespräche vorbehalten, während er den Leser nie ganz für voll nimmt. Zwar gönnt er ihm gelegentlich die ihm schmeichelnde Illusion, mehr zu wissen als die Personae dramatis, aber verlassen kann dieser sich darauf nicht. Was der Erzähler von seiner Allwissenheit preisgibt, ist sorgfältig dosiert, oft nur dazu bestimmt, Neugier zu wecken. Nicht selten werden dem Leser sogar zum Verständnis notwendige Informationen vorenthalten bzw. vorsätzlich hinausgezögert. Oder er sieht sich genarrt und unversehens auf eine falsche Fährte gelockt, oder er wird regelrecht abgekanzelt. Wer der »aller schœnste alte man« (P 240,27) war, den Parzival auch nur durch eine geöffnete Tür zu sehen bekam, das werdet ihr erfahren »her nach so des wirdet zit« (P 241,5), bescheidet er sein Publikum, und wiewohl er bis dahin noch die weitesten Umwege vorhat, behauptet er dreist, geradlinig wie eine gespannte Sehne auf das Ziel loszusteuern: »ich sage die senewen ane bogen« (P 241,8). Als er dann endlich im 9. Buch das Geheimnis des Grals zu lüften für gut befindet, kommt er noch einmal darauf zurück und tadelt heftig alle: »swer mich dervon e fragte / unt drumbe mit mir bagte, / ob ichs im niht sagte« (P 453,1–3), weil er Kyot versprochen habe, zu schweigen.

Seiner wachsenden Beliebtheit hat das alles trotz Gottfrieds geharnischter Philippika keinen Abbruch getan. Was Wirnt von Gravenberg als erster aussprach, ist zur beinahe einhelligen Überzeugung der Nachwelt geworden. Allerdings entspricht Wirnts Begründung nicht ganz unseren Erwartungen, weil sie nicht auf Wolframs Form- und Erzählkunst abstellt, sondern auf die Laien-Weisheit des »wisen mannes von Eschenbach: / sin herze ist ganzes sinnes dach« (*Wigalois*, V. 6344 f.).

Dieser Ruf Wolframs rührt auch von den gedankenschweren Vorreden her, die er seinen beiden Romanen vorangestellt hat, von dem wegen seines hymnischen Preises von Schöpfer und Schöpfung oft nachgeahmten Eingangsgebet zum *Willehalm* wie von dem grandiosen Auftakt zu dem mit Gleichnissen und Bildern bis zur Rätselhaftigkeit vollgepackten *Parzival*-Prolog: »Ist zwivel herzen nachgebur, / daz muoz der sele werden sur« (P 1,1 f.). Daß es bitter für die Seele werde, wenn *zwivel* im Herzen wohnt, bleibt wahr, gleichviel ob man das Schlüsselwort mittelalterlich als *desperatio* oder neuzeitlich als *dubitatio* versteht.

Bibliographische Hinweise

Wolfram von Eschenbach. Hrsg. von K. Lachmann. Berlin 1833. 6. Ausg. Berlin/Leipzig 1926.
Wolfram von Eschenbach. Hrsg. von A. Leitzmann. 5 Hefte. Halle a. d. S. 1902–06. 5., verb. Aufl. Tübingen 1948–63.
Parzival und Titurel. Hrsg. von K. Bartsch. Leipzig 1870–71. 4. Aufl. bearb. von M. Marti. Leipzig 1927–32.
Parzival und Titurel. Hrsg. von E. Martin. Bd. 1: Text. Bd. 2: Kommentar. Halle a. d. S. 1900–03.
Parzival. 2 Bde. Mittelhochdeutscher Text nach der Ausg. von K. Lachmann. Übers. und Nachw. von W. Spiewok. Stuttgart 1977 [u. ö.].
Willehalm. Nach der gesamten Überlieferung krit. hrsg. von W. Schröder. Berlin / New York 1978.

Wolfram von Eschenbach. Hrsg. von H. Rupp. Darmstadt 1966. (Wege der Forschung. 57.)
Studien zu Wolfram von Eschenbach. Festschrift für Werner Schröder. Hrsg. von K. Gärtner und J. Heinzle. Tübingen 1989.
Bonath, G.: Untersuchungen zur Überlieferung des »Parzival« Wolframs von Eschenbach. 2 Bde. Lübeck/Hamburg 1970–71.
Bumke, J.: Wolframs »Willehalm«. Studien zur Epenstruktur und zum Heiligkeitsbegriff der ausgehenden Blütezeit. Heidelberg 1959.
– Wolfram von Eschenbach. Stuttgart 1964. ^{5}1981. (Sammlung Metzler. 36.)
– Zur Überlieferung von Wolframs »Titurel«. In: Zeitschrift für deutsches Altertum 100 (1971) S. 390–431.
Curschmann, M.: Das Abenteuer des Erzählens. Über den Erzähler in Wolframs »Parzival«. In: Deutsche Vierteljahrsschrift für Literaturwissenschaft und Geistesgeschichte 45 (1971) S. 627–667.
Haug, W.: Die Symbolstruktur des höfischen Epos und ihre Auflösung bei Wolfram von Eschenbach. In: Deutsche Vierteljahrsschrift für Literaturwissenschaft und Geistesgeschichte 45 (1971) S. 668–705.
– Parzivals »zwîvel« und Willehalms »zorn«. In: Wolfram-Studien 3 (1975) S. 217–231.
– Erzählen vom Tod her. Sprachkrise, gebrochene Handlung und zerfallende Welt in Wolframs »Titurel«. In: Wolfram-Studien 6 (1980) S. 8–24.

Heinzle, J.: Stellenkommentar zu Wolframs »Titurel«. Tübingen 1972.

Huby, M.: L'adaptation des Romans courtois en Allemagne au XIIe et au XIIIe siècle. Paris 1968.

Kellermann, W.: Aufbaustil und Weltbild Chrestiens von Troyes im Percevalroman. Halle a. d. S. 1936.

Köhler, E.: Ideal und Wirklichkeit in der höfischen Epik. Studien zur Form der frühen Artus- und Graldichtung. Tübingen 1956. ²1970.

Kolb, H.: Munsalvæsche. Studien zum Kyotproblem. München 1963.

Lofmark, C.: Rennewart in Wolfram's Willehalm. Cambridge 1972.

– Zur Interpretation der Kyotstellen im »Parzival«. In: Wolfram-Studien 4 (1977) S. 33–70.

Maurer, F.: Leid. Studien zur Bedeutungs- und Problemgeschichte, besonders in den großen Epen der staufischen Zeit. Bern/München 1951. S. 115–204.

Mergell, B.: Wolfram von Eschenbach und seine französischen Quellen. Bd. 1: Wolframs »Willehalm«. Bd. 2: Wolframs »Parzival«. Münster 1936–43.

Nellmann, E.: Wolframs Erzähltechnik. Untersuchungen zur Funktion des Erzählers. Wiesbaden 1963.

Ohly, F.: Wolframs Gebet an den Heiligen Geist im Eingang des »Willehalm«. In: Zeitschrift für deutsches Altertum 91 (1961/62) S. 1–37.

Pretzel, U. / Bachofer, W.: Bibliographie zu Wolfram von Eschenbach. Berlin ²1968.

Ruh, K.: Höfische Epik des deutschen Mittelalters. Tl. 2. Berlin 1980. S. 50–202.

Schröder, W.: Wolfram von Eschenbach. Bd. 1: Spuren und Werke. Bd. 2: Wirkungen im 13. und 14. Jahrhundert. Kleinere Schriften 1956–87. Stuttgart 1989.

– Der tragische Roman von Willehalm und Gyburg. Zur Gattungsbestimmung des Spätwerks Wolframs von Eschenbach. Mainz 1979.

Schröder, W. J.: Der Ritter zwischen Welt und Gott. Idee und Problem des Parzivalromans Wolframs von Eschenbach. Weimar 1952.

Schwietering, J.: Parzivals Schuld. In: Zeitschrift für deutsches Altertum 81 (1944–46) S. 44–68.

Singer, S.: Wolframs Stil und der Stoff des »Parzival«. In: Sitzungsbe-

richte der Kaiserlichen Akademie der Wissenschaften in Wien. Phil.-hist. Kl. 180 (1916) Abh. 4.
Singer, S.: Wolframs »Willehalm«. Bern 1918.
Stutz, E.: Wolframs Titurelstrophe – Vers 1. In: Studien zu Wolfram von Eschenbach. S. 455–483.
Wapnewski, P.: Wolframs »Parzival«. Studien zur Religiosität und Form. Heidelberg 1955.
– Die Lyrik Wolframs von Eschenbach. Edition, Kommentar, Interpretation. München 1972.
Weber, G.: Wolfram von Eschenbach. Seine dichterische und geistesgeschichtliche Bedeutung. Bd. 1: Stoff und Form. Frankfurt a. M. 1928.
– Parzival. Ringen und Vollendung. Oberursel 1948.
Wehrli, M.: Wolframs »Titurel«. Opladen 1974.
Wolff, L.: Der »Willehalm« Wolframs von Eschenbach. In: Deutsche Vierteljahrsschrift für Literaturwissenschaft und Geistesgeschichte 12 (1934) S. 504–539.

Gottfried von Strassburg

Von Rüdiger Krohn

Gottfried von Straßburg, ein von den zeitgenössischen wie den nachgeborenen Autoren des Mittelalters hochverehrter Dichter des frühen 13. Jahrhunderts, fand in der Neuzeit nur zögernd jene Anerkennung, die ihm zumindest als Verfasser des (fragmentarischen) *Tristan*-Romans gebührt.[1] Zwar nannte kein Geringerer als Jacob Grimm schon 1812 dieses Werk »eines der anmutigsten gedichte der welt«, an dem ihn indessen »etwas störendes und eine gewisse künstliche zusammenhangslosigkeit« irritierte.[2] Aber dieser gleich mit den Anfängen der Germanistik einsetzenden Wertschätzung Gottfrieds als eines zumindest sprachlich und formal herausragenden Dichters standen die Stimmen jener Kenner gegenüber, denen die unbestritten hohe Kunstfertigkeit des Autors allein nicht genug war und die vor allem moralische Einwände gegen den *Tristan* erhoben.

Prominentester Vertreter der Gottfried-Kritiker war Karl Lachmann, der sich zu näherer Beschäftigung mit dem Roman nicht entschließen mochte, denn »anderes, als Üppigkeit und Gotteslästerung, boten die Haupttheile seiner weichlichen unsittlichen Erzählung nicht dar«.[3] Dieses Verdikt des einflußreichen Gelehrten, dem die Germanistik eine Reihe von bis heute gültigen Editionen mittelhochdeutscher Texte verdankt, erwies sich als folgenreich für die Entwicklung der Gottfried-Philologie: Die Editionsgeschichte des *Tristan* setzt mit deutlicher Verzögerung gegenüber der von anderen ›Klassikern‹ des deutschen Mittelalters ein – und zwar mit der an kritischen Ansprüchen orientierten Ausgabe von Karl Marold (1906), die ihrerseits noch schwere Mängel aufwies und 1930 durch die Edition von Friedrich Ranke, deren kritischer Apparat als Grundlage der philologischen Überprüfung indessen nach wie vor aussteht, abgelöst wurde.

Das Dilemma der Interpreten im 19. Jahrhundert, die zwar die ästhetischen Qualitäten des Werkes nicht leugnen, zugleich aber die moralischen Implikationen dieser »auf ehebruch und fälschung eines gottesurteils mitgegründeten fabel«[4] nicht gutheißen konnten, wurde von Georg Gottfried Gervinus mit einer Dante-Paraphrase treffend charakterisiert: »man muß verdammen, aber bewundern und bedauern«.[5] In diesem immer wieder feststellbaren Einerseits-Andrerseits des gelehrten wie des öffentlichen Urteils mochte und mag sich wohl ein prägendes Prinzip auswirken, dem Gottfried von Straßburg in seiner Bearbeitung des Tristan-Stoffes mit einzigartiger Delikatesse und subtilem Kalkül gefolgt ist: Ambivalenz.

Kein Autor des deutschen Mittelalters hat mit solcher souveränen Meisterschaft das Ideal der zeitgenössischen Poetik, die gegenseitige Durchdringung von Gehalt und Gestalt, Innen und Außen, Sinn und Form, zu verwirklichen gewußt wie Gottfried. Dichtung hat für ihn – mit Goethe zu reden – »weder Kern / Noch Schale, / Alles ist sie mit einemmale«. Stets verweist die Art der Darstellung auf das Wesen, so wie andererseits der Gegenstand grundsätzlich auf die sprachliche Umsetzung einwirkt; die Botschaft steckt im Medium. Die mittelalterlichen Dichter haben – wie zahlreiche Nennungen und rühmende Erwähnungen in anderen Werken[6] belegen – das virtuose Können und die Verdienste des *Tristan*-Autors erkannt; sie rühmen ihn als vorbildlichen, ästhetische Maßstäbe setzenden »meister«, der »als ein waeher houbetsmit / guldîn getihte worhte« (»als geschickter Kunstschmied goldene Dichtwerke schuf«).[7] Das Stilideal der »cristallînen wortelîn« (V. 4629), des kristallklaren sprachlichen Ausdrucks, das Gottfried im berühmten ›Literatur-Exkurs‹ des

Gottfried von Straßburg

Romans an Hartmann von Aue programmatisch preist, charakterisiert auch sein eigenes Schaffen.

Dieses dichterische Œuvre indessen ist, verglichen mit dem der anderen höfischen Epiker aus der mittelhochdeutschen Blütezeit (etwa Hartmann oder Wolfram), eher schmal. Alle Spekulation darüber, ob weitere epische Werke von ihm womöglich nur durch die Ungunst der Überlieferung der Nachwelt vorenthalten blieben, führt ins Leere. Tatsache ist, daß Gottfried im Mittelalter lediglich als Dichter des *Tristan* gerühmt wurde – mit einer Ausnahme: Rudolf von Ems erwähnt in seinem *Alexander* (nach 1230), der »wîse meister Gotfrit« habe einen Lehrspruch über »daz glesîn gelücke« verfaßt.[8] Ein solches Gedicht ist denn auch in der Manessischen Liederhandschrift (C) erhalten.[9] Als Verfasser wird dort zwar Ulrich von Lichtenstein genannt, aber die Forschung ist aufgrund von inneren wie äußeren Kriterien zu der Überzeugung gelangt, daß die beiden in Frage kommenden Strophen gleichwohl Gottfried zuzuschreiben seien. Andere Lieder dagegen, die (ebenfalls in der Handschrift C) tatsächlich unter dem Namen Gottfrieds überliefert sind, gelten allgemein als unecht.

Über das Leben, den Stand und die Persönlichkeit Gottfrieds wissen wir nichts – außer dem wenigen, was wir aus seinem Werk selbst erschließen können oder was seine Zeitgenossen bzw. Nachfolger über ihn mitteilen. Literarische Anspielungen, konkrete Namensnennungen im ›Literatur-Exkurs‹ (V. 4589–4820) und vor allem die (mit einiger Gewißheit unterstellten) polemischen, das ganze Fragment durchsetzenden Bezüge zu Wolfram von Eschenbach haben die germanistische Forschung zu der Annahme geführt, daß der *Tristan*-Roman etwa um 1210/15 entstanden sein müsse. Aber diese Datierung stützt sich auf eine eher relative Chronologie der mittelhochdeutschen Dichtung; sie kann deshalb als nur ungefähr gesichert gelten. Andererseits gilt wiederum das Abfassungsdatum des *Tristan* als Terminus ad quem für das (anderweitig nicht bezeugte) Ableben Heinrichs von Veldeke und Reinmars des Alten, die hier beide zu den Toten gezählt werden.

Daß Gottfried aus Straßburg stammt (oder zumindest dort gelebt und gearbeitet hat), entnehmen wir allein seinem Namen, dessen Herkunftsbezeichnung durch mehrere Dichterzeugnisse belegt ist. Dieser Befund wird durch die Überlieferungslage des *Tristan* noch gestützt, denn ein Großteil der ältesten Handschriften stammt aus dem Elsaß oder gar aus Straßburg selbst.[10] Die Frage nach Gottfrieds Wirkungsort ist von Belang insofern, als Straßburg durch seine geographische Nähe zu Frankreich zugleich in die geistige Nähe zum intellektuellen und künstlerischen Klima des Nachbarlandes sowie zur französischen Adelskultur rückte, deren prägender Einfluß in dem Roman allenthalben spürbar wird.

Keine Chronik, keine Urkunde bezeugt uns die historische Existenz des Literaten Gottfried von Straßburg. Zwar taucht der Name »Gotfridus« in Dokumenten der Zeit um 1200 mehrfach auf, aber es findet sich kein Hinweis, daß mit einem der dort Genannten der *Tristan*-Autor gemeint gewesen sein könnte. Solche Gleichgültigkeit gegenüber der Individualität des Dichters erklärt sich aus dem mittelalterlichen Kunstverständnis, dem allein das Werk entscheidend war, nicht aber dessen Verfasser, der als bloßer Vermittler, als Medium hinter den überlieferten und zu überliefernden Text zurücktrat. Nicht nur bei Gottfried, sondern auch bei den anderen Lyrikern und Epikern des Mittelalters sind wir deshalb über biographische Details nur ungenau und (wenn überhaupt) höchst indirekt informiert. Im wesentlichen nahmen nur innerhalb des mittelalterlichen Literaturbetriebs dessen Repräsentanten voneinander Notiz – durch rühmendes Für und polemisches Wider, durch Anspielungen, Nachrufe oder Quellenberufungen.

Solchen Kollegen-Nennungen verdanken wir auch die einzigen Hinweise auf Gottfrieds Stand. Es ist auffällig, daß er – im Unterschied zu den anderen großen Epikern seiner Zeit –

dabei niemals den Titel *hêr* erhält, der auf seine Zugehörigkeit zur Ministerialität oder Ritterschaft schließen ließe. Vielmehr wird seinem Namen nur die Bezeichnung *meister* beigegeben. Am offenkundigsten wird dieser signifikante Unterschied in einer Dichter-Aufzählung bei Konrad von Stoffeln (2. Hälfte des 13. Jahrhunderts): »meister Gotfrit und hêr Hartman / von Eschenbach hêr Wolfram«.[11] Die Anrede *meister* läßt allerdings noch keinen Schluß auf die soziale Stellung zu. Mit *meister* konnte zwar ein Bürgerlicher (im weiteren Verlauf des 13. Jahrhunderts auch ein Meister seines Handwerks und mithin auch ein Berufsdichter) angesprochen werden. Die Bezeichnung galt aber ebenfalls für den, der die Septem artes liberales studiert oder gar die akademische Würde eines *magister* (eingedeutscht zu *meister*) erworben hat.

Gottfried also war offenbar nicht vornehmer Abstammung, und sein *meister*-Titel deutet auf seine hohe Bildung hin, die auch durch Beweise seiner Belesenheit, Gelehrsamkeit und Sprachbegabung im *Tristan* nachhaltig bestätigt wird. Er kannte sich aus in Theologie, Mythologie, Musik, Rechtskunde, Philosophie, ritterlichen Bräuchen und höfischer Lebenshaltung. Mit antikem wie zeitgenössischem Geistesgut war er so glänzend vertraut, daß der Schluß, er müsse sich diese umfassenden Kenntnisse durch den Besuch einer Lateinschule oder womöglich durch das Studium an einer der bedeutenden Universitäten des Mittelalters (etwa in Paris) erworben haben, geradezu zwingend erscheint.

Die Zahl der Möglichkeiten wird noch erhöht dadurch, daß die Bezeichnung *meister* auch für Lehrer an Dom- oder Stiftsschulen angewandt werden konnte (*magister puerorum*). Die Frage, ob Gottfried etwa ein Lehr- oder sonst ein geistliches Amt ausgeübt hat, ist von der Forschung eingehend erörtert worden – freilich ohne eindeutiges Ergebnis. Unbestritten ist jedoch, daß der *Tristan* Spuren frühscholastischen Denkens aufweist, die sich ebensosehr dem Einfluß zeitgenössischer geistiger Bewegungen in Frankreich verdanken mögen wie die Anklänge an häretische Vorstellungen, die den Autor gar in den Verdacht des Sympathisantentums mit den Ketzerbewegungen der Epoche (insbesondere den Katharern) gebracht haben.

In der Tat ist das Thema des *Tristan*-Romans mit dem ethischen Empfinden zu Beginn des 13. (wie dann auch mit den Normen des bürgerlichen 19.) Jahrhunderts kaum in Einklang zu bringen. Die ehebrecherische Liebe zwischen Tristan und Isolde, der Betrug an König Marke, dessen Günstling der eine und dessen Ehefrau die andere ist, das durchaus unmittelalterliche Beharren des Liebespaares auf einem individuellen Glücksanspruch, die Desavouierung des höfischen Weltgefühls und die Aufweichung des konventionellen ›ritterlichen Tugendsystems‹ durch die absichtsvoll ambivalente Besetzung seiner zentralen Begriffe (wie *êre, triuwe* oder *edel*) – das alles setzt dieses Werk unverkennbar ab von dem literarischen Hintergrund seiner Entstehungszeit, der bestimmt wird von den Regeln der arthurischen Idealwelt, den Gesetzen heroischer Mannestugend und entsinnlichten Ritualen entsagungsfrohen Frauendienstes.

Dabei ist der Tristan-Stoff keineswegs Gottfrieds Erfindung. Vielmehr galt es den mittelhochdeutschen Dichtern als verwerflich, ihre Werke aus eigener Phantasie zu schöpfen. Stets suchten sie – ganz in der verpflichtenden Tradition des theologischen Schrifttums – das Geschriebene zu beglaubigen durch den Hinweis auf ihre Quelle. Nicht Erfindung, sondern Findung eines vorgegebenen, geeigneten Stoffes zur getreuen Übersetzung oder Nacherzählung war Grundlage ihrer Kunst – weswegen die Autoren sich denn bisweilen auch als *vindaere* bezeichneten.[12]

War also stoffliche Originalität für die mittelalterliche Literatur kein angestrebtes Ziel, sondern eher ein beargwöhntes Indiz für ungebührliche Freigeisterei, so kannte die Epoche doch andererseits auch nicht das Prinzip der absoluten Quellentreue in strikt philologischem Sinne. Zwar beriefen die Dichter sich immer wieder und mit vehementer Entschiedenheit auf ihre jeweiligen Vorlagen. Tatsächlich aber gingen sie nicht selten eher unbekümmert mit ihnen um. Da erweist sich die vorgeblich unveränderte Übersetzung bei näherem Hinsehen häufig als recht eigenständige Bearbeitung. So wurden etwa die Artus-Dichtungen des altfranzösischen Epikers Chrestien de Troyes in den ›Eindeutschungen‹ durch Hartmann von Aue (*Erec* und *Iwein*) oder Wolfram von Eschenbach (*Parzival*) teilweise erheblich (vor allem im Hinblick auf die divergenten Verstehensvoraussetzungen der jeweiligen Rezipienten) verändert, und ähnlich ist es anderen romanischen oder antiken Stoffen ergangen, die in der mittelhochdeutschen Literatur rezipiert wurden.

Auch Gottfried geht mit seiner Vorlage an zahlreichen, entscheidenden Stellen bemerkenswert frei um. Der Tristan-Stoff, der wohl keltischen Ursprungs ist (vgl. vor allem Schoepperle), hat durch Anlagerung mehrerer Bearbeitungsschichten im Laufe seiner literarischen Rezeptionsgeschichte im Mittelalter[13] stellenweise einschneidende Modifikationen erfahren. Im wesentlichen haben sich zwei Stränge der Stofftradition herausgebildet, die wir die ›spielmännische‹ bzw. die ›höfische‹ nennen und deren gemeinsame Wurzel womöglich jene (verlorene) *estoire* ist, auf die der normannische Dichter Béroul sich in seinem (nur fragmentarisch überlieferten) *Tristan*-Roman, der zwischen 1170 und 1191 entstand, gleich zweimal beruft.

Mit dieser Version eng verwandt, wenngleich nicht sicher von ihr abhängig ist der frühhöfische *Tristrant*, hinter dessen Verfasser Eilhart von Oberg wir einen Braunschweigischen Ministerialen namens Eilhardus de Oberch vermuten, der zwischen 1189 und 1209 urkundlich nachgewiesen ist.[14] Die Datierung des Werkes, das uns vollständig, wenn auch zum großen Teil in späterer, mangelhafter Bearbeitung erhalten und deshalb bis ins 13. Jahrhundert hinein die einzige abgeschlossene Darstellung des Tristan-Stoffes ist, bereitet erhebliche Schwierigkeiten; sie schwankt zwischen 1170 und 1185/90 – jedenfalls früh genug, um den Roman als mögliche Mit-Quelle für Gottfried in Frage kommen zu lassen, auch wenn dieser sich von Eilharts Version pointiert absetzt.

Die Fassungen von Béroul und Eilhart werden der ›spielmännischen‹ Stofftradition zugerechnet. Sie sind realistischer, naiver, welthaltiger und in ihrer Erzählstruktur gröber als die ›höfischen‹ Bearbeitungen. In Erfüllung ihrer oberflächlichen Unterhaltungsfunktion lassen sie von psychologischer Begründung und reflektierter Thematisierung ihres delikaten Gegenstandes wenig ahnen. Immerhin aber erkennen die Autoren das Irritationsmoment in dem notwendigen Widerspruch der Tristan-Minne zur herrschenden Konvention. Sie verwenden große Anstrengungen darauf, den stoffimmanenten Konflikt zwischen dem Recht autonomer Liebe und der gesellschaftlichen Ordnung in seiner Brisanz zu mindern. Dieser Absicht dient auch die Funktion, die sie dem Minnetrank zuweisen: Als magisches Elixier stiftet er einen Ausnahmezustand, in dem die Liebenden, solange sie unter dem Einfluß des unkontrollierbaren Zaubers stehen, von jeder Verantwortung für ihr Tun freizusprechen sind. Die exzeptionelle und exzipierende Macht des Trankes offenbart sich auch in dem Umstand, daß seine Wirkung zeitlich begrenzt ist: Bei Béroul erlischt sie nach drei, bei Eilhart verringert sie sich nach vier Jahren.

Wahrhaftig, »cest cunte est mult divers« (»die Geschichte wird höchst unterschiedlich erzählt«), wie Thomas d'Angleterre in seiner höfisierten Version des *Tristan* (V. 2107) erklärt. Über diesen altfranzösischen Autor wissen wir kaum mehr als über Gottfried. Wir nehmen an, daß er in der zweiten Hälfte des 12. Jahrhunderts am englischen Hofe Heinrichs II. (Plantagenet) für ein anglo-normannisches Publikum gearbeitet hat. Von seinem Werk, das wohl um 1170 entstanden sein dürfte, sind uns nur Fragmente überliefert. Auf das Ganze können wir deshalb nur schließen durch die Bearbeitungen, die sein Roman in der Folge gefunden hat. Hauptzeugen hierfür sind die altnordische *Tristram-Saga* des Bruders Robert (1226), das mittelenglische Gedicht über *Sir Tri-*

strem (vor 1300), Stücke der italienischen *Tavola ritonda* (13. Jahrhundert) – und eben Gottfrieds von Straßburg unvollendeter Roman, der sich ebenfalls erklärtermaßen an Thomas als die »einzig richtige Vorlage« (»in sîner rihte«; V. 161) anschließt (vgl. dazu den Prolog, V. 135–166).

Wie weit Gottfrieds Quellentreue jedoch tatsächlich reicht, ist nicht mehr sicher zu belegen, weil die erhaltenen Thomas-Bruchstücke ziemlich genau dort einsetzen, wo das deutsche Fragment (bei V. 19548) abbricht: kurz vor der Heirat des Helden mit Isolde Weißhand (»Ysolt as Blanches Mains«). Der Vergleich der beiden Fassungen muß sich also – mit zwei Ausnahmen (einem Stück aus der Baumgarten-Szene und Tristans Schlußmonolog) – auf spätere Thomas-Adaptationen stützen, deren Verläßlichkeit durchaus nicht unumstritten ist.

Thomas, der sich seinerseits auf einen (nicht identifizierten) Gewährsmann namens Breri beruft, hat den Tristan-Stoff erstmals dem Geschmack und den literarischen Erwartungen eines höfischen Publikums angeglichen. Er bemüht sich um psychologische Vertiefung, eliminiert unrealistische Details und mildert Widersprüche, die sich aus dem epischen Nebeneinander verschiedener Erzählstränge, Fabeltraditionen und Überlieferungsschichten ergeben. Namentlich die Tristan-Liebe erfährt durch ihn eine neue Qualität: Sie wird ihres Ausnahme-Charakters entkleidet; von einer begrenzten Wirkdauer des Minnetranks ist bei ihm (und auch bei Gottfried) keine Rede mehr. Liebe wird begriffen als elementare, systemsprengende Gewalt, die mit der romanischen *amour fine* oder der mittelhochdeutschen *hôhen minne* nicht mehr viel gemein hat.

Nicht aus der Entsagung, der elegischen Kapitulation vor der gesellschaftlichen Übereinkunft, die nur das sehnliche Streben nach dem sinnlichen Ziel, nicht aber dessen Erlangung sanktionierte; nicht also aus dem immanenten Widerspruch der höfischen Minnekonzeption entsteht die Tragödie Tristans und Isoldes, sondern aus ihrer rückhaltlosen Hingabe aneinander, dem uneingeschränkten Bekenntnis zu ihrer Liebe – und dem unausweichlich daraus folgenden Konflikt mit ihrer Außenwelt, der schmerzlichen Ambivalenz, die die Liebenden einerseits soziale Wesen und andererseits Opfer ihrer schicksalhaften Zuneigung sein läßt. Hier besteht ein wesentlicher, ja wesenhafter Unterschied nicht nur zum System der *hôhen minne*, sondern zum Welt- und Menschenbild des konventionellen höfischen Romans, zu dem die *version courtoise* der Tristan-Tradition einen bewußten Gegenentwurf liefert.

Diese dem Stoff inhärente Problematik ist von Gottfried noch verschärft worden. Ob daraus ein antihöfischer Affekt des Dichters abgeleitet werden kann, ist fraglich, obwohl natürlich ein Autor sich stets zu erkennen gibt nicht nur in seiner Bearbeitungsweise, sondern schon in der Auswahl seines Gegenstandes. Auch die Frage, ob in dieser Dichtung noch der Geist des Mittelalters wehe oder ob sich bereits eine neue, ›renaissancehafte‹ Epoche ankündige, mag unberücksichtigt bleiben angesichts des Umstandes, daß der Roman sich auch in seiner Abweichung von den Normen und Erwartungen seiner Entstehungszeit diesen doch unverkennbar – durch Rechtfertigung, Anspielung und Distanzierung – verbunden zeigt. Dieser charakteristischen Zwischenstellung trägt die allenthalben erkennbare Ambivalenz in Gottfrieds Umsetzung bis hin in den sprachlichen Ausdruck Rechnung.

Das wird vor allem an jenen Stellen deutlich, an denen er sich von seiner Vorlage (soweit diese rekonstruierbar ist) entfernt – etwa im Prolog, der gewiß Gottfrieds Eigentum ist und in dem dieser nicht nur mit unerhörter rhetorischer Brillanz sein ästhetisches Programm entwirft, sondern überdies zugleich die erste Abgrenzung von einem ausschließlich höfischen Rezipientenkreis und seinem spezifischen Erwartungshorizont vornimmt: Sein Werk richte sich an die »edelen herzen« (V. 47), eine geistige, von »ir aller werlde« (V. 50) pointiert abgesetzte Elite, die sich zu dem notwendigen

Neben- und Durcheinander von »liep« und »leit« (V. 204 ff.) bekennt und der der Autor ein gesteigertes ethisches wie ästhetisches Empfinden attestiert. Damit verwendet Gottfried das Wort »edel« nicht in einem eindeutig ständischen Sinne, sondern auch in der Bedeutung des inneren Adels, der in Konkurrenz tritt zum Geburtsadel und in dem der Dichter seine Vorstellung eines neuen, nun auch Bürgerliche einbeziehenden Kultur- und Gesellschaftsideals verwirklicht sieht.

Derlei Nuancen hatten im Mittelalter Gewicht. Gottfrieds ambivalente Terminologie war einerseits geeignet, den vornehmen Kreisen des gebildeten Straßburger Stadtbürgertums, in deren Auftrag[15] und für deren Bedürfnisse der Autor womöglich arbeitete, geschickt zu schmeicheln, weil er ihnen so die Würde einer zumindest ideellen Nobilität verlieh. Andererseits konnte auch die genuin höfische Zuhörerschaft, für die der *Tristan* wohl gleichfalls – sei es zur Unterhaltung, sei es zur Ermahnung – geschrieben war, an des Autors differenzierender Darstellung und unorthodoxer Sehweise keinen unmittelbaren Anstoß nehmen, weil die adligen Rezipienten ja aus der Gruppe der »edelen herzen« keineswegs grundsätzlich ausgenommen waren.

Gottfrieds Doppelstrategie ist dabei vor dem Hintergrund der gesellschaftlichen Verhältnisse im frühen 13. Jahrhundert und insbesondere im Zusammenhang mit der Situation Straßburgs zu sehen, die gekennzeichnet war durch einen immer größer werdenden Anteil des Patriziats am politischen Geschehen der Stadt. Die sozialgeschichtlichen Voraussetzungen der zeitgenössischen Auf- und Umbruchsbewegungen fanden in Gottfrieds Werk ihren durchaus absichtsvoll zwiespältigen Ausdruck. Der *Tristan* ist – bei allen Einschränkungen – ein höfischer Roman, in dem auch die bürgerliche Oberschicht sich wiedererkennen sollte (und wollte).

Solche Identifikationsangebote macht Gottfried immer dort, wo sein Werk von Kaufleuten[16] handelt – von jenem

Berufsstande also, dem ein Großteil seines stadtbürgerlichen oder patrizischen Publikums in Straßburg sich zugehörig fühlte. Immer wieder wird ihre feine Lebensart betont. Tristan selbst gibt sich (an Markes Hof und in Irland) als Sohn eines Kaufmannes aus und versetzt seine Umwelt in Staunen über das höchst kultivierte Savoir-vivre des Handelsstandes. Die Gleichstellung des wohlhabenden, gebildeten bürgerlichen Kaufmanns mit dem höfischen, ästhetisch raffinierten Aristokraten: hier ist sie vollzogen.

Ambivalenz ist für Gottfried jedoch nicht nur das Mittel, um unterschiedliche Adressatenkreise anzusprechen; sie dient ihm auch dazu, der Handlung des *Tristan* zusätzliche Aspekte und verändernde Akzente hinzuzugewinnen. So sehr der Autor sich auch auf seinen Gewährsmann Thomas beruft, so unverkennbar modifiziert er bisweilen doch dessen Bearbeitung und Darstellung des Stoffes. Er ist offensichtlich um höhere Plausibilität und psychologische Motivation der Handlung bemüht; er vertieft den geistigen Gehalt der Erzählung, die doch gerade in den ›spielmännischen‹ Fassungen (etwa bei Eilhart, von dem er sich distanziert) so sehr auf äußerliche Handlung, auf Betrugs-, Flucht- und Kampfepisoden abgestellt war; und wiederholt versucht er, die kompositorische Folgerichtigkeit der Fabel zu vervollkommnen.

Hinzugefügt hat er seiner Vorlage – außer dem Prolog – überdies die erwähnte ›Dichter-Revue‹, in der wir das erste Beispiel einer zeitgenössischen Literaturkritik in deutscher Sprache besitzen, die allegorische Auslegung der Minnegrotte, in der Tristan und Isolde ein flüchtiges Liebesglück erfahren, sowie vor allem die für die Deutung des Werkes sehr wichtigen, kommentierenden Exkurse, die zwar in den reflektierenden Partien bei Thomas zumindest vorgebildet waren, die von Gottfried aber beträchtlich ausgeweitet werden und in denen er einen auffälligen Hang zu didaktischer Erläuterung, spekulativer Betrachtung, beredter Rechtfertigung – und bisweilen auch nur geistreicher Causerie offenbart.

Von besonderem Interesse sind jene Partien, in denen der Autor ein gegenüber der Quelle verändertes inhaltliches Konzept erkennen läßt. Dazu gehört sicherlich die gewandelte Funktion des Minnetranks. Bei Thomas spricht Tristan eindeutig davon, daß zwischen ihm und Isolde schon vor dem Genuß des Elixiers eine »amur fine e veraie« (»eine vollkommene und wahre Liebe«; V. 2491) bestanden habe. Die magische Gewalt des Trankes wurde auf diese Weise durch eine nur noch symbolische Macht ersetzt. Gottfried aber läßt die Frage, ob die Liebe zwischen seinen beiden Protagonisten schon vor dem Minnetrank bestand oder durch diesen erst ausgelöst wurde, absichtlich in der Schwebe, und bis heute gibt es über dieses Problem eine lebhafte Forschungsdiskussion, die den bezweckten Erfolg der ambivalenten Darstellung durch den Autor nachhaltig bestätigt.

Es fehlen in dem Roman klare Beweise für einen Beginn der Liebe vor dem Genuß des Trankes; andererseits liefert Gottfried für die ›Vorher‹-Theorie eine Reihe von Argumenten, die den Gedanken nahelegen, daß Tristan und Isolde vom Schicksal (und allemal vom Autor) als vollkommenes Paar angelegt sind. Daß sie sich dann in gleichsam vorbestimmter Liebe finden, ist mithin nur die logische Erfüllung dieser Prädestination – gleichgültig, wodurch diese Einlösung bewirkt wird. Der Minnetrank verliert so seinen vordergründig-mechanischen Sinn der unvermittelten Liebesstiftung, und er markiert auch nicht den Einbruch des Dämonischen, Unberechenbaren in die Welt des Paares. Dadurch, daß Gottfried in dieser Szene die Liebe als übergeordnetes Lebensprinzip seiner Helden darstellt (und im Roman immer wieder personifiziert), macht er die Elementargewalt ihrer Leidenschaft nur um so deutlicher. Es geht ihm nicht um die Apologie des Sinnlichen aus dem Übersinnlichen; es geht um den Primat des Gefühls vor den Geboten der Gesellschaft, die als Werte nicht angetastet, sondern nur in ihrer Gewichtung der *minne* nachgeordnet und allein dadurch entscheidend relativiert werden.

In dem Trank konkretisiert sich pointiert – das heißt hier: auf den Zeit-Punkt gebracht – ein überlegenes Geschick, das in der Darstellung zwar erahnbar, aber nicht unzweifelhaft manifest war. Tristan und Isolde, mit allen Anzeichen höfischer Vollkommenheit ausgestattet, sind offensichtlich füreinander bestimmt; in der Idealität ihrer Harmonie verwirklicht sich die Idee der Liebe, und es bedarf des Minnetranks, um zum einen die überwältigende Zuneigung der beiden, die totale, die fatale Einsheit des Paares episch zu formulieren und um zum anderen durch die scheinbare Anlehnung an die (entlastende) Stofftradition dem Sittlichkeitsempfinden des höfischen Publikums Rechnung zu tragen. Auch dieses Verfahren gehorcht mithin dem Prinzip der Ambivalenz, von dem der ganze Roman so entscheidend bestimmt wird.

Wenn Tristan und Isolde nach dem (defizitären) *wunschleben* in der Minnegrotte ihre exklusive, selbstgenügsame Zweisamkeit aufgeben und an Markes Hof zurückkehren, dann hat dieser Entschluß natürlich mit der ›höfisch‹ geprägten Einsicht zu tun, daß das Minneglück ohne die soziale Komponente, ohne die Zeugenschaft und Anerkennung durch die Gesellschaft unvollkommen bleiben muß. Darüber hinaus aber ist die Rückkehr der beiden auch zu deuten als Bekenntnis zu ihrer Liebe, mochte diese auch illegitim sein und mochte der Versuch, diese Liebe trotz aller Behinderungen leben zu wollen, dann zur endgültigen Entdeckung und Trennung führen.

Der unerhörte Anspruch der Tristan-Liebe auf Verwirklichung auch gegen die Gebote der Gesellschaft, den Gottfried hier zugleich formuliert und durch konventionelle Einkleidung zurücknimmt, sprengte den Rahmen der literarischen Tradition, der Gottfried verpflichtet war. Die heikle Gratwanderung zwischen zwei Welten führte zum Absturz, die programmatische Absicht der Umdeutung mußte scheitern: Der Roman blieb unvollendet, womöglich weil der Autor die Aporie, in die sein Konzept ihn führen mußte, beizeiten einsah und die Arbeit abbrach – wenn er denn nicht einfach, wie ebenfalls behauptet wurde, vor Abschluß seines Werkes verstarb.

Von solchen Skrupeln wußten die beiden Fortsetzer sich frei: Ulrich von Türheim und Heinrich von Freiberg führten Gottfrieds Roman zum traditionell vorgezeichneten Ende. Dabei stützten sie sich jedoch nicht auf die *version courtoise* der Thomas-Gruppe. Der Publikumsgeschmack wandte sich im 13. Jahrhundert den grelleren Farben und dem höheren Unterhaltungswert der spielmännischen Erzähltradition zu. Sowohl Ulrich als auch Heinrich folgten Eilharts Bearbeitung, die dann ja auch später noch im *Prosa-Tristan* (1484) zu großer Verbreitung gelangte. In dieser gröberen Fassung waren die Widersprüche zwischen der (ohnehin brisanten) Aussage des Stoffes und dem Erwartungs- und Erfahrungshorizont des Publikums nicht so kraß wie bei Gottfried. Beide Fortsetzer bemühten sich um eine harmonisierende, mildernde Umdeutung der pikanten Geschichte, die deren unkonventionelle, widersetzliche Tendenz aufzuheben trachtete und die – ganz im Sinne der herrschenden christlich-religiösen sowie der einsetzenden frühbürgerlichen Moralvorstellungen – den abschließenden Tod der Liebenden implizite als angemessene, gottgegebene Strafe für deren sündiges Leben interpretierte.

Die 3728 Verse umfassende Fortsetzung Ulrichs von Türheim, die 1235–43 auf Anregung des Schenken Konrad von Winterstetten entstand, bleibt künstlerisch-formal wie auch gedanklich weit unter dem Niveau von Gottfrieds Dichtung. Der von Heinrich von Freiberg im Auftrage des böhmischen Adligen Reimund von Lichtenburg um 1290 verfaßte *Tristan*-Schluß (6890 Verse) fußt nicht nur auf Eilhart, sondern bezieht auch Ulrichs Bearbeitung mit ein, der er formal spürbar überlegen ist. Sein starker geistlicher Einfluß drückt sich besonders deutlich in dem dreifachen »Amen« der letzten Zeile aus. Bei Gottfried von Straßburg wäre ein solches Schlußwort kaum möglich gewesen. Der Zeitgeist hat ihn postum wieder eingeholt.[17]

Anmerkungen

1 Eine ausführliche Gesamtwürdigung versucht das Nachwort zu meiner *Tristan*-Ausgabe, dem diese Skizze in ihren Grundzügen folgt. **2** J. Grimm, *Kleinere Schriften*, Bd. 6, Berlin 1882. S. 95. – Durchaus lobend äußerten sich zu Gottfrieds Roman mehrere Stimmen aus dem »Vorhof der deutschen Philologie« (Friedrich Neumann): J.B. Docen hielt (im *Museum für Altdeutsche Literatur und Kunst*, hrsg. von F. H. v. d. Hagen, B. J. Docen und J. G. Büsching, Bd. 1, Berlin 1809, S. 52–61) diesen »Roman für Liebende« für das »Schönste, was in jenen Zeiten der Deutsche Kunstsinn hervorgebracht hat«, und er rühmt die »Schönheit« des Werkes, »die durch die harmonische Übereinstimmung der Form und des Inhalts, des Ausdrucks und des Gegenstandes« bestimmt werde – wobei Docen freilich Wertungskategorien aufnimmt, die Gottfried selbst (in seiner Würdigung Hartmanns von Aue) verwendet hat. Jacob Grimm nennt Docens Äußerungen über den *Tristan* zustimmend »das beste, was ich von ihm noch gelesen habe« (*Briefwechsel zwischen Jacob und Wilhelm Grimm aus der Jugendzeit*, hrsg. von H. Grimm und G. Hinrichs, 2., verm. und verb. Aufl. bes. von W. Schoof, Weimar 1963, S. 111). Auch die Brüder Schlegel waren sich in ihrer Hochschätzung des *Tristan* einig; August Wilhelm Schlegel begann sogar eine Umdichtung des Werkes. Häufig wurde vor allem im Vergleich zu Wolfram von Eschenbach die stilistische Überlegenheit und Virtuosität Gottfrieds hervorgehoben (vgl. J. Götz, *Die Entwicklung des Wolframbildes von Bodmer bis zum Tode Lachmanns in der germanistischen und schönen Literatur*, Endingen 1940, S. 12 f.). Deutlich ist dieser Gegensatz auch bei Heinrich Heine formuliert: »Gottfried von Straßburg, der Verfasser dieses schönsten Gedichts des Mittelalters, ist vielleicht auch dessen größter Dichter, und er überragt noch alle Herrlichkeit des Wolfram von Eschilbach« (*Die romantische Schule*, 1835); zit. nach: *Sämtliche Werke*, hrsg. von K. Briegleb, Bd. 5, München 1976, S. 366). **3** K. Lachmann, *Kleinere Schriften*, Bd. 1, Berlin 1969, S. 159. **4** So resümiert Grimm in seiner Gedenk-*Rede auf Lachmann* (1851) dessen Einschätzung des *Tristan*-Romans; in: J. Grimm, *Kleinere Schriften*, Bd. 1, Berlin 1864, S. 157. **5** G. G. Gervinus, *Geschichte der deutschen Dichtung*, Bd. 1, Leipzig [4]1853, S. 423. **6** Die einschlägigen Stellen sind gesammelt in: *Dichter über Dichter in mittelhochdeutscher Literatur*, hrsg. von G. Schweikle, Tübingen

1970 (zit. als: Schweikle). **7** Konrad von Würzburg in der *Goldenen Schmiede*, zit. nach: Schweikle (s. Anm. 6) S. 56. **8** Schweikle (s. Anm. 6) S. 86. **9** Abgedruckt und übersetzt im Nachwort zu meiner *Tristan*-Ausgabe, S. 209 f. **10** Das *Tristan*-Fragment ist mit insgesamt 11 vollständigen Handschriften sowie 15 Bruchstücken relativ breit überliefert. – Über die Handschriftenverhältnisse informieren Schröders Nachwort zur Ausgabe von Marold, S. 283–289, sowie H.-H. Steinhoff, *Gottfried von Straßburg, »Tristan«. Ausgewählte Abbildungen zur Überlieferung*, Göppingen 1974, S. V–IX. **11** Schweikle (s. Anm. 6) S. 59. **12** Vgl. dazu die provenzalischen *Trobadors* und die altfranzösischen *Trouvères*, deren Bezeichnungen ebenfalls auf *finden* verweisen. **13** Zur mittelalterlichen Stoffgeschichte vgl. Stein und Brogsitter. Immer noch gültig die materialreiche Darstellung bei Ranke, S. 31–57; außerdem Weber/Hoffmann, S. 31–57. **14** Zur Identität des Dichters vgl. die Einleitung zu Eilhart von Oberg, *Tristan. Synoptischer Druck der ergänzten Fragmente mit der gesamten Parallelüberlieferung*, hrsg. von H. Bußmann, Tübingen 1969. **15** Der in einem Akrostichon des Prologs genannte Dieterich, in dem wir den Auftraggeber vermuten dürfen, ist bisher nicht eindeutig identifiziert. **16** Vgl. auch D. Buschinger, »L'image du marchand dans les romans de Tristan en France et en Allemagne«, in: *Tristania. A journal devoted to Tristan studies* 10 (1984/85) Nr. 1/2, S. 43–51, sowie Tomasek, S. 248–255. **17** In der weiteren Wirkungsgeschichte des Tristan-Stoffes ist vor allem die Behandlung durch Richard Wagner (Urauff. 1865) von Bedeutung, die Gottfrieds Verdienste um eine revolutionäre Gestaltung dieses Themas im allgemeinen Bewußtsein bis heute unangemessen zurückgedrängt hat. Vgl. P. Wapnewski, *Tristan der Held Richard Wagners*, Berlin 1981.

Bibliographische Hinweise

Tristan. Hrsg. von K. Marold [1906]. 3. Abdr. mit einem durch F. Rankes Kollationen erw. und verb. Apparat bes. und mit einem Nachw. vers. von W. Schröder. Berlin 1969.

Tristan und Isold. Hrsg. von F. Ranke. Dublin/Zürich 1930. [15]1978.

Tristan. 2 Bde. Nach der Ausg. von R. Bechstein hrsg. von P. Ganz. Wiesbaden 1978.

Tristan. 3 Bde. nach dem Text von F. Ranke neu hrsg., ins Neuhochdeutsche übers., mit einem Stellenkomm. und einem Nachw. von R. Krohn. 3., durchges. Aufl. Stuttgart 1984.

Tristania. A journal devoted to Tristan studies. Bd. 1 ff. 1975 ff.

Gottfried von Straßburg. Hrsg. von A. Wolf. Darmstadt 1973. (Wege der Forschung. 320.)

Brogsitter, K. O.: Artusepik. Stuttgart ^{2}1971. S. 97–116.

Dietz, R.: Der »Tristan« Gottfrieds von Straßburg. Probleme der Forschung (1902–1970). Göppingen 1974.

Huber, Ch.: Gottfried von Straßburg, »Tristan und Isolde.« Eine Einführung. München/Zürich 1986.

Huby, M.: Prolegomena zu einer Untersuchung von Gottfrieds »Tristan«. 2 Bde. Göppingen 1984.

Jaeger, S. C.: Medieval Humanism in Gottfried von Strassburg's »Tristan und Isolde«. Heidelberg 1977.

Kuhn, H.: Gottfried von Straßburg. In: Die deutsche Literatur des Mittelalters. Verfasserlexikon. Bd. 3. Berlin / New York ^{2}1981. Sp. 153–168.

Okken, L.: Kommentar zum Tristan-Roman Gottfrieds von Straßburg. 3 Bde. Amsterdam 1984–88.

Schoepperle, G.: Tristan and Isolt. A Study of the Sources of the Romance. Frankfurt a. M. 1913. – 2nd edition, expanded by a bibliography and critical essay on Tristan scholarship since 1912 by R. Sh. Loomis. New York 1960.

Stein, P. K: Tristan. In: Epische Stoffe des Mittelalters. Hrsg. von V. Mertens und U. Müller. Stuttgart 1984. S. 365–394.

Steinhoff, H.-H.: Bibliographie zu Gottfried von Straßburg. Berlin 1971.

Tomasek, T.: Die Utopie im »Tristan« Gottfrieds von Straßburg. Tübingen 1985.

Tristan et Iseut, Mythe Européen et Mondial. Hrsg. von D. Buschinger. Göppingen 1987.

Weber, G.: Gottfried von Straßburg. 5., von W. Hoffmann bearb. Aufl. Stuttgart 1981. (Sammlung Metzler. 15.)

Walther von der Vogelweide

Von Günther Schweikle

Walther von der Vogelweide gilt als der bedeutendste mittelhochdeutsche Lyriker. Dieses Urteil stand schon im Mittelalter fest: Kein anderer mittelhochdeutscher Sänger ist im 13. und 14. Jahrhundert so häufig überliefert (Neidhart überrundet ihn erst im 15. Jahrhundert). In der Großen (oder Manessischen) Liederhandschrift (C), der umfassendsten Dokumentation der mittelhochdeutschen Lyrik des 12. und 13. Jahrhunderts, steht Walther unangefochten an erster Stelle (444 Strophen – zum Vergleich: Reinmar der Alte 262, Neidhart rund 300 Strophen). Auch in der Zahl der Handschriften und ihrer zeitlichen Streuung behält er unter den Lyrikern um 1200 seinen Rang (etwa 30 handschriftliche Zeugen gegenüber 8 bei Reinmar).

Schon Walthers Zeitgenossen rühmen ihn und sein Werk. Gottfried von Straßburg bezeichnet ihn im ›Literatur-Exkurs‹ des *Tristan* (um 1210) als »leitevrouwe« (Anführerin) der »nahtegalen« (Nachtigallen, d. h. Lyriker) nach Reinmars Tod (V. 4750 ff.). Wolfram von Eschenbach, Heinrich von dem Türlin und der Lyriker Ulrich von Singenberg beziehen sich auf ihn. Erwähnt wird er auch von späteren Epikern wie Rudolf von Ems, Hugo von Trimberg oder im sogenannten *Jüngeren Titurel.* Lyrische Totenklagen (von Reinmar von Brennenberg, Rubin, Marner, Hermann Damen) bestätigen ebenso seine breite Wertschätzung wie die Kritik Frauenlobs. Die Meistersinger zählen ihn zu ihren zwölf Alten Meistern. Die letzten Nennungen finden sich

Walther von der Vogelweide

bei den Meistersang-Historiographen Cyriacus Spangenberg (1598) und Johann Christoph Wagenseil (1697).

In dieser Zeit hatte bereits die neuzeitliche Rezeption des Werkes aus der Handschriftenüberlieferung begonnen: 1601 hatte der rechtsgeschichtlich interessierte Polyhistor Melchior Goldast erstmals einige Spruchstrophen Walthers aus der Manessischen Handschrift publiziert. Auf sie stützt sich die Erwähnung Walthers im *Buch von der deutschen Poeterey* (1624) von Martin Opitz. Eine quellenfundierte Neuentdekkung der gesamten Lyrik Walthers setzt dann im 18. Jahrhundert mit den Publikationen der Manessischen Handschrift durch die Schweizer Johann Jakob Bodmer und Johann Jakob Breitinger (1748 und 1758/59) ein. 1822 erschien eine erste Monographie von Ludwig Uhland, die Walther einem breiteren Publikum nahebrachte. Ihr folgte 1827 die erste textkritische Edition der Gedichte Walthers durch Karl Lachmann, nach der bis heute zitiert wird.

Walther ist der einzige Dichter des Hochmittelalters, der als Sänger auch urkundlich bezeugt ist: Die Reiserechnungen des Bischofs Wolfger von Passau vermerken unter dem 12. November 1203, der »cantor« Walther von der Vogelweide habe eine Summe Geldes für einen Pelzrock erhalten. Walther befand sich demnach zu jener Zeit im Gefolge dieses geistlichen Literaturmäzens, der in Zeiselmauer an der Donau, wohl auf der Rückreise von der Hochzeit des österreichischen Herzogs Leopold VI., Station gemacht hatte.

Weitere Lebensdaten Walthers sind aus seinen Liedern zu erschließen: »ze Ôsterrîche« lernte er »singen unde sagen« (L 32,14). Nach dem Tode seines ersten bekannten Gönners, Friedrichs von Österreich (1198), verließ Walther Wien und fand Aufnahme am staufischen Hof (L 19,29). Dieser Wechsel zur Reichszentrale, einem Zentrum politischer Aktivitäten, scheint bei Walther auch einen Wechsel vom Minnelyriker zum politischen Lyriker bewirkt zu haben, der sich wohl erstmals im ›Reichston‹ (L 8,4) artikulierte.

Wie der staufische Hof in seinen Herrschaftsgebieten ständig unterwegs war, so auch Walther – ein fahrender Sänger. Den Radius seiner Wanderschaften umreißt er in einer Strophe des ›Unmutstones‹ (L 31,13): »von der Seine unz an die Muore« (Steiermark), »von dem Pfâde« (Po) »unz an die Traben« (Trave bei Lübeck). Aus seiner Reichsdichtung, den Spruchstrophen, gerichtet an König Philipp (1198–1208), Kaiser Otto (1208–18) und König bzw. Kaiser Friedrich II. (1212–50), läßt sich folgern, daß Walther immer wieder den Umkreis der Herrschenden aufsuchte. Die an weltliche und geistliche Fürsten adressierten Sprüche (an Landgraf Hermann von Thüringen, Herzog Leopold von Österreich, Markgraf Ludwig von Meißen, Herzog Bernhard von Kärnten, Graf von Katzenellenbogen, Erzbischof Engelberg von Köln u. a.) belegen Aufenthalte auch an anderen Höfen. Ein Spruch wie der ›Tegernseespruch‹ (L 104,23) verrät überdies, daß Walther auch in Klöstern einkehrte.

Der alternde Walther scheint dann nach einer ›Alterssicherung‹ gesucht zu haben: Er warb – offenbar vergeblich – um eine Bleibe am »wünneclîchen hof ze Wiene« (L 84,9) und bei Friedrich II. (L 28,1), von dem er erst recht spät, gegen 1220, doch noch einen ›eigenen Herd‹ erhalten zu haben scheint, wie der jubelnde Vers »Ich hân mîn lêhen, al die werlt, ich hân mîn lêhen« (L 28,31) bezeugt. Welcher Art dieses »lêhen« war, das man bei Würzburg vermutet, ist nicht auszumachen. Walther war indes auch nach diesem Zeitpunkt noch unterwegs, wie z. B. aus Strophen hervorgeht, die sich an den Kölner Erzbischof wenden (L 85,1) oder einen Nürnberger Reichstag (1224? 1225?) ansprechen (L 84,14).

Das letzte Gedicht Walthers mit zeitgeschichtlichem Bezug ist die sogenannte ›Elegie‹ (L 124,1), ein resignativer Rückblick auf sein Leben, verbunden mit einem Kreuzzugsaufruf, der eine Datierung im Umkreis des 5. Kreuzzuges Friedrichs II. (1128/29) erlaubt. Danach fehlen sichere Zeitbezüge. In der Forschung wird Walthers Tod um 1230 angesetzt. Nach den Angaben in einer weiteren Altersklage, »wol vierzec jâr hab ich gesungen oder mê« (L 66,27), dürfte er um 1170 geboren sein und etwa von 1190 bis 1230 als Sänger gewirkt haben.

Zwei Einträge im 1350 entstandenen Hausbuch des Würzburger Protonotars Michael de Leone berichten, Walther sei im Grashof des Kreuzganges des Würzburger Neustiftes begraben. Dort erinnert ein (neuerer) Gedenkstein mit Versen Hugos von Trimberg (aus dem *Renner*, V. 1187 f.) an den ›Sänger des Reiches und der Minne‹: »Her Walther von der Vogelweide: / Swer des vergêze der tête mir leide.«

Die Frage nach Walthers regionaler und sozialer Herkunft ist bis heute offen. Um die Ehre der Heimat Walthers streiten sich vor allem Südtirol (Layener Ried) und Franken, wo jeweils Vogelweidhöfe nachgewiesen wurden, neuerdings auch das Waldviertel. »Von der Vogelweide« könnte allerdings auch nur Künstlername sein. Von Walther selbst ist lediglich zu erfahren, daß er in Österreich zum Dichter (!) wurde (vgl. L 32,14). Auch Walthers ständische Einordnung ist fraglich. Ob er Ritter war oder wenigstens ›ritterbürtig‹, d. h., aus der Familie eines Ritters stammte (wie das 19. Jahrhundert im Anschluß an die schon im Spätmittelalter einsetzende nostalgische Verklärung der Stauferzeit annahm), ist unsicher, da Walther selbst nirgends auf seinen Sozialstatus, nur auf seine personale Würde abhebt: »sô bin ich doch, swie nider ich sî, der werden ein« (»so bin ich doch, wie sozial niedrig ich auch sein mag, einer, der Anspruch auf Wertschätzung hat«; L 66,37). Das Walther in der Miniatur der Handschrift C beigegebene Wappen ist ebensowenig beweisend wie die (Höflichkeits-)Anrede mit *her*. Walther dichtete zwar für ein höfisches Publikum. Ihm gegenüber vertrat er auch adlige Prinzipien. Daraus ist aber nicht unbedingt auf adlige Abstammung zu schließen. Die erhaltenen Zeugnisse sprechen eher für nicht-adlige Herkunft.

Walthers lyrisches Werk umfaßt nahezu 600 Strophen. Sie verteilen sich auf 13 Sangspruch-Reihen, sogenannte ›Töne‹

(bestehend aus 3 bis 22 gleichgebauten Strophen, von der Forschung nach charakteristischen Gestalten oder Themen benannt, insgesamt etwa 180 Strophen), 8 didaktische und 5 religiöse Lieder (mit etwa 50 Strophen) und ein Leich, ferner rund 80 Minnelieder (mit etwa 360 Strophen).

Walther von der Vogelweide führte den Minnesang auf eine einsame Höhe. Sein eigenster Beitrag zur mittelhochdeutschen Lyrik ist jedoch eine fundamentale Erweiterung des Themenspektrums der Sangspruchlyrik. Diese hatte sich vor Walther auf Gnomik, auf Welt- und Lebensklagen, Bitt- und Gönnerpreisstrophen (Spervogel) beschränkt. Walther macht sie nun zu einem wirkungsvollen politischen Medium, mit welchem er u. a. zu prinzipiellen und aktuellen Fragen der Reichs- und Fürstenpolitik Stellung nimmt.

Angeregt wurde er zu dieser Repertoire-Erweiterung wohl durch den Wechsel 1198 an den staufischen Hof, an welchem die Wirrungen und Parteiungen der Zeit kulminierten: Nach dem Tode des Stauferkaisers Heinrich VI. 1197 brach im Nachfolgestreit zwischen Heinrichs Bruder Philipp von Schwaben und Otto von Poitou, dem Sohn Heinrichs des Löwen, der alte Gegensatz zwischen Staufern und Welfen wieder auf, in den sich auch Frankreich (auf seiten der Staufer) und (auf seiten der Welfen) England und der Papst einmischten.

In diesen die Epoche spaltenden Auseinandersetzungen, in denen es letztlich um den seit dem 11. Jahrhundert aufgebrochenen Kampf um die Vorherrschaft von *imperium* (Kaisertum) oder *sacerdotium* (Papsttum) ging, ergriff Walther stets für das *imperium* das Wort – wer immer es auch repräsentierte, die Staufer Philipp und Friedrich II. oder der Welfe Otto. Dies erklärt auch seine radikale Frontstellung gegen das Papsttum.

Schon im dreiteiligen ›Reichston‹ (L 8,4) werden die drei Hauptthemenbereiche angesprochen, um die Walthers politische Dichtung kreist: Reichsidee – Tagespolitik – Kirchenkritik (neben den traditionellen Weltklagen und Lebensreflexionen). Walthers Ausgangspunkt für seine politischen Stellungnahmen ist die Vision eines starken Reiches mit einem Herrscher, dessen Berufung durch Gott sich in glaubhaften Symbolen offenbart, der *fride unde reht* verbürgt und mit *milte* (Freigebigkeit) regiert. Solche Idealbilder gestaltet er in panegyrischen Strophen vor allem im ›1. Philippston‹ (›Magdeburger Weihnacht‹ mit der Trinitätssymbolik: »Ez gienc, eins tages als unser hêrre wart geborn«; L 19,5; im ›Kronenspruch‹ mit dem Preis der prästabilierten Harmonie von König und dem Zeichen seiner Macht: »Diu krône ist elter danne der künec Philippes sî«; L 18,29) oder in den Kaiserstrophen des ›Ottentones‹ (L 11,30 ff.).

Diese poetisch eindringlich gestalteten Utopien sah Walther indes durch die Realität gefährdet, wie die Mahn- und Scheltstrophen (im gleichen Ton!) verraten. Walther erscheint in den warnenden, oft sarkastischen Aufrufen zur Besinnung auf Herrschertugenden wie Recht, Treue, Ordnung, Gerechtigkeit als unerbittlicher Richter: Auch ein vordem hochgelobter Philipp bestand nur kurze Zeit vor seinem Urteil; so prangert er Philipps – und später auch Ottos – Mangel an *milte* mit zum Teil rüden Vergleichen an (›1. und 2. Philippston‹, besonders L 19,17, 16,36; ›König-Friedrichston‹, L 26,23, 26,33 u. a.). Selbst an Friedrich II. findet er, allerdings zurückhaltender, etwas auszusetzen (L 27,7), vor allem aber an Friedrichs unbotmäßigem Sohn Heinrich (VII.), gegen den sich der alternde Walther zum strengen Schulmeister aufwirft (›König-Heinrichston‹, L 101,23).

Mit besonderer Schärfe attackiert er die klerikalen Widersacher des Reiches, denen er Unwahrhaftigkeit, Doppelspiel, Mißbrauch der kirchlichen Machtmittel, Simonie u. a. vorwirft (vgl. 3. Str. des ›Reichstons‹, ›Ottenton‹ und vor allem ›Unmutston‹, L 34,4). In treffender Ironie gestaltet er kleine boshafte Szenen wie z. B. in L 34,4 (»Ahî wie kristenlîche nû der bâbest lachet«), wo die päpstliche Geldsammlung für einen Kreuzzug als bloße Bereicherung denunziert wird.

Dem in weltliche Machtkämpfe verstrickten Papsttum (Stichwort: Konstantinische Schenkung, L 10,25), repräsentiert durch Papst Innozenz III., stellt Walther den gottzugewandten *klôsenære* (Klausner) als geistliches Ideal entgegen (schon im ›Reichston‹, weiter als Selbstzitat im ›Kaiser-Friedrichston‹ L 10,33 und im ›Unmutston‹ L 34,33). Die breite Wirkung solcher Mahnungen Walthers bezeugt Thomasin von Zerklære, der Verfasser des *Welschen Gastes*, einer höfischen Tugendlehre (1216). Allerdings dürfte im 19. Jahrhundert Walthers Einfluß – gleichsam als ›Hofpropagandist‹ – auf die politische Szene überschätzt worden sein.

Neben den preisenden, mahnenden und scheltenden Apostrophen an weltliche und geistliche Herren seiner Zeit wird Walthers Sangspruchlyrik auch Gefäß für allgemeine Welt- und Zeitklage. Er fordert rigoros die Befolgung christlicher Ethik, besonders eindringlich im ›Wiener Hofton‹: »Dich (Gott) heizet vater maneger vil, / swer mîn ze bruoder niht enwil« (L 22,6 f.; vgl. 26,13); er verweist immer wieder auf die prinzipielle Gleichheit der Menschen, aber auch auf die Schwierigkeit, die Wertetrias *guot – êre – gotes hulde* (L 8,14 ff., 20,16, 22,18) zu vereinen. Er rügt mangelnde Freundestreue, Neid, Geiz, Trunksucht, er stellt den Besitzenden die (auch persönliche) Armut gegenüber. Bis zu seinen letzten Liedern bedauert er den Zerfall der höfischen Ordnung (L 24,3, 124,1), auch in Minneliedern (z. B. L 48,12). Seine Leitwörter sind *mâze* und *zuht*. Und nicht zuletzt artikuliert Walther grundsätzliche dogmatische Zweifel (L 26,3).

Es ist kennzeichnend für Walthers Sangspruchlyrik, daß ihre Töne selten thematisch einheitlich sind, die Strophen zu verschiedenen Zeiten verfaßt sein können: Zwischen Apostrophen an die Fürsten, nach welchen die Töne benannt sind, finden sich auch andere Texte, so im ›König-Friedrichston‹ solche über den Herzog von Österreich (L 28,11), religiöse Betrachtungen (L 26,3) und Frauenpreisstrophen (L 27,17, 27,27).

Walther schuf auch erstmals eine Altersdichtung, die sich von dem bis dahin üblichen eher toposhaften Kokettieren etwa mit grauen Haaren (Veldeke oder Reinmar) wesenhaft absetzt. Er formuliert in ihr Weltabschied, die Absage an frühere Ziele (vgl. z. B. »Ir reinen wîp, ir werden man«; L 66,21). Er zieht eine Lebensbilanz, aus der trotz aller Resignation seine stolze Selbsteinschätzung hervorsticht: »Lât mich an eime stabe (Altersstab, Bettelstab) gân« (L 66,33). Er wägt am Ende seines Lebens gesellschaftliche und geistige Werte ab, beschwört das (auch in der bildenden Kunst, z. B. am Wormser Dom gestaltete) Bild der zweiseitigen (vorne schönen, im Rücken abstoßend häßlichen) Frau Welt und beurteilt die Verheißungen von himmlischer und irdischer Liebe unter neuen Perspektiven, eine Dualität, die im Zusammenhang mit dem Kreuzzug auch bei seinen Vorgängern (Friedrich von Hausen, Hartmann von Aue) aufgetaucht war.

Am eindrucksvollsten zusammengefaßt sind die Aspekte eines resignativen Lebensrückblicks in der sogenannten Elegie »Owê war sint verswunden alliu mîniu jâr!« (L 124,1), in der persönlich-individuelle und gesellschaftliche Probleme von einer abgeklärten, letztlich enttäuschten Warte aus beleuchtet werden.

Auch in seiner religiösen Lyrik, dem ›Marienleich‹ (L 3,1), dem ›Kreuzlied‹ (L 76,22) und dem berühmten ›Palästinalied‹ »Allerêrst lebe ich mir werde« (»Jetzt erst leb ich in vollem Wert«; L 14,38), zu welchem die einzige vollständige und wohl authentische Melodie Walthers erhalten ist, gestaltet Walther die seine Zeit bedrängenden heilsthematischen, eschatologischen Fragen.

In eine breiter faßbare Tradition tritt Walther mit seiner Minnelyrik ein. Man nimmt an, daß er vor seinem Weggang aus Wien vor allem als Minnesänger im Stile Reinmars des Alten wirkte, des Hauptvertreters des Hohen Minnesangs – einer Minnekonzeption, die im beharrlichen, wenngleich aussichtslosen Dienst um eine unerreichbar scheinende *frouwe* eine sittliche Selbsterhöhung anstrebte. Werbelyrik solcher Art schuf auch Walther (vgl. etwa L 13,33: »Maneger frâget waz ich klage«).

In der älteren Forschung wird Walther geradezu als Schüler Reinmars und als dessen Konkurrent um eine ›Sängerpfründe‹ am Wiener Hof vorgestellt. Gegenüber dieser unbewiesenen Hypothese ist aber wohl wahrscheinlicher, daß er mit Reinmar, dem neben ihm bedeutendsten Sänger, in einer fortwährenden Konkurrenz gestanden habe – eine poetische Rivalität, wie sie sich sachbedingt zwischen zwei Sängern ergeben mußte, welche an den gleichen Höfen um Anerkennung des Publikums rangen.

Die anfängliche Idealkonkurrenz mündete schließlich in unmittelbare poetische Auseinandersetzungen (sogenannte Reinmar-Walther-Fehde) über die rechte Art des Frauenpreises, wobei Reinmars hochgespannte und manchmal auch wehleidige Art für den aggressiveren Walther Anlaß zu Spott und Gegenrede gewesen sein könnte. Eindeutig ist eine solche Parodie bezeugt durch eine singuläre Notiz vor einem Gedicht Walthers in der Handschrift C, welche die Anfangszeile einer Reinmar-Strophe (*Minnesangs Frühling* 159,1) zitiert: »in dem dône Ich wirbe umb allez daz ein man«. Walther spießt in seinem – in derselben Strophenform abgefaßten – Lied übertrieben wirkende Motive (Mattsprechen aller anderen Frauen, Kußraub, Vergleich der Dame mit dem »ôsterlîchen tac«) aus diesem und einem weiteren Reinmar-Lied (*Minnesangs Frühling* 159,1 und 170,1) auf.

Auch Walthers Preislied »Ir sult sprechen willekomen: / der iu mære bringet, daz bin ich« (L 56,14) kann als Versuch gesehen werden, Reinmars Frauenpreis »Waz ich nu niuwer mære sage« (*Minnesangs Frühling* 165,10) zu konterkarieren. Die Forschung hat eine ganze Reihe solcher gegenseitigen Bezüge herausgearbeitet; überdies stellen sich Lieder Heinrichs von Morungen (mit dem Motiv des verstummten Liebhabers) und eine Passage aus Wolframs *Parzival* (Mattsprechen) zu diesem immer wieder aufflammenden Sängerwettstreit. Walther scheint im Rahmen seiner Liedpersiflagen auch ganze Strophen von Dichter-Kollegen aufgegriffen und parodistisch weitergedichtet zu haben, z. B. »Lange swîgen« (L 72,31) – gegen Reinmar – oder »Ich wil immer singen« (*Minnesangs Frühling* 146,11) – gegen Morungen. Sein eigenwilliges Selbstgefühl wird besonders deutlich in der polemischen Umkehrung des Reinmar-Satzes »stirbet si (die Frau), sô bin ich tôt« (*Minnesangs Frühling* 158,28), in »stirbe ab ich, sô ist si tôt« (L 73,16), d. h., die Existenz der Besungenen hänge von ihm, von seiner Kunst ab.

Wenn auch das Verhältnis Walthers zu Reinmar zeitweise durch persönliche Animositäten getrübt gewesen sein konnte (vgl. Walthers »dich selben wolt ich lützel klagen« – »dich selbst wollte ich wenig beklagen«; L 83,5), so war es letztlich doch getragen von künstlerischer Hochschätzung, wie aus dem Nachruf auf Reinmar hervorgeht, dem einzigen, den Walther (außer dem auf Erzbischof Engelbert von Köln) einem Zeitgenossen gewidmet hat und in welchem er einen Kernsatz Reinmars wörtlich zitiert (L 82,34–36):

hetst anders niht wan eine rede gesungen,
'so wol dir, wîp, wie reine ein nam!' dû hetest alsô gestriten,
an ir lop daz elliu wîp dir gnâden solten biten.

Hättest du nichts als dieses Lied gesungen »Heil dir, Frau, welch reiner Begriff!«, du hättest dich so für ihr Lob eingesetzt, daß alle Frauen um dein Seelenheil bitten sollten.

Walthers literarhistorische Bedeutung als Minnelyriker liegt allerdings nicht so sehr in diesen auf aktuelle Wirkung angelegten Streitigkeiten als in einer neuen Minnekonzeption, einem neuen Frauenbild. Er setzt der Dienst- und Verzichtminne Reinmars die Forderung einer Minne auf Gegenseitigkeit entgegen (»Friundîn unde frowen in einer wæte«, also »in einem Kleid«, L 63,20, oder »minne ist zweier herzen wünne«, L 69,10). Er entwirft das Bild eines weiblichen Partners, dessen Wert nicht in seinem Stand liegt, sondern in seiner menschlichen Essentialität: »Wîp muoz iemer sîn der wîbe hôhste name« (»Frau sollte immer der Frauen höchstes Wesen sein«; L 48,38).

Von dieser Position aus, die der standesüberhobenen Proklamation der *edelen herzen* im *Tristan* Gottfrieds von Straßburg korreliert, war es nur noch ein Schritt zum poetischen Preis außerhöfischer Frauengestalten – in den Liedern, welche Walthers bekannteste Schöpfungen wurden, den sogenannten Mädchenliedern wie »Nemt, frowe, disen kranz« (L 74,20) oder »Herzeliebez frowelîn« (L 49,25) und der Mädchenmonolog »Under der linden« (L 39,11), ein Text, der in seiner anrührend-melodiösen Verspieltheit eine Perle der mittelhochdeutschen Lyrik darstellt.

Allerdings, auch diese Lieder sind letztlich nur metaphorische Ausgestaltungen der schon von Dietmar von Aist formulierten Sentenz »liep âne leit mac niht gesîn« (*Minnesangs Frühling* 39,24). Gerade Walthers wesentliche Minnelieder, ob an eine höfische *frouwe* oder ein *frouwelîn* gerichtet, beschwören die leidbesetzte Beziehung auf allen ständischen Ebenen – und symbolhaft hinausweisend auf alle zwischenmenschlichen Bereiche. So wird diese eigentümliche Minnelyrik im Grunde zum Gefäß für eine ins Bild der Liebesbeziehung gefaßte existentielle Leiderfahrung. Am deutlichsten wird dies im Lied »Aller werdekeit ein füegerinne« (L 46,32), einem der meistinterpretierten Texte Walthers, der oft als bloße Ankündigung einer (letztlich biographisch gesehenen) ›neuen Hohen Minne‹ gedeutet wurde, der indes eher eine argumentativ erweiterte Variation des zitierten Kernsatzes darstellt: ob der Sänger *hôhe* oder *nidere* wirbt, ob ihm *herzeliebe* winkt, immer ist ihm *schade* sicher. Was Leidfreiheit gewähren könnte – das *ebene werben*, ist nach Walther weder im höfischen (*ze hove*) noch außerhöfischen Bereich (*an der strâze*) möglich. Walther gießt diese Erfahrung in immer neue einprägsame Wendungen: »daz si dâ heizent minne, / deis niewan senede leit« (»das ist nichts als sehnsuchtsvolles Leiden«; L 88,19 f.) oder »herzeliebes, swaz ich des noch ie gesach, / dâ was herzeleide bî« (L 41,33 f.).

Texte, die frei sind von dieser Leidbedrohung, finden sich, wenngleich seltener, bei Walther ebenfalls, vgl. die Sommererwartung »Uns hât der winter geschât über al« (L 39,1), das Vokalspiel »Diu welt was gelf, rôt unde blâ« (L 75,25) oder den Frauenpreis »Sô die bluomen ûz dem grase dringent« (L 45,37).

Neben den an ein weibliches Gegenüber gerichteten Liedern stehen auch solche, in welchen der Didaktiker Walther prinzipielle Einsichten zur Minne formuliert, in welchen er zur *stæte* (Treue) mahnt, die *fröide* stiftende Funktion der Minne preist (vor allem in den Liedern L 95,17 ff.), die Werterhöhung des Mannes hervorhebt: »swer guotes wîbes minne hât, / der schamt sich aller missetât« (L 93,17 f.), aber auch auf eine sittigende Verantwortung der Frauen verweist: »Daz die man als übel tuont, / dast gar der wîbe schult« (L 90,31 f.).

In diesen Themenkreis gehören auch minneprogrammatische Erklärungen, die prinzipiell ins Gesellschaftliche und Humane ausgreifen wie in »Zwô fuoge hân ich doch, swie ungefüege ich sî« (»zwei Fähigkeiten habe ich doch, wie ungefüge ich auch erscheinen mag«; L 47,36). Mit Walthers kritischen Reflexionen des Zeitgeistes ist meist eine Laudatio temporis acti oder ein mahnender Zuruf an die Jugend verbunden.

Immer wieder betont Walther die Bedeutung der inneren Schönheit gegenüber der äußeren: »schoener lîp entouc niht âne sin« (»schöne Gestalt taugt nichts ohne entsprechende Gesinnung«, L 86,14, vgl. etwa auch L 50,1 ff., 92,21 u. a.).

Walther war dennoch der erste, welcher auch die äußere Frauenschönheit schilderte (vgl. etwa L 53,25), der sein Frauenbild nicht nur durch Mund und Augen (als Pars pro toto) umriß wie etwa noch Morungen.

So progressiv Walthers Kunst im Vergleich mit der Reinmars des Alten war – was mit Neidharts dörperlicher Poesie auf den literarischen Markt kam, ging dem alternden Walther dann doch zu weit, vgl. seine Klage L 64,31:

Owê, hovelîchez singen,
daz dich ungefüege doene
solten ie ze hove verdringen!

Ach, höfisches Singen, daß derbe Töne dich jemals vom Hof verdrängen durften!

Walthers Lyrik ist von proteischer Vielgestaltigkeit. Er faßt seine Gedanken in bildhafte, sinnlich-anschauliche Sprache, die er bei aller Reflexion und stringenter Argumentation, bei allem didaktischen Engagement in leicht schwingende, flüssige Verse gießt. Er gewinnt dem Motiv- und Themenschatz immer neue, eingängige Aspekte ab, brilliert mit überraschenden Formulierungen, mit witzigen Pointierungen, einprägsamen Sentenzen, lapidaren Begriffskonstellationen und augenfälligen kleinen Szenen (z. B. L 53,33 f., 63,7), Dialogen oder Wendungen ans Publikum, welche die Vortrags- und Konkurrenzszene in sprechender Gestik unmittelbar deutlich werden lassen (»waz wil si mêre? / hiest wol gelobt: lobe anderswâ«; L 59,35 f.).

Neben einer originellen und poesievollen Metaphorik fällt der wirkungsvolle Einsatz rhetorischer Stilmittel auf. Walther verwendet überraschende Epitheta, Oxymora (*senfte unsenftekeit*; L 119,25), Apostrophen und Personifikationen (*Her Stoc, Frowe Mâze* u. a.), Exempelfiguren, erhellende Vergleiche, Periphrasen und Parallelismen. Er hat eine Vorliebe für triadische Gruppierungen von Strophen und Begriffen (*êre – varnde guot – gotes hulde, kristen – juden – heiden, tanzen – lachen – singen* u. a.), für Doppelformeln (*hêrren guot und wîbes gruoz – reiniu wîp und guote man* u. a.) und Antithesen (*kumber unde hôhen muot – trûren unde wesen frô* u. a.). Lebendigkeit erhält seine Dichtung auch durch rhetorische Fragen, durch Zitate (vgl. den Nachruf auf Reinmar, L 82,24) und Selbstzitate (Figur des Klausners; L 114,27 zu 51,35 f. u. a.).

Walthers Werk umfaßt die bis dahin in der mittelhochdeutschen Lyrik entwickelten Gattungen, vom archaischen

Wechsel (L 71,35) über die Gattungen des Genre objectif (Tagelied, Dialoglied, Botenlied) bis zum Maienpreis und kunstvollen Leich. Die Regelform seiner Minnelyrik ist die Stollenstrophe; in der Spruchdichtung herrscht die Periodenstrophe vor. Beide Formen handhabt er in vielfältigen, vers- und reimtechnisch virtuosen Variationen, zum Teil auch mit Refrain. Neben kunstvollen Endreimstellungen schmückt er seine Strophen mit Pausen-, Doppel-, Schlag- und Kornreimen.

Walther von der Vogelweide wurde durch seine Formbeherrschung, vor allem aber durch den Bilderreichtum seiner Sprache, die engagierte Gedanklichkeit und Treffsicherheit der Aussagen seiner Gedichte zum unerreichten Meister der mittelhochdeutschen Lyrik – des Minnesangs ebensowohl wie der Sangspruchdichtung.

Bibliographische Hinweise

Die Gedichte Walthers von der Vogelweide. Hrsg. von K. Lachmann (1827). 13., auf Grund der 10. von C. v. Kraus bearb. Ausg. neu hrsg. von H. Kuhn. Berlin 1965. [Zit. als: L.]

Walther von der Vogelweide. 2 Bde. Hrsg. und erklärt von W. Wilmanns. 4., vollst. umgearb. Aufl. bes. von V. Michels. Halle a. d. S. 1916–24.

Die Lieder Walthers von der Vogelweide. 2 Bde. Unter Beifügung erhaltener und erschlossener Melodien neu hrsg. von F. Maurer. Tübingen 1955–56 [u. ö.].

Walther von der Vogelweide: Gedichte. Mittelhochdeutscher Text und Übertr. Ausgew. und übers. von P. Wapnewski. Frankfurt a. M. / Hamburg 1962 [u. ö.].

Walther von der Vogelweide: Die Lieder. Mittelhochdeutsch und in neuhochdeutscher Prosa. Mit einer Einf. in die Liedkunst Walthers hrsg. und übertr. von F. Maurer. München 1972.

Walther von der Vogelweide: Werke. Text und Prosaübersetzung, Erläuterung der Gedichte, Erklärung der wichtigsten Begriffe. Hrsg. von J. Schaefer. Darmstadt 1972. ^{2}1987.

Walther von der Vogelweide: In dieser Welt geht's wundersam. Die Gedichte. Texte, Versübertragung und Gedichtfolge nach der Ausg. von H. Witt. Mit einer Einf. von U. Schulze. München 1984.

Walther von der Vogelweide. Die gesamte Überlieferung der Texte und Melodien. Abbildungen, Materialien, Melodietranskriptionen. Hrsg. von H. Brunner, U. Müller, F. V. Spechtler. Mit Beitr. von H. Lomnitzer und H.-D. Mück. Göppingen 1977.

Walther von der Vogelweide. Hrsg. von S. Beyschlag. Darmstadt 1971. (Wege der Forschung. 112.)

Walther von der Vogelweide. Beiträge zu Leben und Werk. Hrsg. von H.-D. Mück. Stuttgart 1989.

Ehlert, T.: Konvention – Variation – Innovation. Ein struktureller Vergleich von Liedern aus »Des Minnesangs Frühling« und von Walther von der Vogelweide. Berlin 1980.

Hahn, G.: Walther von der Vogelweide. Eine Einführung. München/Zürich 1986. [Mit ausführlicher Bibliographie.]

Halbach, K. H.: Walther von der Vogelweide. 4., durchges. und erg.

Aufl., bearb. von M. G. Scholz. Stuttgart 1983. (Sammlung Metzler. 40.) – 1. Aufl. 1965.

Haubrichs, W.: Grund und Hintergrund in der Kreuzzugsdichtung. Argumentationsstruktur und politische Intention in Walthers »Elegie« und »Palästinalied«. In: Philologie und Geschichtswissenschaft. Demonstrationen literarischer Texte des Mittelalters. Hrsg. von H. Rupp. Heidelberg 1977. S. 12–62.

Kircher, A.: Dichter und Konvention. Zum gesellschaftlichen Realitätsproblem der deutschen Lyrik um 1200 bei Walther von der Vogelweide und seinen Zeitgenossen. Düsseldorf 1973.

Kuhn, H.: Walthers Kreuzzugslied (14,38) und Preislied (56,14). Würzburg 1936.

Mohr, W.: Die »vrouwe« Walthers von der Vogelweide. In: Zeitschrift für deutsche Philologie 86 (1967) S. 1–10.

– Altersdichtung Walthers von der Vogelweide. In: Sprachkunst 2 (1971) S. 329–356.

Scholz, M. G.: Bibliographie zu Walther von der Vogelweide. Berlin 1969.

Schweikle, G.: Minne und Mâze. Zu »Aller werdekeit ein füegerinne« (Walther 46,32 ff.). In: Deutsche Vierteljahrsschrift für Literaturwissenschaft und Geistesgeschichte 37 (1963) S. 498–528.

– Die Fehde zwischen Walther von der Vogelweide und Reinmar dem Alten. Ein Beispiel germanistischer Legendenbildung. In: Zeitschrift für deutsches Altertum 97 (1986) S. 235–253.

Neidhart

Von Günther Schweikle

In der Geschichte der mittelhochdeutschen Dichtung erscheint Neidhart als der vielseitigste und zugleich schillerndste Lyriker des Hochmittelalters. Kein anderer Autor entwickelte so viele formale und inhaltliche Neuerungen – nicht einmal der allgemein als der größte mittelalterliche Liederdichter anerkannte Walther von der Vogelweide.

Nach der Zahl der unter seinem Namen überlieferten Lieder übertrifft Neidhart alle anderen mittelhochdeutschen Minnesänger (rund 150 Lieder, Walther von der Vogelweide rund 100 Lieder). Auch in der handschriftlichen Überlieferung nimmt er einen Spitzenplatz ein: Zwar sind von Walther von der Vogelweide 30, von Neidhart dagegen ›nur‹ 25 handschriftliche Zeugnisse bekannt, darunter aber wesentlich umfangreichere Sammlungen als bei jenem. Außerdem wurde ein Teil seiner Lieder zu einem Schwankbuch *Neidhart Fuchs* zusammengefaßt, das in 3 Drucken des 16. Jahrhunderts bewahrt ist. Die Aufzeichnungen reichen von der 2. Hälfte des 13. Jahrhunderts (Handschriften R und A, B, C) bis ins 16. Jahrhundert; ein auffallender Schwerpunkt liegt im 15. Jahrhundert mit der Neidhart-Handschrift c, der umfangreichsten Liederhandschrift eines einzelnen Autors, mit 1098 Strophen: ein Hinweis darauf, daß Neidharts Lieder allem nach zu einer Zeit noch lebendig waren, in der die übrige Minnesang-Überlieferung zu versiegen begann. Bemerkenswert ist schließlich, daß von keinem anderen mittelhochdeutschen Lyriker des Hochmittelalters so viele Melodien (55) erhalten sind, allerdings erst aus dem 14. und vor allem 15. Jahrhundert.

Neidharts Lyrik stellt in Form und Inhalt einen radikalen Bruch mit dem bisherigen mittelhochdeutschen Minnesang dar. Er entwirft gegen die idealhöfische Minneszene etwa eines Reinmar oder Walther von der Vogelweide eine ›dörperliche‹ antihöfische, scheinrealistische Gegenwelt, in der die Hohe-Minne-Konstellationen, das höfische Minnezeremoniell persifliert, karikiert und demaskiert werden.

Ein Kennzeichen der Lieder Neidharts ist der Natureingang. Danach werden sie, zum Teil schon in den mittelalterlichen Handschriften, in Sommer- und Winterlieder eingeteilt. Diese beiden Gattungen sind auch formal verschieden gebaut: die Sommerlieder in der Regel in nicht-stolliger Reienform (aa bb cc ...), die Winterlieder dagegen durchweg aus Stollenstrophen. Sie unterscheiden sich vor allem aber wesenhaft in ihrer Thematik.

In den Sommerliedern sind, im Anschluß an die Jahreszeitbeschwörung im Natureingang, dörperliche Tanz-, Fest- und Spielfreuden thematisiert, denen sich vor allem Dörperinnen, junge und alte, hingeben wollen. In Umkehr der traditionellen Minnesituation sind es hier die Frauen, die dabei zum Teil recht direkt um die Gunst eines *knappen* oder *ritters von Riuwental* werben – eine Variante des Pastourellenschemas.

Die Lieder bestehen aus Monologen und besonders Dialogen von Gespielinnen, tanzwütigen Alten usw., besonders aus Mutter-Tochter-Gesprächen (in denen recht drastisch vor den Gefahren der Minne gewarnt wird), außerdem aus Berichten des lyrischen Ichs über Vorfälle bei Tanz und Spiel. In den frühen Liedern erscheinen diese Figuren typisiert als liebestolle Alte, Mutter, Tochter usw., in späteren Ausformungen erhalten die Mädchen Namen, werden zu Gestalten, die immer wieder auftreten (auch in den Winterliedern), so z. B. *Friderûn*, eine Favoritin des Ritters von Riuwental, oder der Dörper *Engelmâr*, dessen Hauptkonkurrent. Auch ein-

Neidhart

zelne ›Ereignisse‹ werden in den Winterliedern immer wieder aufgegriffen, z. B. der ›Spiegelraub‹ (SL 22,VI):

mirst an Engelmâren
ungemach,
daz er Friderûnen
ir spiegel von der sîten brach.

Die Sommerlieder spielen in einem durch einprägsame Naturtopoi ausstaffierten fiktiven Raum um ein allegorisches *Riuwental* (Jammertal) – ein sprechender Name für den Lebensraum eines zwar als höfisch, aber armselig charakterisierten Ritters.

In den Winterliedern werden nach dem obligatorischen Natureingang – anders als in den Sommerliedern – Strophen unterschiedlichen Inhalts kombiniert: Strophen um dörperliche Wintervergnügungen wie Aufforderungen zum Tanz in der Stube und anderes zum Teil sehr derbes Dörpertreiben, dann Dörperschelt- und -streitstrophen, in den späteren Liedern vor allem aber auch Minne-, Welt- und Zeitklagen und persönliche Bittstrophen.

In den winterlichen Dörperstrophen dominieren nun die männlichen Gestalten: anfangs (bis WL 10 in der Edition von Wießner) erscheint das lyrische Ich (der *ritter von Riuwental* wird hier nicht mehr genannt) als erfolgreicher Bewerber um die Dörperinnen. Dann aber gerät der Protagonist gegenüber den Dörpern (dies im Unterschied zu den Sommerliedern) immer mehr ins Hintertreffen. Der Ton wird dabei zunehmend verdrießlicher: das lyrische Ich beklagt nicht nur das mit Ritterattributen protzende Auftreten der Dörper, sondern vor allem auch deren sexuelle Übergriffe (Motiv des frechen Griffes). Eine motivliche Klammer zwischen den Liedern bildet immer wieder der Bezug auf den symbolisch zu verstehenden Spiegelraub, begangen von dem Dörper *Engelmâr*.

Der lyrische Schauplatz der Winterlieder ist zunächst ebenfalls *Riuwental*, wird dann aber (ab WL 24) mehr und mehr aus diesem fiktiv-symbolischen Raum in eine scheinrealistische Landschaft, in das österreichische Tullner Feld, westlich Wiens, verlegt, markiert durch mehrere reale Ortsnamen (vor allem Zeiselmauer, auch Wien selbst wird genannt).

Neben diesen dörperlichen Strophen stehen Minneklagen, Klagen über die vergeblichen Liebesbemühungen des lyrischen Ichs, die in den späteren Winterliedern immer mehr im Stile Reinmars gestaltet sind, z. B. WL 23, VIII: »Reiner wîbe minne tiuwert hôhe mannes muot.« Sie gehen zunehmend in Zeit- und Weltklagen über, in Klagen über die Verführung durch die Reize der Welt (sog. *Werltsüeze*-Lieder, WL 28, 30, 34): »Werltsüeze, / daz mich unser herre got / vor ir befrîen müeze!« (WL 28, VII).

Diese Grundkonstellationen werden mit einem immensen Einfallsreichtum immerzu abgewandelt, umgeformt, neu zusammengestellt, neu beleuchtet, zum Teil auch in unterschiedlichen Fassungen der einzelnen Lieder (vgl. SL 26, WL 28). Die überbordende Variationskunst wird schon deutlich an der Vielfältigkeit, mit dem sich der Natureingang (oft über 3 Strophen) immer wieder überraschend neu darbietet, etwa besonders lebendig durch Anthropomorphisierungen von Naturelementen: »Walt hât sîne krâme / gein dem meien ûf geslagen« (SL 9, III), oder auch im Spiel mit Namen bis hin zu reinen Namenstrophen (WL 17, III u. a.).

Neben den prinzipiellen Neuerungen wie der persiflierenden Umkehrung der höfischen Minneszenerie, der Aufteilung der Lyrik in Sommer- und Winterlieder, der Mischung von Minne- und Dörper-Strophen, den Gesprächspartien vor allem in den Sommerliedern und dem Bezug mehrerer Lieder auf einen Handlungshintergrund (Friderûn-Episode) fallen als weitere bemerkenswerte Besonderheiten auf:

1. Gattungsvarianten wie ein Kreuzlied (SL 11), ein Pilgerlied (SL 12) und ein Lied über eine Heerfahrt (WL 37), in denen jeweils nicht, wie in traditionellen Beispielen, ein schmerzlicher Abschied oder ein hoffnungsfroher Aufbruch,

sondern der Wunsch nach Rückkehr in die Heimat nach desillusionierenden Erfahrungen gestaltet ist; ferner sogenannte Schwanklieder, Verselbständigungen der Handlungsansätze in den Winterliedern, in denen das lyrische Ich als Dörperfeind auftritt.

2. Neue Strophentypen wie die beiden Werkbilanzen (WL 28, 30), die von späteren Autoren, etwa Ulrich von Lichtenstein und Hugo von Montfort, nachgeahmt wurden, und sogenannte Trutzstrophen, welche fiktiven Gegnern des lyrischen Ichs aus dem Dörper-Milieu in den Mund gelegt sind, die sich gegen dessen Vorwürfe zur Wehr setzen und den ›Bauernfeind‹ mit *Nithart* anreden (»Her Nîthart, mugt irz lâzen? / iu mac misselingen«; WL 27, VII[b]).

3. Eine besonders auffallende Neuerung ist gerade diese vexierende Aufspaltung des lyrischen Ichs in mehrere Masken: Einmal in die des *knappen* oder *ritters von Riuwental* – eine Spielfigur auf der lyrischen Szene in den Sommerliedern, des weiteren in eine nicht namentlich benannte Sängerrolle – das lyrische Ich der Winterlieder, das zugleich als Konkurrent der fiktiven Dörper auftritt, dann in den Trutzstrophen der stets in der Maske seiner Konkurrenten sprechende Autor, von jenen mit *Nîthart* angeredet. Schließlich begegnet der Autor in Person, wenn er sich auf historische Gestalten und Ereignisse der realen Umwelt bezieht, so in den Apostrophen des österreichischen Fürsten oder des Salzburger Bischofs, in den Kreuz- und Pilgerliedern, wohl auch in einigen punktuell eingeschobenen Äußerungen, in denen sich metaphorische und eventuell persönliche Sphäre decken (SL 26, WL 24), und in den Welt- und Zeitklagen.

Dieses Spiel mit den Sängerrollen und poetischen Masken verschleiert den Blick auf den historischen Dichter, von dem keine Urkunde zeugt. Nur in seinen Liedern und in Nennungen anderer Autoren wird er faßbar. Aus diesen innerliterarischen Zeugnissen lassen sich nur wenige, nicht immer gesicherte Daten erschließen, die eine ungefähre Schaffenszeit von 1200/10 bis gegen 1240 ergeben. Man glaubt, sie in zwei

Hauptwirkungsbereiche gliedern zu können: in eine bairische Zeit bis etwa 1230, danach eine österreichische Zeit.

Die bairische Zeit wird erschlossen aus der Nennung Baierns (im WL 24) und Landshuts, der Residenz der bairischen Herzöge, im Pilgerlied (SL 12,VII): »Bote [. . .] / dû sage ze Landeshuote, / wir leben alle in hôhem muote«) und durch die mit den Handschriften B und C gegebenen Überlieferungskonstellationen.

Den Umzug von Baiern nach Österreich kündigt der Autor, wenn auch etwas verschleiert, in WL 24,VIII an:

> Ich hân mînes herren hulde vloren âne schulde:
> [. . .]
> des hân ich ze Beiern lâzen allez, daz ich ie gewan,
> unde var dâ hin gein Ôsterrîche und wil mich dingen
> an den werden Ôsterman.

Gemeint ist Friedrich der Streitbare, Herzog von Österreich seit 1230.

Einige persönliche und politische Anspielungen in Neidharts Liedern sind auf seine österreichische Zeit zu beziehen: So bittet er Gott um eine Heimstatt am (österreichischen) Lengenbach (»got vüege mir ein hûs mit obedache / bî dem Lengebache«; SL 26,VII), er teilt (WL 24,IX) mit, wie er »ze Oesterrîche [. . .] wol enphangen« und »von dem edeln vürsten« zu »Medelicke (Mödling oder Melk?) behûset« worden sei. Im WL 23,XII bittet er den Fürsten um eine Steuererleichterung: »lieber herre mîn, / maht dû mir den zins geringen« – der Grund: »des diu kindel solten leben, / daz muoz ich ze stiuwer geben«!

In die österreichische Zeit fallen auch Anspielungen, auf »des kaisers komen« (SL 27,I), zu beziehen wohl auf das Eingreifen Friedrichs II. 1235 in Österreich gegen den aufsässigen Herzog, auf gewisse Zeitereignisse im Zusammenhang mit den Kriegsaktionen des österreichischen Herzogs wie die mutmaßliche Einberufung von Bauern (?) zum Heeresdienst (WL 28), weiter auf eine drohende Brandschatzung durch deutsche und böhmische Soldaten (SL 28) oder auf des Herzogs Balkanpolitik (SL 36), und schließlich die Klage, mit all diesen Kriegsläuften sei das Verschwinden von *Frômuot* aus Österreich verbunden (SL 27, WL 29).

Drei Lieder zeugen von der Teilnahme Neidharts an Kriegs- und anderen Fahrten: an einem Kreuzzug, wohl dem, der 1217–21 nur bis Ägypten führte und an dem auch der österreichische Herzog Leopold VI. teilnahm (Nennung Österreichs als Heimkehrziel, SL 11), und an zwei nicht identifizierten Unternehmungen wie einer Pilgerfahrt über den Rhein (mit Landshut als Rückkehrziel, SL 12) und einem Zug des Salzburger Bischofs Eberhard (1200–42) in eine nicht näher bezeichnete Mark (WL 37).

Neidharts Bekanntheit und die Wirkung seiner Dichtung dokumentieren Apostrophierungen in Werken seiner literarischen Zeitgenossen. Wolfram von Eschenbach erwähnt ihn im *Willehalm* (1210/20); Walther von der Vogelweide wendet sich in einem mutmaßlich späten Lied (Lachmann 64,31), allerdings ohne Namensnennung, gegen Neidharts offenbar erfolgreichen unhöfischen Lyrikstil: »Owê, hovelîchez singen, / daz dich ungefüege dœne / solten ie ze hove verdringen!« – Als tot beklagen ihn dann um 1250 der Lyriker Reinmar von Brennenberg und der Epiker Wernher der Gartenaere im *Helmbrecht*.

Die Forschung hat dann die Lücken in Neidharts Biographie mit Spekulationen gefüllt: Die poetische Eigengesetzlichkeit seiner Dichtung und die Fiktionalität ihrer Gestalten verkennend, identifizierte sie den Autor mit der fiktiven Figur des Ritters aus dem – *Riuwental* genannten – allegorischen Spielfeld und wies ihn als »Neidhart von Reuental« dem niederen Adel zu (wie etwa auch Walther von der Vogelweide, obwohl es dafür ebensowenig Anhaltspunkte gibt). Einen Wohnsitz glaubte man in einem oberbayrischen Urbar (Grundsteuerbuch) gefunden zu haben.

Mißachtet wurde dabei, daß der Autor in allen Handschriften und Dichternennungen des 13. und 14. Jahrhunderts nur

»Neidhart« heißt. Ungeachtet seines überzeitlichen Ranges dürfte er wohl eher ein nichtadliger, meist fahrender Sänger gewesen sein, der von Hof zu Hof zog: Seinen Wirkungskreis als Sänger umreißt er in WL 32, VI:

> Von hinne (d. i. Österreich) unz an den Rîn,
> von der Elbe unz an den Phât (Po),
> diu lant diu sint mir elliu kunt.

Wie Walther von der Vogelweide suchte vermutlich auch er im Alter nach einer festen Bleibe, die er wohl in *Medelicke* erhielt (WL 24).

Im 19. Jahrhundert wurde zwar der Dichter ständisch erhöht, wie zum Ausgleich aber das überlieferte Werk gewaltig ausgelichtet, indem man mit scheinphilologischen Argumenten alle Lieder und Strophen, die nicht in ein enges vorgefaßtes Werkschema paßten, als ›unechte‹ Zusätze anderer, nicht näher bestimmter Autoren, sogenannter Pseudo-Neidharte, ausschied. In Haupts Ausgabe (1858) wurden schließlich nur noch 66 Lieder, meist mit zudem noch reduziertem Strophenbestand, als ›echt‹ aufgenommen. Athetiert wurden vor allem auch ›schlüpfrige‹ Strophen, obwohl diese die mittelalterlichen, überwiegend adligen Auftraggeber der Handschriften nicht gestört zu haben scheinen.

Neidhart erfuhr eine Nachwirkung, wie sie bei keinem anderen mittelhochdeutschen Lyriker in dieser Breite zu beobachten ist. Die Dörperthematik wurde schon von seinen Zeitgenossen Burkart von Hohenvels und Gottfried von Neifen aufgegriffen, späterhin von Ulrich von Winterstetten oder Johannes Hadloub nachgeahmt. Bis ins 16. Jahrhundert wird er allein in literarischen Werken über 50mal genannt, angefangen von den Spruchdichtern Marner (um 1260) und Hermann dem Damen (um 1300) bis hin zu dem Meistersinger-Historiographen Cyriacus Spangenberg (1598).

Neidharts Werk fand auch Eingang in andere literarische Gattungen und in die bildende Kunst:

Im Anschluß an den Veilchenschwank wird »Neidhart«

seit dem 14. Jahrhundert Mittelpunktsfigur mehrerer umfangreicher Fastnachtspiele, so des St. Pauler, des Großen Tiroler, des Sterzinger, des Nürnberger Fastnachtspiels. Auch Hans Sachs griff 1557 den Stoff in einem Fastnachtspiel auf.

Mit Neidharts Namen wurde schon bald die Vorstellung des ›Bauernfeindes‹ (abgeleitet aus den Streit- und Dörper-Strophen der Winterlieder) verbunden (z. B. schon um 1400 in Heinrich Wittenwilers *Ring*): Um diese Gestalt gruppierte um 1500 ein unbekannter Kompilator eine Art Schalksvita aus den Neidhart-Schwänken unter dem Titel *Neidhart Fuchs*, von deren großer Beliebtheit mehrere Drucke zeugen. Der Zuname »Fuchs« deutet allerdings auf eine Überlagerung des ursprünglichen Namens durch einen späteren Träger des Namens Neidhart mit diesem Zunamen. Man vermutet in ihm einen am Hofe Herzog Ottos des Fröhlichen lebenden Hofnarren, der in der ersten Hälfte des 14. Jahrhunderts in die Rolle des hochmittelalterlichen Liedersängers geschlüpft sein mochte. Zumindest dürfte sich das Neidhart-Grab an der Südwestecke des Wiener Stephansdomes eher auf diesen Nachsänger als auf Neidhart beziehen (vgl. schon die dort angebrachte Fuchsplastik).

Schließlich lieferten Neidharts Lieder seit dem 14. Jahrhundert auch Motive für die bildende Kunst. Fresken in Dießenhofen, in Winterthur, in Wien oder im 15. Jahrhundert in Mattrei am Brenner gestalten Neidhartsche Lied- oder Schwankszenen, ebenso ein Sandsteinrelief an der Albrechtsburg in Meißen (Ende des 15. Jahrhunderts). Erwähnenswert sind auch die Holzschnittfolgen in den *Neidhart-Fuchs*-Drucken des 16. Jahrhunderts.

Bibliographische Hinweise

Neidharts Lieder. Hrsg. von M. Haupt. 2. Aufl. neu bearb. von E. Wießner. Leipzig 1923. – Nachdr. hrsg. von U. Müller, I. Bennewitz-Behr und F. V. Spechtler. Stuttgart 1986.

Die Lieder Neidharts. Hrsg. von E. Wießner. Tübingen 1955; 2., 3. Aufl. fortgef. von H. Fischer. 4. Aufl. rev. von P. Sappler. Mit einem Melodienanh. von H. Lomnitzer. Tübingen 1984. [Sommer- und Winterlieder zit. als: SL, WL.]

Neidhart von Reuental: Lieder. Auswahl mit den Melodien zu neun Liedern. Mittelhochdeutsch/Neuhochdeutsch. Übers. und hrsg. von H. Lomnitzer. Stuttgart 1966 [u. ö.].

Die Lieder Neidharts. Der Textbestand der Pergamenthandschriften und die Melodien. Text und Übertr., Einf. und Worterkl., Konkordanz. Hrsg. von S. Beyschlag. Edition der Melodien von H. Brunner. Darmstadt 1975.

Neidharts Sangweisen. 2 Bde. Hrsg. von E. Rohloff. Berlin 1962.

Neidhart von Reuental. Aspekte einer Neubewertung. Hrsg. von H. Birkhan. Wien 1983.

Neidhart. Hrsg. von H. Brunner. Darmstadt 1986. (Wege der Forschung. 556.)

Bertau, K.: Deutsche Literatur im europäischen Mittelalter. Bd. 2: 1195–1220. München 1973. S. 1026–55, 1127–30.

Gaier, U.: Satire. Studien zu Neidhart, Wittenwîler, Brant und zur satirischen Schreibart. Tübingen 1967.

Schweikle, G.: Pseudo-Neidharte? In: Zeitschrift für deutsche Philologie 100 (1981) S. 86–104.

– Neidhart. Stuttgart 1989. (Sammlung Metzler. 253.)

Simon, E.: Neidhart von Reuental. Geschichte der Forschung und Bibliographie. Den Haag / Paris 1968.

– Neidhart von Reuental. Boston (Mass.) 1975.

Wachinger, B.: Die sog. Trutzstrophen zu den Liedern Neidharts. In: Formen mittelalterlicher Literatur. Festschrift für Siegfried Beyschlag. Hrsg. von O. Werner und B. Naumann. Göppingen 1970. S. 99–108.

Rudolf von Ems

Von Hans-Joachim Ziegeler

Ouch gert der tihtære
der iu ditz selbe mære
ein teil durch guotes muotes rât
ze kurzwîl getihtet hât
daz ir im wünschet heiles,
ze himel werndes teiles,
und ruochent in geniezen lân
daz er des hât vil guoten wân,
wirt im ein anderz kunt getân,
daz noch mac vil wol ergân,
daz er dâ wil ze buoze stân,
hât er an diesem missetân.
des bîtet ûf den selben wân
und lât ditz hie ein ende hân.

Und nun erbittet sich der Dichter, der euch diese Geschichte auch mit der Absicht neu erzählt hat, um zu erfreuen und um die Zeit zu kürzen, daß ihr ihm Heil wünscht, das ihm im Himmel zuteil werden möge; und laßt ihn in eurer Gnade Nutzen davon haben, daß er zuversichtlich glaubt, er werde mit einer neuen Geschichte, falls ihm eine bekannt gemacht würde – was ja durchaus geschehen kann – es wiedergutmachen, falls er an dieser unrecht gehandelt hat. Darum harrt aus in diesem Glauben, und laßt diese Geschichte hier ein Ende haben.

Mit diesem in aller Bescheidenheit kaum verhüllten Appell an das Mäzenatentum seiner Gönner beendet Rudolf von Ems seine Erzählung *Der guote Gêrhart* (V. 6907–20). Im Epilog des *Barlaam und Josaphat* erinnert er daran (404,30–405,3):

Rudolf von Ems diktiert seinem Schreiber

ich hâte mich vermezzen ê,
dô ich daz mære enbarte
von dem guoten Gêrharte,
hæt ich mich dran versûmet iht,
daz lîhte tumbem man geschiht,
daz ich ze buoze wolde stân,
ob mir würde kunt getân
ein ander mære: dêst geschehen.
nû kan ich des niht verjehen,
ob ich hân gebezzert mich:
des weiz ich niht. noch wil ich
mit dirre buoze mich bewarn,
mîn sprechen an ein anderz sparn,
swes ich mich hie versûmet hân.

Damals, als ich die Geschichte vom guten Gerhard neu erzählte, habe ich mich anheischig gemacht, daß ich – für den Fall, ich wäre dieser Erzählung nicht gerecht geworden, wie es dem Ungeübten leicht widerfährt – es wiedergutmachen wollte, wenn mir eine andere Geschichte bekannt gemacht würde: das ist nun so geschehen. Nun kann ich freilich nicht sagen, ob ich mich verbessert habe; das weiß ich nicht. Denn ich will bei dieser Buße bleiben und meine Rede für das Erzählen von etwas aufsparen, dem ich hier nicht gerecht geworden bin.

Wieder kündigt Rudolf also eine neue Erzählung an, und wieder geht er in ähnlich topischer Bescheidenheit dann in seinem *Willehalm von Orlens* (V. 15631–41) auf frühere Werke ein, diesmal auf den *Guoten Gêrhart* und *Barlaam und Josaphat*. In seinem vierten Werk, dem *Alexander*, ist diese Reihe noch um eine nicht mehr erhaltene Eustachiuslegende erweitert (V. 3279–89). Und ähnlich wie *Barlaam und Josaphat*, *Willehalm von Orlens* und *Alexander* ist auch die mit 33478 Versen Fragment gebliebene *Weltchronik* durch Akrosticha und durch den Zusatz eines Fortsetzers (V. 33496) als ein Werk Rudolfs von Ems gesichert. Diese Selbstaussagen und eine Reihe weiterer innerer und äußerer

Gründe erlauben es, die 5 erhaltenen Werke Rudolfs in der Reihenfolge ihrer Entstehung zu nennen. Auf den *Guoten Gêrhart* folgt *Barlaam und Josaphat*, danach ein 1. Teil des *Alexander*, darauf *Willehalm von Orlens* und schließlich, vielleicht in zeitlicher Parallelität, *Alexander* (2. Teil) und die *Weltchronik*. Entstanden sind diese Werke zwischen etwa 1220 und 1250/54; ihnen allein ist zu entnehmen, was wir über Leben und Wirken dieses Autors wissen.

Die Hoffnung, die er im *Guoten Gêrhart*, bestimmter dann in *Barlaam und Josaphat* äußerte, daß ihm weiterer Erzählstoff und damit weitere Aufträge zuteil werden möchten, Neues zu »tihten«, hat demnach nicht getrogen, und man möchte die andauernde literarische Anerkennung, die sich darin äußert, gern auch als steigende Wertschätzung innerhalb der sozialen Hierarchie verstanden wissen. Von »dem werden Steinachære, herrn Ruodolf« hat Rudolf von Ems den Auftrag erhalten, das »mær« vom *Guoten Gêrhart* »in tiutsch« zu »berihten« (V. 6825–30). Rudolf von Steinach, wahrscheinlich Ministeriale des Bischofs von Konstanz, ist urkundlich zwischen 1209 und 1221 bezeugt. Auftraggeber des *Barlaam und Josaphat* waren von »Kapelle abbet Wîde« und dessen Konvent (5,7); Wido ist als Abt des Zisterzienserklosters Cappel (Kanton Zürich) zwischen 1223 und 1232 nachgewiesen. Leben diese Auftraggeber noch in der näheren Umgebung des Herrschaftsgebietes der Grafen von Montfort (im heutigen Vorarlberg), deren »dienestman« (Ministeriale) Rudolf war (*Willehalm von Orlens*, V. 15625–42), so ist seit dem *Willehalm von Orlens* das Interesse des staufischen Hofs an Rudolfs Werken sicher zu belegen: Neben zwei weiteren Angehörigen dieses Hofes wird hier Konrad von Winterstetten als Auftraggeber genannt (V. 2318–24). Dieser, am staufischen Hof mit dem Amt des Mundschenken, der Prokuration des Herzogtums Schwaben und mit der Beratung bzw. Vormundschaft der Söhne Kaiser Friedrichs II., Heinrichs (VII.) und Konrads IV., betraut, war einer der »bedeutendsten Reichsministerialen der Staufer« (Brackert, S. 26), zugleich während der dauernden Abwesenheit des Kaisers aus Deutschland einer der Mächtigsten, im sogenannten staufischen Literaturkreis Förderer nicht nur Rudolfs von Ems. Der »schenke Kůnrat von Wintersteten« (*Willehalm von Orlens*, V. 15662 f.) stirbt 1243. Im *Alexander* ist kein Auftraggeber genannt; die *Weltchronik* aber hat der junge König Konrad IV. selbst veranlaßt (V. 21663–67):

> Das ist der kúnig Chůnrat,
> des keisirs kint, der mir hat
> geboten und des bete mich
> gerůchte biten des das ich
> durh in dú mere tihte.

Es ist König Konrad, des Kaisers Kind, der mir geboten hat und der so gnädig war, mich in seinem Gebot zu bitten, für ihn die Geschichte zu dichten.

Konrad war 1237 im Alter von neun Jahren zum König gewählt worden; gestorben ist er 1254 nahe Melfi während des Versuchs, sich das Erbe seines Vaters, Kaiser Friedrichs II., zu sichern, dessen Tod 1250 die *Weltchronik* bereits voraussetzt (V. 21647–55). Zwischen 1250 und 1254 wird auch Rudolf von Ems gestorben sein, während der Arbeit am Salomo-Abschnitt der *Weltchronik*, wenn wir die Aussage eines Fortsetzers so wörtlich nehmen dürfen (V. 33479 ff.).

Die wachsende Anerkennung der Werke Rudolfs bei den Zeitgenossen, die im steigenden Rang ihrer Auftraggeber deutlich wird, findet in gewisser Weise in der Anzahl der noch jetzt erhaltenen Handschriften, in denen sie überliefert sind, eine Entsprechung. *Der guote Gêrhart* ist in 2, *Alexander* in 3 Handschriften oder Fragmenten überliefert. Für den *Willehalm von Orlens* sind, wenn auch in zum Teil fragmentarischem Erhaltungszustand, 34 (?), für *Barlaam und Josaphat* 42 Handschriften, dazu 5 Ausschnitte in Sammelhandschriften bezeugt. Die Anzahl der Handschriften, in denen mehr oder weniger große Partien aus Rudolfs *Weltchronik* überliefert sind, ist wegen des unterschiedlichen Anteils in verschiedenen Chronik-Kompilationen bislang nach wie vor nicht genau anzugeben; eine ursprünglich 76 Nummern umfassende Liste des Herausgebers Ehrismann ist mittlerweile durch Nachträge und Korrekturen mit Sicherheit auf über 100 (110?) Handschriften angewachsen, darunter allein 24 bebilderte Handschriften mit überwiegendem Rudolf-Text.

Einem dieser zum Teil mit größter Pracht ausgestatteten Codices ist auch das vorangestellte Bild entnommen. Es entstammt dem ehemals Wernigeroder, jetzt Münchener Codex Cgm 8345. Diese Handschrift ist zwar textlich nicht über jeden Zweifel erhaben, auch ist sie nicht die prächtigste, aber wohl die älteste der illustrierten *Weltchronik*-Handschriften (um 1270/80). Ihr ist das Blatt vorgeheftet, dessen Recto-Seite abgebildet ist. Es dürfte bald nach 1280/90 entstanden und derselben Vorlage verpflichtet sein wie ein entsprechendes Bild aus einer Handschrift des *Willehalm* Rudolfs von Ems (Cgm 63). Beide zeigen einen ikonographisch vorgeprägten Typus des Autorenbildes, hier den Chronisten, der einem Schreiber diktiert. In leuchtenden Deckfarben vor Goldgrund ist das ungleich besser erhaltene Bild des Cgm 8345 nach dem Bild des *Willehalm*-Codex das früheste erhaltene Autorenbild zu deutschen volkssprachlichen Texten überhaupt.

Daß Menge und Ausstattung der *Weltchronik*-Handschriften wirklich eine Art »anhaltender Begeisterung« (Herkommer, S. 240) des mittelalterlichen Publikums an diesem Werk Rudolfs widerspiegeln sollten, mag nicht unmittelbar einleuchten. Auffällig ist jedoch, daß das Interesse der Forschung gerade umgekehrt vorwiegend dem *Guoten Gêrhart* galt und gilt, während sie für die *Weltchronik* »einiges gutzumachen hatte« (ebd., S. 241). Ohnehin hat sich die Forschung erst in den letzten zwanzig Jahren davon befreien können, das bei Rudolf des öfteren formulierte ›epigonische Bewußtsein‹ gegenüber den Autoren der Klassik als einen Vorwurf bloßer Epigonalität umzudeuten und weiterzugeben. Seine eigentliche literarische Leistung, die sich gerade in der produktiven Auseinandersetzung mit den ›Klassikern‹ äußerte, wurde so kaum wahrgenommen: die Umstrukturierung tradierter literarischer Gattungen zu einer eigenen und neuen Verbindlichkeit in einer der »wârheit« verpflichteten fragilen Balance von »lêre« und Fiktion, Fiktion und Geschichte, »lêre« und Geschichte, und dies in einer mitunter geradezu modern anmutenden, selbständigen Gelehrsamkeit und ohne daß »kurzwîl« gefehlt hätte.

In welchem Ausmaß Rudolfs Werke an den Kriterien von »lêre« und »wârheit« orientiert sind, in welchem Maße aber auch in ihnen das Fiktionsbewußtsein in den Romanen der ›Klassiker‹ reflektiert wird, zeigt sich programmatisch bereits im *Guoten Gêrhart* und in *Barlaam und Josaphat*. Beide sind stofflich der Exempel-Tradition verpflichtet, freilich jener spezifischen Tradition, die die Exempla in eine Rahmenhandlung stellt, z. B. in ein Gespräch zwischen Lehrer und Schüler, zwischen Erzähler und Hörer. Die Möglichkeit, damit zugleich die Wirkungen der Exempla bei einem fiktiven Hörer zu demonstrieren, ist erkauft um den Preis, sie nicht mehr unmittelbar an den realen Leser oder Hörer richten zu können. Gerade dies aber scheint Rudolf als Chance begriffen zu haben: »lêre« konnte in einer literarhistorischen Situation ›nach den Klassikern‹ und auf deren Niveau wohl nur dann vermittelt werden, wenn die Lehrsituation, die Rollen von Lehrer und Schüler, ausdrücklich problematisiert und die »lêre« selbst nur in einem Reflexionsprozeß auf den Modus ihrer Vermittlung zu rezipieren ist.

Wir kennen Rudolfs Vorlage für den *Guoten Gêrhart* nicht, die er nach Rudolfs von Steinach Wunsch »in tiutsch berihten, / in rehte rîme tihten« (V. 6829 f.) sollte. Aber ein Vergleich mit zwei, dem *Guoten Gêrhart* nächst verwandten Exempla erlaubt, sein Verfahren näher zu beschreiben. In der rabbinischen Geschichte vom frommen Metzger und in der Verserzählung *Der Heller der armen Frau* geht es, wie im

Guoten Gêrhart, um einen ›religiösen Vollkommenheitsstreit‹, genauer um den »lôn« einer nach allgemeinem Verständnis Gott wohlgefälligen Tat: Darf ein Metzger, den niemand kennt, den gleichen Platz im Himmel erhalten wie ein Weiser, darf ein König, der »durch die Gotes minne« (aus Liebe zu Gott) ein »munster« errichtet hat, den »lôn« der guten Tat für sich allein beanspruchen, oder kommt er der unbekannten armen Frau zu, die den Ochsen, die die Steine für den Bau heranschaffen, von einem sauer verdienten »helbelinc« (Heller) heimlich Heu zukommen läßt? Daß es vor Gott nicht auf die Größe und öffentliche Reputation der guten Tat und der Person, sondern auf eine Gesinnung ankommt, die daraus keine Ansprüche auf »lôn« ableitet, wird in diesen Exempla gattungstypisch aus der pointierten Gegenüberstellung von sozialen oder intellektuellen Extrempositionen entwickelt: Nicht der Mächtige und Reiche, nicht der Kluge und Gebildete, sondern der Arme, der Unwissende handelt richtig und bewegt sein Gegenüber zur Umkehr. Rudolf übernimmt dieses Schema grundsätzlich und formuliert im Prolog die generelle Regel, die sich daraus ableiten läßt, wobei er scheinbar die Worte Gottfrieds von Straßburg aus dessen *Tristan*-Prolog wiederholt, sich aber um so deutlicher von dessen Position absetzt (V. 11–18):

swer durch guot iht guotes tuot,
durch guotes herzen guoten muot,
wil er sich selben rüemen vil,
sô jagt er ûf des ruomes zil
den ruom hinz an ein ende
mit solher missewende
daz mit des ruomes missetât
des guoten ruom an im zergât.

Wenn einer, der um des Guten willen etwas Gutes tut und dies aus einer dem Guten zugewandten Gesinnung eines guten Herzens heraus, dabei doch vor allem seinen eigenen Ruhm im Auge hat, so verfolgt er nur noch dieses Ziel, den Ruhm, und verfolgt den Ruhm dabei am Ende in einer solch falschen Gesinnung, daß in diesem Vergehen nach Ruhm der Ruhm vergeht, der dem Guten, und damit eigentlich ihm zukäme.

Rudolf demonstriert diese These nicht an einem beliebigen König, sondern an dem historisch belegten Kaiser Otto (I.). Kaiser Otto hat, durch seine Gemahlin veranlaßt, das Erzbistum Magdeburg gegründet und mit höchsten Privilegien ausgestattet. Er erfährt nun, daß er mit seinem »guote / der welde prîs erworben« (»mit seinem Hab und Gut rühmende Anerkennung der Welt erworben«; V. 256 f.) hat und glaubt analog daraus auch ableiten zu können: »mit mînem guote ich koufet hân / ze himel wernde stætekeit« (»mit meinem Hab und Gut habe ich mir auch in Ewigkeit einen Platz im Himmel erkauft«; V. 262 f.). Dies vertritt er auch in einem rhetorisch höchst eindrucksvoll aufgebauten Gebet gegenüber Gott selbst und erwartet, daß ihm der himmlische »lôn«, der ihm seiner Aufwendungen wegen zustehe, bereits jetzt gezeigt werde. Er muß von einer gottgesandten »stimme« aber erfahren, daß er den »stuol«, der ihm bereits nahe Gott bereitet war, verwirkt hat, wenn er nicht »buoze« leiste. Aus dem Munde eines Kölner Kaufmanns, den man den »guoten Gêrhart« nenne, könne er aber erfahren, warum er durch seinen Selbst-Ruhm nicht mehr verdiene, was jenem gewährt sei: »gotes hulde«.

Damit hat Rudolf die Rahmensituation aufgebaut. Deutlich ist zu sehen, daß er die vorgegebenen extremen Positionen einer sozialen Hierarchie, die die Exempla auszeichnet, abwandelt und zu einem Antagonismus von Verdienst und Würdigkeit aufbaut: Der Kaiser argumentiert und handelt wie ein Kaufmann, der Kaufmann hingegen demonstriert gerade nicht kaufmännisches Verhalten. Damit ist die Korrelation von (innerem) Wert und (äußerer) gesellschaftlicher Anerkennung der ›Welt‹, die in den ›klassischen‹ Romanen als utopischer Entwurf aufschien, sub specie aeternitatis argumentativ bestritten. Daß mit dem Verzicht auf den »lôn« der guten Tat, auf die Güter und die höchsten Würden dieser

Welt Gottes »hulde« gewonnen werden kann, »guot« und »ruom« der Welt aber nicht notwendig auch verloren werden, demonstriert Rudolf in der Vita Gêrharts, in der ersten romanhaft ausgefalteten Ich-Erzählung der deutschen Literaturgeschichte. In zahlreichen Anspielungen auf den Weg der Helden des Artus- und Tristanromans läßt er Gêrhart aus der Perspektive dessen erzählen, der in dem weitverbreiteten und auch von Rudolf später wieder verwendeten Schema der Trennung und Wiedervereinigung von Liebenden gerade nicht die Rolle des Helden, sondern die des Helfers übernimmt. Freilich war im poetischen Experiment, diesen Weg aus der Ich-Perspektive dessen scheinbar ›nacherzählen‹ zu lassen, der nicht dem »rüemlîchen wân« (V. 276) der Selbstrühmung verfallen durfte, auch die Gefahr verborgen, daß eben dies geschah. Vor allem dann, wenn die Eigengesetzlichkeit tradierter literarischer Muster (z. B. Herrscher-Adventus) durchschlug, ist Rudolf dieser Gefahr kaum entgangen. Aber er wußte ihr auch zu begegnen: Erst nach langem Zögern und »betwungen« (unter Zwang; V. 1115) läßt er den »guoten Gêrhart« die Geschichte seines »guoten« Tuns beginnen und mit der alles relativierenden Formel beenden: »Ist ditz guot, daz tet ich« (»wenn dies [von dem ich erzählt habe] gut ist, dann habe ich es freilich getan«; V. 6621).

Solcherlei freilich anders akzentuierte Reibungen von »lêre« und Fiktion, »wârheit« und Geschichte begegnen auch in Rudolfs Version der Legende von Barlaam und Josaphat. Zwar besteht auch hier der weit überwiegende Teil der insgesamt 16 164 Verse, der lateinischen Vorlage entsprechend, aus wörtlicher Rede, aus Dialog-Situationen, doch sind sie nur zum geringsten Teil quasi-fiktives eigenes Erleben einer Figur. Die Exempla, mit denen der Asket Barlaam auf Gottes Geheiß hin den isoliert von der Welt heidnisch erzogenen indischen Königssohn Josaphat von »der welte lôn« weg und zum ewigen »lôn« Gottes hin führt, sind objektiviert nicht nur durch den Gehalt ihrer »lêre«, sondern auch durch die Zusätze, die Rudolf nach eigenem Bekunden gegen seine

Quelle hinzugefügt hat: durch bestätigende Zitate der »boten und wîssagen« (»der Apostel und Propheten«; 403,29 ff.) und durch eine Entfaltung der Weltgeschichte von ihrem Anfang bis zu ihrem Ziel, in der sich Gottes Handeln offenbart. So wird der belehrte Josaphat selbst zum Lehrer; im Konflikt zwischen dem in Zorn oder Güte vorgebrachten Anspruch des Vaters auf Gehorsam und dem Anspruch des neu erworbenen christlichen Glaubens bewahrt er diesen in »stæte«; trotz aller Ängste vertraut er darauf, daß Gott mit der Person des heidnischen Gelehrten Nachor dem Christenglauben zum Sieg im Disput mit den anderen Weltreligionen verhilft – obwohl Nachor, der sich als Barlaam zu verstellen hatte, mit seiner geplanten Niederlage gerade Josaphat zur Rückkehr zum alten Glauben hatte bewegen sollen. Und trotz der in aller Deutlichkeit vorgeführten Anfechtungen fügt er auch nicht seinen Namen der langen Reihe berühmter Männer hinzu, die von Frauen betrogen werden. Diese Frauen waren Josaphat durch die Intrige des königlichen Ratgebers Theodas zugeführt worden. Theodas hatte darauf vertraut, daß sich – nachdem alle anderen Mittel versagt hatten – die »lêre« eines weitverbreiteten und exakt auf Josaphat zugeschnittenen Exempels auch an diesem bewahrheiten würde: Ein in völliger Abgeschiedenheit erzogener Jüngling folgt seiner »natûre« und wünscht sich von allem, was er neu kennenlernt, ausgerechnet die als »tiuvel« (Teufel) bezeichneten Frauen. Doch Josaphat bleibt standhaft.

Rudolf demonstriert in den verschiedenen Stationen der Auseinandersetzung Josaphats mit den Vertretern der anderen Welt nicht nur, daß die um der Eindeutigkeit der Lehre willen auch eindimensionale »lêre« der Exempla allein um den Preis eines Konflikts mit den Ansprüchen der »welt« in »guoter werke stætekeit« (»in das Bestand-Haben der guten Werke«; 334,5) umzusetzen ist. Mit Josaphats gegen das letzte Exempel gerichtetem Handeln zeigt er auch, seiner Quelle entsprechend, den begrenzten Wahrheitsanspruch dieses literarischen Genres, und er distanziert sich darüber hinaus in einem längeren Exkurs ironisch von dem Frauenbild, das dieses Exempel aufwirft. Man möchte gern glauben, daß Rudolf aus einem ähnlichen Grunde auch jenes Exempel (*Des Vögleins Lehren*) einfach fortgelassen hat, das in allen anderen *Barlaam und Josaphat*-Versionen die Einfalt heidnischer Glaubensvorstellungen zu demonstrieren hatte. Daß der Wahrheitsanspruch der »lêre« damit nicht aufgehoben, sondern für den Leser dieser literarischen »lêre« nur in der Reflexion auf ihren Vermittlungsprozeß zu realisieren ist, daß »lêre« also nicht notwendig nur in der Imitation von »vorbilden« (4,40; 342,23) zu sehen ist, macht Rudolf allenthalben deutlich, so wenn er in einer grandiosen Geste den zum »lêrer« gewordenen Josaphat verstummen läßt, als dieser keine Antwort mehr weiß (368,1 f.), so wenn er am Beispiel Aveniers für das Unverständnis eines Vaters gegenüber der Radikalität der Weltabkehr seines Sohnes Verständnis findet in dem Worte, dies sei »menschlich« (192,12), so wenn er sein eigenes Unvermögen, Josaphats Weltabkehr tatsächlich zu folgen, bekennt, ihm aber dennoch »mit dem mære geselleschaft leisten« (»mit der Erzählung ihm gleichend folgen«; 375,6–9) will.

Das ist kaum wohlfeile Ironie, sondern es sind Facetten jener »wârheit« der »lêre«, die Rudolf am Ende der Legende formuliert, zunächst durch Abgrenzung von anderen Maeren, dann positiv gewendet (404,5–11):

diz mære ist niht von ritterschaft,
noch von minnen, diu mit kraft
an zwein gelieben geschiht;
ez ist von âventiure niht,
noch von der liehten sumerzît:
ez ist der welte widerstrît
mit ganzer wârheit, âne lüge.

Diese Geschichte erzählt weder von Ritterschaft noch von der Liebe, deren Macht sich an zwei Liebenden zeigt; sie handelt auch nicht von der Aventiure oder vom hellen Zauber des Sommers: Sie ist Widerstand gegen die Welt, und dies in Wahrheit, ohne Abstriche und ohne Lügen.

Von all dem, was in *Barlaam und Josaphat* nicht erzählt werden konnte, will Rudolf in seinem nächsten Werk, dem *Willehalm von Orlens*, um so mehr bieten (V. 112–123):

Die minnere vindent minne dran,
Die getriuwen ståte trúwe,
Die seneden senede rúwe,
Die erbarmherzigen claigendes lait,
Die manlichen vil manhait,
Die gůten rehte gůte,
Die werden hohgemůte:
Disú aventúre wert,
Swes ieman von måren gert,
Des man den ere gernden sol
Sagen und in gezimet wol
Ze hőre ane missetat.

Die Liebenden werden in der Erzählung Liebe finden, die Treuen Treue ohne Wanken; diejenigen, die Qualen der Liebe leiden, finden die Qualen der Sehnsucht, die Barmherzigen finden zu Herzen gehendes Leid, die Tapferen finden große Tapferkeit, die Guten wahre Güte und die Edlen edle Gesinnung: Die Erzählung bietet all das, was man von solchen Geschichten erwartet, die denjenigen, die ehrenvoll zu leben wünschen, erzählt werden sollen und die anzuhören geeignet und keine Schande ist.

Rudolf distanziert sich nicht nur hier im Prolog von Gottfried von Straßburg, sondern auch durch die Anlage der Erzählung insgesamt. Ihre Vorlage, dem weitverbreiteten Schema von Trennung und Wiedervereinigung von Liebenden verpflichtet, stammt wohl aus Frankreich. Rudolf hat sie aber durch Vorgeschichte und breit ausgefalteten Schlußteil und durch die Variation zahlreicher Tristan-Motive auf die exemplarisch vorbildhafte Vita eines Fürsten hin geöffnet. Sie mochte dem jungen König Konrad IV. im Sinne der oben zitierten Verse als Fürstenlehre dienen, zumal Willehalm, der Held der Erzählung, genealogisch mit Gottfried von Bouillon, dem ersten und berühmtesten Herrscher des Königreichs Jerusalem, in Verbindung gebracht wird, dessen rechtmäßiger Erbe Konrad IV. war.

Für die Kohärenz einer so verstandenen »lêre« nahm Rudolf auch die gelegentlichen Spannungen zwischen Erzählkonzeption und Figurenmotivation in Kauf. Dies läßt sich auch daran ablesen, in welcher Weise er in seinem *Alexander* die Gestalt Alexanders des Großen zum Typus des vollkommenen Fürsten schlechthin formte. Alles, was den exemplarischen Wert dieser Figur beeinträchtigen könnte, wird – zum Teil gegen die Vorlagen – eliminiert. Die Spannungen, die sich damit zu jener Tradition des Alexander-Bildes ergaben, die im Scheitern dieses Herrschers den prominentesten Fall vom Rad der Fortuna und damit von bestrafter Superbia sah, werden in einem Bild der Fortuna/*sælde* reflektiert, das – Gottfried folgend – den Glücksbegriff spaltet; Konsequenz seiner auf »witze« (Verstand) gegründeten »tugent« (Virtus) war demnach (V. 20553–55):

> diu glesîn sælde in ie vlôch,
> die stæte sælde in nâch ir zôch
> eht ûf und ûf hin ûf daz rat.

Das gläserne Glück hielt sich immer von ihm fern; das beständige Glück aber zog ihn hoch und höher bis ganz oben auf das Rad.

Dies sei bis zu seinem Todestag so geblieben. Entschieden relativiert wird die Alexander-Figur damit nur durch die Position, die ihr Rudolf im Verlauf der Geschichte, dem Schema der vier Weltreiche und der Heilsgeschichte folgend, zuweist. Dies geschieht in drei Exkursen des *Alexander*, die sich im Parallelismus von Welt- und Heilsgeschichte nahtlos dem Geschichtskonzept von Rudolfs *Weltchronik* einfügen und die wahrscheinlich zum letzten gehören, das Rudolf geschrieben hat.

Die *Weltchronik* ist mit den 33346 Versen, die sicher von Rudolf stammen, Fragment geblieben. Sie endet mit der Regierungszeit Salomos, damit in der fünften der sechs »welten« (Weltalter), nach deren Schema Rudolf seiner Vorlage entsprechend die »wege« der Heilsgeschichte von der Schöpfung über Noah, Abraham, Moses, David und Christi Geburt bis zum Jüngsten Tag gegliedert hat. Da hinein komponiert und mit einem festen Zahlengerüst mit »dirre mere rehtú ban« (»mit dem richtigen Weg dieser Geschichte«; V. 3118) koordiniert sind die »biwege« (V. 3114), blockartige Einschübe profaner Geschichte, die nach dem Translatio-imperii-Gedanken stilisiert, ihre Erfüllung im gegenwärtigen König des Imperium Romanum finden – in Konrad IV. Dieser aber ist, wie erinnerlich, Erbe auch des Königreichs Jerusalem, damit König wie David »und wie Christus über das Volk gesetzt, dessen König Christus war« (Brackert, S. 182). Die »wege« der Heilsgeschichte und die »biwege« einer Profangeschichte eigenen Rechts finden im geistlichen und weltlichen Königtum Konrads IV. ihre Verwirklichung, und so huldigt Rudolf an bezeichnender Stelle im Prolog zur »welt« Davids seinem Auftraggeber.

Gewiß ist dieses Werk in Konzeption und Detail durch und durch mittelalterlichem Geschichtsdenken in der Tradition Augustins verpflichtet. Die konsequente Stilisierung der Weltgeschichte auf seinen »lieben herren«, König Konrad, hin und damit der dauernde Bezug der Gegenwart auf die Vergangenheit haben Rudolf aber in dieser »staufischen Geschichtsbibel« (Herkommer, S. 241) auch Gedanken finden und Verfahren entwickeln lassen, die ebenso singulär wie in einem gewissen Sinne auch modern scheinen: Über alle Stufen und Schwellen der verschiedenen »welten« hinweg sichert er die Vorstellung einer historischen Kontinuität beider ›Reiche‹ ebenso, wie er vergangene »welten«, Völker und Kulturen in ihrem je eigenen Recht begreift, er diskutiert, im Anschluß an seine beispiellose Weltalter-Definition (V. 3832 ff.), verschiedene Geschichtsmodelle seiner Zeit, relativiert in seiner Haltung gegenüber den Heiden historisch und scheint gegenüber den Sarazenen geradezu ›aufgeklärt‹. In der »fortlaufenden Anverwandlung der Vergangenheit« (Herkommer, S. 202) nach einem tradierten, aber ständig der Reflexion und der kritischen Prüfung unterworfenen Muster zeigen sich endlich auch »Spuren« eines Denkens, das die eigene Zeit vor dem Spiegel der Vergangenheit als eine historisch gewordene, als von eigenen ökonomischen und sozialen Gegebenheiten bedingte Zeit begreift, erste Spuren eines historischen Denkens, dessen abstrakter Relativität sich die Gegenwart in der Kritik des Historismus erst eigentlich bewußt geworden ist (V. 9350–64):

Moýses sich [do] undirwant
sins swehirs vihis zehant.
des was vil, er gap ims vil.
in dirre selbin jare zil
was nieman des ze here,
der ez hete unere
ob er mit hůte schafen pflag,
wan ir aller groste richeit lag
an vihe bi der selben zit:
als nouh an hůben gúlte lit
der hohsten hohste riheit,
also was do an vihe geleit
dú groste habe. sus hate Jetro
von vihe so groze richeit do
das er davon ein herre hiez.

Moses nahm sich unmittelbar darauf des Viehs seines Schwiegervaters an. Es war viel, und er [Jetro] hatte ihm viel gegeben. Zu dieser Zeit hielt sich niemand für so hochstehend, es für unehrenhaft zu halten, wenn er Schafen seine Bewachung und seinen Schutz angedeihen ließ, denn für alle Menschen jener Zeit hatte das Vieh den höchsten Wert. So wie jetzt noch im Wert des Ackerlandes die größte Machtfülle der Höchsten begründet ist, so berechnete sich damals die Größe des Besitzes nach Vieh. Und so hatte Jetro seines Viehes wegen eine so große Macht, daß er deswegen »Herr« war.

Bibliographische Hinweise

Der guote Gêrhart. Hrsg. von J. A. Asher. Tübingen ²1971.

Barlaam und Josaphat. Hrsg. von F. Pfeiffer. Leipzig 1843. – Nachdr. mit einem Anh. aus F. Söhns, »Das Handschriftenverhältnis in Rudolfs von Ems ›Barlaam‹«, einem Nachw. und einem Reg. von H. Rupp. Berlin 1965.

Alexander. Ein höfischer Versroman des 13. Jahrhunderts. Zum ersten Male hrsg. von V. Junk. Darmstadt 1970. (Nachdr. der Ausg. Leipzig 1928–29.)

Willehalm von Orlens. Hrsg. [...] von V. Junk. Dublin/Zürich 1967. (Nachdr. der Ausg. Berlin 1905.)

Weltchronik. Aus der Wernigeroder Handschrift hrsg. von G. Ehrismann. Dublin/Zürich 1967. (Nachdr. der Ausg. Berlin 1915.)

Brackert, H.: Rudolf von Ems. Dichtung und Geschichte. Heidelberg 1968.

Ehrismann, G.: Studien über Rudolf von Ems. Beiträge zur Geschichte der Rhetorik und Ethik im Mittelalter. Heidelberg 1919.

Ertzdorff, X. v.: Rudolf von Ems. Untersuchungen zum höfischen Roman im 13. Jahrhundert. München 1967.

Haug, W.: Literaturtheorie im deutschen Mittelalter. Von den Anfängen bis zum Ende des 13. Jahrhunderts. Eine Einführung. Darmstadt 1985. S. 279–334.

Herkommer, H.: Der St. Galler Codex als literarhistorisches Monument. In: Rudolf von Ems: Weltchronik. Der Stricker: Karl der Große. Kommentar zu Ms. 302 Vad. Hrsg. von [...] E. J. Beer [u. a.]. Luzern 1987. S. 127–273.

Lutz, E. C.: Rhetorica divina. Mittelhochdeutsche Prologgebete und die rhetorische Kultur des Mittelalters. Berlin / New York 1984. S. 161–367.

Peters, U.: Literatur in der Stadt. Studien zu den sozialen Voraussetzungen und kulturellen Organisationsformen städtischer Literatur im 13. und 14. Jahrhundert. Tübingen 1983. S. 36–48, 250 bis 254.

Räkel, H. H.: Rudolf von Ems. In: Einführung in die deutsche Literatur des 12. – 16. Jahrhunderts. Hrsg. von W. Frey [u. a.]. Bd. 2: Patriziat und Landesherrschaft. 13./15. Jahrhundert. Opladen 1982. S. 114–134.

Schröder, E.: Rudolf von Ems und sein Literaturkreis. In: Zeitschrift für deutsches Altertum 67 (1930), S. 209–251.

Walliczek, W.: Rudolf von Ems: »Der guote Gêrhart«. München 1973.

Wyss, U.: Rudolfs von Ems »Barlaam und Josaphat« zwischen Legende und Roman. In: Probleme mittelhochdeutscher Erzählformen. Marburger Colloquium 1969. Hrsg. von P. F. Ganz und W. Schröder. Berlin 1972. S. 214–238.

Kudrun

Von Roswitha Wisniewski

Mit dem Namen *Kudrun* wird ein mittelhochdeutsches Epos bezeichnet, das der Gattung der Heldendichtung zugerechnet wird. Der Verfasser oder die Verfasserin ist unbekannt. Die Frage nach Raum und Zeit der Entstehung läßt sich nicht leicht beantworten; denn der einzige überlieferte Text liegt in einer spätmittelalterlichen Handschrift des 16. Jahrhunderts vor. Doch lassen sprachliche Spuren und andere Hinweise erkennen, daß es sich um ein Werk der hochmittelalterlichen Zeit handeln dürfte, das zwischen 1220 und 1250 entstand.

Für die Bestimmung der Sprache des Originals können nur solche Formen herangezogen werden, die durch den Reim als dem Original angehörend gesichert sind. Mehrere mundartliche Eigenheiten (z. B. stets *kom*, *kômen*, nie *kam*, *kâmen*) weisen auf den bayrisch-österreichischen Donauraum als Entstehungsgebiet. Damit fügt sich die *Kudrun* in die große Gruppe mittelhochdeutscher Heldenepen ein, die in diesem Raum entstanden sind.

Der Schauplatz der *Kudrun*, der Nordseeraum, bietet allerdings einem Dichter des Donauraumes kaum Gelegenheit zu lokalpatriotischen Äußerungen. Rosenfeld (1962) hat aber gezeigt, daß sich manche Wappenzeichen, Orts- und Personennamen als Anspielungen des Dichters auf seinen Lebensumkreis verstehen lassen. So enthält z. B. Ortwins Wappen wie das der Wittelsbacher rote Zickzackbalken. Seerosenblätter finden sich wie im Wappen Herwigs von Seeland so auch in denen der Klöster Seeon und Tegernsee. Die Ortsnamen »Kalatin« (Karadine), Burg »Moeren«, »Hegling«

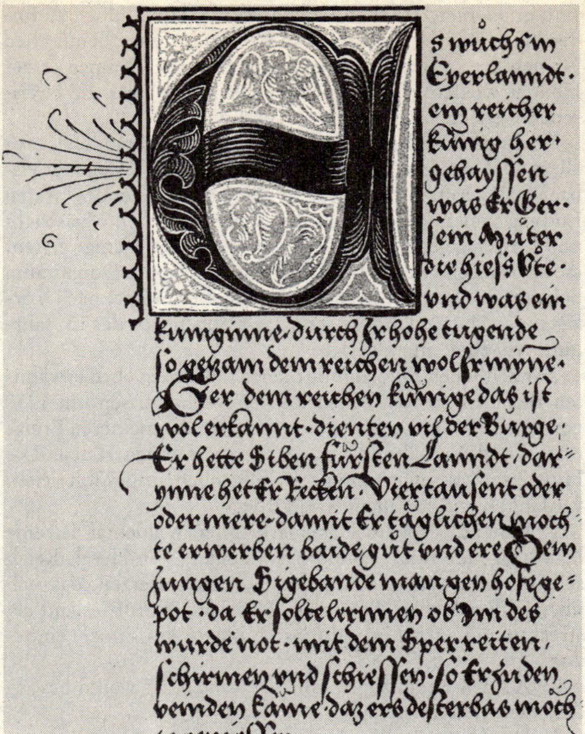
Es wůchs in
Eyerlanndt·
ein reicher
künig her·
gehayssen
was er Ger·
sein Muter
die hiess Vte·
vnd was ein
kunginne·durch ir hohe tugende
so gezam dem reichen wol ir mynne·
Der dem reichen künige daz ist
wol erkannt·dienten vil der Burge·
Er hette Siben fürsten Lanndt·dar=
ynne het er Recken·Viertausent oder
oder mere·damit er täglichen moch
te erwerben baide gůt vnd ere Dem
jungen Sigebande man gen hofe ge=
pot·da er solte lernen ob im des
wurde not·mit dem Sper reiten·
schirmen vnd schiessen·so er zu den
veinden kame·daz ers dester bas moch
te geniessen

Anfang der »Kudrun«-Handschrift

sind im Gebiet zwischen Donau/Altmühl und Alpen zu finden. Der Dichter wird diese in der Kudrunsage heimischen Namen um so lieber verwendet haben, als er Namen seiner Heimat wiederzufinden meinte, wenn nicht gar die bayrischen Orte nach dem Epos benannt wurden.

Wichtig für die Bestimmung des Entstehungsraumes ist vor allem auch der Hinweis auf die Gemahlin des ersten Wittelsbacher Bayernherzogs Otto. Sie war eine Tochter des Grafen Ludwig von Looz (im Limburgischen zwischen Maastricht und Löwen gelegen) und kann sehr wohl als diejenige gelten, die vorhöfische Epen von Hilde und Kudrun im Donauraum bekannt machte. Vielleicht war sie es, die anregte, nach Vorlagen des 11./12. Jahrhunderts das Kudrunepos des 13. Jahrhunderts zu dichten.

Zur zeitlichen Einordnung dienen neben den eben erwähnten Bezügen zu bayrischen lokalen Verhältnissen um 1230 gewisse Züge der Dichtung, die sich mit allgemeineren Ereignissen und Verhältnissen jener Zeit verbinden lassen. Die Hinweise, von denen einige im folgenden aufgezählt seien, verdanken wir vor allem Karl Droege.

1. Um 1230 spielte Dänemark unter Waldemar II. eine hervorragende Rolle, und die Vorstellung von Hetels Reich scheint dieses dänische Großreich vorauszusetzen, das sich über Dithmarschen, Stormarn, Holstein, Nordfriesland erstreckte und auch Livland (das »Niflant« des Epos?) einbezog.

2. An den Kreuzzügen von 1217 und 1227 waren besonders die Friesen beteiligt.

3. Das Herausstellen des Landesherrn in einigen Passagen der *Kudrun* könnte mit der Zusicherung der Geleit-Privilegien an die Fürsten im Jahre 1232 zusammenhängen.

4. Die der *widersage* vom *Kudrun*-Dichter gewidmete Aufmerksamkeit kann durch den Mainzer Landfrieden von 1235 verursacht sein.

5. Strophe 5 der *Kudrun* kann unter dem Eindruck der Jahre 1230/31 gedichtet sein, in denen Leopold von Öster-

reich, Ludwig von Bayern und Ottokar I. von Böhmen starben.

Von diesen Versuchen, zeitliche Bezugspunkte des Epos zur historischen Wirklichkeit festzustellen, sind die ersten beiden der hier erwähnten Argumente auch deshalb interessant, weil sie zeigen, daß der dänisch-friesische Raum in den ersten drei Jahrzehnten des 13. Jahrhunderts verstärkt das Interesse auch der süddeutschen Bevölkerung beanspruchen konnte. Vielleicht erklärt das, weshalb eine friesisch-dänische Heldensage Gegenstand einer höfischen Dichtung werden konnte, die in Bayern entstand.

Eine relative Chronologie durch Bezüge der *Kudrun* zur mittelhochdeutschen Epik des 12./13. Jahrhunderts ist nicht zu gewinnen. So kann man mit Stackmann feststellen, daß die heute zumeist vertretene Ansicht, die *Kudrun* sei im vierten Jahrzehnt des 13. Jahrhunderts entstanden, nur die »allgemeine Resignation in der Datierungsfrage« ausdrückt. Die Datierung basiert vor allem auf dem Empfinden, daß die *Kudrun* im ganzen jünger als das *Nibelungenlied* anmutet.

Frühere Forscher haben die Arbeitsweise des Dichters für alle Größen und Schwächen der Dichtung verantwortlich gemacht. Dem Dichter wurden Fahrlässigkeit in der Komposition, fast pathologische Unklarheit und Verworrenheit der Motivierung, Weitschweifigkeit, logische Unachtsamkeit bei Widersprüchen ebenso bescheinigt wie bewunderungswürdige Klarheit, Sorgfalt und Konsequenz in der Charakteristik der Personen.

Es ist dem Dichter der *Kudrun* offenbar genauso wie allen, die mehrere Quellen zu einem Heldenepos vereinigten, nicht an allen Stellen gelungen, die Elemente verschiedener Herkunft nahtlos miteinander zu verschmelzen. Das zeigt sich sowohl in der Handlungsführung als auch in der Gestaltung der Charaktere. Man wird ferner feststellen müssen, daß er in der Behandlung der Sprache weniger gewandt war als mancher andere. Vielleicht zeugt auch der Bau der Szenen und Einzelbilder nicht immer von höchster künstlerischer Feinfühligkeit. Jedoch muß der gedanklichen Durchdringung höchstes Lob gezollt werden. Die Umformung des Stoffes und die eigenartige Komposition des Werkes lassen erkennen, daß nicht altbekannte Fabeln lediglich sprachlich, metrisch und kulturell neu erzählt werden sollten. Vielmehr wollte er in seiner Dichtung offenbar Ideen seiner Zeit gestalten. Insofern verstand er Heldendichtung als Deutung menschlichen Daseins vergangener wie gegenwärtiger Zeit und machte sie uns in dieser Weise verständlich.

Diese Eigenarten der *Kudrun* lassen den Verfasser oder die Verfasserin als nachdenklichen Menschen erkennen. Vielleicht gehörte er bzw. sie dem geistlichen Stand an, was auch die von Rosenfeld beobachteten Verbindungen zu bayrischen Klöstern nahelegen.

Die *Kudrun* ist nur in einer einzigen, allerdings berühmten Handschrift überliefert.

Es handelt sich um die sogenannte Ambraser Handschrift oder das *Ambraser Heldenbuch*, entstanden am Anfang des 16. Jahrhunderts (1504–15), geschrieben von dem Zöllner Hans Ried in Bozen. Hans Ried arbeitete im Auftrag Kaiser Maximilians I., der wegen seiner Bemühungen, in der zerrütteten adligen Gesellschaft seiner Zeit die Ideale der höfisch-ritterlichen Kultur wiedererstehen zu lassen, den Beinamen »der letzte Ritter« erhielt. Die Ambraser Handschrift trägt ihren Namen nach ihrem früheren Aufenthaltsort, dem Schloß Ambras bei Innsbruck. Heute befindet sie sich in der österreichischen Nationalbibliothek in Wien.

Über die Vorlagen, die Hans Ried benutzte, ist wenig Sicheres auszumachen. Allgemein wird angenommen, daß er eine etwas ältere Sammlung mittelhochdeutscher Epen (das *Heldenbuch an der Etsch*) kopierte, die vielleicht um die Wende vom 13. zum 14. Jahrhundert entstanden war. Die für das *Ambraser Heldenbuch* charakteristische Vereinigung von höfischen Epen und Heldenepen wurde vielleicht erst von Kaiser Maximilian veranlaßt.

Das *Ambraser Heldenbuch* läßt durch seinen Inhalt erkennen, was zu Beginn des 15. Jahrhunderts an mittelhochdeutscher Dichtung geschätzt wurde. Am Anfang stehen klassische ›Lehrbücher‹ ritterlich-höfischer Lebens- und Denkweise: Strickers *Frauenehre*, Heinrichs von dem Türlin *Mantel*, *Moriz von Craûn*, vor allem aber Hartmanns von Aue *Iwein*, *Erec*, *Büchlein* sowie das sogenannte *2. Büchlein*, das Hartmanns Werk so nahe steht, daß es ihm eine Zeitlang zugeschrieben werden konnte.

Eine zweite Gruppe bilden mittelhochdeutsche Heldenepen. Sie wird von *Dietrichs Flucht* und der *Rabenschlacht* eröffnet, den beiden großen Dietrichepen, in denen die Lebensgeschichte Dietrichs von Bern beschrieben wird und die damit des besonderen Interesses Kaiser Maximilians sicher sein durften. Auf das *Nibelungenlied* und die *Klage* folgt (als Nr. 12 der Sammlung) die *Kudrun*. *Biterolf*, *Ortnit*, *Wolfdietrich A* schließen sich an.

Eine letzte Gruppe bilden Dichtungen der im 13. Jahrhundert neu aufkommenden Gattung der kurzen Verserzählung, die gern schwankhaften oder Bispel-Charakter trägt: *Vom üblen Weib*, vier Erzählungen des Herrant von Wildonie, Strickers *Pfaffe Amis*, Wernhers *Meier Helmbrecht*.

Der Initiator dieser Sammlung, Kaiser Maximilian I., wurde durch sein Interesse für bildende Kunst und Literatur zum großen Mäzen des 15. und beginnenden 16. Jahrhunderts. Es ist bezeichnend für diese Zeit des Umbruchs, daß er Ulrich von Hutten mit dem Dichterlorbeer krönte und Konrad Celtis beauftragte, die Wiener Universität aus dem Geist des Humanismus zu reformieren. Daneben aber zeigte er sich mittelalterlichem Denken verbunden, wenn er Werke wie den (geplanten) *Freydal*, den *Theuerdank*, den *Weißkunig* veranlaßte bzw. mitverfaßte.

Wir verdanken also die Überlieferung der *Kudrun* Kaiser Maximilians Interesse an der deutschen Heldendichtung, und es wäre vielleicht lohnend zu untersuchen, ob sich aus Kaiser Maximilians Schriften eine Antwort auf die Frage finden läßt, was diese Epen ihm und damit einem wichtigen Zeugen der Gesellschaft jener Zeit bedeuteten.

Die Kudrunstrophe besteht aus 4 Langzeilen, die je 2 Kurzzeilen umfassen. In den ersten beiden Langzeilen ist der Anvers vierhebig klingend, der Abvers vierhebig stumpf. Die letzten beiden Langzeilen behalten vierhebig klingende Anverse bei, während die Abverse breiter als die der 1. und 2. Langzeile sind; denn in der 3. Langzeile erscheint der Abvers vierhebig klingend, in der 4. sogar sechshebig klingend:

Anvers	Abvers	Reim
4hebig klingend	4hebig stumpf	a
4hebig klingend	4hebig stumpf	a
4hebig klingend	4hebig klingend	b
4hebig klingend	6hebig klingend	b

Die Entstehung dieser Strophenform ist unklar. Sie gleicht in den ersten beiden Langzeilen vollständig der Nibelungenstrophe. Die letzten beiden Langzeilen gleichen dem ersten Teil der Titurelstrophe.

Die metrische Gestalt ist ferner dadurch geprägt, daß die *Kudrun* rund 100 regelrechte Nibelungenstrophen enthält, von denen sich mehr als die Hälfte im ersten Viertel des Werkes befinden. Es ist unklar, wie ihr Auftreten zu erklären ist. Sind sie nur Fehler der Ambraser Handschrift? Kann man sie aus anfänglicher Unsicherheit des Dichters erklären, der seine Strophe aus der Nibelungenstrophe entwickelte, aber, zunächst noch ungeschickt in der Handhabung, leicht in die Nibelungenstrophe zurückverfiel? Die uneinheitliche metrische Formgebung gibt auch zur Überlegung Anlaß, daß sie durch frühere Kudrun-Dichtungen bedingt sein könnte.

Von der Sagengeschichte her ergibt sich eine Zweiteilung des Epos. Nach den beiden weiblichen Hauptgestalten zerfällt sie in einen Hilde-Teil (Str. 1–573) und einen Kudrun-Teil (Str. 574–1705). Damit ist jedoch nicht gesagt, daß diese sagengeschichtliche Einteilung die Komposition des Werkes bestimmt. In der *Kudrun* finden sich vielmehr Werbungsgeschichten, die jeweils einen Handlungsteil bilden. Solche Werbungsgeschichten sind Sigebants Werbung um die Tochter des Königs von Norwegen; Hagens Jugendabenteuer, das zur Ehe mit Hilde von Indien führt; Hetels Werbung um Hilde, die Tochter Hagens und Hildes; Hartmuts erfolglose Werbung um Kudrun und deren Befreiung. Bei diesem Gliederungsprinzip ergibt es sich, daß die *Kudrun* aus vier Handlungsteilen besteht, die ihrem Umfang nach ein Entfaltungsprinzip erkennen lassen, das auch den geistigen Gehalt des Werkes kennzeichnet:

Sigebants Werbung (Str. 1–22): König Sigebant von Irland wirbt um die Tochter des Königs von Norwegen und gewinnt sie zur Frau. Ihrer beider einziger Sohn ist Hagen.

Hagens Werbung (Str. 23–197): Hagen wird als Kind von einem Greifen geraubt und trifft auf drei Königstöchter in einem hohlen Felsen, die ebenfalls von Greifen fortgetragen worden waren. Ein Kreuzfahrerschiff zerschellt an der Küste, die Greifen holen die Leichen, der junge Hagen nimmt die Waffen eines der Toten, erschlägt die Greifen und befreit die Mädchen. Sie müssen ein Robinson-Leben führen, bis sie von einem Pilgerschiff aufgenommen werden. Hagen, der Zwölfmännerstärke besitzt, erzwingt die Rückkehr nach Irland. Dort nimmt er Hilde von Indien, eine der befreiten Königstöchter, zur Frau. Sie haben eine Tochter, die wie ihre Mutter Hilde heißt.

Hetels Werbung (Str. 198–573): Hetel ist König von Hegelingen und herrscht ferner über Ortland, Dänenland, Stürmen, Friesen, Dietmers, Waleis und Nifland. Seine wichtigsten Gefolgsleute sind Wate von Stürmen, Horand von Dänemark sowie Frute. Diese drei beauftragt Hetel mit der gefahrvollen Werbung um Hagens Tochter Hilde von Irland. Sie geben sich als Kaufleute aus, und dem Sänger Horand gelingt es, bei einem heimlichen Zusammentreffen Hetels Werbung Hilde vorzutragen. Sie willigt in die Ehe und läßt sich von den Werbern zu Schiff entführen. – Auf Waleis treffen Hilde und König Hetel zusammen, dort aber holt auch Hagen die Entführer ein. Es kommt zum Kampf. Hetel wird von Hagen verwundet, Hagen und Wate liefern sich einen erbitterten Zweikampf. Auf Hildes Wunsch trennt Hetel die Kämpfenden. Hilde und Hetel heiraten mit Hagens Zustimmung. Sie haben zwei Kinder, einen Sohn Ortwin und eine Tochter Kudrun.

Hartmuts Werbung (Str. 574–1705): Nachdem Siegfrieds von Moorland Werbung um Kudrun abgelehnt worden ist, will König Hartmut von der Normandie Hetels Tochter gewinnen. Auch seine Werbung wird abgelehnt. Plötzlich erscheint Herwig von Seeland vor Hetels Burg. Den Zweikampf zwischen Hetel und Herwig beendet Kudrun, indem sie in die Ehe mit Herwig einwilligt. Die Verlobung wird vollzogen, und Herwig zieht ab. Während Siegfried von Moorland in Herwigs Land einfällt und Hetel dem zukünftigen Schwiegersohn zu Hilfe eilt, erobert Hartmut Hetels Burg und entführt Kudrun. – Die Normannen rasten auf dem Wülpensand in der Schelde-Mündung, wo sie von Hetel überrascht werden. Er fällt im Kampf. Die Normannen können nachts aufs Meer entweichen. – Kudrun weigert sich, Hartmut zu heiraten, wird deshalb als Gefangene gehalten und muß niedrigste Magddienste als Wäscherin verrichten. Weder Hartmuts Liebe noch die Freundschaft seiner Schwester Ortrun und schon gar nicht die Härte seiner Mutter Gerlind vermögen sie umzustimmen. – In Hegelingen bietet die Königin Hilde nach Jahren ein Befreiungsheer auf. Als es im Normannenland eintrifft, bereitet ein Engel in Gestalt eines Vogels die am Strand Wäsche waschende Kudrun auf das Kommende vor. Herwig und Ortwin treffen mit ihr zusammen. Sie wirft die Wäsche ins Meer und willigt nun zum Schein in die Ehe mit Hartmut ein. In der Nacht gelangt das Heer der Hegelinge vor die Normannenburg. Einen furchtbaren Kampf zwischen Wate und Hartmut läßt Kudrun durch Herwig unterbrechen. Hartmut wird gefangengenommen, Gerlind wird von Wate erschlagen. – Im Hegelingenland gibt es ein großes Versöhnungsfest. Herwig heiratet

Kudrun, Ortwin heiratet die Normannin Ortrun, der begnadigte Hartmut heiratet Hildeburg, die treueste Gefährtin Kudruns.

Die *Kudrun* ist durchzogen von dem Prinzip *scheiden den strît*, das über die Generationenreihe hin zu verfolgen ist. Der chronologischen Stufung entspricht in diesem Epos eine sittliche Entwicklung. Jede folgende Generation erscheint versöhnlicher als die voraufgehende. Immer sind es die aus der Vätergeneration erwachsenden Söhne oder Töchter, die in der Konfrontation mit dem Rachegeist der älteren Generation zu Trägern des Versöhnungsgedankens werden. So setzt sich bereits der junge Hagen gegen die Vergeltungssucht seines Vaters durch, als er eine Entschädigung für den ehemaligen Feind des Vaters erwirkt. Dieser Einsatz Hagens ist allerdings nicht uneigennützig, weil dadurch die eigene Rettung bewirkt wird.

Der Entschluß Hildes, der Tochter Hagens, schlichtend in den Kampf zwischen ihrem Vater und ihrem Entführer einzugreifen, entspringt dem Bestreben, zwei Menschen zu retten, an die sie sich in gleicher Weise gebunden fühlt. Sie erkennt sowohl die Schutzfunktion und das Verheiratungsrecht ihres Vaters an wie die Bindung an den zukünftigen Gatten, von dem sie sich aus freiem Entschluß hat entführen lassen. Hier wird die neue Wertung der Liebesbindung gegenüber der früher vorherrschenden Sippenbindung ähnlich wie in der Entwicklungsgeschichte der Nibelungensage deutlich.

Kudrun stiftet in ähnlicher Weise Frieden und Versöhnung zwischen ihrem Vater Hetel und dem um sie werbenden Herwig. Auch hier ist die Stellung der Frau zwischen dem Vater und dem zukünftigen Gatten bestimmend für eine versöhnende Haltung. In all diesen Fällen ist eine Selbstüberwindung der friedenstiftenden Frau nicht unbedingt erforderlich, weil ihr nicht direkt Leid zugefügt worden ist. Ganz anders ist dies bei Kudruns Befreiung aus der Gefangenschaft im

Normannenreich. Sie hält standhaft an ihrer Liebe und ihrer rechtlichen Bindung an Herwig fest und schlägt zugleich einen Weg der Auseinandersetzung mit der alten barbarischen Lebensform am Normannenhof ein, indem sie sich der Rachlust und Quälsucht Gerlinds widersetzt. Kudrun wächst aber auch in eine Haltung des Mitgefühls und der Versöhnungsbereitschaft hinein. Diese Entwicklung verlangt von ihr Selbstüberwindung, weil sie für ihre Feinde eintreten muß. Mit Hilfe der männlichen Vertreter der jüngeren Generation vermag sie Hartmut und Ortrun vor dem Wüten Wates zu retten. Sie vermag diese neue Haltung nach der Rückkehr an den Hof der Hegelinge auch in der Auseinandersetzung mit ihrer Mutter Hilde durchzuhalten, so daß auch diese schließlich in die Versöhnung einwilligt.

Es läßt sich zeigen, daß sich Kudrun in dem ausführlich dargestellten Leidensprozeß von einem trotzig aufbegehrenden zu einem duldungsbereiten, fast demütigen Menschen wandelt. Diese Veränderung ist letztlich durch das Schuldeingeständnis der Schuldigen bedingt, so daß in Kudrun christliche Versöhnungsbereitschaft demonstriert wird. Die *Kudrun* beschreibt also eine fortschrittliche Entwicklung auf ein harmonisches menschliches Miteinander hin. Aus Katastrophen und schuldhaften Verstrickungen erwächst durch Einsicht Frieden und Versöhnung. Die Geschichte wird evolutionär verstanden, wobei sich der Gedanke von Vergebung statt Vergeltung immer reiner entfaltet. Die *Kudrun* steht damit in deutlichem Gegensatz zum *Nibelungenlied*.

Die *Kudrun* enthält sagengeschichtlich zwei umfangreiche Handlungszusammenhänge, und zwar die Erzählung von Hagens Tochter Hilde (Str. 197–574) und die von Kudrun (Str. 575–1705). Beide Geschichten scheinen ursprünglich selbständige germanische Sagen als Stoffe zu verwenden und sind auf die einfachste Weise, nämlich genealogisch, miteinander verbunden.

Relativ sicher ist, daß es eine Hildesage gab, die zu den wikingischen Brautraub-Sagen gehörte. Es ging darin um

Brautraub und Entführung über See. Der Kernpunkt der Handlung ist die freie Willensentscheidung der Heldin, die zum Konflikt zwischen Sippenbindung und persönlicher Liebesbindung führt. In der ältesten Fassung ist die Unaufhebbarkeit dieses Konflikts offenbar dadurch angedeutet worden, daß Hilda nachts die beiden Gefallenen, ihren Vater und ihren Entführer, immer wieder erweckt, um den Kampf zu erneuern (Saxo Grammaticus, 12. Jahrhundert; *Snorra-Edda*, um 1200; dazu Widsith, 8. Jahrhundert). Auf frühmittelhochdeutsche Dichtungen scheinen die Hildesagen im *Dukus Horant* (um 1300) sowie in der *Thidrekssaga* (Kap. 322 ff.) und in einer Novelle des Giovanni Fiorentina zurückzugehen. Man vermutet, daß es eine Dichtung gab, die im 12. Jahrhundert im niederrheinischen Gebiet entstand und die vielleicht über den benachbarten flandrisch-holländischen Raum vermittelt wurde. Hinweise finden sich in Lamprechts *Alexander* (V. 1321 ff.), im *Rolandslied* (V. 7799–7805) und im mittelrheinischen Spielmannsepos *Salman und Morolf* (V. 31 ff.).

Die Hildesage blieb in ihrem Kern, dem Konflikt zwischen Sippenbindung und personaler Liebesbindung, unverändert. Neuerungen ergaben sich lediglich durch die Beseitigung des ursprünglich tragischen Ausganges.

Die Meinungen über die Entwicklung der Kudrunsage gehen in der Forschung weit auseinander. Während die einen glauben, daß die Kudrunsage aus der Hildesage abgeleitet worden sei, sind die anderen davon überzeugt, daß sie einen selbständigen Ursprung habe. Sie gehen davon aus, daß die Andersartigkeit der *Kudrun* gegenüber der Hildesage im Kern und in Einzelzügen so groß ist, daß es sich um eine selbständige Fabel handeln muß. Das Thema der *Kudrun* erfordert die Handlungsteile Überfall, Verschleppung, Gefangenschaft, Befreiung einer Frau.

Es gibt eine ganze Anzahl von Dichtungen, die diese Handlungsabfolge erkennen lassen und die auch hinsichtlich des Schauplatzes Ähnlichkeiten mit der Kudrunsage aufweisen. Der Name der Heldin scheint allerdings in älteren Sagenfassungen Hildburg, Herborg oder Hildegund gelautet zu haben (vgl. die Aufstellung bei Wisniewski, S. 24 f.). Sagenfassungen dieser Art finden sich im altenglischen *Finnsburglied* (7./8. Jahrhundert), im *Beowulf* (10. Jahrhundert), im 1. Gudrunlied der *Edda*, im *Landnamabok* und in der *Droplaugarsonasaga* (alle 12. Jahrhundert), im *Waltharius* (9. Jahrhundert), in der *Thidrekssaga* (Kap. 322, 336 f.), in *Biterolf und Dietleib* (beide 13. Jahrhundert), im *Orlando Furioso* (1532), in der Jasmin-Erzählung von *Tausendundeine Nacht* (9. – 17. Jahrhundert), in den Südeli-Balladen (12. Jahrhundert), den Meererin-Balladen (14. Jahrhundert) und einer (mittelalterlichen?) mecklenburgischen Erzählung. Die weite Verbreitung zeigt, daß es sich um eine ungemein bedeutende Sage gehandelt haben muß. Ihre Beliebtheit wird verständlich, wenn man sich vergegenwärtigt, welche historische Bedeutung die Wikinger- und Normannenüberfälle für viele Völker besitzen. Wenn es zutrifft, daß diese Sage ursprünglich im friesischen Stammland des südlichen Küstengebietes der Nordsee beheimatet war, dann läßt es sich auch verstehen, weshalb die ältesten Zeugnisse in England begegnen. Es kann sein, daß die Angeln und Sachsen diese Liedfabel vielleicht schon mit hinüber nach England nahmen.

In den jüngeren Sagenfassungen ist dem alten Handlungsgefüge Überfall – Verschleppung – Leiden in der Gefangenschaft – Befreiung ein weiterer Handlungsteil vorangestellt worden, nämlich die Geschichte einer erfolgreichen und einer erfolglosen Werbung, wobei die erfolglose Werbung zur Ursache für die alte Szenenfolge wird und der erfolgreiche Werber die Befreiung vornimmt. Auf diese Weise wird die Sage zur Verherrlichung verschiedener Ausprägungen von *minne*, *staete* und *triuwe*.

Wenn man davon ausgeht, daß die Kudrunsage ebenso wie die Hildesage eine lange selbständige Geschichte hinter sich hat, dann muß angenommen werden, daß die Verknüpfung beider Sagen erst im 13. Jahrhundert vollzogen wurde, wenn auch ein Motiv- und Namenaustausch zwischen beiden Sagen wahrscheinlich ist. Doch erst der Dichter der *Kudrun* verstand es, beide Sagen in ihrem Wesen unverfälscht zu erhalten und dennoch zu einem Ganzen zu verbinden. Der geistige Gehalt freilich ist vor allem im Kudrun-Teil zu finden, dem daher zu Recht der größere Raum gewidmet ist.

Bibliographische Hinweise

Kudrun. Hrsg. von K. Bartsch. Neue erg. Ausg. der 5. Aufl., überarb. und eingel. von K. Stackmann. Wiesbaden 1980.

Kudrun. Die Handschrift. Hrsg. von F. H. Bäuml. Berlin 1969.

Kudrun. Abbildungen der gesamten handschriftlichen Überlieferung. Göppingen 1973.

Nibelungenlied und Kudrun. Hrsg. von H. Rupp. Darmstadt 1976. (Wege der Forschung. 54.)

Beck, A.: Die Rache als Motiv und Problem in der »Kudrun«. Interpretation und sagengeschichtlicher Ausblick. In: Germanisch-Romanische-Monatsschrift 37 (1956) S. 305–338.

Bender, E.: Nibelungenlied und Kudrun. Eine vergleichende Studie zur Zeitdarstellung und Geschichtsdeutung. Frankfurt a. M. / Bern / New York / Paris 1987.

Campbell, I. R.: »Kudrun«. A Critical Appreciation. Cambridge 1978.

Droege, K.: Zur Geschichte der »Kudrun«. In: Zeitschrift für deutsches Altertum 54 (1913) S. 121–167.

Hoffmann, W.: Die Hauptprobleme der neueren »Kudrun«-Forschung. I. In: Wirkendes Wort 14 (1963) S. 183–196.

– Kudrun. Ein Beitrag zur Deutung der nachnibelungischen Heldendichtung. Stuttgart 1967.

Huber, E.: Die »Kudrun« um 1300. In: Zeitschrift für deutsche Philologie 100 (1981) S. 357–381.

Janzen, R.: Zum Aufbau der Kudrun. In: Wirkendes Wort 12 (1962) S. 257–273.

Loerzer, E.: Eheschließung und Werbung in der »Kudrun«. München 1971.
Regeniter, W.: Sagenschichtung und Sagenmischung. Untersuchung zur Hagengestalt und zur Geschichte der Hilde- und Walthersage. Diss. München 1971.
Rosenfeld, H.: Die Kudrun: Nordseedichtung oder Donaudichtung? In: Zeitschrift für deutsche Philologie 81 (1962) S. 289–314.
– Bayern in der Kudrundichtung von 1233. In: Bayernland 72 (1970) H. 4. S. 28–32.
Schottmann, Hans: Beobachtungen zur Erzählweise der Kûdrûn. In: Studien zur deutschen Literatur des Mittelalters. Hrsg. von R. Schützeichel. Bonn 1979. S. 501–521.
Stackmann, K.: Kudrun. In: Die deutsche Literatur des Mittelalters. Verfasserlexikon. Bd. 5. Berlin / New York [2]1985. Sp. 410–426.
Wild, I.: Zum Problem des Vergleichs von Balladen- und Epenmotiven. Ein methodenkritischer Beitrag zur Kudrunforschung. In: Jahrbuch Volkslied 16 (1971) S. 42–53.
– Zur Überlieferung und Rezeption des »Kudrun«-Epos. 2 Bde. Göppingen 1979.
Wisniewski, R.: Kudrun. Stuttgart [2]1969. (Sammlung Metzler. 32.).

Der Stricker

Von Michael Schilling

Über die Lebensumstände des Strickers ist so gut wie nichts bekannt. Das wenige, was wir wissen, ist aus seinen Werken erschlossen. Demnach stammt der Stricker, wie manche Dialektmerkmale vermuten lassen, aus fränkischem Sprachgebiet, wobei einige alemannische Einflüsse auf den südfränkischen Raum hindeuten. Mehrere Anspielungen auf österreichische Verhältnisse und die Überlieferung und Rezeption seiner Schriften machen wahrscheinlich, daß der Stricker vornehmlich in Österreich gewirkt hat. Indes sind die Anspielungen nirgends spezifisch genug, um irgendwelche konkreten Auftraggeber bestimmen zu können. Zu vermuten ist lediglich, daß der Stricker sich an wechselnden Orten aufgehalten hat und daß Gönner wie Publikum aus Landadel, Geistlichkeit und Patriziat stammten; auch mit dem Wiener Herzoghof hat man ihn in Verbindung gebracht. Seine Werke werden etwa in den Zeitraum zwischen 1215 und 1250 datiert.

Man hat den Namen des Strickers als Berufsbezeichnung eines bürgerlichen Handwerkers (Seiler) interpretiert. Auch als Familienname läßt sich »Strichaere« belegen. Wahrscheinlicher aber handelt es sich um ein Pseudonym, das metaphorisch die Tätigkeit des Dichtens umschreibt und damit jene aus der Antike stammende und dem Mittelalter geläufige Text-Metapher (von lat. *textum*, »das Gewobene«) variiert. Die Wahl eines solchen sprechenden Pseudonyms ist nicht ungewöhnlich bei fahrenden Dichtern des Mittelalters (z. B. Marner, Heinrich der Teichner, Peter Suchenwirt) und könnte darauf hindeuten, daß der Stricker eben diesem Stand angehörte. Als Indiz für diese Zugehörigkeit kann auch der wiederholte Heischegestus in verschiedenen Werken des Strickers angesehen werden, durch den sich der Autor zumindest als Fahrender stilisiert. Seine Bildung umfaßt ein wenigstens oberflächliches theologisches Wissen und eine gründliche Belesenheit in mittelhochdeutscher höfischer und geistlicher Literatur; Kenntnisse der lateinischen und französischen Sprache sind anzunehmen, auch wenn die direkte Herkunft der meisten vom Stricker bearbeiteten Stoffe ungeklärt ist.

In seinem Artusroman *Daniel von dem Blühenden Tal* schildert der Stricker die aggressive Herausforderung der arturischen Gesellschaft durch den König Matur, dessen Macht in einer straff organisierten Militärherrschaft und der Verfügungsgewalt über allerlei Wunderwerke gründet. Der Protagonist bestreitet zwei Vorbereitungs-Aventiuren, in denen er mit List den liebeshungrigen, durch Heirat wenigstens gesellschaftliches Ebenmaß anstrebenden Zwerg Juran noch um einen Kopf kürzt und einen monströsen Kopffüßler samt Gefolgschaft vernichtet. Mit seinem dabei gewonnenen Zauberschwert zerlegt Daniel einen Riesen am Eingang zu Maturs Königreich und ebnet so dem Artus-Heer den Weg. Es kommt zur ersten Schlacht, in deren Verlauf es Artus vorbehalten ist, seinen Herausforderer zu töten, während Daniel einen zweiten Riesen tranchiert. In der anschließenden Nacht und am folgenden Morgen besteht Daniel sein drittes Abenteuer. Er erlöst wiederum durch List einen Freisitz aus der hypnotischen Gewalt eines roten Kahlkopfs, der fortan auf sein wöchentliches Bad in Menschenblut verzichten muß, und führt dem Artus-Heer gerade rechtzeitig zu Beginn der zweiten Schlacht Verstärkung zu. Nach der vierten Schlacht gelingt es den Artus-Rittern auf Anraten Daniels, die Feinde durch kräftige Beschallung zu betäuben und gefangenzunehmen. Artus überläßt Daniel das eroberte

Das er wol eyns speres lang
Von dem roß nyder viel

Do wolt im her daniel
Nit me tun do das ergieng
Wen das er das rosse gefieng
Und rette im offenlichen mitte
Ritter ist dz über sitte
Den ir do geleret hat
So möhtent ir liht haben rat
Ob ir des sitten vergeßent
Und uff üwerm roß geseßent
Bereitent ir sie alle
Mit eym solichen falle
Der sitte ist gar ane ere
Des gerumet ich nyemer mere.

Daniel besiegt Key,
aus »Daniel von dem Blühenden Tal« des Strickers

Königreich und versöhnt sich mit seinen Gegnern, indem er unter Hinweis auf sein Notwehrrecht die Legalität seiner Eroberung nachweist. Sichtbarer Ausdruck der geglückten Versöhnung ist die Hochzeit Daniels mit der Witwe Maturs. Während des siebentägigen Festes, dessen Prachtentfaltung dem Charisma des neuen Königs zugute kommt, festigt Daniel seine Herrschaft, indem er den durch die Kämpfe verwitweten Frauen aus den Reihen der Artus-Ritter 1200 neue Männer zuführt, diese vollständig ausrüstet und dadurch zugleich ein schlagkräftiges Heer gewinnt (»er wolde ez alsô stellen   daz er bereite sîn lant«; V. 6802 f.). In einem letzten Abenteuer muß Daniel sich als Landesherr bewähren. Auf dem Fest erscheint der rachedurstige Vater der beiden erschlagenen Riesen, entführt mit List und magischen Kräften nacheinander Artus und Parzival und setzt sie auf zwei unzugänglichen, schwindelerregenden Berggipfeln aus, wo ihnen der Hungertod droht. Als sich der Riesenvater einen weiteren Artus-Ritter holen will, fängt Daniel ihn in einem unsichtbaren Zaubernetz, dessen Besitzer er sich bei seinem dritten Abenteuer verpflichtet hatte. Er vermag seinen Gefangenen davon zu überzeugen, daß die Riesen in einem gerechten Kampf getötet wurden. Darauf läßt der Riesenvater seine beiden Geiseln frei und zieht mit dem geschenkten Zaubernetz in sein Land, das ihm Artus zu »eigen« gibt. Mit erhöhtem Aufwand und unter den Augen der angereisten Artus-Gattin Ginover wird das unterbrochene Fest fortgesetzt. Ein kurzer Ausblick auf die glückliche Herrschaft Daniels beschließt das Werk.

Schon im Prolog und dann das ganze Epos hindurch stellt der Stricker sein Werk vor den Horizont des klassischen Artusromans, wobei insbesondere Hartmanns *Iwein* als Bezugspunkt literarischer Anspielungen erscheint. Vor diesem Hintergrund treten die Eigenheiten des *Daniel* um so deutlicher hervor: die von Anbeginn fraglose Vollkommenheit des Protagonisten, die Schuld und Sühne ausschließt und damit das Strukturschema des doppelten Cursus im klassischen Artusroman aufhebt; das Ethos der *list*, die Daniel die meist emotionalen Schwächen seiner übermächtigen Gegner ausnutzen läßt und ihn über die zuweilen hilflose Normenfixiertheit der anderen Artus-Ritter heraushebt; das ambivalente Erscheinungsbild des König Artus, der zwar einerseits seiner literarischen Rolle als Muster eines gerechten, weisen und freigebigen Herrschers entspricht, der aber anderseits und gegen alle Tradition eine tiefe Krise erlebt (die sonst den Protagonisten der Artusepik vorbehalten ist) und in seiner partiellen Hilflosigkeit bis an die Grenze des Lächerlichen geführt wird.

Der Stricker entwirft in seinem *Daniel* das Bild einer feindseligen, von magischen Kräften beherrschten, d. h. undurchschaubar und übermächtig erscheinenden Welt, in der das Königtum des Artus zum Scheitern verurteilt wäre, wenn es nicht seine traditionellen Normen wie Tapferkeit, Mitleid, höfisches Verhalten oder Beistand der Bedrängten um die Komponenten der *list* und des gemeinschaftlichen Handelns erweiterte. Reflexionen kennzeichnen die erzählten Personen, wenn Entscheidungen durch innere Monologe Daniels oder durch gemeinsame Beratung der Artus-Ritter vorbereitet werden, ebenso wie den Erzähler, der sich des öfteren mit verallgemeinernden Überlegungen und Lehren einschaltet und sich seinem Publikum als Berater andient.

Der methodisch wichtige und anregende Versuch, den *Daniel* nicht nur als eine literarische Diskussion abstrakter politischer und gesellschaftlicher Normen anzusehen, sondern in einen Zusammenhang mit dem Territorialisierungsprozeß in Österreich zu stellen (Brall, 1976), verdient aufgegriffen und weitergeführt zu werden. Der Vorschlag, den alten Grundadel und die Ministerialen als potentielles Publikum des *Daniel* anzusetzen, das seine Opposition gegen die Gewalt des Landesherrn in der Verteidigung des Artus-Hofes gegen die ungerechtfertigten Ansprüche Maturs abgebildet gesehen habe, muß allerdings noch einmal überdacht werden. Er läßt nämlich außer acht, daß Daniel selbst ja eine Landesherrschaft begründet und diese tatkräftig und planvoll durch eine weitreichende Heirats- und Bündnispolitik, durch Lehensvergabe, Ausbau des Militärs, Repräsentation im höfischen Fest und durch die erfolgreiche politische Konfliktlösung der Riesenvater-Episode konsolidiert. Es scheint daher erwägenswert, den *Daniel* in die Nähe des Wiener Herzoghofs zu rücken, dessen rationale Machtpolitik und Unterstützung des bis 1214 angefochtenen Kaisers Friedrich II. sich ohne Schwierigkeiten in Daniels Landesherrschaft und seinem Verhältnis zum nur bedingt handlungsfähigen Artus wiederfinden ließen.

Karl der Große ist der zweite umfangreiche Roman des Strickers. In ihm bietet der Autor eine sprachlich, stilistisch und metrisch modernisierte Fassung des 50 Jahre älteren *Rolandsliedes*, das den Kampf Karls gegen die Sarazenen in Spanien schildert. Neben der expliziten Absicht, das »alte maere« für die literarischen Ansprüche der neuen »hovelîchen kunst« aufzubereiten (V. 115–119), sind auch etliche inhaltliche Veränderungen vorgenommen worden. So stellt der Stricker sehr viel stärker den Kaiser in den Mittelpunkt des Romans, indem er durch Zufügung einer Jugendgeschichte Karls die Beschreibung der Heidenkämpfe in ein biographisches Gerüst einbaut. Karl (der 1165 heiliggesprochen wurde) wird zu einem »heiligen man« (V. 100), den der Stricker als Fürsprecher bei Gott dem Gebet des Publikums empfiehlt. Und Karl nimmt eine politisch unangefochtene Position ein: Während der Pfaffe Konrad den Verräter Genelun noch als Vertreter einer größeren Adelsfraktion darstellt und die Barone durchaus eigenständig neben Karl agieren, reduziert der Stricker Genelun auf einen Einzelfall und führt den Hof als eine ideologisch geschlossene Formation unter dem unbestrittenen Primat des Kaisers vor.

Man hat das Werk des Strickers mit überzeugenden Argumenten in einen Zusammenhang mit der Karlsverehrung der Staufer gebracht. So hatte sich 1215 Friedrich II. in eine Nachfolge Karls des Großen gestellt, um sich als deutscher

Kaiser zu legitimieren, seinen Anspruch auf die Weltherrschaft zu untermauern und den ausgelobten Kreuzzug in eine historische, vielleicht sogar heilsgeschichtliche Perspektive zu rücken. Die merkliche Hervorhebung des Schwabenherzogs Gerolt im *Karl* könnte als verstecktes Kompliment an den staufischen Kaiser verstanden werden. Gegen eine allzu enge Anbindung des *Karl* an kaiserliche Positionen spricht allerdings, wie man eingewandt hat, sowohl die Gleichrangigkeit des Papstes gegenüber dem Kaiser beim Stricker als auch die Betonung des fürstlichen Kaiserwahlrechts. Wie schon beim *Daniel* könnte auch für den *Karl* die Annahme, der Stricker habe im Umkreis des Wiener Herzoghofs geschrieben, die bisherigen Widersprüchlichkeiten einer zeitgeschichtlichen Situierung des Werks aufheben: Zum einen lag eine Verherrlichung des deutschen Kaisers und der Reichsidee vollkommen auf der politischen Linie Leopolds VI. von Österreich, der auf diese Weise seine Verbundenheit mit dem 1215 gekrönten Staufer Friedrich II. dokumentieren konnte. Zum andern lag eine Hervorhebung der Reichsfürsten, wie sie der Stricker in der vieldiskutierten Erwähnung des fürstlichen Kaiserwahlrechts vornimmt (V. 450–461; vgl. v. d. Burg, S. 198–209; Brandt, S. 198–226), im Interesse der Babenberger. Zum dritten unterhielt der Wiener Hof im Gegensatz zum Kaiser stets ein einvernehmliches Verhältnis mit der römischen Kurie, so daß die ausgewogene Darstellung des Papstes im *Karl* eine plausible Erklärung fände. Schließlich ließe sich auch die deutliche Kürzung des Bayernlobes gegenüber dem *Rolandslied* einleuchtend auf die Rivalität zwischen den Wittelsbachern und Babenbergern zurückführen.

Wie die beiden Romane *Daniel* und *Karl* mit ihren Handlungsträgern (werdender) Landesherr bzw. Kaiser sowie der davon bestimmten Perspektivierung der Macht- und Abhängigkeitsverhältnisse in gewisser Weise komplementär aufeinander beziehbar sind, so ergänzen sich auch die didaktisch-theoretischen Diskurse der *Frauenehre* und der *Klage*. Während die *Klage* vor Gott und der Welt den gesellschaftlichen Mißständen den Prozeß macht und der Autor nur implizit eine Besserung der Zustände verspricht, indem er auf die Rechtsform des Gerüftes zurückgreift, durch das ein Verbrechen öffentlich, der Täter dingfest gemacht und der strafenden Gerechtigkeit übergeben werden sollte, entwirft der Stricker in der *Frauenehre* ein Programm, von dem er sich eine Restauration ritterlichen Wertbewußtseins und höfischer *vröude* verspricht, indem die vorgeführte Lobpreisung der Frauen eine Rückbesinnung auf die ethisch stimulierende Wirkung der Minne einleiten soll. In beiden Texten spielt der Stricker seine Rolle als Literat aus, der sich einmal durch eine gesellschaftliche Entwicklung, in der höfische Kultur und damit auch Literatur kein Interesse mehr finde, in seiner Existenz bedroht sieht und als Betroffener das anklagende Gerüfte erheben dürfe, der zum andern aber auch durch seine Dichtungen einen wesentlichen Beitrag zum Erhalt und zur Wiederherstellung verlorener Werte und Lebensformen leiste.

Das literarische Programm des *erniuwens*, das der Stricker in seinem Œuvre verfolgt, umfaßt nicht nur Modernisierung wie im *Karl* oder Neudeutung und Anverwandlung vorgegebener Muster wie im *Daniel*, sondern auch die Schaffung und Begründung neuer Sujets und Gattungen. Das gilt für die Minne- und Zechrede (*Frauenehre* bzw. *Der unbelehrbare Zecher*) als auch, und das in der Literaturgeschichte ungemein folgenreich, für Märe, Bispel und Schwankroman. In seinen Mären, also den fiktionalen weltlichen Verserzählungen mittleren Umfangs, führt der Stricker soziale Beziehungen in Konfliktsituationen vor, die durch die Restitution der gottgewollten Ordnung behoben werden. Die Wiederherstellung des Ordo erfolgt zuweilen durch das Eingreifen Gottes (*Die eingemauerte Frau*), meist aber durch lebenspraktische Klugheit einer oder mehrerer handelnder Personen. Dabei spielt die Figur des Ratgebers nicht selten eine Schlüsselrolle, indem sie als außenstehende Instanz Reflexion und situationsgerechtes Handeln ermöglicht, übereilte Entscheidungen vermeiden und verzerrte Wirklichkeitswahrnehmung (*wân*) korrigieren hilft. Die Wichtigkeit dieser Instanz demonstriert der Stricker für alle Bereiche menschlicher Gemeinschaft (z. B. für die Ehe in *Der Gevatterin Rat*, für die Partnersuche in *Der Kater als Freier*, für weise Herrschaft in *Der wunderbare Stein* oder *Der junge Ratgeber*).

Für das Autorenselbstverständnis und die Funktion, die der Stricker seinen Texten beimißt, ist es aufschlußreich, daß die geschilderten Ratgeber vielfach zum Mittel des Erzählens greifen, also ihre Lehre indirekt durch eine Geschichte, Fabel oder Gleichnisrede vorbringen, um die Gefühle ihrer Adressaten nicht zu verletzen und die eigene Position nicht zu gefährden (*Der kluge Knecht*) oder um der begrenzten intellektuellen Kapazität der Ratsuchenden entgegenzukommen (*Der Kater als Freier*). Damit macht der Stricker auf der fiktionalen Handlungsebene die potentielle Leistung der Literatur als Entscheidungshilfe und Handlungsanweisung deutlich, die er auch für seine eigenen Dichtungen beansprucht, wenn er seine Geschichten mit einer expliziten Lehre ausstattet und sich immer wieder als kommentierender und wertender Erzähler in das erzählte Geschehen einschaltet.

Innerhalb des Erzählcorpus des Strickers bilden die Ehestandsmären eine größere Gruppe. Gegen Anmaßung nicht zustehender Rechte, gegen gewaltsame oder arglistige Durchsetzung egoistischer Interessen, aber auch gegen eine blinde Unterordnung und freiwillige Aufgabe der Identität plädiert der Stricker für ein auf Ausgleich bedachtes, einvernehmliches, emotionale wie ökonomische Aspekte gleichermaßen berücksichtigendes Verhältnis der Partner innerhalb der vorgegebenen Grenzen des mittelalterlichen Ehe-Ordo. Wo der Autor eine schuldhafte Störung des ehelichen Gleichgewichts beschreibt, vermag der betroffene Partner nicht selten die Dynamik des ihm angedrohten oder angetanen Unrechts gegen dessen Urheber zu wenden, so daß viele Ehestandsmären eine axialsymmetrische Struktur aufweisen: Das zunächst ausgeübte Unrecht schlägt durch das vorausschauend listige Verhalten des Betroffenen in spiegelbildlicher Entsprechung auf seinen Urheber zurück (z. B. in *Das erzwungene Gelübde*, *Das heiße Eisen*, *Ehescheidungsgespräch*). Dieses Aufbauschema, das vor dem Hintergrund des Talionsprinzips einer gerechten Vergeltung und spiegelnden Sühneleistung zu sehen ist, dürfte beim Publikum Schadenfreude über den bestraften Missetäter freigesetzt und somit zur Unterhaltung beigetragen haben.

Die große Gruppe von Bispeln im Strickerschen Œuvre, also von kurzen Texten, deren strukturelle Zweiteiligkeit von Bild und Auslegung am Verfahren der Allegorese orientiert ist, ist bislang noch wenig erforscht. Indem der Autor sich an das Prinzip der allegorischen Schrift- und Naturauslegung anlehnt, macht er sich die Rolle und Autorität eines geistlichen Lehrers zu eigen. Mit einigem Recht hat man vermutet, daß ein größerer Teil der Bispeln sich an ein klösterliches Laienpublikum gewandt hat, auf das die angenommene Autorrolle, die häufige Wahl christlicher Stoffe und die auf eine religiöse Lebenspraxis gerichteten Auslegungen abgestimmt sind. Die geistlichen Lehren der Strickerschen Bispeln sind so allgemein gehalten, daß der Versuch, sie franziskanischen oder dominikanischen Anschauungen zuzuordnen, mit Grund zurückgewiesen worden ist. Zu den Bispeln zählt auch eine Reihe von Fabeln, die der lateinischen Tradition der Antike und des Mittelalters entstammen.

In seinem *Pfaffen Amis* fügt der Stricker eine Reihe von unverbundenen schwankhaften Episoden mittels eines durchgängigen Protagonisten und dessen Biographie, durch eine räumlich-geographisch fixierbare Szenenfolge, durch eine planvolle Gliederung und ein thematisches Gesamtkonzept zu einem Roman zusammen, dessen strukturelles Vorbild primär in der Tierepik zu suchen ist, der aber ironisch auch auf andere erzählerische Großformen wie den Artusroman (Aventiure-Fahrt des Helden), das Spielmannsepos (Brautwerbungsschema, Orientfahrt) und den Legendenroman (Weltabsage und Klostereintritt des Helden am Schluß) anspielt. Der Roman schildert, wie die aufwendige Hofhaltung des Geistlichen Amis den Neid eines Bischofs weckt. Als Amis sich dem bischöflichen Zugriff auf seine Pfründe entziehen kann, indem er mit Geschick und List die ihm vorgelegten Rätselfragen beantwortet und einem Esel scheinbar das Lesen beibringt, erfährt seine Hofhaltung so starken Zulauf, daß sich eine bedrohliche Finanzierungslücke auftut. Amis muß »nâch guote werben« (V. 335) und tut dies, indem er seine intellektuelle Überlegenheit zu lukrativem »liegen unt triegen« (V. 40) einsetzt. In den ersten drei Episoden nach dem Verlassen seiner Heimat profitiert er von den Ängsten seiner Mitmenschen, ihr gesellschaftliches Ansehen, ihre familiäre oder politische Stellung oder gar das Leben zu verlieren. Die folgenden fünf Erzählabschnitte führen die ständeübergreifende Wundergläubigkeit vor, die Amis zu seinem finanziellen Vorteil nutzen kann. Nach seiner vorübergehenden Rückkehr nach England bricht der Pfaffe zu zwei Beutezügen nach Konstantinopel auf, wo er zwei reiche Kaufleute durch ihre Profitgier zu betrügen versteht. Ein kurzer Ausblick schildert ironisch die Bekehrung des Amis, der in ein Kloster eintritt, wo er sich vermöge seiner ökonomischen und intellektuellen Potenz (»mit guot unt mit râte«; V. 2498) die Abtswürde und die ewige Seligkeit verdient.

Die grundlegende Schwierigkeit der Interpretation des *Pfaffen Amis* liegt in der ambivalenten Darstellung des Protagonisten. Auf der einen Seite erscheint er als skrupelloser Betrüger, der sein Gewinnstreben zuletzt als Selbstzweck verfolgt und vom Erzähler im Prolog gar zum Urheber allen Lug und Trugs stilisiert wird. Andererseits werden immer wieder als positive Eigenschaften seine *wîsheit* und seine *milte* (Freigebigkeit) hervorgehoben. Es wäre denkbar, daß sich die Ambivalenz auflösen ließe, wenn es gelänge, den Text einigermaßen zuverlässig funktions- und sozialgeschichtlich zu situieren; die vielen bisherigen einander widersprechenden Versuche in diese Richtung bezeugen hinlänglich die Schwierigkeiten, wenn nicht Aussichtslosigkeit dieses Unterfangens. Denkbar wäre freilich auch, daß das interpretatorische Bemühen, eine Einheitlichkeit des Helden oder doch ein integrales Erzählinteresse zu erkennen und so die Widersprüchlichkeiten des Textes aufzulösen, von modernen und daher unangemessenen Erwartungen ganzheitlicher und geschlossener Personendarstellungen und Erzählkonzeptionen bestimmt ist. Wenn man trotz solcher Einschränkungen und Bedenken die Ambivalenz des *Pfaffen Amis* zu deuten versucht, müßte man am ehesten an die literarische Rolle des Schelmen denken. So sichert die gesellschaftliche (zuweilen auch nur ökonomische) Unterlegenheit, die Amis durch seine Anpassungsfähigkeit und Gewitztheit ausgleichen kann, dem Protagonisten die Sympathie des Publikums. Zugleich aber ist Amis moralisch in Frage gestellt, weil er seine prinzipiell positive *wîsheit* für verwerfliche Zwecke mißbraucht und auch seine *milte* unterschiedslos »den boesten unt den besten« (V. 914) gilt.

Bibliographische Hinweise

Verserzählungen. 2 Bde. Hrsg. von H. Fischer. Tübingen 1960–67 [u. ö.].

Die Kleindichtung. 5 Bde. Hrsg. von W. W. Moelleken. Göppingen 1973–78.

Die bisher unveröffentlichten geistlichen Bispelreden des Strickers. Überlieferung, Arrogate. Exeget. und literarhist. Komm. von U. Schwab. Göttingen 1959.

Fabeln und Mären. Hrsg. von H. Mettke, Halle a. d. S. [2]1968.

Tierbispel. Hrsg. von U. Schwab. Tübingen [3]1983.

Daniel von dem Blühenden Tal. Hrsg. von M. Resler. Tübingen 1983.

Karl der Große. Hrsg. von K. Bartsch. Berlin 1965. (Nachdr. der Ausg. Quedlinburg/Leipzig 1857.)

Frauenehre. Überlieferung, Textkritik, Edition, literaturgeschichtliche Einordnung von K. Hofmann. Marburg 1976.

Pfaffe Amis. Hrsg. von K. Kamihara. Göppingen 1978.

Das Märe. Die mittelhochdeutsche Versnovelle des späteren Mittelalters. Hrsg. von K.-H. Schirmer. Darmstadt 1983. (Wege der Forschung. 558.)

Brall, H.: Strickers »Daniel von dem Blühenden Tal«. Zur politischen Funktion spähöfischer Artusepik im Territorialisierungsprozeß. In: Euphorion 70 (1976) S. 222–257.

– Höfische Ideologie und feudale Herrschaftsgewalt. Überlegungen zum Strukturwandel höfischer Epik im Werk des Strickers. In: Philologische Untersuchungen. Festschrift für Elfriede Stutz. Hrsg. von A. Ebenbauer. Wien 1984. S. 102–130.

Brandt, R.: »erniuwet«. Studien zu Art, Grad und Aussagefolgen der Rolandsliedbearbeitung in Strickers »Karl«. Göppingen 1981.

Bumke, J.: Strickers »Gäuhühner«. Zur gesellschaftsgeschichtlichen Interpretation eines mittelhochdeutschen Textes. In: Zeitschrift für deutsches Altertum 105 (1976) S. 210–232.

Burg, U. v. d.: Strickers »Karl der Große« als Bearbeitung des »Rolandsliedes«. Studien zu Form und Inhalt. Göppingen 1974.

Egyptien, J.: Höfisierter Text und Verstädterung der Sprache. Städtische Wahrnehmung als Palimpsest spätmittelalterlicher Versromane. Würzburg 1987.

Fischer, H.: Studien zur deutschen Märendichtung. Tübingen 1968.

Grubmüller, K.: Meister Esopus. Untersuchungen zu Geschichte und Funktion der Fabel im Mittelalter. Zürich/München 1977.

Haug, W.: Paradigmatische Poesie. Der spätere deutsche Artusroman auf dem Weg zu einer »nachklassischen« Ästhetik. In: Deutsche Vierteljahrsschrift für Literaturwissenschaft und Geistesgeschichte 54 (1980) S. 204–231.

Henderson, I.: Strickers »Daniel von dem Blühenden Tal«. Werkstruktur und Interpretation unter Berücksichtigung der handschriftlichen Überlieferung. Amsterdam 1976.

Kern, P.: Rezeption und Genese des Artusromans. Überlegungen zu Strickers »Daniel vom blühenden Tal«. In: Zeitschrift für deutsche Philologie 93 (1974) Sonderh. S. 18–42.

Margetts, J.: »Der durstige Einsiedler« des Strickers. In: Neuphilologische Mitteilungen 82 (1981) S. 122–136.

Müller, D.: »Daniel vom Blühenden Tal« und »Garel vom Blühenden Tal«. Die Artusromane des Stricker und des Pleier unter gattungsgeschichtlichen Aspekten. Göppingen 1981.

Peters, U.: Stadt, »Bürgertum« und Literatur im 13. Jahrhundert. Probleme einer sozialgeschichtlichen Deutung des »Pfaffen Amis«. In: Zeitschrift für Literaturwissenschaft und Linguistik 7 (1977) S. 109–123.

Ragotzky, H.: Gattungserneuerung und Laienunterweisung in Texten des Strickers. Tübingen 1981.

Röcke, W.: Die Freude am Bösen. Studien zu einer Poetik des deutschen Schwankromans im Spätmittelalter. München 1987.

Schnell, R.: Strickers »Karl der Große«. Literarische Tradition und politische Wirklichkeit. In: Zeitschrift für deutsche Philologie 93 (1974) Sonderh. S. 50–80.

Wailes, S. L.: Studien zur Kleindichtung des Strickers. Berlin 1981.

Berthold von Regensburg

Von Werner Röcke

Berthold von Regensburg galt schon im Mittelalter als bekanntester und wirkungsmächtigster Prediger des Franziskanerordens. Zwar sind die zeitgenössischen Berichte von bis zu 200000 Zuhörern und von wunderbaren Folgen seiner Predigten, daß Sünder »vom Pfeil seines Wortes durchbohrt« und eines Besseren belehrt worden seien, zweifellos übertrieben. Dennoch liegt die Wahrheit solcher Überlieferungen wohl weniger in ihrer faktischen Richtigkeit als in dem Bemühen, das Bild von dem großen Prediger in immer weiter reichenden Übersteigerungen und Wunderanekdoten auszumalen.

Berthold wurde um 1210, wahrscheinlich in Regensburg, geboren. Sein theologisches Studium absolvierte er wohl in Magdeburg an der 1228 gegründeten Studienanstalt der Franziskaner und begann seine Predigttätigkeit im Jahr 1240 in Augsburg. Seine ausgedehnten Predigtreisen führten ihn durch Süddeutschland, in die Schweiz und in die Steiermark, nach Frankreich und Ungarn. 1263 verpflichtete ihn Papst Urban IV. zur Predigt gegen die Häretiker in Deutschland, Frankreich und der Schweiz; 1272 ist er gestorben.

Unter Bertholds Namen sind lateinische und deutsche Predigten überliefert: Fünf lateinische Predigtsammlungen, die wohl als Predigthandbücher für Geistliche dienten und von denen drei als authentisch anzusehen sind, sowie eine recht heterogene deutschsprachige Predigtüberlieferung in unterschiedlichen Sammlungen, die stilistisch und auch im Hinblick auf ihren Leserkreis erheblich voneinander abweichen.

Die unter Bertholds Namen überlieferten deutschen Predigten sind weder wortgetreue Nachschriften tatsächlich gehaltener Predigten noch von ihm selbst verfaßt worden. Zwar entsprechen sie dem Stil der franziskanischen Buß- und Mahnpredigt, welche die eigentliche Schriftauslegung zugunsten schärfster Verurteilung sozialer und theologischer Mißstände sowie verstärkter Aufrufe zu Buße und Umkehr auf ein Mindestmaß reduzierte und in direkten Ansprachen an die Zuhörer, in Hörerinterventionen, mit Predigtexempla und einem volkstümlichen Sprachgebrauch die Wirkungen des Predigens zu verstärken suchte. Dennoch sind sie wohl erst nachträglich – wahrscheinlich im Augsburger Minoritenkreis um Bertholds Socius David von Augsburg – dem lebendigen Predigtwort nachgebildet worden und deshalb als Lesetexte zur geistlichen Erbauung, als »Texte des Buches und nicht der Kanzel« (Richter), anzusehen.

Die Themen dieser deutschen Predigten entsprechen der franziskanischen Reform. Die Bettelorden des 13. Jahrhunderts, und hier vor allem die Franziskaner, bemühen sich um die Predigt der freiwilligen Armut, der Nachfolge Christi und eines wahrhaft evangelischen Lebens. Damit nehmen sie Forderungen der sehr aktiven und häufig häretischen Armutsbewegung des 12. Jahrhunderts auf, versuchen sie aber mit der theologischen Orthodoxie und kirchlich-päpstlichen Autorität zu versöhnen. Zumindest unter Innozenz III. und seinen nächsten Nachfolgern auf dem Heiligen Stuhl ist dieser Versuch einer orthodoxen Integration der Armutsbewegung auch gelungen: Die Franziskaner werden im 13. Jahrhundert zur wirkungsmächtigsten Waffe der Orthodoxie gegen die Häresie, und auch die Berthold-Predigten sind diesem Wirkungszusammenhang noch zuzurechnen. Als »Traktate in Predigtform« bemühen sie sich um eine höchst suggestive Darlegung verbindlicher katholischer Lehre, mit der den zahlreichen geistlichen Verirrungen der Zeit ebenso begegnet

Berthold von Regensburg predigt vor einer Kirche

werden kann wie den fatalen Folgen der sozialen Veränderungen im 13. Jahrhundert.

Zentren der franziskanischen Armutsbewegung des 13. Jahrhunderts waren die Städte. Hier gründeten die Franziskaner ihre Niederlassungen (in Deutschland: Augsburg, Regensburg usw.), hier fanden sie ihre Adressaten in den städtischen Mittel- und Unterschichten: Kaufleuten, Geldhändlern, Handwerkern und der Stadtarmut. In den Berthold-Predigten ist diese soziale Bindung noch insofern erkennbar, als in ihrer Sünden- und Lasterpolemik die Betrügereien der ›Abbrecher‹ und Wucherer, der Geldhändler und Pfandleiher, aber auch der Handwerker und Kaufleute im Mittelpunkt stehen, zugleich aber auf alle Stände der Ständepyramide ausgeweitet werden. Gemeinsames Ziel aller Berthold-Predigten ist eine Ethik des alltäglichen Lebens für alle Stände in geistlicher wie sozialer Hinsicht. Sie entwerfen Handlungsnormen für die unterschiedlichsten Lebensformen, wie z. B. Beruf und Arbeit, Herrschaft und Gericht, Seelsorge und Verkündigung, Ehe und Familie. Des weiteren vermitteln sie das erforderliche theologische Wissen zum rechten, und das heißt orthodoxen Verständnis der christlichen Verkündigung, der Sakramente und Heilstatsachen, markieren aber mit aller Schärfe und allen nur denkbaren Methoden der Stigmatisierung und Exklusion die Feinde eines christlichen Lebens: die Ketzer vor allem, die – wie die Katzen – im geheimen wirken und agitieren, die Wucherer und anderen ›Abbrecher‹, schließlich die Juden und Heiden.

Vor allem die enge Verbindung von Ketzerpolemik und Wucherkritik kennzeichnet den historischen Ort der Berthold-Predigten. Auf die Anfänge des »Zeitalters der Geschäftsleute« (Duby) im 12./13. Jahrhundert, also des verstärkten und schnelleren Waren- und Geldumlaufs, der wachsenden Bedeutung von Geldhandel, Wucher und Profitwirtschaft erfolgte als theologische wie soziale Reaktion die Abkehr von Reichtum und wirtschaftlichem Erfolg, wie sie in der inner- wie außerkirchlichen Armutsbewegung zu beobachten ist. Die Berthold-Predigten setzen diese Abkehr von der Profitwirtschaft mit der entschiedensten Anklage gegen Betrug und Übervorteilung vor allem in wirtschaftlichen Belangen fort, verbinden sie aber auch mit der populären Aufbereitung scholastischer Soziallehre, wie sie verbindlich vor allem von Thomas von Aquin formuliert worden ist.

Diese Soziallehre allerdings bleibt ambivalent: Behauptet sie einerseits die Gleichheit aller Menschen vor Gott, die in wechselseitiger Ergänzung und Fürsorge einander dienen sollen, so andererseits auch ihre Ungleichheit, insbesondere die hierarchische Abgrenzung der dienenden von den herrschenden Ständen. Insofern sind Herrschaft und Gemeinschaft für die scholastische Soziallehre gleichermaßen konstitutiv. In den Berthold-Predigten wird das immer wieder und in langen Beispielketten begründet, zugleich aber auch gegen offensichtlich häretische Forderungen sozialer Gleichheit unterstrichen. Die sozialen Unterschiede sollen zum »Liebespatriarchalismus« (Troeltsch) gemildert, nicht aber selbst in Frage gestellt werden. Wird diese Forderung erhoben, so erkennt man nicht zuletzt daran den Ketzer, den Verräter Gottes und des Evangeliums, dem jegliche Rettung versagt bleiben wird. Denn Gott liebt – so Berthold – den Armen wie den Reichen gleichermaßen. Warum Gott aber den einen arm und den anderen reich gemacht hat, kann und darf der Mensch nicht wissen.

Das neutestamentliche Gebot der Nächstenliebe erörtert Berthold vor allem als soziales Gebot: »wan wir solten alle einander gebrüeder sîn in gote« (2. Predigt). Gesellschaft wird als brüderliche Gemeinschaft wechselseitiger Unterstützung und Zuwendung verstanden, als Solidargemeinschaft und nachbarschaftlicher Verband, in welchem alle Menschen und alle Stände füreinander da sind, ihren Schaden mindern und ihren Vorteil mehren. Auch mit diesem Verständnis von Gesellschaft als Gemeinschaft folgt Berthold der scholastischen Soziallehre seiner Zeit, die – im Anschluß an die aristotelische Lehre von der *koinonia*, der friedlichen Vereinigung in den verschiedenen gesellschaftlichen Verbänden der Polis – Gesellschaft als Ordnung brüderlicher Gemeinschaft (*communio*) und der genossenschaftlichen Bindung in den einzelnen gesellschaftlichen Verbänden darstellt: in Ehe und Familie, in Beruf und Handel, Herrschaft und Knechtschaft. Die Aggressivität von Bertholds Sünden- und Lasterlehre erklärt sich in erster Linie daraus, daß diese Gebote der *communio* verletzt, ja ins Gegenteil verkehrt werden. Bertholds Schlüsselbegriff dafür ist *untriuwe*. Sie ist das Laster, das alle Mitmenschlichkeit oder Brüderlichkeit zerstört und Gottes Ordnung auf den Kopf stellt.

Der bekannte Topos von der Zeitenwende, daß in früheren Tagen die Welt geordnet, heute aber gefährdet sei, dient Berthold als Ausgangspunkt seiner Gesellschaftslehre.

Arbeit und Beruf. Grundlage für Bertholds Arbeits- und Berufsethik ist seine Überzeugung von der Notwendigkeit einer arbeitsteilig organisierten Gesellschaft. Deren Bestand allerdings sieht Berthold durch die vielfältigsten Formen der Übervorteilung und des Betrugs in allen, vor allem aber den handwerklichen und bäuerlichen Berufen gefährdet (2. Predigt):

> Wan swaz der krâmer gewinnet mit sîner unrehten wâge, daz verstilt im der wînman, der zapfenaere, her wider an dem wîne, unde der snîder unde sîn kneht an dem gewande; [...]. Alsô stilt der dem, sô stilt er dir morgen her wider mit sînes amtes trügenheit.

Herrschaft und Dienst. Zufriedenheit mit Gottes Gaben verlangen die Berthold-Predigten von herrschenden und dienenden Ständen. Denn wenn Gott dem Armen mehr hätte geben wollen, hätte er es getan. Zwar beschreibt Berthold die soziale Misere in eindringlichen Bildern, doch zielt er dabei nicht auf ihre Überwindung, sondern lediglich auf ihre Milderung. Der Gegensatz von herrschenden und dienenden

Ständen ist ebenso unveränderbar wie die hierarchische Ordnung der Engel im Himmel (4. Predigt): »Unde dâ von sprichet got selber: ›sælic sint die armen, wan daz himelrîche ist ir.‹ Unde dar umb, ir armen liute, sult ir gar frô sîn.«

Ehe und Familie. Die Ständedidaxe des Mittelalters folgt in der Gliederung der Gesellschaft unterschiedlichen Ordnungen. Neben binäre Unterscheidungen, z. B. nach Klerikern und Laien, setzen sich seit dem 12. Jahrhundert die unterschiedlichsten triadischen Gliederungen durch. Am längsten wirksam bleiben die ›drei Ordnungen‹ der *oratores* (Kleriker), *bellatores* (herrschende laikale Stände), *laboratores* (dienende Stände), doch gewinnt daneben auch das Kriterium sexueller Reinheit und ehelicher Bindung (Unbefleckte – Enthaltsame – Ehegatten) an Gewicht. In den Bemühungen des Papstes Innozenz III., die Unauflösbarkeit der Ehe durchzusetzen, sie zugleich aber im Konsensprinzip zu verankern, wird das ebenso deutlich wie in Bertholds außerordentlich praktisch gehaltenen Vorschlägen für eine christliche Ehe, eine christliche Kindererziehung und einen christlichen Hausstand. Darüber hinaus erklärt sich das Nebeneinander von politischen, rechtlichen und wirtschaftlichen Problemen des ständischen Gemeinwesens einerseits, der rechtlichen Ordnung von Ehe und Familie andererseits in den Berthold-Predigten wohl auch aus dem Bemühen der Franziskaner um eine moralische Reglementierung, ja Verchristlichung aller Bereiche des alltäglichen Lebens. Ständegesellschaft und Haus ergänzen und entsprechen einander. Sie sind noch nicht nach ›öffentlichen› und ›privaten‹ Bereichen getrennt, sondern dienen gleichermaßen der Bewahrung von Gottes Ordo. Insofern folgt Bertholds Ehe- und Erziehungslehre – wichtigste Texte: seine 21. Predigt *Von der ê* und seine 3. Predigt *Von drin lâgen* – einer ähnlich paradoxen Logik von Liebe und Herrschaft, wechselseitiger Fürsorge und hierarchischer Ordnung, wie seine Vorstellung von Gesellschaft.

In der Erziehung der Kinder setzt sich das Nebeneinander

von Liebe und Herrschaft fort. Dabei erklärt sich die Notwendigkeit von Erziehung aus ihrem theologischen und ihrem sozialen Zweck: theologisch insofern, als auch in der Kindererziehung den Nachstellungen des Teufels begegnet und Gottes Ordnung gesichert werden soll; sozial aber, da die erforderliche Reglementierung der Gesellschaft keineswegs erst in Beruf, Herrschaft oder Ehe, sondern mit der häuslichen Erziehung beginnt. Die Gefahren für die gesellschaftliche Ordnung sind damit abgeschwächt, nicht aber gebannt.

Die Feinde Gottes und der Menschen. Es sind vor allem zwei Gruppen von Sündern, deren Gefährlichkeit und deren Abwehr die Berthold-Predigten immer wieder thematisieren: die Ketzer einerseits, die Wucherer, Pfandgeber und Vorkäufer andererseits. Anhand eines recht stereotypen Katalogs von ›Ketzer-Regeln‹ werden die Ketzer in den unterschiedlichsten Handlungszusammenhängen ausgemacht und verurteilt. Von Interesse ist auch in diesem Fall wohl weniger der Anspruch auf historische Wahrheit als die Technik der Denunziation und Exklusion konkurrierender Lehren. Berthold nennt einzelne Ketzergruppen, deren Wirken auch nachweisbar ist. Gemeinsam ist ihnen ihre Heimlichkeit, ihre Unreinheit und die von ihnen drohende Gefahr: Wie die Katzen sich am Gift der Kröte vergiften und dementsprechend die Menschen gefährden, verunreinigen auch die Ketzer all diejenigen, die ihnen vertrauen. Und ebenso gefährden die Habgierigen, also die Pfandleiher und Wucherer, nicht nur ihr eigenes Seelenheil, sondern auch das ihrer Nachkommen über viele Generationen hinweg.

Für beide Feinde Gottes sieht Berthold keine Rettung mehr: sie verdienen es nur mehr, nach ihrem Tode über die Schwelle ihres Hauses gezerrt und irgendwo verscharrt zu werden; ihre Seele gehört ohnehin dem Teufel. Alle anderen aber sollen sich von derlei Schreckensbildern zur Umkehr bewegen lassen.

Der allgemeinste Zweck der Berthold-Predigten ist der Aufruf zur Buße, zur Umkehr und zur Nachfolge Christi. Diesem Ziel dient ihre praktische Konkretheit ebenso wie ihr besonderer Stil, also die Imagination eines lebendigen Vortrags; die Höreransprachen und Hörereinwürfe; die Freude an präzisen Bildern und Beispielerzählungen, aber auch die Stereotypie der Laster- und Tugendreihen, der biblischen Beispiele und kirchlichen Lehren. Hier beschränkt sich Berthold auf das Notwendigste. Sein Ziel einer Heiligung des alltäglichen Lebens bedarf weniger der gelehrten Belege, der Textexegese oder homiletischen Tradition als der eingängigen Bilder, der Angst vor dem Bösen und der überzeugenden Lehren. Die intensive Rezeption der Berthold-Predigten in Mittelalter und Neuzeit zeigt, daß dies ihrem unbekannten Verfasser gelungen ist.

Bibliographische Hinweise

Berthold von Regensburg: Vollständige Ausgabe seiner Predigten mit Anm. von F. Pfeiffer. Mit einem Vorw. von K. Ruh. Bd. 1. Berlin 1965. (Nachdr. der Ausg. Wien 1862.)

Berthold von Regensburg: Vollständige Ausgabe seiner deutschen Predigten mit Einl. und Anm. von F. Pfeiffer und J. Strobl. Mit einer Bibl. und einem überlieferungsgeschichtlichen Beitr. von K. Ruh. Bd. 2. Berlin 1965. (Nachdr. der Ausg. Wien 1880).

Vier Predigten. Mittelhochdeutsch/Neuhochdeutsch. Übers. und hrsg. von W. Röcke. Stuttgart 1983.

Banta, F. G.: Berthold von Regensburg. In: Die deutsche Literatur des Mittelalters. Verfasserlexikon. Bd. 1. Berlin / New York ²1978. Sp. 817–823.

Bernhardt, E.: Bruder Berthold von Regensburg. Ein Beitrag zur Kirchen-, Sitten- und Literaturgeschichte Deutschlands im 13. Jahrhundert. Erfurt 1905.

Gärtner, Th.: Berthold von Regensburg über die Zustände des deutschen Volks im 13. Jahrhundert. Programm des Gymnasiums Zittau. Zittau 1890.

Gildemeister, H.: Das deutsche Volksleben im 13. Jahrhundert nach den deutschen Predigten Bertholds von Regensburg. Diss. Jena 1889.

Hofmann, C.: Neue Zeugnisse über Berthold von Regensburg. In: Sitzungsberichte der Bayerischen Akademie der Wissenschaften. Phil.-Hist. Klasse 2 (1867) S. 374–394.

Lühe, I. v. d. / Röcke, W.: Ständekritische Predigt des Spätmittelalters am Beispiel Bertholds von Regensburg. In: Literatur im Feudalismus. Hrsg. von D. Richter. Stuttgart 1972. S. 41–82.

Rehorn, K.: Die Chronistenberichte über Bruder Bertholds Leben. In: Germania 26 (1881) S. 316–338.

Richter, D.: Die deutsche Überlieferung der Predigten Bertholds von Regensburg. Untersuchungen zur geistlichen Literatur des Spätmittelalters. München 1968.

Rieder, K.: Das Leben Bertholds von Regensburg. Diss. Freiburg i. B. 1901.

Schönbach, A. E.: Studien zur Geschichte der altdeutschen Predigt. Bd. 2–8. Wien 1900–07.

Segl, P.: Berthold von Regensburg und die Ketzer seiner Zeit. In: Regensburg und Bayern im Mittelalter. Festschrift für Kurt Reindel. Regensburg 1987. S. 115–129.

Sokol, A. E.: Das Grundproblem der Gesellschaft im Spiegel Bertholds von Regensburg. In: Germanic Review 11 (1936) S. 147–163.

Stahleder, H.: Arbeit in der mittelalterlichen Gesellschaft. München 1972. S. 158–313.

– Das Weltbild Bertholds von Regensburg. In: Zeitschrift für bayerische Landesgeschichte 37 (1974). S. 728–798.

Stromberger, Ch. W.: Berthold von Regensburg, der größte Volksredner des deutschen Mittelalters. Wiesbaden 1973. (Nachdr. der Ausg. Gütersloh 1877.)

Wernher der Gartenaere

Von Fritz Peter Knapp

Die Zeit des Spätmittelalters von etwa 1250 bis etwa 1500 ist wahrlich nicht reich gesegnet mit großen Dichtergestalten im deutschen Sprachraum. Namentlich mit der erzählenden Literatur geht es nach den großen Klassikern um 1200 durchaus bergab, mögen die heutigen Fachleute dies vielfach auch nicht wahrhaben wollen. Aus dem Anfang der spätmittelalterlichen Epoche läßt sich jedoch noch ein volltönender Nachklang jener klassischen Kunst vernehmen, freilich nun ausgeführt mit der bescheideneren Instrumentierung der Kleinepik, einer noch jungen, unverbrauchten literarischen Gattung: der *Helmbrecht*, mit seinen nicht einmal 2000 Versen eine Bagatelle, aber eine ›Bagatelle brillante‹.

Hätte am Ende des kleinen Meisterwerks der Weltliteratur der Autor nicht das Publikum zum Gebet verpflichtet, »daz im got genaedec wese / und dem tihtaere, / Wernher dem Gartenaere« (»daß Gott ihm – dem Vorleser – gnädig sei und auch dem Dichter, Wernher dem Gärtner«; V. 1932–34), so wüßten wir so gut wie nichts von ihm. Der Beiname sagt schwerlich etwas über seine Herkunft aus. Eher handelt es sich um den Künstlernamen eines Fahrenden, der Zuständigkeit für den aus der antiken Rhetorik bekannten Blütenschmuck der schönen Rede beansprucht. Der Autor hat sein Werk am ehesten in der Zeit des sogenannten Interregnums, also etwa zwischen 1250 und 1280, verfaßt und die Handlung vermutlich im damaligen bairisch-österreichischen Grenzgebiet (Innviertel, Traungau) angesiedelt, das seinem adeligen Publikum also einigermaßen vertraut gewesen sein muß.

Die Handlung ist rasch erzählt. Helmbrecht, der Sohn eines gleichnamigen Meiers, also eines begüterten Bauern, der für den Grundherren Verwaltungstätigkeiten ausübt, will nicht länger auf Acker und Weide harte Arbeit leisten und sich mit einfacher Kost und Kleidung begnügen, sondern das Ritterhandwerk erlernen, um auf einer Burg in Saus und Braus zu leben. Der Vater stattet ihn – äußerst widerwillig – mit großem Aufwand dafür aus. Ein Burgherr nimmt ihn in die Schar seiner Berittenen auf, die in unrechter Fehde raubend und sengend durch die Lande ziehen. Kurz kehrt Helmbrecht zur Demonstration seines neu gewonnenen Status ins Vaterhaus zurück und überredet dort seine Schwester Gotelind, mit ihm zu kommen und einen seiner Spießgesellen zu heiraten. In die ausgelassene Hochzeitsfeier bricht jäh der Scherge mit seinen Gehilfen ein. Die Raubritter sind von Angst vor dem Arm des Gesetzes wie gelähmt, werden spielend überwältigt, abgeurteilt und gehenkt, all zehn bis auf einen, Helmbrecht, der, geblendet und verstümmelt, als vogelfreier Krüppel in die Welt hinausgeschickt wird. Der Vater, bei dem er Unterschlupf sucht, weist ihm mit harten Worten die Tür. Bauern, die von ihm einst beraubt und geschunden worden waren, ergreifen ihn und knüpfen ihn auf.

Die Erzählung dieser unerbittlich auf das schreckliche Ende zusteuernden Ereignisse nimmt den weit geringeren Teil des Werkes ein. Größeres Gewicht liegt auf Beschreibung und Dialog. Vorgestellt wird der junge Helmbrecht vorerst als modenärrischer Geck, der von Mutter und Schwester mit prächtiger, den Bauern an sich verbotener Kleidung ausstaffiert wird. Vor allem trägt er auf seiner Lockenpracht, die ebenfalls ein Privileg des Adels ist, eine wunderbare Haube, auf der außer einer höfischen Tanzszene positive und negative moralische Exempla aus Geschichte und Natur abgebildet sind, so u. a. Aeneas, das Muster der Pietät gegenüber dem Vater, und die Söhne Etzels, die durch ihren Ungehorsam ums Leben kommen, oder die Turteltaube, das Sinnbild der Unschuld, Sittsamkeit und Keuschheit, und

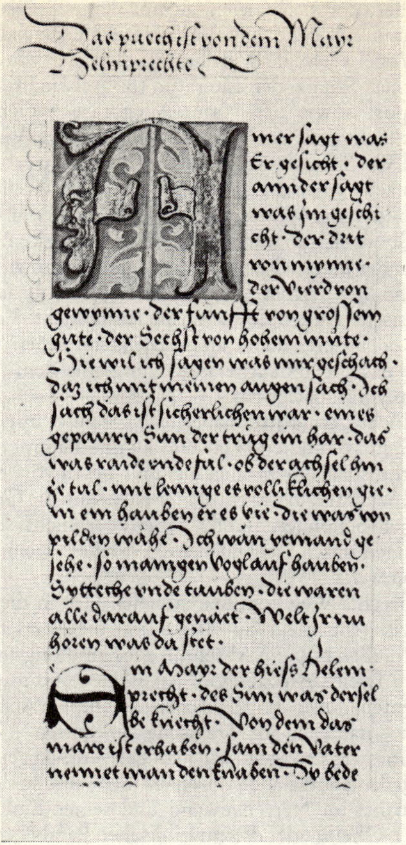

Das puech ist von dem Mayr
Helmprechte

Ainer sagt was
Er gesicht · der
annder sagt
was im geschi
cht · der dritt
von mynne ·
der vierd von
gewynne · der fünfft von grossem
gute · der Sechst von hohem mute ·
Hie wil ich sagen was mir geschach ·
daz ich mit meinen augen sach · Jch
sach das ist sicherlichen war · eines
gepauren Sun der trug ein har · das
was raide unde fal · ob der achsel hin
ze tal · mit lennge es vollikhlichen gie ·
in ein hauben er es vie · die was von
pilden wähe · Jch wän yemand ge
sehe · so manigen vogl auf hauben ·
Sytteche unde tauben · die waren
alle darauf genäet · Welt jr nu
hören was da stet ·

Ain Mayr der hiess Helm
prechte · des Sun was dersel
be knecht · Von dem das
märe ist erhaben · Sam den Vater
nennet man den knaben · Sy bede

Anfang des »Helmbrecht« von Wernher dem Gartenaere

der Sperber, der sich Gleichheit mit dem stärkeren Falken anmaßt und aus Neid und Vermessenheit gleichartige und fremde Vögel verfolgt. Wernher hat sich hier wie sonst aus dem reichen Schatz der Literatur (höfischem Roman und Heldenepos) sowie der Natur-Allegorese bedient. Darin zeigt sich nicht etwa ein Mangel an Originalität. Vielmehr ist es gerade Wernher, der seine Geschichte frei zu erfinden und als Augenzeugenbericht zu verkaufen wagt, während die großen Vorbilder wie Wolfram von Eschenbach oder Gottfried von Straßburg sich an französische Vorlagen halten. Aber das Publikum der klassischen Epik und Lyrik ist inzwischen mit einer Fülle literarischer Vorstellungen vertraut, auf die der nachklassische Autor bloß anzuspielen braucht. Er läßt den Zuhörer oder Leser damit an einem literarischen Spiel teilnehmen, das die moderne Forschung mit dem Terminus ›Intertextualität‹ belegt hat.

Der Möchtegern-Ritter bäuerlichen Standes mit den angemaßten Statussymbolen Haar und Haube stammt aus Neidharts parodistischem Minnesang und beschwört so dessen ländliche Szenerie, in der ein echter Ritter um die Gunst einer bäuerlichen Schönheit buhlt, dabei aber nicht selten von einem aufgeputzten Dorfgalan ausgestochen, wenn nicht gar verprügelt wird.

Helmbrechts Weg vom heimatlichen Hof in die Fremde, seine Zwischeneinkehr zu Hause und die Fortsetzung des Lebens draußen bis zum Abschluß der Handlung erinnern an Erecs und Iweins Auszug vom Artus-Hof und ihre Bewährungsabenteuer mit der Zwischeneinkehr am selben Hof. Aber die – natürlich ins Tragische verkehrten – Parallelen gehen keineswegs so weit, wie man gelegentlich gemeint hat, und schließen andere auch durchaus nicht aus, so die zu Parzivals Ausritt im Narrengewand und seiner Einkehr beim Einsiedler-Oheim oder die zur biblischen Parabel vom verlorenen Sohn. Auch hier sind die Übereinstimmungen nicht durchgehend. Aber die Bibel konnte das den *Helmbrecht* prägende Verhältnis von Vater und Sohn bereitstellen. Aus dem reuigen Sünder ist jedoch ein unbußfertiger geworden, den die gerechte Strafe ereilt, was an Davids aufrührerischen Sohn Absalom denken läßt, der am Ende mit seinen prachtvollen Haaren im Baumgeäst hängenbleibt und erschlagen wird. Unter dem erhenkten Helmbrecht liegen ausgerissene lange Haare und Haubenfetzen auf der Erde.

Den breitesten Raum beanspruchen die Wechselreden, besonders die zwischen Vater und Sohn. Dahinter stehen inhaltsschwere Unterredungen über ethische Grundfragen in der klassischen Epik, so insbesondere das Gespräch des Abtes mit seinem Zögling in der höfischen Legende *Gregorius* Hartmanns von Aue, das beim Versuch des Vaters, Helmbrecht vom Ritterleben, für welches er nicht geboren sei, abzuhalten, Pate gestanden haben wird. Aber Streit- und Lehrgespräche treten im 12. und 13. Jahrhundert auch als eigene literarische Gattungen auf, so etwa beim Stricker, dessen moralische Anliegen Wernher aufgreift, und anderswo.

Was die Handlung dann konsequent als wahr demonstriert, hat der Vater seinem Sohn längst vorausgesagt: Wer als Bauer geboren ist, aus dem wird nie und nimmer ein rechter Ritter. Wer gegen seinen Geburtsstand aufbegehrt, wird ebenso ein böses Ende nehmen wie, wer seinen Eltern den Gehorsam verweigert. Genau dies tut Helmbrecht. Er verläßt das Elternhaus, wird zu einem ›Ritter‹, der, statt die Schwachen zu schützen, sie beraubt und mißhandelt, der statt auf Ehre, Heldentaten, Minnedienst und höfischen Anstand auf Besitz, Wohlleben, Fraß und Völlerei aus ist. Kein Ritterbürtiger könnte ihn als seinesgleichen anerkennen, aber auch die ehemaligen Standesgenossen nehmen ihn am Ende nicht mehr bei sich auf. Helmbrecht hat sich selbst ins Niemandsland außerhalb der Weltordnung begeben, findet nun keinen Halt mehr und fällt ins Bodenlose. Diese – nach damaliger Anschauung – von Gott gesetzte Weltordnung manifestiert sich in der patriarchalisch geleiteten Familie, in der hierarchisch gegliederten Gesellschaft und in dem vom Landesherrn zu wahrenden Zustand des Friedens und Rechts. Alle drei lassen sich einwandfrei an zeitgenössischen juristischen Texten (wie Landfriedensordnungen), an Bettelordenspredigten und an didaktischen und satirischen Gedichten (wie denen des Strickers aus der ersten Hälfte des Jahrhunderts oder dem sogenannten *Seifried Helbling* vom Ende des Jahrhunderts) ablesen; und gegen alle drei verstößt Helmbrecht.

Zielt dies alles auf eine konkrete historische Situation, etwa auf Rechtsunsicherheiten und soziale Umwälzungen während des Interregnums? Das ist möglich, aber keineswegs notwendig. Für den Dichter des *Seifried Helbling* ist die späte Babenberger-Zeit das ›Goldene Zeitalter‹. Genau in diesem haben dagegen schon der alte Walther von der Vogelweide und der Stricker Verfall gewittert. Auf etwa diesselbe Zeit mag die Jugenderinnerung des Vaters Helmbrecht an ein Erlebnis am Hofe seines Herrn gemünzt sein, wo er Zeuge vollendeten höfischen Lebens in Anstand und Freude geworden war. Dem stellt der junge Helmbrecht das Bild seiner eigenen ›ritterlichen‹ Existenz gegenüber, das Jetzt dem Einst.

Beide Gestalten sind hier wohl Sprachrohre des Autors. Sind also nur die bäuerlichen Emporkömmlinge an der Misere der Gegenwart schuld, an der der vom sozialen Abstieg bedrohte niedere Adel leidet? Vordergründig scheint es so. Aber Wernher hat bemerkenswerte Leerstellen in seinem epischen Gemälde gelassen, die einem aufmerksamen Publikum nicht entgehen konnten. Es wird in der Gegenwartshandlung nur ein einziger echter Adeliger genannt. Durch ihn wird aber nicht etwa das von Helmbrecht entworfene Zerrbild heutiger Ritterschaft korrigiert, sondern vielmehr indirekt bestätigt: Es ist jener anonyme Burgherr, der die Raubritter in Dienst nimmt. Ihn trifft im Grunde die Verantwortung. Aber das wird nicht gesagt. Den Sack schlägt man, und den Esel meint man.

Selbstverständlich enthält das Gedicht keinen Aufruf zu sozialen Veränderungen. Vielmehr mahnt es zur Wahrung überkommener Verhältnisse, die rückblickend zu einem harmonischen Miteinander aller gesellschaftlichen Kräfte in Liebe, Frieden und Eintracht verklärt werden. Das mag ganz im Sinne des Landesherren, dem die Friedenswahrung obliegt, gesprochen sein. Aber so haben es schon die christlichen Soziallehren im frühen 11. Jahrhundert gesehen (z. B. bei Adalbero von Laon), die auch schon den Bauern, dem Nährstand, eine entscheidende, gesellschaftserhaltende Position zusprechen. Auch der Gedanke des Tugendadels, den sich jedermann, gleich welchen Standes, wenn er dessen Pflichten und Gottes Gebote nur getreu erfüllt, erwerben kann, ist alt. Das 13. Jahrhundert hat ihn neu akzentuiert. Der alte Helmbrecht formuliert ihn besonders eindrucksvoll (V. 487–508). Aber sein Sohn hört nicht auf ihn, will nicht auf ihn hören. Er handelt wider besseres Wissen. Für diese grenzenlose Verstocktheit – er gibt dem Vater sogar ausdrücklich recht (V. 509) – ereilt ihn in den Augen des Erzählers die gerechte Strafe Gottes.

In dieser Erbarmungslosigkeit des Schicksals, erschrekkend deutlich symbolisiert in der gnadenlosen Haltung des bitter höhnenden Vaters, offenbart sich ein bewußter Gegensatz zur tröstlichen Aussage der neutestamentlichen Parabel vom verlorenen Sohn. Der Vater Helmbrecht handelt weit eher wie der Gott des Alten Bundes. Deshalb hat man auch die erstaunlichsten Parallelen zu den Reden des Vaters gerade in den Sprüchen Salomons (die teilweise als Gespräch Vater-Sohn stilisiert sind) gefunden. Nur eine Stelle aus der lateinischen Bibel sei hier in Übersetzung zitiert. Die göttliche Weisheit spricht: »Da ich gerufen habe [...] und ihr all meinen Rat und meine Zurechtweisungen geringgeachtet habt, werde auch ich lachen bei eurem Untergang und euer spotten, wenn das kommt, was ihr fürchtetet« (1,24–26).

Wer wie Wernher das zur Grundaussage seines Werkes macht, hat sich von der hellen und heilen, weil letztlich stets heilbaren Welt der Artus- und Gralromane der Klassik weit entfernt. Aber diese düstere Weltsicht hat es im Mittelalter stets, wenngleich nie ausschließlich gegeben. Sie war auch zu Wernhers Zeit nicht die herrschende. Um ihr jedoch in einem Kunstwerk in ähnlich plastischer Gestalt wiederzubegegnen, muß man schon in Dantes Inferno hinabsteigen.

Bibliographische Hinweise

Helmbrecht. Hrsg. von F. Panzer. 9. Aufl. bes. von K. Ruh. Tübingen 1974.

Helmbrecht. Mittelhochdeutscher Text und Übertragung. Hrsg. und übers. von H. Brackert, W. Frey und D. Seitz. Frankfurt a. M. 1972.

Helmbrecht. Mittelhochdeutsch/Neuhochdeutsch. Hrsg., übers. und erl. von F. Tschirch. Stuttgart 1974 [u. ö.].

Bausinger, H.: Helmbrecht. Eine Interpretationsskizze. In: Studien zur deutschen Literatur und Sprache des Mittelalters. Festschrift für Hugo Moser. Berlin 1974. S. 200–215.

Brackert, H.: Helmbrechts Haube. In: Zeitschrift für deutsches Altertum 103 (1974) S. 166–184.

Fischer, H.: Gestaltungsschichten im »Meier Helmbrecht«. In: Beiträge zur Geschichte der deutschen Sprache und Literatur 79 (Tübingen 1957) S. 85–109.

Göhler, P.: Konflikt und Figurengestaltung im »Helmbrecht« von Wernher dem Gartenære. In: Weimarer Beiträge 20 (1974) H. 8. S. 93–116.

Kästner, H.: Mittelalterliche Lehrgespräche. Berlin 1978.

Knapp, F. P.: »Helmbrecht« in gegenwärtiger Sicht. In: Adalbert-Stifter-Institut. Vierteljahresschrift 28 (1979) S. 103–121. [Forschungsbericht 1970–78.]

Schindele, G.: »Helmbrecht«. Bäuerlicher Aufstieg und landesherrliche Gewalt. In: Literatur im Feudalismus. Hrsg. von D. Richter. Stuttgart 1975. S. 131–211.

Schwob, A.: Das mittelhochdeutsche Märe vom »Helmbrecht« vor dem Hintergrund der mittelalterlichen ordo-Lehre. In: Geistliche und weltliche Epik des Mittelalters in Österreich. Hrsg. von D. McLintock [u. a.]. Göppingen 1987. S. 1–17.

Seelbach, U.: Bibliographie zu Wernher der Gartenaere. Berlin 1981.

Ulrich von Lichtenstein

Von Jan-Dirk Müller

Geboren wurde Ulrich von Lichtenstein etwa zwischen 1200 und 1210 als Sohn eines mächtigen steirischen Ministerialengeschlechtes wahrscheinlich edelfreier Herkunft, dessen Güter in der Nähe von Judenburg lagen. Wie schon sein Vater Diethmar (III.) bekleidete Ulrich hohe Ämter im Land; so ist er 1244/45 als Truchseß, 1267, 1270 und 1272 als Marschall und 1272 als Landrichter (»iudex Styrie«) bezeugt. Urkundlich nachweisbar ist sein Wirken zwischen 1227 und 1274 in Steiermark, Österreich, Kärnten und angrenzenden Territorien. Es zeigt ihn als einflußreichen Partner der Landesfürsten, bis 1246 der Babenberger Leopold VI. und Friedrich II., dann des Landesverwesers und der Bewerber um das Herzogtum, von denen er König Ottokar II. Přemysl von Böhmen erfolgreich unterstützt. Er tritt als einer der Anführer der steirischen Ministerialen auf, die seit dem späten 12. Jahrhundert gegenüber dem Landesfürstentum weitgehende Rechte erstritten haben. Diese bedeutende Rolle wird durch die Chronistik bestätigt, insbesondere die *Österreichische Reimchronik* des Ottokar ouz der Geul (Anfang des 14. Jahrhunderts), der u. a. das konfliktträchtige Verhältnis zu Ottokar genauer beleuchtet. Wahrscheinlich am 26. Januar 1275 ist Ulrich gestorben (vgl. Spechtler, Dopsch).

Ein ganz anderes Bild entwirft der *Vrouwen dienest*, eine scheinbar autobiographische Erzählung, in die die Lieder des Minnesängers Ulrich eingelassen sind. Hier stilisiert er sich zum lebenslang um die Gunst einer *vrouwe* werbenden Ritter, spart dagegen sein politisches Wirken nahezu völlig aus. Von bedeutenden Daten der Landesgeschichte bleibt eine Fürstenhochzeit, die Anlaß für »Ulrichs« Schwertleite ist (wahrscheinlich 1222), und der Tod des letzten Babenbergers Friedrich II. an der Leitha (1246). Wohl treten, namentlich genannt, Ulrichs Standesgenossen und politische Gegenspieler bis hinauf zum Landesfürsten auf. Die meisten Namen sind urkundlich nachweisbar; zusammengenommen lassen sie den gleichen Wirkungsradius erkennen wie Ulrichs politische Tätigkeit. Doch sind die historischen Personen wie der Held selbst nahezu ausschließlich Akteure in der Spielwelt ritterlicher Unterhaltung, deren Zentrum der Frauendienst ist. Höhepunkte sind zwei große Turniere, weiter eine Ritterfahrt, auf der »Ulrich« als Venus verkleidet seine Kräfte mit der Ritterschaft des Landes mißt, und eine Artus-Runde, zu der »Ulrich«-Artus seine Standesgenossen versammelt. Während man zunächst das *maere* als kulturgeschichtliche Quelle für die Turnierherrlichkeit des südostdeutschen Adels benutzen zu können glaubte und aus den immanenten Zeitangaben sogar ein exaktes, mit historischen Geschehnissen korrelierbares Datengerüst zu rekonstruieren suchte (vgl. die Ausgaben von Lachmann und Bechstein), verstärkten sich in jüngerer Zeit die Zweifel am Realitätsgehalt (einen Forschungsüberblick bietet Peters). Die Daten erwiesen sich als unsicher und widersprüchlich, selbst herausragende Ereignisse wie die großen Turnierversammlungen oder die Ritterfahrten als nicht verifizierbar, ja teils als unwahrscheinlich (Spechtler). Die Stationen des ›Minnedienstlebens‹ sind epischen und lyrischen Mustern nachgebildet. Damit verschiebt sich die Frage, welches Detail ›wahr‹, welches ›bloß erfunden‹ sei, zu der wichtigeren nach Bedeutung und Funktion der literarischen Inszenierung.

Der *Vrouwen dienest* (überliefert nur in einem Münchner Codex) ist eine Ich-Erzählung in achtzeiligen Strophen zu je 4 Reimpaaren. Er erzählt Vorgeschichte und Anlässe der Minnelieder und der minnetheoretischen ›Büchlein‹, die

Ulrich von Lichtenstein

der werbende Ritter zu Ehren seiner Dame dichtete. Die (ursprünglich) 58 Lieder – der Text weist eine Lücke von zwei Liedern auf – sind gesondert, doch wohl nach der Vorlage des *Vrouwen dienest*, in der großen Heidelberger Liederhandschrift C überliefert (dort zwei Lieder kontaminiert). In Deutschland ist der Versuch, einen epischen Rahmen für Minnesang zu entwerfen, einmalig, doch könnte er durch provenzalische *vidas* und *razos* angeregt worden sein, die Ulrich möglicherweise durch oberitalienische Vermittlung kannte (zuletzt Peters, Kartschoke): Den Liedern der Trobadors wurden nachträglich in Prosa knappe biographische Notizen (*vida*) oder ein Liedkommentar (*razo*) vorangestellt, der das Lied durch die ›Geschichte‹ seiner Entstehung erklärt oder seinen Inhalt paraphrasiert, so daß ein nachgeborenes Publikum Ersatz für den ehemaligen, inzwischen vergessenen Situationskontext erhielt. Diesen ›Mischtypus‹ aus lyrischen, epischen und didaktischen Texten repräsentiert auch der *Vrouwen dienest*; Dante setzt ihn in der *Vita nuova* fort.

Durch Verwendung bekannter Orte, Ereignisse, Namen von Zeitgenossen gibt sich die Stilisierung des Ritterlebens den Anschein von Authentizität. Doch folgt sie typischen Motiven und Situationen höfischer Liedkunst (*minne* von Kind an, Verstummen vor der Dame, Botendienst, Wechsel der Jahreszeiten als Wechsel von Freude und Leid, *minne* und Kreuzzug) und epischen Mustern (König Artus' Tafelrunde, der Liebhaber unter den Aussätzigen, schwankhafte Abenteuer). Zwei *vrouwen* gilt der Dienst, abweisend, doch trotzdem unbeirrt umworben die erste, von der »Ulrich« sich erst abwendet, als sie eine in höfischer Rede kaum anzudeutende *untât* begeht (1365,1); dagegen von vollkommener *güete* die zweite, der bis zum Schluß seine Lieder gelten. Die beiden Teile sind unterschiedlich strukturiert. Im ersten dominiert das *maere*, das »Ulrichs« Jugend, seine Turniererfolge, seine pathetischen Aufschwünge und komischen Abstürze erzählt, die Anlässe seiner Lieder sind. Im zweiten schieben sich die Lieder und die didaktische Reflexion in den Vordergrund;

das *maere* gibt häufig nicht mehr epischen Anlaß, sondern paraphrasierenden Kommentar zum Lied. Nur anfangs noch wird das ritterliche Maskenspiel – in einem Turnier mit »Ulrich« als König Artus – fortgesetzt, dann bricht der politische Ernst herein: Spannungen mit Böhmen, der Tod des Landesfürsten, Anarchie im Land, und dieser Ernst bleibt bis zuletzt Folie der durch den Frauendienst gestifteten Freude.

Diese gegensätzliche Anlage warf die Frage auf, ob in den beiden Dienstverhältnissen nicht exemplarisch ›falsche‹ und ›richtige‹ Interpretation höfischen Frauendienstes einander konfrontiert würden (vgl. Grubmüller). In der Tat ändert sich die Einstellung des Helden zur *vrouwe* wie das Verhältnis von Frauendienst und ritterlicher Alltagswelt. Dennoch wird weder ein Lernprozeß erzählt (der Abbruch des ersten Dienstes erfolgt nicht aus besserer Einsicht »Ulrichs«, sondern wegen einer Verfehlung der Dame), noch lassen sich die Abenteuer des ersten Dienstes als bloße Parodie, exemplarische Verfehlung oder Scheitern der Minneideologie abtun. Dagegen sprechen nicht nur die *razos*, die ähnlich schwankhafte oder extreme Situationen zum Ausgangspunkt lyrischen Minnewerbens machen, sondern der Rollencharakter dieses Werbens schon im hohen Minnesang, in dem gerade die Distanz zur gewöhnlich geltenden Realität reflektiert wird. Hieran knüpft »Ulrichs« virtuoses Rollenspiel an. Es steht gleichfalls unter der paradoxen Bedingung, daß das Leid und das Scheitern, das der Sänger im Lied artikuliert, den andern, der höfischen Gesellschaft, zur Unterhaltung, als Anlaß zu *vröude* dient. »Ulrichs« exaltierte Minneproben und drastische Ernüchterungen diskreditieren den Helden in den Augen seiner Standesgenossen keineswegs, denn sie zeigen seinen unbedingten Einsatz für den Frauendienst, der die gewöhnliche Ordnung außer Kraft setzt. Das reicht von der Analogie zu religiösen Mustern (das Reliquiar mit dem abgeschlagenen Finger, die Seligpreisungen des Minnemärtyrers, Str. 1043 f.) bis zur tiefsten Erniedrigung, ja zum Wahnsinn. Das ›Minnedienstleben‹ ist weniger didaktisch zu verstehen denn als ein Entwurf einer höfischen Gegenwelt, deren Interaktionsformen auch als Alternative zur politisch-sozialen Ordnung beschrieben werden. Auch der zweite Dienst erzählt noch von dieser Gegenwelt (Artus-Runde), doch gerät sie zunehmend in Spannung zur politischen Realität. Mit dem Tod des Herzogs treten beide unversöhnlich auseinander. Gegenüber der heillosen Anarchie im Land sollen Minnesang und Frauendienst das Versprechen höfischer Harmonie bewahren. Je schärfer der Kontrast ist, desto mehr muß Ulrich die Bedingungen der Verwirklichung höfischer Ideale reflektieren. Als Teil umfassender Adelslehre werden sie dem allgemeinen Niedergang konfrontiert.

Ulrichs Lieder verraten Kenntnis des ›klassischen‹ hohen Minnesangs. Zusammengenommen bilden sie ein Kompendium überkommener Gattungsmuster (Kanzone, Kreuzlied, Tagelied, Leich), typischer Situationen, Argumentationen und Formtypen. Ulrich, der einmal behauptet, nicht lesen und schreiben zu können, erweist sich als virtuoser Formkünstler im Erfinden eigener Töne, in der Behandlung des Verses und Strophenbaus, in der ›Parodie‹ fremder Lieder, in der Variation vorgegebener Modelle. Die Bezeichnungen, die die Handschrift seinen Liedern gibt (z. B. *sincwîse*, *tanzwîse*, *ûzreise*, *reie*), geben Einblick in gattungsmäßige Vorstellungen der Zeit und mögliche Verwendungssituationen. Doch setzt das *maere* auch schon schriftliche Verbreitung der Liedtexte und – in der Rezeption – den Übergang vom »gesungenen Minnelied hin zur Leselyrik« voraus (Kartschoke, S. 128).

Nach dem *Vrouwen dienest* (datiert gewöhnlich auf 1255, jedenfalls frühestens seit den späten vierziger Jahren entstanden) verfaßte Ulrich noch *Der Vrouwen Buoch*, »35 Jahre, nachdem er Ritter geworden war«, vom mutmaßlichen Termin der Schwertleite aus gerechnet also 1257 (überliefert im *Ambraser Heldenbuch*). Es enthält ein Streitgespräch zwischen einem Ritter und einer Dame. Beide werfen dem anderen Geschlecht die Schuld für den Verfall höfischer Sitten vor:

Das Thema aus dem letzten Abschnitt des *Vrouwen dienest* wird fortgeführt. Haben die Damen die entlasteten und schönen Formen höfischen Umgangs von sich aus aufgegeben, oder sind daran Rücksichtslosigkeit, Vergnügungssucht, Roheit der Ritter schuld? Die Vorwürfe münden im wechselseitigen Entwurf vorbildlichen höfischen Verhaltens. Die Streitfrage selbst schlichtet der Erzähler »Ulrich« exemplarisch: Da er Diener und Lobredner höfischer *vrouwen* bleibt, muß er jede Anklage gegen sie zurückweisen. Nicht mehr im ritterlichen Maskenspiel oder in lyrischer Reflexion, sondern in didaktischer Eindeutigkeit erscheint der Frauendienst als Antwort auf den Verfall der politisch-sozialen Ordnung.

Bibliographische Hinweise

Ulrich von Lichtenstein. Mit Anm. von Th. v. Karajan. Hrsg. von K. Lachmann. Berlin 1841. [»Vrouwen dienest« und »Der Vrouwen Buoch«.]

Frauendienst. 2 Bde. Hrsg. von R. Bechstein. Leipzig 1888.

Frauendienst. Hrsg. von F. V. Spechtler. Göppingen 1987.

Dopsch, H.: Der Dichter Ulrich von Lichtenstein und die Herkunft seiner Familie. In: Festschrift für Friedrich Hausmann. Hrsg. von H. Ebner. Graz 1977. S. 93–118.

Grubmüller, K.: Minne und Geschichtserfahrung. Zum »Frauendienst« Ulrichs von Lichtenstein. In: Geschichtsbewußtsein in der deutschen Literatur des Mittelalters. Tübinger Colloquium 1983. Hrsg. von Ch. Gerhardt [u. a.]. Tübingen 1985. S. 37–51.

Kartschoke, D.: Ulrich von Lichtenstein und die Laienkultur des deutschen Südosten im Übergang zur Schriftlichkeit. In: Die mittelalterliche Literatur in Kärnten. Unter Mitarb. von A. Cella hrsg. von P. Krämer. Wien 1981. S. 103–143.

Müller, J.-D.: Lachen – Spiel – Fiktion. Zum Verhältnis von literarischem Diskurs und historischer Realität im »Frauendienst« Ulrichs von Lichtenstein. In: Deutsche Vierteljahrsschrift für Literaturwissenschaft und Geistesgeschichte 58 (1984) S. 38–73.

Peters, U.: Frauendienst. Untersuchungen zu Ulrich von Lichtenstein und zum Wirklichkeitsgehalt der Minnedichtung. Göppingen 1971.

Reiffenstein, I.: Rollenspiel und Rollenentlarvung im »Frauendienst« Ulrichs von Lichtenstein. In: Festschrift für Adalbert Schmidt. Hrsg. von G. Weiss unter Mitw. von G.-D. Stein. Stuttgart 1976. S. 107–120.

Spechtler, F. V.: Untersuchungen zu Ulrich von Lichtenstein. Salzburg 1974. [Habil.]

Thum, Bernd: Ulrich von Lichtenstein. Höfische Ethik und soziale Wirklichkeit. Diss. Heidelberg 1968.

Konrad von Würzburg

Von Horst Brunner

Soweit erkennbar, kann man das Leben Konrads von Würzburg in drei Perioden gliedern: die Würzburger Zeit bis etwa 1257/58, die niederrheinische Zeit bis etwa 1260 oder etwas länger und die oberrheinische Zeit – Straßburg, vor allem aber Basel – bis 1287, Konrads Sterbejahr. Jeder Periode lassen sich bestimmte Werke zuordnen, nur bei wenigen Texten bleibt die chronologische Einordnung unsicher.

Die Geburtsheimat des Dichters ergibt sich in erster Linie daraus, daß er seinen Namen Konrad stets mit der Herkunftsangabe »von Wirzeburc« – »aus Würzburg« verband. Auch die Zeitgenossen und mittelalterlichen Nachfahren benannten ihn stets mit diesem Namen; in dem um 1350 zusammengestellten *Hausbuch* des Würzburger Pronotars und Scholasters des Neumünsterstifts Michael de Leone heißt es sogar ausdrücklich: »meister Cuonrad geborn von wirzeburg«. Über Konrads Herkunft und Stand wissen wir nichts, doch war er sicher nicht adlig – an einer Stelle sagt er: »wære ich edel, ich tæte ungerne eim iegelichen tôren liep« (Spruch 32,189). Die mittelalterlichen Quellen nennen ihn dementsprechend nie »Herr« sondern stets »Magister« oder »Meister«, auch fehlt auf dem einzigen mittelalterlichen Dichterbild Konrads, dem der Großen Heidelberger (Manessischen) Liederhandschrift, ein Wappen: das Bild zeigt den kostbar gekleideten Dichter in einem gotischen Innenraum beim Diktieren. »Magister« / »Meister« ist als Bezeichnung des gelehrten Laien zu verstehen, ein Titel, der dem Berufsdichter zukam, dessen Kunst durch andere und ihn selbst hoch eingeschätzt wurde.

Konrad konnte Latein, in mehreren Werken beruft er sich ausdrücklich auf Vorlagen in lateinischer Sprache; aus den Quellen, die er in seinem letzten und größten Werk, dem *Trojanerkrieg*, verarbeitete, ergibt sich, daß er über gründliche Kenntnisse Ovids, Vergils, Statius' und anderer lateinischer Schulautoren verfügte. Welche Schule Konrad in Würzburg besuchte, ist freilich unbekannt. Da er sich als ausgezeichneter Kenner Walthers von der Vogelweide erweist, könnte man an die Schule des Neumünsterstifts denken. Im Kreuzgang des Stifts war der um 1230 verstorbene große Lieddichter nach der Nachricht Michaels de Leone beigesetzt, im Stift scheint es eine gewisse Pflege seiner Werke gegeben zu haben. Freilich ist dieser Schluß nicht zwingend, da Walthers Dichtungen weit verbreitet waren und Konrad sie auch anderswo kennengelernt haben kann. Namentlich erwähnt wird Walther bei Konrad nicht, dieser nennt überhaupt nur einen einzigen der großen Dichter der mittelhochdeutschen Literaturblüte um 1200: Gottfried von Straßburg. Der *Tristan*-Dichter war sein großes Vorbild in stilistischer Hinsicht, im *Engelhard* und im *Herzmaere* wurden darüber hinaus auch inhaltliche Züge von Gottfrieds Roman aufgegriffen.

Konrads frühestes Werk ist vermutlich die Verserzählung *Der Schwanritter*. Am Ende des Gedichts legt der Autor das Gewicht auf die Genealogie des Schwanritters: seinem Geschlecht entstammen außer den Herzögen von Brabant die Grafen von Geldern, von Kleve, vor allem aber von Rieneck. Es spricht alles dafür, daß in der ursprünglich vom Niederrhein kommenden, im Spessart ansässigen Familie der Rienecker Konrads erster greifbarer Auftraggeber (Graf Ludwig III. von Rieneck) zu suchen und daß *Der Schwanritter* auf 1257/58 zu datieren ist. Vermutlich war die Erzählung nicht Konrads ältestes Werk, doch können unter den bisher nicht zu datierenden Dichtungen allenfalls die Erzählung *Das*

Konrad von Würzburg

Herzmaere und das strophische Gedicht *Die Klage der Kunst* vorausgegangen sein. Nimmt man an, daß Konrad 1257/58 etwa Mitte Zwanzig gewesen ist, so ergibt sich daraus als Geburtsjahr 1230 oder etwas später.

Zur Zeit der Abfassung des *Schwanritters* oder bald darauf wurde Konrad vermutlich mit den an der Schwanritter-Genealogie besonders interessierten niederrheinischen Grafen von Kleve bekannt. Jedenfalls scheinen seine folgenden Werke, das politische Propagandagedicht *Das Turnier von Nantes* (1257/58) und der kleine Roman *Engelhard* (um 1260), im Umkreis des Hauses Kleve geschrieben worden zu sein.

Wann Konrad den Niederrhein wieder verlassen hat, läßt sich nicht genau erschließen. Denkbar, freilich nicht beweisbar ist, daß sein Weggang mit dem Tod Graf Dietrichs VI. von Kleve im Jahr 1260 zusammenhing. Wieder fassen können wir den Dichter ungefähr ab der Mitte der sechziger Jahre, nunmehr am Oberrhein, in den Bischofsstädten Straßburg und Basel. In Basel wurde er, der bis dahin wohl das Leben eines Fahrenden geführt hatte, in den letzten beiden Jahrzehnten seines Lebens seßhaft. 1295 wird ein Haus in der Spiegelgasse, der heutigen Augustinergasse, erwähnt, das einst dem »Magister« Konrad von Würzburg gehört habe. Konrad wohnte dort, ganz in der Nähe des Münsters, neben einem Arzt und in der Nachbarschaft von Domherren und Offizialen des Stifts – also jener Kreise, in denen er zum guten Teil seine Auftraggeber fand. Einem Eintrag im *Jahrzeitenbuch* des Basler Münsters ist zu entnehmen, daß er mit einer Berchta verheiratet war und zwei Töchter hatte, Gerina und Agnes.

Der Dichter scheint sich bei den durchweg zur geistlichen und weltlichen Oberschicht zu zählenden Auftraggebern, die er am Oberrhein fand, hohen Ansehens erfreut zu haben. Sie veranlaßten ihn nicht nur zu zahlreichen, sondern vielfach auch zu sehr anspruchsvollen Werken. Auftraggeber der Erzählung *Heinrich von Kempten* war der aus einem einflußreichen elsässischen Freiherrngeschlecht stammende, 1261 bis 1277 als Straßburger Dompropst nachweisbare Berthold von Tiersberg. Verwandt mit Berthold war der Straßburger Bischof Konrad III. von Lichtenberg (1273–99), den Konrad in einer Spruchstrophe (32,361) rühmt. Ansprechend, wenngleich nicht beweisbar ist die Vermutung, der Bischof habe das Marienpreisgedicht *Die Goldene Schmiede* in Auftrag gegeben, um den Marienkult und damit die Spendenbereitschaft für den Straßburger Münsterbau zu beleben.

Auftraggeber Konrads in Basel waren: der Domherr Liutold von Roeteln bei der umfangreichen Verslegende *Silvester* (wohl vor 1274), die beiden Burger, d. h. Angehörige ratsfähiger Familien, Johannes von Bermeswil und Heinrich Isenlin bei der Legende *Alexius* (wohl vor 1275) und der einflußreiche Politiker Johannes von Arguel bei der Legende *Pantaleon* (nach 1277?); der große Versroman *Partonopier und Meliur* (wohl 1277) verdankt seine Entstehung dem Mäzenatentum des mächtigen Stadtritters Peter Schaler, des oftmaligen Bürgermeisters und Schultheißen der Stadt, dazu der Unterstützung durch die Burger Heinrich Merschant und Arnold Fuchs; hinter dem *Trojanerkrieg* (um oder nach 1281 bis 1287) schließlich stand der Domherr und Cantor des Münsterstifts Dietrich an dem Orte (de Fine). In Konrads Basler Jahre gehören vermutlich auch die kurze Erzählung *Der Welt Lohn*, seine Minnelieder, Sangsprüche und die beiden Leichdichtungen.

Konrad verstarb zu Basel am 31. August 1287. Er wurde in der (heute nicht mehr vorhandenen) Maria-Magdalenen-Kapelle des Münsters beigesetzt. Die *Kolmarer Annalen* melden seinen Tod, die Dichterkollegen Frauenlob und Boppe beklagen ihn. Schon zu Lebzeiten hatten andere Spruchdichter – Hermann Damen und Rumelant von Sachsen – ihn gerühmt; spätere Autoren (Hugo von Trimberg, Lupold Hornburg von Rotenburg, Heinrich von Mügeln, Suchenwirt, Hermann von Sachsenheim, die Meistersinger des 15.–17. Jahrhunderts) verbreiteten sein Ansehen im Mittelalter und in der frühen Neuzeit. Die Wirkung seiner Dichtungen auf gleichzeitige und spätere Autoren war groß. Bis zum Beginn der neuzeitlichen Editionsgeschichte seiner Werke um die Mitte des 18. Jahrhunderts war Konrad nie vollständig vergessen.

Im vielseitigen Œuvre Konrads lassen sich strophische – d. h. singbare – Dichtungen von solchen in (gesprochenen) Reimpaarversen unterscheiden. Zur ersten Gruppe gehört *Die Klage der Kunst*, in der der Niedergang der *milte* (Freigebigkeit) wahrer Kunst gegenüber beklagt wird – Konrad realisiert hier die für die Literaturgeschichte der Folgezeit wichtige Form der Allegorie erstmals in einem selbständigen Gedicht; ferner gehören hierher die beiden Leichdichtungen – musikalisch durchkomponierte Dichtungen in Strophen (Versikeln) unterschiedlicher Bauart –, die Minnelieder und die Sangsprüche. Der religiöse Leich preist in virtuos geblümter Rede Gott, Maria, vor allem aber Christus; im Minneleich wird das Lob der Minne in den Rahmen einer von kriegerischen Ereignissen erfüllten Gegenwart gestellt, der Text schließt mit der Hoffnung auf bessere Zeiten. Hauptmerkmal der 23 Minnelieder ist extreme Schematisierung (drei Typen: Sommerlieder, Winterlieder, Tagelieder). Ohne Bezug auf Minnedienst-Realität loben sie, vielfach lehrhaft, die Frauen und die Minne im allgemeinen. Auffallend ist fast überall der Reichtum an Reimen, einzelne Lieder (13, 26, 30) stellen Höhepunkte artistischer Reimkunst in deutscher Sprache dar. Auch in einigen der sieben für Sangsprüche verwendeten Strophenformen (Töne) treten klanglich-rhythmische Elemente auffallend hervor. Die meisten der insgesamt 51 Spruchstrophen richten sich mit Herrenlehre – Einheit von Geburts- und Tugendadel, Lob der Einigkeit, Warnung vor Schmeichlern usw. – an ein adliges Publikum, vermutlich also an Angehörige der Basler Stadtaristokratie. Geistliche und politische Themen spielen nur eine Randrolle. Aussagen über Konrads Lebenswirklichkeit lassen sich – anders als bei manchen seiner Spruchdichterkollegen – hier kaum erkennen. Melodien sind nur zu Spruchtönen erhalten (zu 25, 31, 32; zu 18 gehört die im Meistergesang als Frauenlobs ›Spiegelweise‹ überlieferte Melodie).

In Reimpaaren abgefaßt ist Konrads berühmtes Marienlob *Die Goldene Schmiede*, ein Hauptwerk des sogenannten geblümten Stils, das offenbar im gesamten deutschen Sprachgebiet verbreitet war und in zahlreichen Handschriften erhalten ist. Die Dichtung rühmt Marias Wesenheit, ihren Rang und ihre heilsgeschichtliche Bedeutung durch eine Fülle kunstvoll formulierter und virtuos gereimter Bilder. Ganz anders die drei Verslegenden *Silvester*, *Alexius* und *Pantaleon*. Der Dichter gab hier lateinische Prosavorlagen in schlichtem und knappem Stil wieder. Seine Gedichte unterscheiden sich dadurch entscheidend von der Legendenepik des späten 12. und frühen 13. Jahrhunderts, die die Darstellung der Heiligenleben an den höfischen Roman anzunähern suchte; sie entsprechen aber den Darstellungstendenzen der deutschsprachigen Hagiographie des späten 13. und 14. Jahrhunderts.

Eine einmalige Position in Konrads Werk nimmt *Das Turnier von Nantes* ein. Wenn nicht alles täuscht, handelt es sich um ein politisches Propagandagedicht, das zum Ruhm des 1257 zum deutschen König gewählten und gekrönten englischen Prinzen Richard von Cornwall (gest. 1272) geschaffen wurde. Richard zeichnet sich durch Freigebigkeit und – anläßlich eines (erfundenen) Turniers vor Nantes, bei dem er an der Spitze der deutschen Ritterschaft den Sieg über die welsche Partei davonträgt – durch größte Tapferkeit aus. Auffallend sind die – bei Konrad auch sonst anzutreffenden – Wappenschilderungen, die die Dichtung zu einem Vorläufer der später verbreiteten Wappendichtung machen.

Teilweise viel überliefert sind Konrads kurze Verserzählungen. *Der Schwanritter* greift einen Stoff auf, der bereits am Schluß des *Parzival* Wolframs von Eschenbach behandelt wurde (dem heutigen Publikum ist er meist aus Wagners

Lohengrin geläufig). Der geheimnisvolle – bei Konrad namenlose – Schwanritter, der die junge Herzogin von Brabant heiratet, dient hier der erneuten Bestätigung der auf dem Haus Brabant ruhenden göttlichen Gnade, die zuvor schon der Vater der jungen Frau, der Kreuzfahrer Gottfried (von Bouillon), erfahren hatte. Zweck der Erzählung war es, wie oben schon angedeutet, den genealogischen Glanz der ihre Abstammung auf Gottfried von Bouillon und den Schwanritter zurückführenden Adelsfamilien zu erhöhen. Von der Personifikation des Mundus, des ›Fürsten dieser Welt‹, die in Gestalt der Frau Welt von Walther von der Vogelweide in die deutsche Literatur eingeführt worden war, geht die kurze Erzählung *Der Welt Lohn* aus. Einem ein glanzvolles Weltleben führenden Ritter, dem Konrad den Namen des Dichters Wirnt von Gravenberg gegeben hat, erscheint eines Abends die wunderschöne Frau Welt. In plötzlicher krasser Wendung zeigt sie ihrem treuen Diener den verheißenen Lohn: ihren stinkenden, von Ungeziefer und Geschwüren zerfressenen Rücken. Um seines Seelenheils willen ändert Wirnt sogleich sein Leben. Er tut Buße, indem er auf Kreuzfahrt geht. Möglicherweise entstand die Dichtung als eine Art Aufruf zu einem Kreuzzug, an dem elsässische und Basler Ritter sich 1267 beteiligten.

Der Darstellung höchster Minne ist *Das Herzmaere* gewidmet, das die verbreitete »Geschichte vom gegessenen Herzen« erzählt. Der sterbende Liebhaber befiehlt, sein Herz seiner Dame zu überbringen. Deren Ehemann bemächtigt sich des Herzens und setzt es ihr als köstliche Speise vor; als sie erfährt, was sie gegessen hat, stirbt sie dem Geliebten an gebrochenem Herzen nach. Auch im *Heinrich von Kempten* bedient der Dichter sich eines vorgegebenen Stoffs. Heinrichs von Kempten reaktionsschnelle, auf die Umstände keinerlei Rücksicht nehmende Kühnheit bewährt sich zweimal. Im 1. Teil rettet er durch raschen Angriff auf die Person Kaiser Ottos, der ihn jähzornig zum Tod verurteilt hatte, das eigene Leben, im 2. Teil bewahrt er, indem er mit dem

Schwert in der Hand nackt aus dem Badezuber springt, das Leben des Kaisers, der einem Attentat zum Opfer zu fallen droht. Der Epilog fordert die Ritter auf, durch Tapferkeit und Furchtlosigkeit dem Vorbild des Helden zu folgen.

Zur Romanform hat Konrad drei ganz unterschiedliche Beiträge geliefert. In seinem wohl frühesten Roman *Engelhard* stellte er anhand einer Neufassung der weitverbreiteten Freundschaftserzählung von Amicus und Amelius den Wert wahrer Treue heraus. Zwei äußerlich ununterscheidbare Freunde, der arme burgundische Adlige Engelhard, der am dänischen Hof sein Glück sucht und findet, und Dietrich, der Sohn des Herzogs von Brabant, haben eine Reihe von Bewährungsproben zu bestehen; kunstvoll eingewoben ist die Liebesgeschichte zwischen Engelhard und der dänischen Königstochter Engeltrud. Am Ende ist das vollständige, gottgesegnete Glück der Protagonisten herbeigeführt.

Mit dem Roman *Partonopier und Meliur* griff Konrad auf den altfranzösischen *Partonopeus de Blois* eines unbekannten Autors aus der zweiten Hälfte des 12. Jahrhunderts zurück. Stofflich handelt es sich bei dieser Darstellung der Geschichte des Grafensohnes Partonopier, der am Ende nach vielen Schwierigkeiten Hand und Reich der byzantinischen Reichserbin Meliur erhält, um eine Mixtur aus Elementen des Antikenromans, des Artusromans, der Chanson de geste und von Feenmärchen. In der Gestalt zweier Nebenfiguren diskreditiert Konrad (noch über seine Vorlage hinaus) den Gedanken des Aufstiegs nichtadlig Geborener in die adlige Gesellschaft, der zu nichts Gutem führen könne. Dies dürfte bedingt sein durch die Auftraggeber-Konstellation: der Basler Stadtadel war zu dieser Zeit in interne Kämpfe verwickelt, die seine Selbstgewißheit bedrohten.

Konrads größtes (über 40000 Verse) und wohl auch bedeutendstes Werk ist der Fragment gebliebene *Trojanerkrieg*. Diese klassisch gewordene Darstellung des Trojanischen Kriegs, die auch auf die deutsche Weltchronistik eingewirkt hat, basiert auf dem altfranzösischen Trojaroman des Benoît de Sainte-Maure (um 1160), bedient sich aber auch zahlreicher Quellen der lateinischen Antike (Homers Dichtung war im 13. Jahrhundert noch so gut wie unbekannt). Konrad sah es als seine Aufgabe an, die vielfältigen Ereignisse des Trojanischen Krieges samt der umfangreichen Vorgeschichte (Jugendgeschichte des Paris und des Achill, die Argonautensage, Achill und Deidamia, Paris und Helena) vollständig zu versammeln, sorgfältig zu verknüpfen und in glanzvollem Stil neu zu erzählen, wobei er sich um epische Objektivität bemühte, also nicht – wie dies im Mittelalter meist der Fall war – Partei für die Trojaner nahm. Im Prolog des riesigen Torsos sucht Konrad die Bedeutung von Dichtung in einer ihr wenig gewogenen Gegenwart hervorzuheben. Dabei verweist er auf ihre kostbare Seltenheit und auf die besondere Gottbegnadetheit des Dichters, der außer Zunge und Verstand kein Werkzeug braucht.

Konrad von Würzburg ist der profilierteste und erfolgreichste deutsche Autor der zweiten Hälfte des 13. Jahrhunderts. An Vielseitigkeit kommt ihm im deutschen Mittelalter kein anderer Dichter gleich. Dabei bleibt er teilweise außerhalb etablierter Formtypen (*Klage der Kunst*, *Goldene Schmiede*, *Turnier von Nantes*), in der Regel greift er jedoch traditionelle Gattungen auf. Allerdings zeigen Konrads Beiträge zu den vorhandenen Gattungen fast durchweg ein hohes Maß an eigener Prägung, zudem erweist er sich durchgehend als Sprachmeister außerordentlichen Ranges. Die für ihn weithin entscheidende Besonderheit der städtischen Situation drückt sich wohl mehr als in einzelnen inhaltlichen Zügen in der enzyklopädischen Vielfalt der von ihm gepflegten Formtypen aus: in der Stadt fand er viele Menschen mit vielerlei literarischen Wünschen und Interessen auf engem Raum als Gönner und Auftraggeber vor.

Bibliographische Hinweise

Kleinere Dichtungen. 3 Bde. Hrsg. von E. Schröder. Mit einem Nachw. von L. Wolff. Berlin 1924–26. – 3. Aufl. Berlin 1959 ff.
Die Goldene Schmiede. Hrsg. von E. Schröder. Göttingen ²1969.
Die Legenden. 3 Bde. Hrsg. von P. Gereke. Halle a. d. S. 1925–27.
Pantaleon. Hrsg. von W. Woesler. Tübingen 1974.
Engelhard. Hrsg. von P. Gereke und I. Reiffenstein. Tübingen ³1982.
Partonopier und Meliur. Hrsg. von K. Bartsch. Wien 1871. – Nachdr. mit einem Nachw. von R. Gruenter. Berlin 1970.
Der Trojanische Krieg. Hrsg. von A. v. Keller. Stuttgart 1858.
Heinrich von Kempten. Der Welt Lohn. Das Herzmaere. Mittelhochdeutscher Text nach der Ausg. von E. Schröder. Übers., mit Anm. und einem Nachw. vers. von H. Rölleke. Stuttgart 1968 [u. ö.].

Das ritterliche Basel. Zum 700. Todestag Konrads von Würzburg. Ausstellungskatalog. Hrsg. von Ch. Schmid-Cadalbert. Basel 1987.
Konrad von Würzburg – seine Zeit, sein Werk, seine Wirkung. Hrsg. von H. Brunner. In: Jahrbuch der Oswald-von-Wolkenstein-Gesellschaft 5 (1988/89).
Brandt, R.: Konrad von Würzburg. Darmstadt 1987. [Mit vollständiger Bibliographie.]
Brunner, H.: Konrad von Würzburg. In: Die deutsche Literatur des Mittelalters. Verfasserlexikon. Bd. 5. Berlin / New York ²1985. Sp. 272–304.
Bumke, J.: Mäzene im Mittelalter. München 1979.
Haug, W.: Literaturtheorie im deutschen Mittelalter. Darmstadt 1985. S. 335–354.
Jackson, T. R.: The Legends of Konrad von Würzburg: Form, Content, Function. Erlangen 1983.
Knapp, G. P.: Hector und Achill. Die Rezeption des Trojastoffes im deutschen Mittelalter. Bern 1974.
Leipold, I.: Die Auftraggeber und Gönner Konrads von Würzburg. Göppingen 1976.
Monecke, W.: Studien zur epischen Technik Konrads von Würzburg. Stuttgart 1968.
Oettli, P. H.: Tradition and Creativity. The »Engelhard« of Konrad von Würzburg. New York [u. a.] 1986.
Peters, U.: Literatur in der Stadt. Tübingen 1983. S. 114–133.

ALBRECHT, Dichter des *Jüngeren Titurel*

Von Dietrich Huschenbett

Unsere Kenntnis über den Autor stammt allein aus dem *Jüngeren Titurel* und dem *Verfasserfragment*. Danach war Albrecht ein in deutscher Literatur umfassend belesener und in lateinischer und theologischer Tradition gebildeter Mann, der auch Kenntnisse von romanischer und lateinischer Literatur besaß. (Albrechts Verfasserschaft eines *Marienlobs* und der *Siguneklage* ist umstritten. Die übrigen Werke, die Ulrich Füetrer einem Albrecht von Scharfenberg zuschreibt, bleiben unberücksichtigt, da eine Identität mit Albrecht, dem Dichter des *Jüngeren Titurel*, nicht erweisbar ist.)

Albrecht schreibt fünf Sechstel des *Jüngeren Titurel* unter dem Pseudonym Wolfram von Eschenbach; erst ab Strophe H 5883 gibt er die Wolfram-Rolle auf und nennt sich, wie auch im *Verfasserfragment*, mit seinem Namen Albrecht. Die sprachliche Analyse, die wegen Albrechts Stil schwierig ist, erbrachte zunächst bairische, später ostmitteldeutsche Herkunft. Vor allem und entschieden betonte Röll (S. 40 bis 66) mitteldeutsche und niederdeutsche Erscheinungen und suchte Albrecht am Hof Herzog Albrechts II. von Sachsen-Wittenberg (1260–98); de Boor dagegen versetzt Albrecht in die thüringische Literaturtradition: in den »fürsten drin« (Str. 64) in der »mitte wol uf diutscher terre« (Str. H 5768) vermutet er als seine Gönner Markgraf Heinrich den Erlauchten von Meißen-Wettin (1222–88) und seine beiden, anfänglich seit 1257, endgültig seit 1262 mitregierenden Söhne Albrecht und Dietrich, die Albrecht wegen der Wolfram-Rolle als seine wirklichen Gönner nicht nennen, sondern ihnen nur

Sigune auf der Linde,
aus Albrechts »Jüngerem Titurel«

in dem Großvater huldigen konnte, dem Landgrafen Hermann von Thüringen, den er viermal nennt (Str. 761, 2431, 2891, 3811). Eine grundsätzliche Änderung im Verhältnis zu den Gönnern trat durch das Zerwürfnis der drei Fürsten untereinander spätestens ab 1270 zu einem Zeitpunkt ein, als der Sohn des Landgrafen Albrecht und der Staufertochter Margaretha, Friedrich, Prätendent auf den deutschen Königsthron war, so daß Interesse und Unterstützung für die Fortsetzung des Riesenwerkes offensichtlich erlahmten. Jedenfalls sucht Albrecht neue Gönner und legt deshalb die Wolfram-Rolle ab: er beklagt den Geiz der alten Gönner (Str. H 5767 f.), nennt seinen wirklichen Namen (ab Str. H 5883, jedoch nicht durchgängig, kennzeichnet die alten Wolfram-Fragmente durch sogenannte Hinweisstrophen (499 A–F und 1172 A) als fremdes Eigentum und wendet sich mit dem *Verfasserfragment* an den Wittelsbacher Herzog und Pfalzgrafen Ludwig II., den Strengen (1253 bis 1294), zu einer Zeit, als dieser noch in der Reichspolitik tätig und (zumindest von Albrecht) als Prätendent auf die deutsche Königswürde betrachtet werden konnte, also vor der Wahl Rudolfs von Habsburg am 1. Oktober 1273. Daß Albrecht sich an den Wittelsbacher wendet, ist für de Boor Indiz dafür, daß er von Haus aus doch Bayer war. Sein Versuch war aber offensichtlich vergeblich. Ludwig wird nirgends im *Jüngeren Titurel* erwähnt, und Albrecht schreibt sein Werk unter Mühen zu Ende, ohne daß wir wüßten wo; doch wieder am Thüringer Hof, wofür Nyholm (S. 198 f.) Gründe bringt? Ob Ludwig der Bayer, Sohn Ludwigs II., in jungen Jahren Albrecht und sein Werk kennenlernte, was dann auch in der Stiftung Ettals seinen Niederschlag gefunden hätte, bleibt eine ansprechende Vermutung (Götz).

Der *Jüngere Titurel* hat nach Wolframs Werken die größte Überlieferung, die sich in zwei Redaktionen teilt. Wolfs Handschriften-Beschreibung (Bd. 1, Einleitung) zählt 55 Textzeugen (Nr. 57 ist das *Verfasserfragment*, Nr. 35 und 50 sind identisch, das Kassler Fragment von Borinsky/Heinzle, 1980, gehört zu Nr. 43), denen noch zwei weitere hinzuzufügen sind. Die räumliche und zeitliche Verteilung dieser 56 Handschriften (Nr. 7 ist ein Druck) unterstreicht grundsätzliche Aspekte der Autor-Biographie: während sich die 12 Handschriften am Ende des 13. Jahrhunderts und um die Wende zum 14. Jahrhundert gleichmäßig auf das Mitteldeutsche (5) und Bairische (4–5) verteilen, überwiegt in der ersten Hälfte des 14. Jahrhunderts, dem Zeitraum der mit 24 Handschriften hauptsächlichsten Rezeption, das Bairische (17) gegenüber dem Mitteldeutschen (2) eindeutig; dieses Verhältnis ändert sich bei den wenigen Handschriften der folgenden Zeit nicht mehr. Andere Sprachlandschaften treten gänzlich zurück. Seit Röll gilt die Redaktion II als das Werk eines kurz nach 1300 wirkenden Redaktors.

Der Inhalt ist deswegen so komplex, weil Albrecht die schon bei Wolfram ganz unterschiedlichen historischen Räume und erzählerischen Konzepte des *Parzival* und *Titurel*, dessen Bruchstücke er vollständig übernimmt, in einen Gesamtzusammenhang ordnet. Von den 8 Abschnitten gelten der erste und letzte der Herkunft und dem Ende von Gralsgeschlecht und Gral, die Abschnitte II–VII dem Helden arthurischen Zuschnitts, Tschinotulander, und der zwischen beiden Bereichen angesiedelten Heldin Sigune. Der erste Gralskönig Titurel (I,86–664) erhält wegen seiner *tugende* von Gott den Gral, baut den Graltempel, deutet ihn als das geistige Jerusalem und dankt zugunsten seiner Nachkommen Frimutel und Anfortas ab. Dann (II,665–1163) werden Held und Heldin mit den schon aus Wolframs *Titurel*-Bruchstücken bekannten Konflikten eingeführt; Sigune knüpft an Tschinotulanders Wunsch nach Minne Bedingungen: Beweis seiner Rittertüchtigkeit und Kenntnis (Besitz) eines Briefromans (Frauenwerbung!), der sich als Inschrift an der Hundeleine eines entlaufenen Bracken befindet. Höhepunkt bildet (III,1164–2297) die Brackenseil-Verlesung für die Heldin und der Sieg des Helden im (›europäischen‹) Turnier und schließlich (V,2519–4394) in Kämpfen im Orient, so daß er jetzt der ›Beste‹ aller drei Weltteile ist. Von nun an neigt sich sein Glück. In der Konfrontation mit einem afrikanischen König (IV,2298–2518) wurde bereits der Wertverfall der arthurischen Helden an einer *tugend*-Brücke und dem schließlichen Damen-Raub angezeigt. Für den Helden werden (VI,4395–5126) die gestellten Aufgaben, zu denen noch die Verteidigung der Länder des jungen Parzival hinzugekommen ist, unlösbar; auf dem Weg zum erhofften Heil im Gralsreich wird er im Zweikampf mit Orilus tödlich getroffen, nachdem ein zu seinem Schutz bestimmtes Zaubergold irrtümlich in den Besitz des Gegners gelangt war, wovon der Held wußte (!). Die Klage der Heldin (VII,5127 – H 5964) bestimmt zunehmend die gesamte arthurische Welt: Ekunat erschlägt Orilus mit dem Gralsschwert, doch geht die kostbare Hundeleine – nun als Helmzier von ihm benutzt – gleichfalls in Trümmer. Die Helden übergeben Artus ihre Länder und folgen seinem Rat, sich mit den Damen in eigens dafür errichtete Klöster und Spitäler zurückzuziehen. Der unterdessen herangewachsene Parzival (VIII, H. 5965–6207) erlöst den kranken Gralskönig Anfortas und zieht, selbst Gralskönig geworden, auf göttliches Geheiß wegen der zunehmenden Sündhaftigkeit der (›europäischen‹) Christen mit Gral und Gralsgeschlecht nach Indien, d. h. in den utopischen christlichen Idealstaat des Priesterkönigs Johannes, der die Herrschaft für zehn Jahre auf Parzival überträgt, die dann auf den Sohn seines Halbbruders Feirefiz übergeht.

Einem Urteil über den *Jüngeren Titurel* standen bis in allerjüngster Zeit zwei Umstände erschwerend im Wege: das Fehlen einer verläßlichen Ausgabe und Borchlings langhin wirkendes Verdikt über Albrecht: »herzlich schlecht ausgeführte Nachahmung wolframscher Manier« (in seiner Dissertation 1897, S. 59; vgl. noch W. Schröder, 1982). Jetzt steht die von Wolf 1955 begonnene, von Nyholm fortgeführte neue Ausgabe unmittelbar vor ihrem Abschluß, und die generellen Neuansätze im Urteil der letzten Jahre über die Literatur des

13. Jahrhunderts sind auch dem *Jüngeren Titurel* zugute gekommen, besonders nachdem sich die Einsicht durchsetzte, daß das Pseudonym kein moralisches Manko Albrechts, sondern im Zuge der Wolfram-Rolle Teil des Auftrags an ihn war.

Gleichwohl ist der literarische Standort des *Jüngeren Titurel* nicht leicht zu beschreiben. Albrechts Leistung besteht zunächst in der Auswahl und Gliederung der bei Wolfram vorgefundenen Rahmenbedingungen. Dem *Parzival* entnahm er den Tod des Helden und die dafür benannten Ursachen: Minneverweigerung der Heldin (141,20 f.), Brackenseil (141,16) und Länderverteidigung für den jungen Parzival (141,2–10), den beiden *Titurel*-Fragmenten konnte er Szenen zur Jugendgeschichte des Heldenpaares und über die Anfänge des Gralsgeschlechtes entnehmen sowie vor allem die Form, die Titurelstrophe, die Albrecht seinem Riesenwerk von über 6000 Strophen zugrunde legte und die er noch durch Binnenreime komplizierte. Die Handschrift A überliefert sogar noch eine Melodiestrophe dazu, deren Text sich nicht im *Jüngeren Titurel* findet.

Der Ritter-›Roman‹ beschreibt in den Abschnitten II–VII die Geschichte von Sigune und Tschinotulander, die den *Parzival*-Roman vom Ende des 2. bis zum Anfang des 3. Buches (101,21–138,8) ergänzen, in den Sigune-Stationen auch noch darüber hinausgehen, im allgemeinen aber von Wolfram Berichtetes – bis auf die beiden eingearbeiteten *Titurel*-Fragmente (Str. 500–815, 1173–1221) – nicht wiederholen. Doch unterscheidet sich Albrecht von den Fortsetzern unvollendeter Werke dadurch, daß ihm keine zusammenhängende Vorlage (wie Ulrich von Türheim und Ulrich von dem Türlin) zur Verfügung stand; andererseits benutzte auch er das Moniage-Modell und führt das arthurische Welt- und Zeitalter (gegen Wolfram) sogar mit konkreten Zeitangaben (Str. H 5961: 500 n. Chr.) zu Ende, das wiederum von der Gralswelt und ihrer noch andauernden Zeit umschlossen und fortgeführt wird (Abschnitt I und VIII). Der *Jüngere Titurel* gehört daher nicht ohne weiteres in die literarische Reihe des Artusromans. Eingebunden ist er dagegen, auch aufgrund der Wolfram-Rolle, in die Werke der Wolfram-Rezeption als ihr wichtigster Vertreter so sehr, daß man ihn im späten Mittelalter für ein Werk Wolframs hielt; doch sind in diesem literarischen Umfeld keine Gattungsstrukturen verbindlich. Vor dem Hintergrund eines allgemeinen »literarischen und literaturtheoretischen Prozesses« sieht Haug den *Jüngeren Titurel* an dessen Endpunkt, der dadurch ausgezeichnet ist, daß Albrecht die ethischen Normen in den Rang von ästhetischen (und umgekehrt) erhoben hat, um dadurch wieder eine »Wertordnung« zu etablieren – die Tugendlehre des Brakkenseils –, die er aber nun »doch wieder nur quasiheilsgeschichtlich begründen kann« (S. 367 f.). Verglichen mit Wolframs *Parzival*, machen namentlich die parallellaufenden Erzählabschnitte den Eindruck eines Kommentars zu Wolfram, ähnlich wie die *Klage* zum *Nibelungenlied*, der auch die kleinsten und unscheinbarsten Angaben des Autors oder seiner Figuren aufgreift, ergänzt und über lange Strecken hin verbindet (s. den Raub der 300 Damen; vgl. Huschenbett, in: WS, S. 157 f.). Zum Kommentar neigen aber auch grundsätzlich Albrechts schwerer, ›geblümter‹ Stil und die komplizierte Titurelstrophe. Der Kommentar-Charakter scheint zudem ein Indiz für eine starke Einflußnahme des Auftraggebers bzw. des literarisch sehr versierten Publikums auf das Werk zu sein.

Albrechts Bewertungen der Figuren und ihrer Handlungen in Paraphrasen und Kommentierungen haben immer wieder seine christliche, geistliche, heilsgeschichtliche Sicht, auch die Frage seines Standes als Geistlicher, zur Diskussion gestellt; das gilt natürlich besonders für die Abschnitte I und VIII. Den Graltempel (Str. 329–439) beschreibt und deutet Albrecht mit einer Fülle von theologischem und biblischem Wissen (Str. 500–602), den Graltempel erklärt er selbst als Abbild des himmlischen Jerusalems (Str. 517) und einer reinen Seele; der Gral selbst bildet nach Zatloukal (S. 235) »im

Sinnbild Gott selbst« ab, nach Huschenbett (1979, S. 117) ist er ein Zeichen von Gottes Wort; Albrecht erklärt ihn am Ende – mit Rückgriff auf romanische Quellen (Robert de Boron) – passend als die Abendmahlschüssel Josephs von Arimathia (Str. H 6176). Nach Röll wandelt Albrecht auf den Spuren Bertholds von Regensburg, und sein *Jüngerer Titurel* enthält »eine Tugendlehre zumindest partiell franziskanischer Provenienz«; die nahen Beziehungen zu franziskanischen Kreisen lassen es auch als denkbar erscheinen, daß die Redaktion des *Jüngeren Titurel* in der Handschriftengruppe II das Werk jener franziskanischen Kreise ist, die auch die Tradition der Berthold-Predigten pflegten (WS, S. 91 f.). Doch ist daran zu erinnern, daß Albrecht niemals wirklich die literarische Ebene verläßt und daß er sich gerade auch in seinen geistlichen Kommentierungen eng mit der Spruchdichtung berührt, nicht nur durch den Begriff ›Meister‹, sondern auch in der Themenauswahl und Abfolge.

Von besonderem Interesse ist Albrechts Einfügung seiner deutschen Versbearbeitung (Str. 6139–6278) des lateinischen sogenannten Presbyter-Briefes, einer religiös-politischen Utopie, die um 1165 wohl im fränkischen Raum (Würzburg?) als Brief abgefaßt wurde, den Priester Johannes, ein mächtiger christlicher Herrscher in Indien, an den Kaiser Manuel Komnenos (1143–80) in Konstantinopel richtet, dem er seinen Wunsch, Jerusalem zu besuchen, kundtut, seine Rechtgläubigkeit beweist und die unermeßliche Macht und Reichtum seiner theokratischen Herrschaft beschreibt, darunter auch einen (ersten) Tempel, der dem des Apostels Thomas (von diesem weiß das *Marienlob*, Str. 1!) gleicht, sowie einen zweiten, von Gott selbst inspirierten Tempel. Wolfram kannte diesen ›Brief‹ nach Ausweis seines *Parzival* (s. Gerhardt), aber erst Albrecht teilt den ganzen Inhalt mit, ändert aber die Briefform in eine Unterweisung, die Feirefiz seinem in Indien ankommenden Halbbruder Parzival zuteil werden läßt. Zatloukal (1978) konnte zeigen, daß Albrecht Priesterbegriff, Vielvölkerstaat, christliche Lebensweise und Regierungssystem den aktuellen päpstlichen Vorstellungen in der Zeit des Interregnums angenähert hat. Doch ändert Albrecht auch gegenüber Wolfram: dieser läßt Feirefiz am Schluß des *Parzival* missionierend nach Indien ziehen, dessen Sohn als erster den Herrschernamen »Priester Johannes« annimmt. Albrecht hingegen läßt die gesamte Gralsgesellschaft mit dem Gral nach Indien auswandern (wohin später auch der Graltempel versetzt wird!), die dort den Priesterkönig Johannes bereits vorfindet (haben ihn die Brüder Parills, des ersten christlichen Vorfahren der Gralkönige zur Zeit von Christi Geburt, missioniert?), mit dessen Reich die Gralsherrschaft verschmilzt. Nach Albrechs Zeitangaben fand die Übersiedlung nach 500 n. Chr. statt, so daß der lateinische Presbyter-Brief von einem Nachfahren des Feirefiz-Sohnes verfaßt und abgeschickt worden wäre. Die darin präsentierten religiös-politischen Ideen mochten in der zweiten Hälfte des 13. Jahrhunderts gewiß auch einen Mäzen im Thüringer Raum – noch dazu im Lande Ludwigs IV., des »Heiligen« – beflügeln, so daß angenommen werden kann, daß der Presbyter-Brief und die darin enthaltenen Tempelbeschreibungen von Anfang an mit der Konzeption zum *Jüngeren Titurel*, bei dem die Tempelbeschreibung gleich den ersten Höhepunkt bildet, verbunden war. Vielleicht darf am Thüringer Hof sogar mit einer gewissen Tradition in dieser Hinsicht gerechnet werden, weil der hier gleichfalls geförderte Wolfram über den Brief gut informiert war (s. Gerhardt).

Bibliographische Hinweise

Der jüngere Titurel. Hrsg. von K. A. Hahn. Quedlinburg/Leipzig 1842. [Zit. als: H.]

Jüngerer Titurel. 3 Bde. Hrsg. von W. Wolf und K. Nyholm. Berlin 1968–84. [Mit »Marienlob« zwischen Str. 439 und 440 sowie »Siguneklage«, Bd. 1, S. XLV f.]

Verfasserfragment. In: E. Petzet: Über das Heidelberger Bruchstück des »Jüngeren Titurel«. In: Sitzungsberichte der königl. Bayerischen Akademie der Wissenschaften zu München. Philos.-philol. und hist. Klasse (1903) S. 287–322.

Würzburger Kolloquium über den »Jüngeren Titurel« 1982. In: Wolfram-Studien 8 (1984) S. 7–176. [Darin Beiträge von H. Fromm, D. Hirschberg, D. Huschenbett, P. Kern, K. Nyholm, W. Röll, W. Schröder, K. Zatloukal. – Zit. als: WS.]

Gerhardt, Ch.: »Daz werc von salamander« bei Wolfram von Eschenbach und im »Brief des Priesters Johannes«. In: Festschrift für Franz J. Ronig. Trier 1989. S. 135–160.

Götz, W.: Die gotische Klosterkirche in Ettal. In: Das Münster 18 (1965) H. 3/4. S. 115–122.

Haug, W.: Literaturtheorie im deutschen Mittelalter. Darmstadt 1985. S. 355–368.

Huschenbett, D.: Albrecht, Dichter des »Jüngeren Titurel«. In: Die deutsche Literatur des Mittelalters. Verfasserlexikon. Bd. 1. Berlin / New York ^{2}1978. Sp. 158–173.

– Albrecht von Scharfenberg. Ebd. Sp. 200–206.

– Albrechts »Jüngerer Titurel«. Zu Stil und Komposition. München 1979.

– Bibliographie zum »Jüngeren Titurel«. In: WS. S. 169–176.

Krüger, R.: Studien zur Rezeption des sog. »Jüngeren Titurel«. Diss. Stuttgart 1986.

Nyholm, K.: Zum Problem der Wolfram-Rezeption im »Jüngeren Titurel«. In: Ethische contra ästhetische Legitimation von Literatur. Hrsg. von W. Haug und W. Barner. Tübingen 1986. S. 194–203.

Pistor, E.: Der »Jüngere Titurel« der Bayerischen Staatsbibliothek München. Zur Illumination der höfischen Rittererzählung. Diss. München 1983.

Röll, W.: Studien zu Text und Überlieferung des sogenannten Jüngeren Titurel. Heidelberg 1964.

Schröder, W.: Wolfram-Nachfolge im »Jüngeren Titurel«. Devotion oder Arroganz. Frankfurt a. M. 1982.

Zatloukal, K.: Salvaterre. Studien zu Sinn und Funktion des Gralsbereichs im »Jüngeren Titurel«. Wien 1978.

Heinrich Wittenwiler

Von Bernhard Sowinski

Die episch-didaktische Mischdichtung *Der Ring* des alemannischen Autors Heinrich Wittenwiler gehört heute neben der Lyrik Oswalds von Wolkenstein und dem Prosadialog zwischen Ackermann und Tod des Johannes von Tepl zu den bedeutendsten Dichtungen des Spätmittelalters um 1400. Diesen Stellenwert hat der *Ring* erst in den letzten Jahrzehnten gewonnen; noch bis in die ersten Jahrzehnte des 20. Jahrhunderts wurde Wittenwilers Dichtung in den Literaturgeschichten wegen ihres disparaten Inhalts als unausgeglichen kritisiert oder gar als unmoralisch verurteilt. Das verhältnismäßig spät bekanntgewordene Werk, dessen einzige Handschrift aus dem frühen 15. Jahrhundert der Meininger Bibliothekar und Volkskundler Ludwig Bechstein in der Großherzoglichen Bibliothek entdeckt und 1851 erstmals veröffentlicht hat, wurde erst zum Objekt ernsthafter Forschung, nachdem Edmund Wießner 1931 eine kritische Textausgabe herausgebracht hatte und ihr eine Reihe weiterer Arbeiten folgen ließ, darunter auch einen umfangreichen Stellenkommentar und ein Wörterbuch zum *Ring*. In der neueren *Ring*-Forschung hat sich seither eine Reihe von Schwerpunkten gebildet, die sowohl die Fragen nach dem Autor als auch solche nach der Werkstruktur sowie nach Sinn und Absicht der Dichtung betreffen.

Über die Person des *Ring*-Dichters bestanden längere Zeit kontroverse Ansichten. Aus der älteren Forschung (Baechtold und Bleisch betonten die ostschweizerische Herkunft) verdient Nadler hervorgehoben zu werden, weil er zwei Ver-

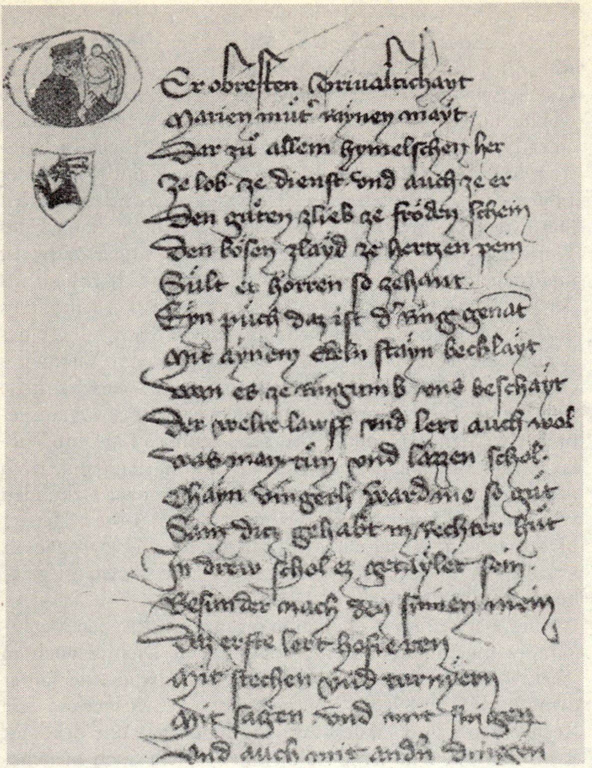
Der obresten triualtichayt
Marien müt' reyner mayt
Dar zu allem hymelschen her
Ze lob ze dienst und auch ze er
Den guten ze lieb ze frödn schein
Den bösen zlayd ze hertzen pein
Sült er hörren so gestalt
Ayn puech daz ist d' ring genant
Mit aynem edeln stayn beschlayt
Wan es ze ring umb uns beschayt
Der welte lawff und lert auch wol
Was man tün und lassen schol.
Chayn vingerli ward nie so güt
Wan der gehabt in rechter hüt
In drew schol es getaylet sein.
Besunder nach dem sinnen mein
Der erste lert hofieren
Mit stechen und turnyeren
Mit sagen und mit singen
Und auch mit andn dingen

Anfang des »Ring« von Heinrich Wittenwiler
(mit dem Wappen des Dichters)

fasser (Wittenwiler und Gallus Kemli) annahm. Nachdem dann Wießner den Namen des Autors, der sich am Ende des *Ring*-Prologs (V. 52) »Heinreich Wittenweilär« nennt, in Gustav Scherrers *Kleinen Toggenburger Chroniken* von 1874 wiederentdeckt hatte, wo ein Hainrich von Wittenwile nach einer Urkunde von 1426 als Bürger des Städtchens Lichtensteig im Toggenburg erwähnt ist und ein Haini Witenwiler 1436 als dort gestorben gemeldet wird, glaubte man zunächst hierin den Dichter des *Ring* sehen zu können, zumal das Werk zahlreiche Züge der Toggenburger Mundart aufweist und (neben zahlreichen fiktiven) auch einige Ortsnamen aus der Nähe von Lichtensteig aufführt (V. 6958 ff.). Allerdings dürfte es wenig wahrscheinlich sein, daß ein Stadtweibel eines Kleinstädtchens, als der der Lichtensteiger Haini Witenwiler charakterisiert wird, über derartig reiche wissenschaftliche und literarische Kenntnisse verfügt, wie sie im *Ring* ausgebreitet werden. So fand bis heute die erstmals 1934 von Wielandt und Edelmann geäußerte Vermutung Anklang, nach der der Dichter des *Ring* mit dem in Konstanzer Urkunden von 1387, 1390 und 1395 erwähnten Magister oder Meister Hainrich von Wittenwil identisch ist, der 1395 sogar als »Hainricus de Wittenwil, advocatus curiae Constantiensis« bezeichnet wird.

Lutz, der den *Ring*-Dichter in die innerstädtischen Machtkämpfe hineingestellt sieht, erkennt den Dichter auch in jenem »ersamen hern Hainrich von Wittenwile«, der unter dem 29. Mai 1389 als Mitglied eines Schiedsgerichts im Rechtsstreit zwischen dem Abt von Reichenau und der Stadt Konstanz erwähnt wird. Schließlich spricht auch manches dafür, daß jener Meister »Heinrich von Wittenwil, hoffmeister zuo Kostentz«, der nach einer leider undatierten Eintragung im Necrologium der Zisterzienserinnen in Wurmbach (bei Rapperswil) dem Kloster eine Jahresstiftung vermacht hat, mit dem Dichter identisch ist (vgl. Bismark, S. 21). Welche Beziehungen zwischen dem Konstanzer Advokaten im bischöflichen Dienst und den Wittenwilers in Lichtensteig bestanden, ist noch ungeklärt.

Mit der historischen Fixierung der Dichterpersönlichkeit ist die Frage nach dem Publikum des *Ring* eng verknüpft. Obwohl die Lehren des *Ring* zumeist durch Bauern vorgetragen werden und an Bauernfiguren im Werk gerichtet sind, kommen Bauern oder auch die Ackerbürger Lichtensteigs als Publikum kaum in Frage. Zahlreiche Einzelheiten in den Lehren (z. B. in der Haushaltslehre V. 5017 ff., bes. V. 5189 ff.) verweisen vielmehr auf ein stadtbürgerliches Publikum, das auch von den meisten Interpreten des *Ring* angenommen wird; doch können nach Bismarks Deutung patrizische und landadlige Kreise als Adressaten nicht ausgeschlossen werden.

Nach seinem Prolog (den allerdings manche neueren Interpreten nicht als Richtschnur der Deutung gelten lassen wollen) ist Wittenwilers Werk enzyklopädisch-didaktisch strukturiert. Es wird *Der Ring* genannt, weil »es ze ring umb uns beschait / Der welte lauff und lert auch wol, / Was man tuon und lassen schol« (V. 10–12). Der »Weltlauf« ist demnach eher in den Referenz- und Verhaltensbezügen der Lehren umfassend dargestellt als in der geschilderten Bauernhandlung, in die die Lehren situationsgemäß eingebettet sind, obwohl dem Prolog nach (V. 36 ff.) der »gpauren gschrai« nur »unter diseu ler gemischet« ist, »daz sei dest senfter uns becher«. Um Lehre einerseits und Bauernhandlung andererseits (*törpelleben*, V. 41) auseinanderzuhalten, hat der Autor beide durch rote bzw. grüne Farblinien in den Zeilenanfängen (ab V. 55) gekennzeichnet (vgl. V. 39 ff.), ohne damit die Verhältnisse eindeutig zu klären. Da nämlich auch zahlreiche Stellen der Handlung die rote Farblinie tragen und so vermutlich als didaktisch relevant hervorgehoben werden, aber auch einige nichtbäurische Wissensbereiche (z. B. Gebete nach V. 3817) anscheinend grün gekennzeichnet sind und damit zum *törpelleben* gehörten, bleiben Scheidung und Funktionsbestimmung der Einzelpartien weiterhin schwierig.

Die Handlung scheint eindeutig im 1. Teil zu dominieren, der dem Prolog (V. 17–20) nach »hofieren / Mit stechen und turnieren, / Mit sagen und mit singen / Und auch mit andern dingen« lehren soll. Sie beginnt mit den Turnierversuchen des Hauptheiden Bertschi Triefnas und weiterer zehn seltsam unritterlich bewaffneter Bauernburschen aus dem Dorf Lappenhausen zu Ehren des von Bertschi verehrten Bauernmädchens Mätzli Rüerenzumph, die eingangs (V. 75 ff.) als stockhäßliches Gegenbild des höfischen Frauenideals geschildert wird. Die tolpatschigen Kampfszenen der Bauernburschen, in deren Schilderungen Belehrungen über die rechte Taufe und Buße eingefügt sind, werden durch Turnierbelehrungen des bauernfeindlichen Ritters Neidhart abgelöst, der schließlich die Bauernreiter listig besiegt. An das mißglückte Bauernturnier schließen sich schwankhafte Werbungsszenen um Mätzli an, in denen sich Bertschi als Liebesnarr beweist und schließlich den Dorfschreiber als Liebesbriefverfasser einschaltet, Mätzli dagegen – vom Briefstein verletzt – den Dorfarzt als Vorleser bemüht, der ihre Naivität ausnutzt und sie vergewaltigt, bevor er einen Antwortbrief verfaßt. Mit einer ausgedehnten Eheberatung unter Bertschis Verwandten beginnt der 2. Teil (V. 2623 ff.), der dem Prolog (V. 21 ff.) zufolge lehrt, »wie ein man sich halten schol / An sel und leib und gen der welt«, was ausdrücklich als »daz best« (V. 24) empfohlen wird. Die hitzige Debatte für und wider die Ehe, die argumentativ unentschieden bleibt (vgl. dagegen Gaier, 1967, S. 150–161), wird schließlich durch ein an Bedingungen geknüpftes Prosaurteil des Schreibers zugunsten der Ehe entschieden. Nach der Vorsprache von zwei Verwandten Bertschis bei Mätzlis Vater Fritzo erfolgt eine kürzere Beratung der Verwandten Mätzlis (V. 3616–3817), an die sich eine Examination Bertschis über die wichtigsten Gebete sowie ausführliche Lehren über das Studium (V. 3851–3925), über das theologische Grundwissen (V. 3938–4187), über Gesundheit, Ernährung und Hygiene (V. 4220–4401), über die Tugenden (V. 4419–4962) sowie über die rechte Haushaltsführung (V. 5017–5200) anschließen, die zumeist von Spottnamen tragenden Bauern vorgetragen werden. Die Herbeiholung Mätzlis, die Verlobung beider im Verwandtenkreis, die Vorbereitung der Hochzeit mit Ankunft der Gäste, Zug zur Kirche am nächsten Morgen mit Messe und kirchlichem Aufgebot (das in einer Schwankszene endet) und die etwas ärmliche Beschenkung der Brautleute folgen als nächstes vor der ausführlichen Schilderung des Hochzeitsmahls (V. 5541–6286), die schon vorher (V. 4856 ff.) als Parodie einer höfischen Tischzucht angekündigt worden war und auch durch die rote Farblinie als lehrhaft gekennzeichnet ist.

Der Bauerntanz endet schließlich in einer Schlägerei, die sich zum schrecklichen Krieg zwischen den benachbarten Bauerndörfern Lappenhausen und Nissingen und deren bäuerlichen und mythologischen (!) Bundesgenossen ausweitet. Mit den Schilderungen der Bauernschlägerei, den Kriegsberatungen und -vorbereitungen, in die u. a. ein Städtekongreß von 73 europäischen Städten eingefügt ist (mit dem »glerten amman von der stat / Ze Costentz an dem Podemse«, V. 7766 f., als Hauptredner), und den Schilderungen der Kämpfe, die zur Vernichtung Lappenhausens und aller seiner Bewohner – bis auf Bertschi – führen, im 3. Teil (V. 6458–9699) verbindet der Didaktiker Wittenwiler Lehren über Kriegserklärungen, Bundesgenossensuche, Diplomatie, Strategie und Taktik sowie zahlreiche Einzelfragen des Kampfes, um so – dem Prolog (V. 25–28) gemäß – zu zeigen, »wie man allerpest gevar / Ze nöten, chrieges zeiten / In stürmen, vechten, streiten«. Mit der Wendung des Bertschi Triefnas, des einzigen Überlebenden aus Lappenhausen, zum Einsiedlerleben im Schwarzwald endet diese ungewöhnliche Dichtung.

Als mögliche Hauptanregung und Grundgerüst für die epische Gestaltung des *Ring* hat Wießner (1908) das Schwankmäre *Von metzen hochzit* ermittelt, das – obwohl es erst gegen 1430 überliefert wird, aber wohl älter ist – in zahlreichen Motiven, Namen und anderen Einzelheiten im *Ring* zitiert erscheint. Diese Schwankerzählung vom bäuerlichen Fest, das beim Tanz in eine Schlägerei ausartet, steht letztlich in der Neidhart-Tradition, die manche Motive der Bauernsatire in Neidhart von Reuenthals Winterliedern zu Einzelschwänken ausgeformt hat. Diese Literaturtradition ist vor allem im Bauernturnier spürbar, dessen Beichtepisode (V. 660–829) Motivparallelen zum (andersgearteten) Beichtschwank im Großen Neidhartspiel aufweist. Einzelzüge der närrischen Werbeversuche Bertschis um Mätzli finden sich in manchen Fastnachtspielen, Parallelen zu Mätzlis Verhalten als naiv Verführte in einigen Schwankmären. Für die Ehedebatten hat Wießner in seinem *Ring*-Kommentar einzelne Übereinstimmungen mit Theophrasts *Liber de nuptiis* nachweisen können, anderes fußt auf biblischer und volkstümlicher Spruchweisheit. Die Belehrungen Bertschis durch Mätzlis Verwandte haben nach Wießners Stellenkommentar (vgl. auch die Kommentierung in Sowinskis Ausgabe 1988) Parallelen in verschiedenen lateinischen und mittelhochdeutschen Texten.

Der zwiespältige Charakter des *Ring* hat bisher eine Reihe unterschiedlicher Deutungen des Gesamtwerks wie einzelner Aspekte gezeitigt, ohne daß bisher ein einheitliches Textverständnis erreicht wurde. Die erste Phase der *Ring*-Interpretation läßt Plate in seinem Forschungsbericht mit Rankes Basler Antrittsvorlesung (1940) beginnen, die den Gegensatz von Scherz und Ernst und die Neigung zur Parodie als konstitutiv für das Spätmittelalter (und den *Ring*) hervorhebt. Die Gegensatzphilosophie des Nicolaus von Cues, auf die Ranke, später auch Brinkmann und Boesch, als zeittypisch verweisen, ist nach Plate (S. 36) »die Ursache für die moralsatirische Gesamtinterpretation des *Ring* bis etwa 1967 und die kombinierte Realismus- und Gattungsdiskussion des gleichen Zeitraums«. Die moralsatirische Deutung der Bauern des *Ring* als ›Narrenbauern‹, die Boesch in einem Aufsatz von 1942 erstmals unternimmt, wird gleichzeitig von Martini weitergeführt, der darin einen »gesteigerten menschlichen Typus« sieht, der in der »restlosen Erschöpfung des Augenblicks« einen »Realismus« bekunde, den Böckmann 1949 in seiner *Formgeschichte* als »satirisch-parodistischen Realismus« bezeichnet. Brinkmann hat 1956 wie Ranke die Spiegelung des Zeitgeistes in der parodistischen Gegensatzstruktur des *Ring* zu erfassen gesucht, wogegen Sowinski (1960) nach dem ›Sinn‹ des vorgeblichen ›Realismus‹ fragt, das bäurische Verhalten jedoch als im Rahmen einer Narrensatire als funktional gestaltet begreift und so die Bauernhandlung als Teil des lehrhaften Gesamtaspekts ansieht. Die Gefahr einer Entsoziologisierung des Bauernbegriffs ist allerdings damit gegeben.

Gaiers Arbeiten zum *Ring*, mit denen die zweite Phase der Interpretationen beginnt, suchen die Geschichte Bertschis als eine Art ›Entwicklungsroman‹ zu begreifen, in dem Bertschi die Spannungen zwischen Trieb und Geist bestehe, was renaissancehafte Züge beweise, während seine Umwelt daran scheitere. (Die Fragwürdigkeit dieser These ist u. a. von Plate aufgezeigt worden.) Notwendige kontextuelle Ausweitungen der *Ring*-Interpretation liegen inzwischen vor. Die bisherige, schon ›topisch‹ gewordene Deutung der sich ›läppisch‹ verhaltenden Bauern im *Ring* (vgl. Prolog, V. 44) als ›Narrenbauern‹ (so bes. bei Boesch, Martini, Sowinski) wird von Puchta-Mähl in Frage gestellt, die den Narrenbegriff erst bei Sebastian Brant als relevant betrachtet. Ohne derartige Einschränkungen betont Schmid den Gegensatz von bäurischem Triebverhalten und weisen Lehren, Kemper dagegen die Einheit der Lehren mit der negativen Beispielhandlung und den *Ring* als Lehrbuch für angehende Ehemänner.

Der singulären Frühdatierung des *Ring* auf die Zeit um 1370 durch Puchta-Mähl begegnet Lutz (1989) mit subtilen historischen Forschungen zur Rolle der Appenzeller Bauern als der historischen Prototypen der *Ring*-Bauern und des Dichters als eindeutigen Anhängers der österreichfreundlichen Adelspartei in Konstanz, was nur eine Datierung des

Ring nach 1400 und vor 1408 zuläßt und zugleich eine Erklärung der bairischen Spracheigenheiten im *Ring* bietet. Lutz' geistvolle Deutung der *Ring*-Handlung als Ausdruck einer *fornicatio spiritualis* und Mätzlis wie auch der Bauernburschen als allegorische Verkörperungen der *luxuria* erschließt dem Verständnis eine neue Dimension, ohne sogleich in allem zu überzeugen.

Trotz zahlreicher neuer Erkenntnisse ist die *Ring*-Erforschung heute widersprüchlicher denn je zuvor. Zur Klärung können nur weitere Untersuchungen, u. a. zum spätmittelalterlichen Literaturbetrieb, zur Sprache des *Ring* und zur Kultur- und Sozialgeschichte Südwestdeutschlands und der Schweiz, beitragen.

Bibliographische Hinweise

Der Ring. Hrsg. von L. Bechstein. Eingel. durch A. [v.] Keller. Stuttgart 1851.
Heinrich Wittenwilers »Ring«. Hrsg. von E. Wießner. Darmstadt 1973. (Nachdr. der Ausg. Leipzig 1931.)
Der Ring [. . .]. Hrsg. und übertr. von W. Bräuer. Berlin [Ost] 1983.
Der Ring. Nach der Ausg. E. Wießners übertr. und mit einem Nachw. vers. von H. Birkhan. Wien 1983.
Der Ring. Hrsg., übers. und komm. von B. Sowinski. Stuttgart 1988. [Mit Bibliographie.]

Baechtold, J.: Heinrich Wittenwiler. In: Germania 20 (1875) S. 66–68.
Bismark, J.: Adlige Lebensformen in Wittenwilers »Ring«. Untersuchung über die Person des Dichters und die ständische Orientierung seiner Lehren und seiner Satire. Augsburg 1976.
Bleisch, E.: Zum »Ring« Heinrich Wittenwilers. Diss. Halle a. d. S. 1891.
Böckmann, P.: Formgeschichte der deutschen Dichtung. Bd. 1: Von der Sinnbildsprache zur Ausdruckssprache. Hamburg 1949. S. 198–213.
Boesch, B.: Phantasie und Wirklichkeitsfreude in Wittenwilers »Ring«. In: Zeitschrift für deutsche Philologie 67 (1942) S. 139–161.
– Das Gattungsproblem in Wittenwilers »Ring«. In: The Epic in Medieval Society. Aesthetic and Moral Values. Hrsg. von H. Scholler. Tübingen 1977. S. 326–346.
Brinkmann, R.: Zur Deutung von Wittenwilers »Ring«. In: Deutsche Vierteljahrsschrift für Literaturwissenschaft und Geistesgeschichte 30 (1956) S. 201–231.
Funke, H.: Die graphischen Hinweise Heinrich Wittenwilers für das Verständnis seiner Dichtung »Der Ring«. Diss. Münster 1973. [Mit Bibliographie.]
Gaier, U.: Satire. Studien zu Neidhart, Wittenwiler, Brant und zur Satirischen Schreibart. Tübingen 1967. S. 97–214.
– Das Verhältnis von Geistigkeit und Vitalität in Wittenwilers »Ring«. In: Deutsche Vierteljahrsschrift für Literaturwissenschaft und Geistesgeschichte 43 (1969) S. 204–213.
Kemper, R.: Diätetik des Schreckens: Zum »Ring« Heinrich Witten-

wilers. In: Jahrbuch der Oswald-von-Wolkenstein-Gesellschaft 4 (1986/87) S. 3–23.

Lutz, E. C.: Der ersame her Hainrich von Wittenwile. Eine unbekannte Konstanzer Urkunde von 1389. In: Zeitschrift für deutsches Altertum 114 (1983) S. 150–157.

– Fornicatio spiritualis. Heinrich Wittenwiler, seine Welt und sein »Ring«. Sigmaringen 1989.

Martini, F.: Heinrich Wittenwilers »Ring«. In: Deutsche Vierteljahrsschrift für Literaturwissenschaft und Geistesgeschichte 20 (1942) S. 200–235.

– Das Bauerntum im deutschen Schrifttum von den Anfängen bis zum 16. Jahrhundert. Halle a. d. S. 1944. S. 179–195, 208.

Nadler, J.: Wittenweiler? In: Euphorion 27 (1927) S. 782–794.

Plate, B.: Heinrich Wittenwiler. Darmstadt 1977. [Mit Bibliographie.]

Puchta-Mähl, Ch. M.: »Wan es ze ring umb uns beschait«. Studien zur Narrenterminologie, zum Gattungsproblem und zur Adressatenschicht in Heinrich Wittenwilers »Ring«. Heidelberg 1986.

Ranke, F.: Zum Formwillen und Lebensgefühl in der deutschen Dichtung des späten Mittelalters. In: Deutsche Vierteljahrsschrift für Literaturwissenschaft und Geistesgeschichte 18 (1940) S. 307 bis 327.

Schmid, E.: Leben und Lehre in Heinrich Wittenwilers »Ring«. In: Jahrbuch der Oswald-von-Wolkenstein-Gesellschaft 4 (1986/87) S. 273–292.

Sowinski, B.: Der Sinn des »Realismus« in Heinrich Wittenwilers »Ring«. Diss. Köln 1960.

Wießner, E.: Kommentar zu Heinrich Wittenwilers »Ring«. Darmstadt 1974. (Nachdr. der Ausg. Leipzig 1936.)

Johannes von Saaz

Von Werner Schröder

Am 29. November 1378 starb Kaiser Karl IV. in Prag, am 6. Juli 1415 wurde Jan Hus in Konstanz verbrannt. Dazwischen spannt sich das tätige Leben des Johannes von Saaz, dem wir das bedeutendste Stück frühneuhochdeutscher Prosa, den *Ackermann aus Böhmen*, verdanken. Ohne den vom Kaiser geförderten böhmischen ›Frühhumanismus‹ um seinen Kanzler Johann von Neumarkt hätte er nicht geschrieben werden können, ohne den durch Hus und seinen Märtyrertod ausgelösten Deutschenhaß wäre er in den böhmischen Landen nicht spurlos untergegangen.

Die Überlieferung des Werkes in Deutschland setzt erst 50 Jahre nach seiner Entstehung ein. Sie ist mit 16 Handschriften und 17 Drucken relativ reich, jedoch bereits im Archetypus fehlerhaft gewesen und im Prozeß des Abschreibens weiter verderbt worden. Die handschriftlichen Texte sind mit zwei Ausnahmen sämtlich oberdeutsch, die gedruckten oberrheinisch bis auf zwei aus Pfisters Bamberger Offizin. Die beiden Ausnahmen: A (1449, die älteste) und H (um 1470), stehen Skála zufolge dem Egerländischen nahe, das auch in Tepl gesprochen wurde. Der originale Wortlaut der Prosadichtung ist aus den stark divergierenden Zeugen, zu denen noch der 1407 entstandene *Tkadleček* tritt (weil sein Verfasser Ludvík den *Ackermann aus Böhmen* stellenweise wörtlich ausgeschrieben hat), nicht zurückzugewinnen.

Keine der 7 kritischen Ausgaben, die wir besitzen, kann nach dem Urteil von Walshe, der selbst zwei davon ediert hat, Endgültigkeit beanspruchen. Bereinigte Texte der besten

Handschriften E und H in meiner neuen Faksimileausgabe suchen ohne Konjekturen auszukommen. Ich zitiere, da E unvollständig ist, nach H. Die Unsicherheiten betreffen den Lautstand, Syntax und Stil sowie die Wortwahl; Inhalt und Komposition des Streitgesprächs dürfen als authentisch angesehen werden.

Daß Johannes von Saaz der Autor war, ist ganz sicher erst, seit Konrad Joseph Heilig 1933 in einem Freiburger Formularbuch des 15. Jahrhunderts eine Abschrift des Begleitbriefs wiederfand, mit welchem der Dichter den *libellus ackerman* seinem Prager Studienfreund Petrus Rothers übersandte. Da nennt er sich »Johannes de Tepla ciuis Zacensis«. Den Namen Johannes hatte man längst, seinem ausdrücklichen Hinweis (»vnd wirt sein name erkannt bei den roten buchstaben«) folgend, dem Akrostichon des Schlußgebets entnommen. Und weil des Klägers Frau Margret am 1. August 1400 (XIV,16–21) in »Sacz« (IV,6–9) dahingerafft wurde, hatte man ihn immer schon dort gesucht, sich aber zunächst nicht zwischen den in gleichzeitigen Urkunden und in gleicher Funktion als »notarius civitatis« und »rector scolarium« genannten »Johannes (de) Tepla« und »Johannes Henslini de Sitbor« zu entscheiden gewußt, bis man erkannte, daß beide dieselbe Person und mit dem *Ackermann*-Dichter identisch sind.

Johannes hat sich in Saaz, wo er schon vor 1378 als Stadtschreiber und öffentlicher Notar (»notarius publicus auctoritate imperiali«) bezeugt ist, entweder nach seinem Vater Henslin oder nach seinem Schulort Tepl zubenannt. Der Vater war zuletzt »plebanus« in Schüttwa, wo Johannes um 1350 geboren sein dürfte. »De Tepla« heißt in dem erwähnten Widmungsbrief auch Peter Rothirsch: sie werden wohl dort gemeinsam die Schule besucht haben. Spätestens seit 1383, als er in Saaz ein neues Stadtbuch anlegte, das erhalten ist, war Johannes außerdem Rektor der Lateinschule. Über drei Jahrzehnte hat er dort gewirkt, bis er im Jahre 1411 zum Stadtschreiber (»protonotarius«) von Prager Neustadt berufen

Johannes von Saaz vor dem heiligen Hieronymus

wurde, wo er 1413 schwer erkrankte und 1415 starb. Er hinterließ eine (zweite) Frau namens Clara sowie vier Söhne und eine Tochter aus erster Ehe.

Wie später in Prag, besaß er in Saaz ein Haus und verfügte neben seinen amtlichen über zusätzliche, ihm vom Rat der Stadt und vom König verliehene Einkünfte. Dem Rat von Prager Neustadt wird er in einem Saazer Schreiben als »vir illuminatus« empfohlen. Seinen akademischen Grad verrät die Intitulatio einer 1404 vom Prager erzbischöflichen Vikariat ausgestellten Urkunde: »honestus et circumspectus vir magister Johannes de Sitbor rector scolarum ac notarius civitatis Sacensis Pragensis dyocesis«. Ob er an der 1348 von Karl IV. gegründeten Universität Prag studiert hat, können wir nicht mit Bestimmtheit sagen, da sein Name in der Universitätsmatrikel fehlt. Aber wo anders als in Prag soll er Johann von Neumarkt begegnet sein, der ihn als Kanzlisten wie als Schriftsteller gleichermaßen geprägt hat? Sein *Buch der Liebkosung* ist im letzten Kapitel des *Ackermann* wörtlich zitiert.

Die von Johannes vorgenommenen oder ihm zugeschriebenen Eintragungen in die von ihm angelegten Stadtbücher und Formularbücher gehörten zu seinen dienstlichen Aufgaben. Die öffentliche Wirksamkeit als städtischer Beamter, kaiserlicher Notar und Schulleiter stand jederzeit im Mittelpunkt seiner Arbeit; Freude und Teilnahme an der zeitgenössischen Literatur in lateinischer und deutscher Sprache waren allenfalls eine Nebenbeschäftigung. Das St.-Hieronymus-Offizium, das er im Jahre 1401 der St.-Niklas-Kirche zu Eger gestiftet hat, ist nicht von ihm selbst geschrieben worden, bis auf die eigenhändige Widmung und ein paar ungelenke deutsche Reimpaare, die von der Sprachgewalt des ungefähr gleichzeitigen *Ackermann* nichts ahnen lassen. Von der im Begleitbrief an Rothirsch erwähnten Ährenlese »de et ex agro rethoricalis jocunditatis«, »vom Acker der Redekunst«, aus welcher dieser Neues begehrt hatte, ist nichts erhalten. Viel kann es nicht gewesen sein, »da ich«, wie er schrieb, »die

Ernte versäumt habe« (»cum messem neglexerim«). Auch aus dem Jahrzehnt nach der unerhörten »jnveccio contra fatum mortis jneuitabile«, dem »Streit wider das unentrinnbare Todeslos«, die er dem Freunde zum Ersatz anbot und die ihn mit einem Schlage auf den Gipfel der zeitgenössischen deutschen Literatur erhob, ist nichts Literarisches mehr aus seiner Feder bekannt geworden.

Wahrscheinlich wurde ihm selber gar nicht voll bewußt, welch ein poetisches Meisterwerk ihm da gelungen war. Ein »aus deutschen Worten zusammengesetztes kunstloses und bäurisches Gebilde« (»jncomptum et agreste ex teutunico linguagio consertum aggregamen«) nannte er gegenüber dem Freunde seinen *Ackermann* und den rhetorischen Schmuck, auf den er soviel Mühe verwendet hatte, »natürlich ungepflegt« (»vtcumque jnculta«). Selbst wenn man pflichtmäßigen Bescheidenheitsstil in Abzug bringt, bleibt ein bei einem Neubeginner nur zu begreiflicher Rest von Selbstzweifel. Zudem wissen wir nicht, wie Rothirsch, dessen Urteil ihm offenbar wichtig war, die Gabe aufgenommen hat.

Nur um die Machart, die *rhetorice essencialia*, geht es in dem für den *libellus ackerman* werbenden Brief, um den Nachweis, daß und wie die Stilmittel der lateinischen Rhetorik, die einzeln aufgezählt werden, mit deutschem Sprachmaterial nachgebildet werden können. Vom Inhalt des Werkes und vom Anlaß zum Schreiben ist mit keinem Wort die Rede. Deswegen hat man gemeint, der *Ackermann* sei nichts anderes als ein »Stilkunstwerk« (Hübner), ein »dictamen über ein frei gestelltes Thema« (Blaschka) ohne jeden biographischen Hintergrund. An lateinischen und deutschen Mustern fehlte es nicht, und eins, der *Tractatus de crudelitate mortis* in gereimten trochäischen Strophen, war dem Saazer vielleicht in seiner eigenen Bibliothek zur Hand, in der Handschrift O LXX der Prager Metropolitanbibliothek, die er einem Vermerk zufolge verkauft oder verliehen hat.

In dem großen litaneiartigen Gebet, das den *Ackermann* als Epilog beschließt und mit seinem Namen gezeichnet ist, ergreift der Dichter selbst das Wort zu ganz persönlicher Klage: »Mich rewet Margret mein außerweltes weib«, und zu der Bitte an Gott, er möge sie in seine Herrlichkeit aufnehmen. Die hier unüberhörbare Betroffenheit wird auch dem klagenden und anklagenden »ackerman« zugebilligt, sogar von dem durch ihn mit Schmähungen und Flüchen überhäuften Tod: »Dw tust gleich alls dir ernst sey vnd dich not swerlich betwinge« (II,11 f.), wie sein Gebrauch der Prosa (»Dein clag ist on reymen vnd on döne«; II,13) bezeuge. Und der Name der Frau, deren Verlust ihn außer sich geraten und am Sinn des Lebens zweifeln läßt, lautet mit *M* an (»jr buchstab was der zwelft«; IV,10, vgl. III,4). Die Verschlüsselung ist leicht aufzulösen: sie heißt Margret wie die des Dichters.

Ein weiteres Indiz kommt hinzu. Der Kläger, der längst eingesehen hat, daß es unvernünftig ist, gegen ein Naturgesetz anzurennen, hält eins bis zuletzt unerschütterlich fest: sein Lob der Ehe und die Erinnerung an sein verlorenes Glück. Diese Wendung war in keiner erwogenen Quelle so vorgegeben. Was sollte einen hochgestellten und vielbeschäftigten Stadtbürger – mit literarischen Interessen zwar, aber bis dahin ohne erkennbare poetische Ambitionen – dazu bewogen haben, den Tod einer geliebten Frau zum Gegenstand seiner einzigen Dichtung zu machen, wenn nicht eigene bittere Erfahrung?

Daß der *Ackermann aus Böhmen* »das vollkommenste Stück Prosa« ist, »das wir in unserer älteren Poesie besitzen«, hat bereits Gervinus gewußt und ausgesprochen. Die Forschung hat seit Burdach trotz allen Meinungsverschiedenheiten über die Komposition des Werkes und seinen geistesgeschichtlichen Ort dies Urteil immer wieder bestätigt. Für Burdach stand der *Ackermann* am Wendepunkt des von ihm beschriebenen Weges vom Mittelalter zur Reformation als eine erste großartige Manifestation renaissancehafter Weltgesinnung auf deutschem Boden und in der werdenden deutschen Schriftsprache. Dabei identifizierte er den Autor mit dem

Kläger als Vertreter einer neuen Bejahung des Diesseits gegen dessen mittelalterliche Verneinung durch den Tod. Die Rechnung geht so nicht auf, weil der Dichter nicht weiß auf schwarz malt und seine Argumente auf beide Rollenträger verteilt hat: sie sind bei weitem nicht so neu, wie Burdach glaubte. Es fiel Hübner nicht schwer nachzuweisen, daß Stoffe, Motive und Formen des *Ackermann* in der deutschsprachigen literarischen Tradition verwurzelt sind, wenngleich er auch anerkennen mußte, daß er »aus dem Mittelalterlichen herausstrebte«. Seine berechtigte Forderung, das hochrhetorische Streitgespräch »nicht wie einen philosophischen Traktat« zu lesen, sondern als Sprachkunstwerk zu analysieren, schärfte das Interesse für die Einzelheiten, ließ aber darüber das Ganze fast aus dem Blick geraten, indem Hübner befand, »daß namentlich zum Schlusse hin die Dichtung in Gründen und Gegengründen etwas ziemlich Zerpflücktes« bekomme und »einzelne Kapitel ganz mosaikartig werden«. Wenn das richtig wäre, hätte er dem Dichter das Prädikat »überlegter Gestalter« verweigern müssen (Hübner, 1937, S. 208, 205, 207).

Die leitende Idee des Werkes ist nicht an noch so frappierenden Einzelheiten abzulesen, die je nach Standpunkt als traditionsgebunden oder zukunftweisend interpretiert wurden, vielmehr allein an dem planvollen Ablauf von Handlung und Gesprächsführung, dem Ineinandergreifen von Argument und Gegenargument, der konsequenten Entwicklung der gegnerischen Positionen zu einem vorbestimmten Ziel, kurz an der Geschlossenheit der Komposition. Sie nachzuweisen, hat als erste Renée Brand versucht; Buchtmann und Hahn sind ihr mit Zustimmung und Widerspruch gefolgt. Die Abweichungen betreffen die Idee, welche die Einheit stiftet, nicht diese selbst. Brand interpretiert vom Ende her und sieht den Tod von vornherein als Sieger, der kraft seiner überlegenen Ratio den Ackermann vom Ankläger zum Ratsuchenden werden, resignieren und begreifen läßt, daß das Sterben als *lex naturalis* ein integrierender Bestandteil der göttlichen Weltordnung ist. In Hahns und Buchtmanns Augen erscheint der Ausgang ausgewogener, indem im 2. Teil des Gesprächs auch der Tod durch Übersteigerung seines Anspruchs schrittweise ins Unrecht gerät und Gottes Urteilsspruch beide Kontrahenten gleichermaßen in ihre Schranken weist: »Der claget das nicht sein ist, diser rümet sich herschaft die er nit von jm selber hat« (XXXIII,17 f.)

Der vom Autor selbst im Widmungsbrief an Peter Rothirsch so benannte »Angriff auf den Tod als unvermeidliches Schicksal« ist ein kunstvoll aufgebauter und reich instrumentierter Dialog zwischen Mensch und Tod. Der furiose Auftakt läuft in Formen zeitgenössischen Prozeßrechts ab. Der Kläger erhebt das *gerüfte*, klagt den Tod wegen Mordes und Menschenfeindlichkeit an: »Grimiger vertilger aller leut, schedlicher durchechter aller werlt, frayßsamer mörder aller menschen« (I,1 f.), und verlangt seine Verstoßung in die »vnwiderbringende swerste acht gotes« (I,14): »von mir vnd aller menicklich sey vber euch ernstlich zetter woffen geschryren mit gewunden hennden« (I,18–20). Der Einsatz heimischer prozessualer Formen wie die Rhetorik der antiken Gerichtsrede, deren Kenntnis man bei dem gebildeten Saazer Juristen voraussetzen darf, dienen der Steigerung der Dramatik, sind ein Darstellungsmittel neben anderen. Der Primat der Poesie steht außer Frage. Die einseitig auf in deutscher Sprache bisher Ungewohntes gemünzten Erläuterungen des Widmungsbriefs sind weder als alleiniges Herstellungsrezept gedacht, noch taugen sie als Gebrauchsanweisung für die Interpretation.

Die Streithandlung setzt unvermittelt ein, die Gesprächsteilnehmer werden nicht vorgestellt, und es gibt keine Situationsbeschreibung. Ort und Zeit der Begebenheit werden beiläufig erwähnt, als der des Mordes bezichtigte Tod sich zu erinnern versucht. Das Zetergeschrei des Klägers muß der Tat auf dem Fuße gefolgt sein. Wie und wo Gott, von beiden angerufen, schließlich sein Urteil spricht, bleibt der Vorstellung des Lesers überlassen. Der kann sich von der ersten Zeile an dem Eindruck nicht entziehen, daß hier ausgeprägte Individualitäten miteinander streiten. Bloße Sprachrohre gegensätzlicher Argumentgruppen sind sie jedenfalls nicht.

Der Tod als Sensenmann war den Zeitgenossen aus Bildern, Liedern, Totentänzen vertraut. Dieser zeigt seine »senngse« erst auf der Höhe des Streites vor, wo er behauptet, »ein rechtt würckender mäder« (XVI,5 f.) zu sein, und das als »gotes hantgeczewg«. Im selben Kapitel präsentiert er sich noch in weniger bekannter Gestalt: auf einem Ochsen reitend, »ein hawen in seiner rechten hannt vnd ein schawffel in seiner lincken hant« (XVI,25 f.), gegen »ein michel menig volks« (XVI,28) streitend. Sein Verstand ist von mephistophelischer Schärfe und verletzender Ironie. Doch ist er auch anderer Töne fähig: verstehender, begütigender, rühmender sogar wie in dem makellosen Bild, das er von der Frühverstorbenen zeichnet. Er ist und gibt sich als ein großer Herr bis zum Schluß: »Dannoch beleiben wir Tode hie herr« (XXX,31), der die Eitelkeit alles Irdischen zugleich entlarvt und garantiert. Doch ist das nicht sein letztes Wort, sondern – in plötzlichem Umschlag, bevor die Streitenden vor Gottes Richterstuhl treten – ein unerwartet menschenfreundlicher Rat: »kere von dem bösen vnd thue das guet« (XXXII,56 f.), »hab lieb rein vnd lautter gewissen« (XXXII,58).

Der »ackerman« ist ein Mann der Feder (»von vogelwate ist mein pflug«; III,1 f.) und in Böhmen zu Hause. Er war glücklich verheiratet mit einer schönen, tüchtigen und treuen Frau und kann sich, allein gelassen mit seinen unmündigen Kindern, in sein Witwerlos nicht schicken. Seine Argumentation ist zunächst rein emotional. Er ergeht sich in wüsten Beschimpfungen des Todes und fordert von Gott und Welt seine Verurteilung und Hinrichtung als Mörder. Erst allmählich wird er ruhiger, Vernunftgründen zugänglicher, kann nicht umhin, die Existenzberechtigung des Widersachers anzuerkennen, beansprucht nur noch Schadenersatz, bittet zuletzt sogar um Rat. Seinen Einspruch gegen die Diffamierung des irdischen Daseins aber und die Weigerung, die Verstorbene jemals zu vergessen, hält er unbeirrbar fest.

Dem Dichter geht es von vornherein nicht allein um den geschilderten Fall, der sein eigener ist. Der von dem Ackermann angestrengte Prozeß gilt letztlich der Verteidigung des Lebens gegen die – wie er es sieht – brutale Gewalt des Todes. Das wird schrittweise deutlich, je mehr der Kläger seine Emotionen mäßigt und den Gegner zwingt, die Mechanik und Willkür der *lex naturalis* zu enthüllen, deren unparteiischer Vollstrecker zu sein er sich rühmt. Die in der Natur aufgezeigte scheinbare Gleichheit seines Wirkens wird in der Menschenwelt zum Problem, weil die Gerechtigkeit Gottes tangiert ist.

Der Tod beansprucht, Vollstrecker allerhöchsten Willens zu sein, und Gott bestätigt sein Tun: »Der Tode hab sig« (XXXIII,22 f.). Er war also im Recht, als er des Klägers junge Frau auf der Höhe des Lebens dahinraffte. Die vom Weltenrichter getadelte ungebührliche Anmaßung lag nur im Verbalen, in der behaupteten Eigenmacht. Die geliehene Herrschaft samt augenscheinlicher Willkür wird ihm nicht genommen: nur prahlen soll er damit nicht.

Dem Kläger wird zwar das Recht auf Trauer zugestanden, aber die Frage nach der Gerechtigkeit Gottes, die so nirgends gestellt wird, bleibt offen. Der Epilog deckt sie mit Gottespreis und Gebet bloß zu. Gut mittelalterlich, würde Hübner sagen. Jedoch wie der katholische Himmel, in welchen Goethe die schuldbeladenen Eduard und Ottilie und selbst Faust entrückt, ihre Tragik nicht aufhebt, werden durch die Flucht in den Glauben auch die unterschwelligen Fragen des Johannes von Saaz nicht ungeschehen gemacht: ob der Satz wahr sein dürfe: »das leben ist durch sterbens willen geschaffen« (XXII,7 f.), ob das Leben einen Sinn im Hiesigen nicht haben könne, ob der Mensch nicht versuchen müsse, ihn zu finden ... Der hier spricht, begehrt nicht Erlösung von der Welt, er möchte sich in ihr und an ihr freuen.

Zwar gibt Johannes von Saaz nicht zu erkennen, daß er

einen anderen Sinn gefunden hätte, als ihn die mittelalterliche Kirchenlehre anbot, doch läßt er immerhin dem Kläger – und mit ihm jedem Menschen, »den twinget leyt zu klagen« (XXXIII,21) – von Gott selbst bestätigen, er habe »wol gefochten« (XXXIII,20). Seine empörte Zurückweisung angeratenen Vergessens: »Treib auß dem herczen [...] liebes gedechtnüß« (XXII,31 f.) und sein Bekenntnis zu todüberdauernder *triuwe*: »jn meiner gedechtnüß lebt sie mir doch ymmer« (XXIII,26 f.) werden nicht zurückgenommen. Da geht es nicht mehr um *memoria* im mittelalterlichen Sinne als unablässiges Gebet, damit die Seele vor Gott nicht vergessen werde, sondern um Bewahrung gelebten Lebens in der Erinnerung der Lebenden, als ein Halt im Irdischen und ein winziges Stück Dauer. Johannes von Saaz sagt: »in m e i n e r gedechtnüß.«

Bibliographische Hinweise

Der Ackermann aus Böhmen. Hrsg. von A. Bernt und K. Burdach. Einl., krit. Text, vollst. Lesartenapp., Glossar, Komm. Berlin 1917.

Der Ackermann aus Böhmen. Textausg. von A. Hübner. Leipzig 1937. [2]1954.

Der Ackermann aus Böhmen. Hrsg. von L. L. Hammerich und G. Jungbluth. Bd. 1: Bibliographie, philol. Einl., krit. Text mit App., Glossar. Kopenhagen 1951. [Mehr nicht ersch.]

Der Ackermann aus Böhmen. Ed. with introd., notes and glossary by M. O'C. Walshe. London 1951.

Der »ackerman«. Auf Grund der deutschen Überlieferung und der tschechischen Bearb. krit. hrsg. von W. Krogmann. Wiesbaden 1954. [2]1964.

Der Ackermann aus Böhmen. 2 Bde. Hrsg. von G. Jungbluth. Heidelberg 1969–83. [Mit Kommentar.]

Der Ackermann aus Böhmen. A working edition with introd., notes and glossary [...] by M. O'C. Walshe. Hull 1982.

Die Ackermann-Handschriften E und H. Faksimiles. Transkriptionen. Bereinigte Texte. 2 Bde. Hrsg. von W. Schröder. Wiesbaden 1987. [Danach zit.]

Bäuml, F. H.: Rhetorical Devices and Structure in the »Ackermann aus Böhmen«. Berkeley (Calif.) 1960.

Blaschka, A.: Ackermann-Epilog. In: Mitteilungen des Vereins für Geschichte der Deutschen in Böhmen 73 (1935) S. 73–87.

– 550 Jahre »Ackermann«. In: Wissenschaftliche Zeitschrift der Universität Halle 1 (1951/52) H. 3. S. 41–52.

Brand, R.: Zur Interpretation des »Ackermann aus Böhmen«. Basel 1944.

Buchtmann, E.: Die »Ackermann«-Dichtung. Ein Beitrag zu ihrer Interpretation. Diss. Marburg 1959. [Masch.]

Burdach, K.: Der Dichter des »Ackermann aus Böhmen« und seine Zeit. 2 Tle. Berlin 1926–32.

– Platonische, freireligiöse und persönliche Züge im »Ackermann aus Böhmen«. In: Sitzungsberichte der Preussischen Akademie der Wissenschaften zu Berlin. Phil.-hist. Klasse 14 (1933) S. 610–675.

Hahn, G.: Die Einheit des »Ackermann aus Böhmen«. Studien zur Komposition. München 1963.

Hahn, G.: Johannes von Tepl. In: Die deutsche Literatur des Mittelalters. Verfasserlexikon. Bd. 4. Berlin / New York [2]1983. Sp. 763–774.

– Der »Ackermann aus Böhmen« des Johannes von Tepl. Darmstadt 1984.

Heilig, K. J.: Die lateinische Widmung des »Ackermanns aus Böhmen«. In: Mitteilungen des Instituts für Österreichische Geschichtsforschung 47 (1934) S. 414–426.

Hrubý, A.: Der »Ackermann« und seine Vorlage. München 1971.

Hübner, A.: Das Deutsche im »Ackermann aus Böhmen«. In: Sitzungsberichte der Preussischen Akademie der Wissenschaften zu Berlin. Phil.-hist. Klasse 18 (1935) S. 323–398.

– Deutsches Mittelalter und italienische Renaissance im »Ackermann aus Böhmen«. In: A. H.: Kleine Schriften zur deutschen Philologie. Hrsg. von H. Kunisch und U. Pretzel. Berlin 1940. S. 198–210. – Zuerst in: Zeitschrift für Deutschkunde 51 (1937) S. 225–239.

Schröder, W.: Der »Ackermann aus Böhmen« und sein Autor. In: Abhandlungen der Marburger Gelehrten Gesellschaft 20 (1985).

Skála, E.: Schriftsprache und Mundart im »Ackermann aus Böhmen«. In: Abhandlungen der Sächsischen Akademie der Wissenschaften zu Leipzig. Phil.-hist. Klasse 57 (1965) H. 2. S. 63–72.

Wostry, W.: Saaz zur Zeit des Ackermanndichters. Mit einem Nachw. von R. Schreiber. München 1951.

Oswald von Wolkenstein

Von Anton Schwob

Kein anderer deutscher Dichter des Mittelalters hat einen derart umfangreichen Fundus an historischen Nachrichten über seinen Lebensweg hinterlassen wie Oswald von Wolkenstein. Archivalien, Bildzeugnisse und autobiographische Angaben in seinen Liedern ergänzen einander zu einem bemerkenswert plastischen, vom Selbstverständnis des Urhebers bewußt mitgezeichneten Bild einer spätmittelalterlichen Adelsexistenz.

Von seinem für damalige Verhältnisse langen Leben (etwa 1375/78 – 1445) bleiben Kindheit und Jugend allerdings weitgehend im dunkeln. Urkunden und Akten präsentieren uns naturgemäß den rechts- und geschäftsfähigen, vor allem den zu Wohlstand, Macht und Ansehen gelangten alten Oswald von Wolkenstein. Die überlieferten Lieder und die erhaltenen Bilder konzentrieren sich im wesentlichen auf sein 4. bis 6. Lebensjahrzehnt.

Mehrere Bildnisse mit Porträtcharakter – hierin ist der Wolkensteiner ein Pionier – weisen unmißverständlich darauf hin, daß dieser Mann sich selbst Denkmäler setzen wollte. Außerdem liefern sie uns einen wichtigen Schlüssel zum Verständnis seiner kämpferischen Aufsteigermentalität: Er deklariert sich als Ritter und war offensichtlich mit einem für jede Art von adeliger Karriere hinderlichen Gebrechen, einer (vermutlich angeborenen) Ptosis des rechten Augenlids, behaftet. Den zweiten Schlüssel fördern die Archivalien zutage: Oswald von Wolkenstein gehört in die lange Reihe jener jüngeren, vermögensrechtlich benachteiligten Söhne,

Oswald von Wolkenstein

die ihren Status als Adelige nur durch eigene Leistung wahren oder gar anheben konnten.

Die Herren von Wolkenstein waren ein Seitenzweig der im 14. Jahrhundert in Tirol zu Besitz und angesehenen Ämtern gelangten Familie von Vilanders und benannten sich nach einer hochgelegenen Felsenburg am Ende des Grödner Tals. Oswalds Vater, Friedrich von Wolkenstein, heiratete Katharina, Erbtochter des reichen Landherrn Eckhart von Vilanders auf Trostberg, die ihm drei Söhne und vier Töchter großzog. Das Geburtsdatum des Zweitgeborenen, Oswald, hat urkundlich keinen Niederschlag gefunden. Man erschließt es aus Liedtexten (etwa 1376–78) und einem Kalendergedicht (XXVIII: 19. Januar 1375). In diesen Jahren war Friedrich von Wolkenstein Hauptmann auf Schöneck im Pustertal, d. h. auf Görzer Territorium. Die Familie dürfte haushälterisch gelebt haben, bis sie 1386 das testamentarisch vermachte Erbe im Eisacktal, die Trostburg mit Zubehör, übernehmen konnte. Zu diesem Zeitpunkt endete Oswalds Kindheit, wenn wir Liedangaben, die zum gängigen Muster damaliger ritterlicher Erziehung passen, Glauben schenken.

Was er bis dahin eher spielerisch gelernt hatte – möglicherweise auch die Anfangsgründe des Lesens und Schreibens beim Burgkaplan (ein solcher ist 1395 im Dienst seiner Eltern bezeugt) –, wurde nun zur gezielten Schulung zum ritterlichen Knecht. Gewöhnlich verbrachten junge Adelige zwei bis vier Jahre auf der Burg eines gutgestellten Verwandten, wo sie vor allem gesellschaftliche Umgangsformen, zu denen unter anderem Sprachkenntnisse, Instrumentalspiel und Gesang gehörten, übten. (In der Rolle der Lehrmeister können wir uns die Castelbarco, aus deren Familie die Großmutter Oswalds stammte, vorstellen.) Danach wurden sie als ›Renner‹ einem fahrenden Ritter beigesellt. Über dieses strapaziöse und gefahrvolle Herumziehen von Krieg zu Krieg, über seine Dienste als Laufbursche, Stallknecht, Koch, Ruderer oder was immer die Situation erforderte, über den Mangel, den er oft litt, als er von der Pike auf das Überleben lernte, hat Oswald im Rückblickslied »Es fügt sich« (XVIII) berichtet. Die Länder, die er dabei kennengelernt haben will, hat er wiederholt aufgezählt. Auch wer in den langen Länder- und Städtekatalogen eher literarischen Selbstzweck als historischen Bericht sehen möchte, wird akzeptieren müssen, daß der Dichter weit herumgekommen ist. Im Marienburger Tresslerbuch des Deutschen Ordens hat der Hauskomtur zu Königsberg 1399 die Zahlung von 150 Mark an einen »wolkensteyner« vermerkt: das dürfte das früheste erhaltene Lebenszeugnis des Dichters sein.

Der Tod des Vaters im Frühjahr 1400 setzte die nächste Zäsur in Oswalds Leben. Fortan sind seine Rechts-, Verwaltungs- und Geschäftsakte in zunehmender Dichte schriftlich überliefert, auch Urkundenlücken, spätere Augenzeugenberichte, zeitgenössische Rechnungsbücher und andere Aufzeichnungen sowie die Lieder erhellen uns seinen weiteren Lebensweg. Nach eigenen Angaben nahm er 1401 am Italien-Feldzug König Ruprechts von der Pfalz teil (XVIII). Ende 1402 tauchte er noch einmal in Preußen auf; im Zusammenhang mit dieser Reise steht wohl auch das mehrfach zitierte Schiffbruchserlebnis (XVIII, XXIII). Heimgekehrt, geriet er wegen des ihm zustehenden Erbteils in Streit mit seinem älteren Bruder Michael, raubte dessen Kleinodien, versteckte sie auf Wolkenstein und bezichtigte seine Schwägerin der Verschwendung. Michael überfiel ihn in seinem Kastelruther Haus und verletzte ihn lebensgefährlich (Andeutungen auch in XXIII). Es ging rauh zu im Hause Wolkenstein, aber 1407 wurde wenigstens das Erbe des Großvaters mütterlicherseits geteilt.

Um diese Zeit begann sich Oswald politisch zu engagieren: Er verband sich mit einer Gruppe von jungen Herren aus landsässigem Tiroler Adel zur »Gesellschaft mit dem Elefanten«, die bald im großen tirolischen Adelsbund der »Falken« aufging (1406/07), und betätigte sich im Verwaltungs- und Gerichtswesen des Hochstifts Brixen. Dem Brixner Domkapitel vermachte er eine umfangreiche Kapellen- und Meßpriesterstiftung. Im intensiven Umgang mit Kaufleuten, Künstlern, Intellektuellen und Geistlichen von Brixen lernte er unter anderem Anna, »die Hausmannin«, unverheiratete Tochter des damaligen Brixner Schulmeisters, seine vielfach zitierte »Geliebte« und später gehaßte Fehdegegnerin, kennen. Ob sie ihn überredet hat, 1409/10 eine Pilgerfahrt ins Heilige Land zu unternehmen, oder ob die Pilgerreise als Minnedienst (XVII) nicht eher eine herkömmliche literarische Interpretation darstellt, entzieht sich dem Einblick des Historikers.

1411 sicherte sich Oswald von Wolkenstein im Augustiner-Chorherrenstift Neustift bei Brixen ein Pfründnerhäuschen. 1412/13 könnte er am Venezianischen Krieg König Sigmunds teilgenommen haben (XVIII). Danach verhandelte er über Lösung aus seinem Dienstvertrag mit dem Bischof von Brixen, ließ sich auszahlen und tätigte Verkäufe. Sein Ziel waren das Konzil von Konstanz und der königliche Hof. Anfang 1415 nahm ihn König Sigmund von Luxemburg vertraglich in seine Dienste.

Der König schickte den sprachkundigen und weltgewandten Tiroler zunächst auf eine Gesandtschaftsreise, die seinen Unionsbestrebungen in der Frage des päpstlichen Schismas dienen sollte. Über Heidelberg, England, Schottland, Irland, Portugal – mit einem Abstecher nach Santiago de Compostela und einem nach Ceuta –, über Granada und Aragon, wo er mit dem König und dessen Gefolge zusammentraf, über Südfrankreich und Savoyen will Oswald bis Paris gereist sein (XXVI, XIX, XVIII). Ehrungen durch mehrere Königinnen, darunter die Verleihung des aragonesischen Kannenordens (s. das Porträt in Handschrift B), machten diese Zeit in seinen Augen zum Höhepunkt seines Lebens.

In den nächsten Jahren agierte er als Verbindungsmann zwischen dem König und der Tiroler Adelsfronde gegen Herzog Friedrich IV. von Österreich und heiratete Margarethe von Schwangau, die aus reichsunmittelbarer schwäbischer Ritterfamilie stammte. Sie ist die handfeste »Gret« vieler Lieder (XXXIII, LXVIII, LXXI, LXXV, LXXVII u. a.), gebar ihm im Lauf der Jahre sieben Kinder und führte die Geschäfte, wenn er abwesend war: etwa 1419 in Ungarn beim König und 1420 im Hussitenkrieg.

Die Familie hatte ihren Wohnsitz auf Burg Hauenstein am Schlern, deren Einkünfte ihr zu einem Drittel zustanden. Wegen wiederholter Übergriffe auf die anderen zwei Drittel hatten schon seit 1394 Barbara von Hauenstein und ihr Ehemann, Martin Jäger, gegen die Wolkensteiner prozessiert. Im Herbst 1421 spitzte sich der Konflikt zu. Martin Jäger verbündete sich mit mehreren Personen, die mit Oswald von Wolkenstein verfeindet waren oder Ansprüche an ihn stellten; unter ihnen war Anna Hausmann. Sie nahmen Oswald gefangen, versuchten ihn mit schwerer Folter zu erpressen und hielten ihn auf Burg Forst bei Meran fest. Der Wolkensteinische Familienclan wurde aktiv, die befreundeten Starkenberger griffen ein. Schließlich setzte Herzog Friedrich den Fehdehandlungen und privaten Verhandlungen ein Ende, indem er den Gefangenen nach Innsbruck überstellen ließ und 1422 gegen Leistung einer Bürgschaft über 6000 Gulden freiließ. Oswald, gesundheitlich schwer geschädigt, von seinen Bürgen so gut wie enteignet, bemühte sich, den König in Preßburg für seine Notlage zu interessieren (s. auch LV). Dieser ließ sich zunächst zu einer Serie von Schreiben im Sinne Oswalds und der Tiroler Adelsbündner herbei, strebte aber längst die notwendig gewordene Einigung mit dem Habsburger an, die 1425 zustande kam. Eine zweite Reise Oswalds zum König im Winter 1424/25 endete deshalb für ihn enttäuschend.

Seine Lage wurde unhaltbar, als der Görzer Graf 1426 Burg Neuhaus im Ahrntal, wo Oswald sich vor dem Zugriff des Tiroler Landesfürsten sicher fühlte, nicht länger an ihn vergeben wollte. Auf Hauenstein sah er sich zu Recht bedroht (XLIV). Im Frühjahr 1427 wurde Oswald, der sich einer Ladung vor den Landtag durch Flucht entziehen wollte, auf Betreiben der Jägerschen Partei von Leuten des Herzogs gefangengenommen und auf Vellenberg bei Innsbruck festgesetzt. Am 1. Mai 1427 wurden fünf Urkunden ausgestellt, die die Beilegung aller Konflikte bezeugten: Oswald zahlte die Miteigentümer von Hauenstein für eine relativ geringe Summe aus und gab den Erben der inzwischen verstorbenen Hausmannin den umstrittenen Weinhof zurück. Dem Herzog schwor er, künftig loyal zu sein und keine Bündnisse oder Dienstverhältnisse mit auswärtigen Mächten mehr einzugehen. Als Bußleistung mußte er die Teilnahme an einem Feldzug gegen die Hussiten versprechen. Die Bürgschaft blieb in Kraft und konnte trotz aller späteren Bemühungen Oswalds erst zwanzig Jahre nach seinem Tod aus der Welt geschafft werden.

Der Friede mit seinem Landesfürsten und die Regelung seiner Besitzverhältnisse haben den mittlerweile über fünfzigjährigen Wolkensteiner nicht veranlaßt, sich zur Ruhe zu setzen. Mit seinem Vetter Hans von Vilanders, der 1422 unter anderen für ihn gebürgt hatte und seither seinen Anteil an der Bürgschaftssumme in Pfandbriefen und Bargeld einbehielt, geriet er in einen jahrzehntelangen erbitterten Rechtsstreit. Um seine Forderungen durchzusetzen, reiste Oswald 1427/28 über Salzburg, München, Augsburg, Ulm, Heidelberg, Köln und Aachen (XLI) nach Westfalen und ließ sich in den Geheimbund der Freischöffen der Feme aufnehmen (Aufzeichnung der *Ruprechtschen Fragen*). Aber Hans von Vilanders hat alle Ladungen und Urteile des heimlichen Gerichts mit Hinhaltemanövern beantwortet. Auch mit anderen Verwandten, z. B. den Schwangauern und seinem Bruder Michael, gab es Vermögensstreitigkeiten, wobei der Herzog als Schiedsrichter geflissentlich umgangen wurde.

Seine politische Handlungsfreiheit hat sich Oswald stufenweise zurückerobert: 1429 mischte er sich energisch und handgreiflich in den Aufruhr des Brixner Domkapitels gegen Bischof Ulrich Putsch ein. 1430 reiste er zur Nürnberger Versammlung und anschließend im königlichen Gefolge durch Schwaben. Er war beim glanzvollen Nürnberger

Reichstag von 1431 anwesend und wurde um diese Zeit Mitglied des hochfeudalen engeren Kreises der »Gesellschaft mit dem Drachen«. Möglicherweise zog er von Nürnberg aus mit in den letzten Reichskrieg gegen die Hussiten und erlebte die Niederlage bei Taus (CXXXIV). Im Spätsommer 1431 von Sigmund mit einer diplomatischen Sendung an Herzog Friedrich betraut, sah sich Oswald endlich offiziell als »Rat« und Vertrauensmann des Königs bestätigt (Eintragung in Handschrift B).

Im Januar 1432 folgte er der dringenden Aufforderung König Sigmunds, zur Erledigung von Sonderaufträgen nach Piacenza zu kommen, im März schrieb er bereits aus Rom. Anschließend begleitete er eine königliche Gesandtschaft zum Basler Konzil. Seine letzte größere Reise war die zum Ulmer Reichstag 1434. Dort bestellte ihn Sigmund zum Beschützer von Neustift und Eintreiber von Strafgeldern, die durch Übergriffe gegen das Chorherrenstift fällig werden sollten. Außerdem gestattete er ihm als Lehnsträger seiner Frau Margarethe, für reichsunmittelbare Schwangauer Lehen die Eide eines Reichsritters abzulegen. Danach trennten sich die Wege der beiden Zeitgenossen, die das Ideal einer starken Ritterschaft fast freundschaftlich verbunden hatte, für immer.

Nach 1435 hat Oswald von Wolkenstein die Territorien, in denen er Besitzungen verwaltete (Hochstift Brixen, Tirol, Görz), vermutlich nicht mehr verlassen. Dort aber war er ungemein aktiv. Die von Jahr zu Jahr dichter werdenden urkundlichen Belege zeigen ihn bei häufigem Wechsel seines Aufenthaltsortes mit Familien- und Vermögensangelegenheiten beschäftigt, als Schiedsrichter bei Prozessen von Standesgenossen, in heftigem Streit mit der bäuerlichen Gemeinde auf dem Ritten um Weiderechte auf der Vilanderer Alm, als juristischen und politischen Berater der Bischöfe von Brixen sowie der Grafen von Görz und seit 1442 als bedeutenden Landespolitiker. Er gehörte zu den Tiroler Landherren, die König Friedrich III. zur Entlassung des jungen Herzog Sigmund aus der Vormundschaft nötigten. Mitten in seinen Amtsgeschäften, wenn auch durch Krankheit vorgewarnt, ist er am 2. August 1445 in Meran gestorben. Sein Leichnam wurde »mühsam und bei großer Hitze« nach Neustift überführt, wie es ein Schreiber in der Neustift-Innsbrucker Spielhandschrift von 1391 eintrug. In der dortigen Stiftskirche fand er seine letzte Ruhestätte.

Die Vita Oswalds von Wolkenstein ist die eines adeligen Aufsteigers in bewegter Zeit. Trotz angeborener Hemmnisse hatte er es sich zum Ziel gesetzt, Landherr und Begründer einer eigenen Linie zu werden. Obwohl er mehrfach in Situationen geriet, die ihn auf unangenehme Weise in seine Grenzen zurückverwiesen, konnte er schließlich seinen Ehrgeiz befriedigen. Er hat Verwundungen, Gefangenschaften, Folter, Zurückweisungen, ehrenrührige Maßregelungen hinnehmen und sich zu Neuorientierungen durchringen müssen: 1405 ging es um die Einordnung in die Großfamilie, 1425 um das Vorliebnehmen mit der vom König zugeteilten Rolle eines landsässigen Tiroler Adeligen ohne Sonderstatus, 1427 um die Unterwerfung unter die Macht des Landesfürsten und das Akzeptieren des Landrechts. Jedesmal hat er einen Weg aus der Machtlosigkeit gefunden und durch unermüdliche Aktivitäten schließlich doch erreicht, im Alter so vermögend, respektiert und einflußreich zu sein, wie er es sich – die Lieder sprechen da eine deutliche Sprache – immer gewünscht hatte. Er hat sich selbst bewiesen, daß die Wahrung der gefährdeten adeligen Lebensbedingungen – Grundherrschaft sowie Teilhabe am Recht und an der Macht – zu seiner Zeit noch möglich war.

Auch Oswalds Liedkunst hatte für ihn, zumindest teilweise, praktische Funktionen als Hebel des sozialen Aufstiegs und Spiegel adeligen Selbstverständnisses. Sein mit rund 130 Liedern und 2 Reimpaarreden umfangreiches Werk bietet eine unerhörte Vielfalt an Themen und Formen. Dennoch bestimmen formal Normbewahrung und thematisch adelige Standesinteressen den Gesamtbefund.

Seine Bindung an die literarische Tradition ist eng, trotzdem lassen sich einschlägige Kenntnisse im einzelnen schwer ausmachen: Er hat Freidank-Verse benutzt und scheint geistliche und weltliche Lieder des Mönchs von Salzburg sowie Vorläufer-Sammlungen der *Sterzinger Miszellaneen* gut gekannt zu haben. Er beherrschte die gängigen deutschen Liedtypen und -gattungen und hatte auch mit romanischer sowie lateinischer Liedkunst Bekanntschaft gemacht. Reimpaarreden und andere nicht sangbare Kleindichtung waren ihm vertraut. Lateinische Autoren und theologisches Wissen zitierte er wohl aus zweiter Hand.

Bei der Adaption traditioneller Gattungen, etwa des Tagelieds, hält er sich an die zeitgenössischen Entwicklungen: teils in klassischer Dialog- und Erzählform, teils in neue Situationen transponiert, erscheint die Tagelied-Motivik vielfach variiert, gelegentlich parodiert, von anderen Motiven überblendet oder mit ihnen auf eigenwillige Weise kombiniert.

Werbung um Minneerhörung, Klage über Abschiedsschmerz und Trennung, Ausmalen des sinnlichen Verlangens oder der Schönheit der Geliebten sind beliebte Motive seiner Liebeslieder. Eine auffällige Vorliebe zeigt Oswald für Liebesdialoge, von denen manche simultan zweistimmig, andere alternierend einstimmig zu singen waren. Ein Jagdlied als Minneallegorie (LII), die Verwendung von Naturbildern in der traditionellen Funktion als Parallelen oder Kontrast zu Liebeserlebnissen, Pastourellen, Dispute über Liebe, verhüllende Sexualreden, Liebes-, Tanz- und Trinkszenen im bäuerlichen Milieu nach dem Muster Neidharts und sogar eine erotische Idylle mit bukolischem Einschlag (XCII) bereichern die bunte Palette von Oswalds Liebesdichtung.

Wie der Mönch von Salzburg hat Oswald von Wolkenstein neben seinen weltlichen auch eine ansehnliche Reihe von geistlichen Liedern überliefert. Sie präsentieren sich als Produkte eines frommen Laien, abseits von theologischer Gelehrsamkeit, Spekulation und mystischer Versenkung, obwohl er an die Sangspruch-Tradition der Meister anknüpft. Anrufung Gottes, Tischsegen und Morgengebet haben Bezug zur Praxis, ein Weihnachtslied mit Erinnerungen an Bethlehem (XXXV) schöpft aus dem Autobiographischen, zwei ausführliche Passionsdarstellungen folgen einer zeitgenössischen Neigung zum frommen Mitleiden. Eine besondere Vorliebe hat der Wolkensteiner für die Muttergottes, die sich zu seiner Zeit und ganz besonders im Bistum Brixen einer intensiven Verehrung erfreute. Er hat eine lateinische Sequenz und ein Glossenlied an Maria übersetzt sowie Marienpreislieder mit Anklängen an weltliche Liebeslieder verfaßt.

Eindringlich sind seine Sündenklagen, ob als Beichtspiegel oder als Weltabsage mit Bezugnahme auf seine Gefangenschaftsnot gestaltet. Hier gelingen ihm Lieder von besonderer Eigenart und Intensität. Sündenbewußtsein und Angst vor einem unvorbereiteten Tod haben Oswald auch beim Reflektieren seines Alters ergriffen (XXIV: 46 Jahre, XXXVI: bald 50 Jahre alt). Einmal gehen dem ernsten Memento mori witzig-komisch gestaltete Todesgefahren-Szenen voraus (XXIII); doch mit diesem Lied haben wir die geistliche Thematik in Oswalds Œuvre bereits verlassen.

Lust an Sprachspielen, Merkversen und Sprichwörtern, Charakterisierungen und Belehrung des Publikums im Sinne seiner adeligen Standesinteressen zeigen sich in Oswalds weltlich-didaktischen Dichtungen, die vom Kalendergedicht (XXVIII, LXVII) über den Freidank-Cento (CXV) bis zu einer langen Reimpaarrede über das Recht (CXII) reichen.

Der besondere Reiz von Oswalds Dichtung liegt wohl an der geschickten Einbringung von persönlichen Ansichten, Erfahrungen und Erlebnissen in die literarische Tradition. Deshalb standen Lieder, die seine ständische und politische Position sowie autobiographische Fakten behandeln, besonders oft im Zentrum wissenschaftlicher Bemühungen. Seine politischen Lieder, autobiographischen Erzähllieder, Reiselieder und Gefangenschaftslieder lassen Vergleiche mit dem reichen Quellenbestand zu. Es ergab sich, daß der Dichter seinen subjektiven Standpunkt bewußt durch altbekannte Persuasionstechniken zur Geltung gebracht hat: durch Auswahl, Akzentuierung, Ausmalung, gelegentlich Verzerrung des Stoffs sowie durch gezielte Appellation an Verstand, Gefühl und Willen der Zuhörer. Er verstand sich auf Propaganda, Suggestion und Agitation, die noch beim heutigen Leser ihre Wirkung haben können: Wir nehmen dem radikalen Vertreter hergebrachter Ständeordnung den brennenden Haß auf Jan Hus und dessen Anhänger ab (XXVII, CXXXIV). Wir verstehen seine Erregung beim Ausfall aus der Starkenbergischen Burg Greifenstein, die ihn zu einem mitreißenden Kampflied inspirierte (LXXXV). Wir teilen seine Empörung über einen Überfall auf die königliche Gesandtschaft nach Rom, deren Mitglied er vermutlich war (CV), und genießen mit ihm den entspannt-familiären Ton, den er sich gegenüber dem Pfalzgrafen leisten konnte (LXXXVI). Wir erfahren zahlreiche amüsante Einzelheiten von Reisen, die urkundlich oft nur als Lücken greifbar sind. Wir lernen seine Nöte auf Hauenstein im Winter 1426/27 (XLIV) und seine Ängste in den Gefängnissen seiner Fehdegegner (I, II, XXVI, LV, LIX u. a.) kennen.

Die verführerische Eloquenz seiner Lieder ist ihm nicht versehentlich ›passiert‹, er hat sie gezielt eingesetzt, wie er selbst einmal indirekt zu Protokoll gegeben hat: In wütender Reaktion auf die amtlicherseits verfügte Entfernung eines seiner öffentlichen Anschläge gegen die Gemeinde auf dem Ritten, mit der er einen Almstreit ausfocht, schimpfte er über den Tiroler Landeshauptmann, der seine Darstellung des Sachverhalts als »ain getichtte sach« bezeichnet hatte. Er aber bestand darauf, diesmal die unverfälschte Wahrheit gesagt zu haben, »wie wol ich sünst tichten chann«.

Oswalds Werk – Texte und Melodien – ist uns in zwei repräsentativen Pergamenthandschriften, die zu Lebzeiten des Autors und in seinem Auftrag angelegt worden sind, überliefert. Eine nach seinem Tod entstandene, schlichte Papierhandschrift ohne Noten und die relativ spärliche Streuüberlieferung können diesen Grundbestand nur mehr unwesentlich erweitern.

Die Handschrift A (Wien) enthält insgesamt 108 Lieder, die von mehreren Schreibern (die Forschung spricht von 7 bis 15 Händen) in Schüben geschrieben wurden. Der Grundstock war 1425 abgeschlossen, es folgten weitere Eintragungen bis 1436 und ein Nachtrag um 1441. Auf der Vorderseite des Innendeckels findet sich ein stark abgeblättertes Vollbild des Autors mit Wappen, Greifenorden und Notenblatt. Die Handschrift B (Innsbruck), kostbarer ausgestattet als A, enthält 118 Lieder. Ihr Hauptbestand wurde von einer Hand (Schreiber h oder 7 der Handschrift A) in einem Zug niedergeschrieben und war im Sommer 1432 fertig. Es folgten Nachträge bis 1438. Auch dieser Handschrift ist ein Dichterporträt vorangesetzt, diesmal ein Brustbild Oswalds mit den Insignien des Kannen- oder Greifenordens sowie des Drachenordens. Die Papierhandschrift c (Innsbruck) enthält im wesentlichen dieselben Texte in der gleichen Reihenfolge wie B. Die Streuüberlieferung betrifft vor allem Texte ohne autobiographische Bezüge, auch einige, die in den Haupthandschriften fehlen. Sie wurden vermutlich aussortiert.

Ein Blick in die Pergamenthandschriften oder ihre Faksimiles macht uns darauf aufmerksam, daß wir es mit Wort und Ton zu tun haben, mit einer gesellschaftlichen Vortragskunst, die als sprachlich-musikalische Einheit konsumiert worden ist. Die schriftliche Fixierung hatte nicht Vervielfältigung und Verbreitung, sondern hausgebundene Überlieferung zum Ziel. Tatsächlich sind die Lieder Oswalds nach seinem Tode, von Ausnahmen abgesehen, bald nur mehr wenigen verfügbar gewesen und gerieten in Vergessenheit.

Zwei historisch interessierte Wolkensteiner des 17. Jahrhunderts sowie einige Tiroler Genealogen und Historiker befaßten sich mit Oswalds faszinierend aufregendem Lebenslauf. An diesem Punkt setzte auch seine Wiederentdeckung im 19. Jahrhundert ein, die allerdings vorerst regional begrenzt blieb. In der literarhistorischen Forschung fand Oswalds außergewöhnlicher dichterischer Rang erst nach der Veröffentlichung der Textausgabe von Karl Kurt Klein (1962) zunächst zögernd, dann verbreitet Anerkennung. Im Zusammenhang mit dem vermeintlichen 600. Geburtsjahr des Dichters 1977 überschwemmte eine Flut von Oswald-Literatur den Markt. Seither ist aus dem Geheimtip für Spezialisten eine vom allgemeinen Kulturbetrieb vereinnahmte Figur geworden.

Bibliographische Hinweise

Oswald von Wolkenstein: Geistliche und weltliche Lieder. Ein- und mehrstimmig. Hrsg. von J. Schatz und O. Koller. Graz 1959. (Nachdr. der Ausg. Wien 1902.)

Die Lieder Oswalds von Wolkenstein. Unter Mitw. von W. Weiß und N. Wolf hrsg. von K. K. Klein. 3., neubearb. und erw. Aufl. von H. Moser, N. R. Wolf und N. Wolf. Tübingen 1987.

Die mehrstimmigen Lieder Oswalds von Wolkenstein. 2 Bde. Hrsg. von I. Pelnar. München 1981–82.

Oswald von Wolkenstein. Handschrift A. In Abb. hrsg. von U. Müller und F. V. Spechtler. Stuttgart 1974.

– Handschrift A. Vollst. Faks.-Ausg. im Originalformat des Codex Vindobonensis 2777 der Österr. Nationalbibliothek. Komm. von F. Delbono. Graz 1977.

– Abbildungen zur Überlieferung I: Die Innsbrucker Wolkenstein-Handschrift B. Hrsg. von H. Moser und U. Müller. Göppingen 1972.

– Abbildungen zur Überlieferung II: Die Innsbrucker Wolkenstein-Handschrift c. Hrsg. von H. Moser, U. Müller und F. V. Spechtler. Mit einem Anh. zum »Wolfenbütteler Porträt« und zur Todesnachricht Oswalds von Wolkenstein von H.-D. Mück. Göppingen 1973.

– Abbildungen zur Überlieferung IV: Die Streuüberlieferung. Hrsg. von H.-D. Mück. Mit einem Anh. zum »Konstanzer Porträt« Oswalds von Wolkenstein. Göppingen 1977.

Jahrbuch der Oswald-von-Wolkenstein-Gesellschaft. Jg. 1 ff. 1980/1981 ff.

Oswald von Wolkenstein. Beiträge der philologisch-musikwissenschaftlichen Tagung in Neustift bei Brixen 1973. Im Auftrag des Südtiroler Kulturinstituts hrsg. von E. Kühebacher. Innsbruck 1974.

Gesammelte Vorträge der 600-Jahrfeier Oswalds von Wolkenstein. Seis am Schlern 1977. Hrsg. von H.-D. Mück und U. Müller. Göppingen 1978.

Oswald von Wolkenstein. Hrsg. von U. Müller. Darmstadt 1980. (Wege der Forschung. 526.)

Baasch, K. / Nürnberger, H.: Oswald von Wolkenstein mit Selbstzeugnissen und Bilddokumenten. Reinbek bei Hamburg 1986.

Kühn, D.: Ich Wolkenstein. Eine Biographie. Frankfurt a. M. 1977.

Mück, H.-D.: Oswald von Wolkenstein zwischen Verehrung und Vermarktung. Formen der Rezeption 1835–1976. Mit einem Anh.: Dokumentation des Wolkenstein-Jahres 1977. In: Gesammelte Vorträge der 600-Jahrfeier Oswalds von Wolkenstein. Seis am Schlern 1977. [. . .] Hrsg. von H.-D. M. und U. Müller. Göppingen 1978. S. 483–540.

Müller, U.: »Dichtung« und »Wahrheit« in den Liedern Oswalds von Wolkenstein. Die autobiographischen Lieder von den Reisen. Göppingen 1968.

Röll, W.: Oswald von Wolkenstein. Darmstadt 1981.

Schwob, A.: Oswald von Wolkenstein. Eine Biographie. Bozen ^{3}1979.

– Historische Realität und literarische Umsetzung. Beobachtungen zur Stilisierung der Gefangenschaft in den Liedern Oswalds von Wolkenstein. Innsbruck 1979.

Wachinger, B.: Oswald von Wolkenstein. In: Die deutsche Literatur des Mittelalters. Verfasserlexikon. Bd. 7. Lief. 1. Berlin / New York ^{2}1987. Sp. 134–169.

Spielmannsepik

Von Bernhard Sowinski

Unter dem Begriff ›Spielmannsepik‹ fügt die traditionelle deutsche Literaturgeschichte meistens zwischen die frühe historisierende Epik des 12. Jahrhunderts (*Kaiserchronik*, *Alexanderlied*, *Rolandslied*) und die eigentliche höfische Epik eine Gruppe von fünf größeren, anonym überlieferten Erzählwerken (*König Rother*, *Herzog Ernst*, *Salman und Morolf*, *Oswald*, *Orendel*) ein, die allenfalls durch bestimmte motivische und erzählerische Gemeinsamkeiten als zusammengehörig angesehen werden können. Die Zuordnung dieser Dichtungen zu mittelalterlichen Spielleuten (lat. *ioculatores, histriones, mimi*) als Verfassern ist erstmals in der Literaturgeschichte von Gervinus (1840–42) erfolgt. Sie beruht auf der – letztlich auf Herder zurückgehenden – Scheidung von ›Kunst-‹ und ›Naturpoesie‹ bei den Brüdern Grimm und auf ihrer Auffassung vom Spielmann als Inkarnation der Volksseele und Träger der ›Naturpoesie‹. In der Literaturgeschichte von Wackernagel (1848) und in der Textedition von Piper (*Spielmannsdichtung*, 1887) wurde diese Vorstellung im Hinblick auf die ›Fahrenden‹ und *gernden liute* des Mittelalters verfestigt. Erst Naumann (1924) plädiert für eine »Einschränkung des Begriffs Spielmannsdichtung«; er sah in den Verfassern gelehrte Geistliche, die für ein niederes Publikum schrieben und daher einen phantastisch-burlesken Stil bevorzugten. In den Verfassern von *Oswald* und *Orendel* sieht er sogar »Propagandageistliche«, die bestimmte Heiligenkulte populär machen wollten.

Mit anderen Argumenten, nämlich Hinweisen auf das Vorkommen des ›Spielmanns‹ in anderen europäischen Literaturen und auf seine literaturvermittelnde Funktion in der epischen Abfolge von Urlied, Erblied, Neulied, besonders für die Stoffe der Brautwerbung, hat Frings (1939–40) die spätromantische Vorstellung vom Spielmann zu festigen versucht. Zu Recht ist jedoch darauf hingewiesen worden (z. B. von de Boor), daß außerdeutsche Entwicklungen keine verbindlichen Aussagen für deutsche Literaturverhältnisse begründen. Hier aber begegnet der Begriff ›Spielmann‹ nur als Bezeichnung für den Gaukler (Asprian als *der riesen spileman*; *König Rother*, V. 2162) oder den Musikanten (vgl. Volker im *Nibelungenlied*), während der Name für den einstigen germanischen Liedsänger und Dichter, *scoph* oder *scopf*, im 12. Jahrhundert nur noch rudimentär zur Charakterisierung älterer Dichtungen begegnet (nach de Boor). Die überlieferten ›sogenannten Spielmannsepen‹ (so de Boor) begegnen uns aber alle auf der Stufe der erfolgten Verschriftlichung, was die Fixierung durch schriftkundige Kleriker voraussetzt. (Andere, in der Brautwerbungsthematik verwandte Werke, z. B. die *Kudrun*, die eine längere Phase mündlichen Erzählens voraussetzt, rechnet man indes nicht zur Spielmannsepik.) Inwieweit der Stil der fünf so verbundenen Erzählwerke Merkmale der neuerdings für die Forschung interessant gewordenen *oral poetry*, der nur mündlichen Erzähltradition, trägt, müßte noch geklärt werden.

Angesichts der Unsicherheit in der Zuordnung der genannten Dichtungen zu einem Vermittlertypus ›Spielmann‹ kann der Begriff der ›Spielmannsepik‹ allenfalls hypothetisch verwendet werden; neuere Darstellungen, wie die Literaturgeschichte Wehrlis (1980), verzichten ganz darauf und sprechen für *König Rother* und *Herzog Ernst* vom »historischen Roman« (besser wäre: historisierender Roman) und für *Oswald*, *Orendel* und *Salomon und Markolf* (in diesem Fall jedoch unzutreffenderweise) vom »Legenden- bzw. legendarischen Roman«. Wichtiger als die Gruppenzuordnung bleibt jedoch die Einzelanalyse.

König Rother

Überlieferung. Es gibt eine fast vollständige, aber fehlerhafte Handschrift H (Heidelberg) des späten 12. Jahrhunderts und 4 zum Teil formal überarbeitete Fragmente B, E, M und A des 12.–14. Jahrhunderts.

Inhalt. In Bari »bi dem westeren mere« herrscht König Rother (»keyser« nach V. 3099), dem seine Getreuen die Tochter des Königs Konstantin von Konstantinopel zur Frau empfehlen. Rothers zwölf Werber werden aber von Konstantin ins Gefängnis geworfen. Rother will sie befreien und zieht mit einer Schar, u. a. mit dreizehn Riesen, darunter Asprian und der unbändige Widolf, nach Konstantinopel, wo Rother sich als Geächteter mit Namen Dietrich ausgibt, der schließlich erreicht, die Königstochter zu sprechen (u. a. mit Hilfe eines Geschenks silberner und goldener Schuhe), sich ihr zu offenbaren und – nach Waffenhilfe für Konstantin gegen Ymelot von Babilon – sie mit List zu entführen. Konstantin aber schickt einen Spielmann nach Bari, der die Königstochter mit einer Kaufmannslist zurückentführt.

Rother folgt diesem Entführer mit 22 Schiffen, versteckt das Heer im Wald bei Konstantinopel und eilt als Pilger verkleidet zusammen mit seinem Ratgeber Berchter und dessen Sohn Lupold in die Stadt, wird jedoch bei der erzwungenen Hochzeit der Königstochter mit Ymelots Sohn entdeckt, als er sich ihr zu erkennen gibt, und soll am Galgen sterben. Graf Arnold und seine Leute befreien jedoch die Gefesselten, und gemeinsam mit Rothers Heer besiegen sie Ymelots Heer, worauf Konstantin endlich Rothers Heirat mit seiner Tochter zustimmt, Graf Arnold Griechenland erhält und Rother mit seiner Frau und seinen Leuten zurückkehren kann. Am Tag der Heimkehr wird Rothers Sohn Pipin, der Vater Karls des Großen, geboren. Nach der Schwertleite Pipins gehen Rother, die Königin und Berchter ins Kloster.

Stoffquellen. Ähnlich wie für Heldenlieder und Heldensagen historische Vorgänge literaturbildend wurden, so hat man auch für die Brautwerbung im *König Rother* (1. Teil, der 2. Teil bietet Wiederholungen) historische Vorbilder angenommen. Dabei kommen mehrere Brautwerbungen in Betracht: 1. die Werbung des Langobardenkönigs Authari (584–590) um Theudelinda, die Tochter König Garibalds von Bayern, die Authari nach der offiziellen erfolgreichen Werbung inkognito in Augenschein nahm (vgl. Paulus Diaconus, *Historia Langobardorum* III,30); 2. die Werbung des Normannenkönigs Roger II. von Sizilien um eine byzantinische Prinzessin und dessen Kriegszüge gegen Konstantinopel (1143–49) (die nach Panzer und de Boor auch wegen der Beziehungen zwischen Roger II. und Herzog Welf VI. von Bayern als prägend angesehen werden); Berücksichtigung verdient hier 3. die in der altnordischen *Thidrekssaga* (nur literarisch) überlieferte (und nicht historisch bezeugte) Brautwerbung des westslawischen Wilzenkönigs Osanctrix um Oda, die Tochter des Königs Melias von Hunaland, deren Erzählung nicht nur motivische Parallelen (z. B. die Schuhprobe), sondern auch einige gleiche Figuren, z. B. die Riesen Aspilian und Widolf, bietet. Die Vermutungen über die jeweiligen Prioritäten und Abhängigkeiten gehen sehr auseinander: Für eine Verwertung der bairisch-langobardischen Brautwerbung sprechen der Name Rother (nach dem langobardischen König Rothari, 636–652, dem bekannten Gesetzgeber der Langobarden: Namenstausch mit Authari), die lobende Erwähnung bayrischer Adliger (Berchter als Herzog von Meran, die von Diessen und von Tengelingen), die Datierung der Ereignisse vor Karl dem Großen und schließlich die vermutliche Entstehung des *König Rother* in Bayern vor dem staufisch-welfischen Konflikt (1179); für eine Herleitung aus der jüngsten Vergangenheit des Dichters, also von der Werbung Rogers II., sprechen die Schauplätze (Bari, Konstantinopel) sowie die späteren Nennungen Rothers als »Rugger, Rucker, Rücker« bei Hugo von Trimberg (*Renner*, V. 16183 ff.) u. a. Umstritten ist auch, ob die Osanctrixsage die Rothersage voraussetzt oder ursprünglicher ist. Der in

Bayern schreibende, vermutlich mittelfränkische Dichter, auf dessen niederrheinische Herkunft die Erwähnung des heiligen Aegidius und der heiligen Gertrud von Nivelles schließen lassen, könnte die Osanctrixsage in seiner Heimat kennengelernt haben (wie Krogmann vermutet). Da sich im *König Rother* aber auch Entlehnungen aus anderen Werken finden (z. B. ist Berchter der Berchtung der Wolfdietrichssage), muß eine eklektische Arbeitsweise des Dichters angenommen werden. Die Zuordnung des Textschlusses zur Karolinger-Genealogie ist eine Rückbindung in die Realität der *historia*, deren Wahrheitswert vielleicht auch die abenteuerliche Fiktion überdecken soll, von möglichen, uns unbekannten politischen Aspekten und Zielsetzungen dieser Einfügung in eine große Herrscher-Genealogie ganz abgesehen.

Deutungshinweise. Das Erzählgeschehen des *König Rother* ist durch das Ineinanderwirken unterschiedlicher Motive und Motivationen geprägt. Das Hauptmotiv ist die Brautwerbung des jungen Königs, nicht in der ursprünglich germanischen Entführung mit Gewalt, sondern in der orientalisch anmutenden listigen Entführung im Einverständnis mit der Braut. Erweitert und variiert wird dieses Grundmotiv durch die Wiederholung der Vorgänge aufgrund des doppelten Rückraubes sowie durch die Rolle der Gefolgsleute und Helfer Rothers, die zunächst als Ratgeber, dann als Boten und Werber für Rother fungieren, gefangengesetzt und befreit werden (durch den getreuen Rother) und später den König selbst befreien. Diese figuralen Konstellationen um die Hauptfigur werden durch historisch-politische Zusammenhänge erweitert. Rother herrscht zwar (wie Roger II.) in Süditalien, ist aber zugleich Kaiser in Rom, dessen Lehnsleute zur Sicherung der Herrschafts- und Lehnsstrukturen zur Heirat mit der ranggemäßen Tochter des Kaisers von Ostrom raten. Der oströmische Kaiser jedoch, als dessen negativer Typus Konstantin erscheint, will das weströmische Kaisertum Rothers und ihn als Schwiegersohn nicht akzeptieren, bis er schließlich erkennen muß, daß der Herrscher der abendländischen

Christen die Heere der Heiden (des Königs von Babylon) eher besiegen kann als der oströmische Kaiser selbst. Damit wird zugleich die politische Situation der Kreuzzüge gespiegelt, in der die abendländischen Ritterheere die Aufgaben Ostroms in der Heidenbekämpfung übernahmen, weil Ostrom versagte. Diese welthistorische Ausweitung korrespondiert mit der zweiten politischen Ausweitung in die karolingische Genealogie, indem Rothers Reich nun die Dimensionen des Reiches Karls des Großen erreicht, des Enkels Rothers nach der Schlußgenealogie, der 1165, also zur vermuteten Entstehungszeit des Werkes, heiliggesprochen wurde und dessen Reichsidee in abgewandelter Form Barbarossa sich zu eigen machte.

Rezeption. Die spärliche Überlieferung des Epos zeugt nicht von einer reichen Rezeptionsgeschichte. Immerhin war die Geschichte im 13. Jahrhundert noch beliebt, wie aus der Spruchstrophe (C 76) des Marner zu entnehmen ist, die die Literaturwünsche seines Publikums aufzählt und dabei auch den *König Rother* erwähnt.

Herzog Ernst

Überlieferung. Von allen Spielmannsepen scheint der *Herzog Ernst* die größte literarische Resonanz gefunden zu haben. Das beweisen nicht nur die Belege über seine Rezeption innerhalb des adligen Publikums; es kann auch aus den zahlreichen literarischen Bearbeitungen aus der Zeit vom 12. bis zum 16. Jahrhundert erschlossen werden.

Die älteste, nur bruchstückhaft erhaltene Fassung A, deren in Prag, Sagan und Marburg gefundene Fragmente mit zusammen 505 Versen größtenteils mittelrheinische Spracheigenheiten aufweisen, dürfte – der unregelmäßigen Versfüllungen wegen und aufgrund der zahlreichen Assonanzen – gegen 1170 am Mittelrhein entstanden sein.

Ob dieser Fassung bereits eine lateinische Fassung vorausgegangen ist, wie der Verweis auf ein lateinisches Buch aus

Herzog Ernst ersticht den Pfalzgrafen und der Kampf mit den Kranichleuten, aus »Herzog Ernst«

Bamberg in der merkwürdigen Quellenberufung (V. 2244 ff., 4462 ff. der Fassung B) vermuten ließe, läßt sich bisher nicht beweisen. Sicher ist nur, daß nach 1206 ein Geistlicher eine lateinische Hexameterdichtung, den *Ernestus* (die Fassung E), verfaßte und dem Erzbischof Albrecht von Magdeburg (1206–33) gewidmet hat (1717 von Martène/Durand herausgegeben). In den ersten Jahrzehnten des 13. Jahrhunderts dürfte auch die mittelhochdeutsche Fassung B entstanden sein, von der 150 Verse in einem Klagenfurter Fragment aus dem 13. Jahrhundert und zwei vollständige Papierhandschriften (a und b) aus dem 15. Jahrhundert existieren, nach denen Bartsch seinen Text der Fassung B rekonstruiert hat. Noch ins 13. Jahrhundert gehören auch die lateinischen Prosafassungen C und Erf. sowie die späthöfische mittelhochdeutsche Fassung D, wogegen die strophische frühneuhochdeutsche Fassung G im 15. Jahrhundert entstanden sein dürfte. Die als ›Volksbuch‹ verbreitete frühneuhochdeutsche Prosafassung (F) aus dem 16. Jahrhundert ist dagegen eine Übersetzung der lateinischen Fassung C des 13. Jahrhunderts.

Inhalt. Der vollständige Text, wie er am besten in B repräsentiert wird, schildert das Leben des jungen Bayernherzogs Ernst, der zunächst in seiner Kindheit von seiner Mutter Adelheid und später von seinem Stiefvater, dem Kaiser Otto, begünstigt, dann jedoch vom Pfalzgrafen verleumdet und – nach der Ermordung des Pfalzgrafen und Bedrohung des Kaisers selbst – nach Verhängung der Reichsacht verfolgt und zum Verlassen seines Landes gezwungen wurde. In jeder Not steht ihm sein Freund und Gefährte Graf Wetzel treu zur Seite, auch als Ernst mit seinen Getreuen zum Kreuzzug ins Heilige Land auszieht, dann jedoch im Mittelmeer eine von Byzanz gestiftete Flotte mit einem Großteil des Heeres im Sturm verliert und mit der verbliebenen Schar ein erstes exotisches Abenteuer mit Vogelmenschen erlebt, die eine indische Königstochter geraubt haben. Am Magnetberg festgehalten und dem Verhungern preisgegeben, gelingt es den letzten sieben durch Wetzels List, von Greifen an Land geschleppt zu werden, wonach sie bei der Durchfahrt durch eine Felsenhöhle den »weisen«, den großen Edelstein der Reichskrone, erbeuten und schließlich ins Land der einäugigen Arimaspi gelangen, wo sie, neu gerüstet, sich als Ritter gegen deren Feinde, die Platthufe, die Großohren, die Kraniche (als Feinde der befreundeten zwergenhaften Prechami) und die Riesen (Giganten), bewähren. Dabei nimmt Ernst jeweils Exemplare der seltsamen Lebewesen zum Andenken mit. Erst nach sechs Jahren verläßt die kleine Schar Arimaspi und gelangt ins Heilige Land, wo Ernst sich im Kampf gegen die Heiden einen Namen macht. Schließlich kehrt er mit seinen Gefährten nach Deutschland zurück, wo er während der Weihnachtsmette die Huld seines Stiefvaters zurückgewinnt.

Stoffquellen. Ähnlich wie *König Rother* enthält auch der *Herzog Ernst* eine Reihe historischer Namen, die in willkürlicher Kombination erscheinen: Bei Kaiser Otto und seiner zweiten Gemahlin Adelheid könnte man an Otto I. (936 bis 973) denken, der 951 nach dem Tod seiner ersten Frau Eadgithu von England (Ottegebe, V. 243) eine Fürstin Adelheid heiratete, weshalb Ottos Sohn Liudolf aus Furcht vor einer neuen Erbregelung und Zurücksetzung einen Aufstand gegen seinen Vater unternahm, der u. a. zur Belagerung und Einnahme von Regensburg führte. Die Namen Ernst und Wetzel entstammen jedoch einem späteren Aufstand: dem des Schwabenherzogs Ernst II. gegen seinen Stiefvater, König Konrad II., den dritten Gemahl seiner Mutter Gisela, von 1026, bei dem Ernst die Treue zu seinem Freund, dem Grafen Werinher oder Wetzilo von Kyburg, nicht aufkündigen wollte und so mit ihm 1030 im Schwarzwald im Kampf gegen kaiserliche Truppen fiel.

Aus der Vermischung des Aufstands Liudolfs gegen Otto und Ernsts gegen Konrad gewann der unbekannte Dichter sein Erzählgerüst für die Ausgangssituation, den Aufstand eines jungen Reichsfürsten gegen seinen kaiserlichen Stiefvater. Die Einfügung eines Intriganten als Verursacher in der

Figur des denunzierenden Pfalzgrafen wie auch die Vertauschung der Herzogtümer (Schwaben gegen Bayern) dürften der Phantasie des Dichters zuzuschreiben sein. Ob der Dichter bei dieser eklektischen Stoffkompilation bereits ältere Ereignislieder (in der Art des *De Heinrico*) oder ältere ›Achtermaeren‹ (wie sie aus dem Altfranzösischen bekannt sind) mit heranzog, muß offenbleiben. Völlig ungeklärt ist die Herkunft der Erzähleinheiten zwischen Kreuzzugsbeginn und Heimkehr. Hier haben wahrscheinlich einheimische Erzählelemente (z. B. vom Lebermeer und Magnetfelsen) wie orientalische zusammengewirkt (z. B. Kranichmenschen, die eine Prinzessin raubten, auch in der 17. Nacht von *Tausendundeine Nacht*; einäugige Arimaspi auch bei Herodot und in Sindbads Abenteuern; Arimaspi, Platthufe, »sciopedes«, und Langohren, »panotii«, sowie Kampf der Pygmäen, Zwerge, und Kraniche – s. schon *Ilias* III – in Isidor von Sevillas *Etymologiae*). Wann und von wem die Abenteuer mit diesen ›Halbmenschen‹ in die Empörergeschichte eingefügt wurden, bleibt offen.

Deutungshinweise. Der Zweiteilung der Handlung entspricht die Zweiteilung der Handlungsräume (Reich/Orient) wie die Abfolge von Schuld (Auflehnung gegen Kaiser und Reich, *ordo*) und Sühne (Kreuzzug als Bußfahrt, Wagemut für Notleidende). Der Herzog, bei seinem Stiefvater verleumdet, tötet im Zorn den Verleumder und kann der gerechten Verfolgung durch Kaiser und Reich nicht widerstehen (V. 1789–91):

> swer lange urliuge (Krieg) wider daz rîche hât,
> ob er im ein wîle widerstât,
> ze jungest muoz er an dem schaden stên.

Die Ereignisse der Bußfahrt zwingen zum Gottvertrauen, in dem sich der Ritter bewährt. Die ritterliche Bewährung wird im Prolog zu B dem verbauernden Landedelmann gegenübergestellt. Im Zusammenwirken Ernsts und Wetzels, des

Draufgängers und des Überlegenden, wird zudem ein traditioneller Topos realisiert.

Reichsideologie, Kreuzzugs- und Bewährungsethik und Freude am exotischen Abenteuer wirken so zusammen. Die typische Spielmannsmotivik (Brautwerbung mit List und Gewalt, Burleskes) fehlt dagegen im Leben des Haupthelden (die Brautraub-Episode in Grippia zwingt Ernst zur erfolglosen Befreiungshandlung). Die Figuren erscheinen gegenüber dem *König Rother* psychologisch abgerundeter.

Rezeption. Die zeitgenössische Rezeption einer mittelalterlichen Dichtung spiegelt sich nicht nur in der Zahl überlieferter Handschriften (die beim *Herzog Ernst* – im Gegensatz zur Zahl der Bearbeitungen – relativ gering ist), sie zeigt sich auch – selten genug belegbar – im Leseinteresse des Publikums. Zum mittelhochdeutschen *Herzog Ernst* gibt es zwei unmittelbare Zeugnisse dieser Art: ein lateinischer Brief, in dem ein adliger Schreiber B. (Graf Berthold von Andechs?) einen R. (Abt Ruprecht von Tegernsee, gest. 1186?) bittet, ihm das »libellum teutonicum de herzogen Erneste« zu überlassen, und die Erwähnung einer Lesung aus dem *Herzog Ernst* in der (literarischen) Schilderung des idealen Hoflebens durch den Vater im *Helmbrecht* (V. 956 f.). Das Volksbuch vom Herzog Ernst soll vom 15. bis ins frühe 19. Jahrhundert auf Jahrmärkten verkauft worden sein. Erwähnt sei noch, daß dieses Interesse am Stoff in der Neuzeit Ludwig Uhland zu einem Drama *Herzog Ernst von Schwaben* (1819) und Peter Hacks zu einem parodistischen Drama *Das Volksbuch vom Herzog Ernst* (1955) veranlaßt hat.

Salman und Morolf

Überlieferung. Im Gegensatz zu *König Rother* und *Herzog Ernst* sind die weiteren Spielmannsepen erst aus dem 15. und 16. Jahrhundert überliefert. *Salman und Morolf* (783 Strophen, 4210 Verse) ist in zwei Handschriften S (Stuttgart) und E (ehem. Berlin) aus dem 15. Jahrhundert, einem Druck (d) von 1499 und Fragmenten einer Dresdner Handschrift erhalten. Sprach- und Reimvergleiche lassen jedoch auf eine Abfassungszeit noch im 12. Jahrhundert (um 1190?) schließen. Zudem wird Akkon als christlich bezeichnet (1191 erobert, 1291 verloren). Motive aus diesem Werk im *König Rother* könnten sogar auf ein höheres Alter schließen lassen.

Inhalt. König Salman von Jerusalem, Herr der Christenheit, hat die schöne Salme gegen den Willen ihres Vaters, des Heidenkönigs Cyprian, geheiratet und getauft. Der Heidenkönig Fore will Salme heiraten, kommt mit einem großen Heer, wird besiegt und gefangen und von Salme bewacht. Fore schenkt ihr einen Zauberring, gewinnt sie für sich und verabredet die Flucht. Durch das Zauberkraut eines Spielmanns scheintot, erwacht sie nicht einmal durch flüssiges Gold auf der Hand und wird im Sarg übers Meer entführt. Morolf, Salmans Bruder, als Jude und Pilger verkleidet, entdeckt sie schließlich im Heidenland Wendelsee, wird erkannt, kann fliehen (mit einem Tauchschiff) und Salman benachrichtigen; gemeinsam gelangen sie mit einem Heer zu Salme, wo das Heer im Wald wartet, Salman allein als Pilger verkleidet an den Hof gelangt, erkannt wird und gehenkt werden soll, aber von Morolf und dem Heer befreit wird. Gemeinsam besiegen sie Fore und sein Heer, henken Fore und ziehen mit Salme und Fores Schwester heim. Nach sieben Jahren wird Salme durch König Princian von Akers (Akkon) mit Hilfe eines Zauberrings erneut entführt, worauf Morolf in verschiedenen Verkleidungen sie erneut aufspürt und Salman davon berichtet, der sie nicht zurückholen will. So versucht es Morolf mit einem Heer. Es gelingt ihm, Princian, der mit Salme auf einem Meeresfelsen lebt und von einem Meerweib und Zwergen bewacht wird, zu besiegen und zu töten und Salme zurückzuführen, um sie selbst im Bad zu töten. Salman heiratet schließlich Fores Schwester.

Stoffquellen. Das mittelhochdeutsche Epos beruht auf einer Salomosage, der wiederum verschiedene Einzelsagen zugrunde liegen: Angaben des Alten Testaments (1. Kön. 11) über Salomos zahlreiche Frauen, darunter die Tochter des Pharao (aus dessen Name vielleicht »Fore« wurde), ferner auf der auf 1. Kön. 11,14 ff., auf talmudische, kabbalistische und apokryphe jüdische sowie muslimische Überlieferung zurückgehenden Sage vom Gegenspieler Salomos Aschmetai (Asmodeus), der Salomos Siegelring und damit dessen Macht über alle Tiere und das ganze Geisterheer, schließlich dessen Herrschaft in Jerusalem und Salomos Frauen an sich bringt. Die jüdische Sage dürfte sich über Byzanz nach Rußland und auf noch unbekannten Wegen auch nach Deutschland verbreitet haben, wo das danach entstandene mittelhochdeutsche Gedicht Übereinstimmungen mit den erst später überlieferten, aber wohl älteren russischen Varianten zeigt.

Die Figur des listigen Morolf soll sich aus Salomos Wortgegner Markolf aus dem schon spätantik bezeugten lateinischen Dialog (und späteren mittelhochdeutschen Spruchgedicht) *Salomo und Markolf* (der letztlich auf die Weisheitssprüche Salomos aus dem Alten Testament zurückgeht) entwickelt haben. Im Anhang bietet das mittelhochdeutsche Spruchgedicht einen epischen Epilog, der den Versen 1631 bis 1874 des Spielmannsepos entspricht. »Die Entstehung des Spielmannsepos ist demnach etwa so zu denken, daß aus der orientalischen Salomonsage der (russisch erhaltenen) Erzählung von der ungetreuen Gattin und dem seit alters bekannten Spruchgedicht von Salomon und Markolf eine Erzählung entstand, die danach durch Wiederholungen und Varianten einzelner Erzählteile ausgeweitet wurde« (Schröder, 1962, S. 75).

Deutungshinweise. Das Werk gilt wegen seiner motivischen Beschränkung auf die Brautwerbung und ihre Variationen als Beispiel ›reiner‹ Spielmannsepik. Dabei wird eine bestimmte Figurentypik realisiert. Der fast »vertrottelten Gutmütigkeit« (Schröder) des Salman, der seine Weisheit an den Bruder verloren zu haben scheint, steht der listige und findige Morolf gegenüber; die ähnlich verschlagene untreue Salme kontrastiert mit der treu-biederen Schwester Fores.

Der Gegensatz von Christentum und Heidentum ist fast peripherer Natur und liefert kein Strukturschema und keine thematische Perspektive, die eine übergreifende gehaltliche Interpretation erlaubte. Das größere Interesse fordern die Einzelszenen, in denen jeweils Morolf im Mittelpunkt steht. Sie sind durch eine eigene erzählerische Dramaturgie geformt, die stets zum erfolgreichen Ende führt.

Oswald

Überlieferung und Entstehung. Vom *Oswald* existieren drei verschiedene Fassungen in jeweils mehreren Textzeugnissen:

1. Der *Münchener Oswald* mit der Münchner Handschrift M (vor 1444 in bairischer Mundart), der Innsbrucker Handschrift I (2. Hälfte des 15. Jahrhunderts von einem bairischen und einem schwäbischen Schreiber), der Handschrift S aus Schaffhausen (1474, schwäbische Mundart), der 2. Münchner Handschrift MK (15. Jahrhundert, bairische Mundart), dazu drei Prosaauflösungen: s (Stuttgart, nach 1479, schwäbische Mundart), b (Berlin, 15. Jahrhundert, bairische Mundart), u (Budapest, 1471, bairische Mundart).

2. Der *Wiener Oswald* mit den Handschriften W (Wien, 1472, schlesische Mundart), O (Olmütz, 1450, böhmisch-mährische Mundart), D (Dessau, 2. Hälfte des 15. Jahrhunderts, obersächsische Mundart).

3. Der *Prosa-Oswald* mit den Handschriften z im Sommerteil in *Der Heiligen Leben* (zahlreiche Handschriften des 15. Jahrhunderts, ab 1471 auch in Drucken) und n (nordische Bearbeitung des 16. Jahrhunderts).

Trotz der späten Überlieferung aller Texte nimmt Baesecke aufgrund der altertümlichen Reimtechnik eine Entstehung um 1170 an, de Boor datiert dagegen den *Oswald* ins 14. Jahrhundert. Nach Baesecke soll das Original im mittelfränkischen Sprachraum entstanden und dann ins Bairische wie ins Schlesische gelangt sein.

Inhalt (nach dem *Münchner Oswald*, 3545 Verse). Der

fromme König Oswald aus England findet keine ebenbürtige Frau. Durch einen Engel und den Pilger Warmunt wird ihm Pamige, Tochter des Heidenkönigs Aron, aber heimliche Christin, als Frau empfohlen. Da Aron alle Freier umbringt, wird ein sprechender Rabe geschmückt und mit Ring und Brief ausgestattet und als Bote gesandt. Nach kurzer Gefangenschaft bei Meerweibern gelangt er zu Pamige, trägt bei Tisch die Werbung vor, wird gefangen und soll erhängt werden. Pamige erreicht seine Freilassung, empfängt Ring und Brief und schickt ihn mit neuem Brief und Ring zu Oswald, die er nach vorübergehendem Ringverlust auch überbringt. Oswald segelt auf Pamiges Bitte mit einem großen Heer zu Arons Burg, wo sich 100 Ritter als Goldschmiede ausgeben, die übrigen sich verstecken. Nach dem Fehlschlag einer List mit der Jagd auf einen goldenen Hirsch flieht Pamige auf Oswalds Schiff und segelt mit ihm fort. Die Verfolger werden zunächst durch Nebel und Sturm aufgehalten, dann niedergemacht bis auf Aron, der sich erst nach zwei großen Wundern (Erweckung und Taufe seines Heeres, Wasserquelle aus dem Felsen) der Taufe fügt. Bei Oswalds Hochzeitsfest in England wird er von Christus, als Pilger verkleidet, versucht, der ihm Speise, Gold, dann auch Herrschaft und Frau abverlangt und – erhält, dann aber nach der Enthüllung Christi auf zwei Jahre zurückgibt mit der Weisung, auf die Minne zu verzichten. Wenn die Lust sie dennoch quält, springen sie in kaltes Wasser und wahren so die Verpflichtung zur Keuschheit. Nach zwei Jahren sterben sie und gelangen so in den Himmel. (Die Wiener Fassung sowie die Prosa variieren diese Erzählung in Einzelheiten.)

Stoffquellen. St. Oswald (604–642), der schon in Bedas Kirchengeschichte Englands mehrfach erwähnt wird, war König der Northumbrier, besiegte Heidenkönige, verbreitete das Christentum und gründete Bistümer, Klöster und Schulen; er heiratete Cyneburg, die Tochter des getauften Königs Cynegilsus, und hatte einen Sohn. Sein Leichnam kam 1038 nach Flandern, sein Haupt 1138 nach Echternach.

Erzählungen über Oswald wanderten von England zum Festland, wo Oswald später in den Alpenländern verehrt und zu einem der Vierzehn Nothelfer wurde. Eine fixierte Oswaldlegende schuf 1165 der englische Mönch Reginald; sie berichtet u. a. von der Mitteilung seiner Todeszeit durch einen Engel und Oswalds keuschem Leben seitdem, ferner von einem Quellenwunder und der Mitwirkung eines Rabens in einem Wunder (weshalb Oswald oft mit einem Raben abgebildet wird). Das Erzählschema des *Münchener Oswald* ist aber dem anderer Brautwerbungsgeschichten angeglichen, in das Einzelheiten der Kreuzzugsthematik und der Legenden eingefügt wurden.

Deutungshinweise. Oswald ist Heiligenlegende (im Schluß) und Kreuzzugserzählung im Brautwerbungsschema. Aus allen drei Genres sind Elemente ineinander verwoben. Die passende Gattin wird hier durch ein Wundertier (Rabe) geworben, da deren Vater sie nicht hergeben, d. h. die Macht nicht teilen will. Die traditionelle Werbelist (Goldschmiede, goldener Hirsch) mißlingt, letztlich muß Gott dem Christenkönig und der heimlichen Christin zu Hilfe kommen (Rettung des Raben, Flucht der Braut, Sturm und Nebel gegen die Verfolger, Vernichtung und Wiedererweckung und Taufe des Heeres, Wasserwunder). Der Anlaß des Geschehens, Brautwerbung zur Erbsicherung, wird zuletzt vergessen durch das Leben in Keuschheit, das ganz der Legende entspricht.

Orendel

Überlieferung. Das Gedicht (3957 Verse) war in einer Straßburger Handschrift von 1477 (1870 verbrannt) überliefert und ist in zwei Drucken von 1512 erhalten. Die Verehrung des Heiligen Rocks in Trier ist seit dem 12. Jahrhundert bekannt, 1121 wurde der Nikolaus-Altar geweiht, der Heilige Rock darin geborgen, 1196 in den Hauptaltar des Trierer Doms überführt. Es wird angenommen, daß *Orendel* noch aus dem 12. Jahrhundert stammt, dann aber nach 1191, der

Eroberung Akkons, das hier christliche Basis gegen Jerusalem ist.

Inhalt. In 156 Versen wird zunächst die Vorgeschichte des Heiligen Rocks erzählt: Maria spann seine Wolle, Helma wirkte ihn ohne Naht. Nach Jesu Tod erhält ihn ein alter Jude, auf Herodes' Befehl muß er ihn ins Meer versenken, ein Siren vergräbt ihn, ein Wallfahrer wirft ihn wieder ins Meer, wo ihn ein Wal verschlingt und neun Jahre behält. Orendel ist der jüngste der drei Söhne König Ougels von Trier. Nach der Schwertleite (mit dreizehn Jahren) sucht er eine Frau. Der Vater empfiehlt ihm Bride, die Herrin über das Heilige Grab in Jerusalem.

Mit einer Flotte und einem Heer bricht er zu ihr auf, verliert aber Heer und Flotte nach mehreren Abenteuern im Sturm vor Jerusalem. Der Fischer Ise findet ihn allein und stellt ihn als Fischer an. Orendel fängt u. a. den Wal mit dem Heiligen Rock, erwirbt den Rock als Kleid und zieht nach Jerusalem, wo er zunächst Bride in einem Turnier beeindruckt, später heidnische Riesen besiegt, von Bride als Sohn König Ougels erkannt, geheiratet und gekrönt wird und neun Jahre keusch mit ihr lebt, wobei im Bett ein Schwert zwischen ihnen liegt. Zwischen den Kämpfen taucht der Fischer Ise auf, der reich belohnt und zum Herzog des Heiligen Grabes ernannt wird, mit Orendel zusammen die Burg Westfalen belagert (wo Orendel gefangen und wieder befreit wird) und schließlich auch die Heiden besiegt und tauft, die Trier belagern. Die Eroberung Jerusalems durch Heiden ruft Bride zurück, die als Pilgerin heimlich in die Stadt kommt, aber gefangen und gefoltert wird, weil sie den König Minolt von Babylon nicht heiraten will. Später wiederholt sich dies durch Wolfhart. Beide Male wird sie durch Orendels Heer befreit. Zuletzt werden ihnen ein völliges Minneverbot und der nahe Tod verkündet, worauf sie ins Kloster gehen, dort sterben und in den Himmel kommen.

Stoffquellen. Auch der *Orendel* ist aus verschiedenen Textsorten kompiliert: Die Erlebnisse des jüngsten von drei

Söhnen, der sich Braut und Reich erobern will, ähneln dem Märchen und manchen Artusepen. Die Geschichte von Schiffbruch, Aufnahme bei Fischern, Ankunft in der Königsstadt und Gewinnung der Königstochter (hier zugleich: der Herrscherin) entspricht dem spätgriechischen Romanschema des *Apollonius von Tyrus*, das hier Kreuzfahrer- und Brautwerbungsgeschichten aufgenommen hat. Die Legende vom Heiligen Rock und seiner Herkunft ist allerdings hier selbständig ausgestaltet worden. Inwieweit historische Ereignisse sich hier spiegeln, z. B. die Heirat Guidos von Lusignon mit Sybilla, der Schwester König Balduins IV. von Jerusalem, 1183 (die ihn 1186 zum König krönte, 1187 aber Jerusalem an Saladin verlor), muß offenbleiben.

Deutungshinweise. Das Brautwerbungsmotiv wird hier unorganisch mit dem Kreuzfahrerthema (Schutz des Heiligen Landes vor den Heiden) verbunden, zugleich mit einer eventuellen Lokalsage (Errettung Triers vor heidnischen Scharen) und der Legende vom Heiligen Rock.

Bibliographische Hinweise

Spielmannsepen. Texte, Nacherzählungen, Anm. und Worterkl. Hrsg. von H. und I. Pörnbacher und W. J. Schröder. Bd. 1: König Rother. Bd. 2: Sankt Oswald. Orendel. Salman und Morolf. Darmstadt 1976–84.

König Rother. Nach der Ausg. von Th. Frings und J. Kuhnt. Bes. von W. Flämig. Halle a. d. S. 1961.

König Rother. Übertr. und eingel. von G. Kramer. Berlin 1961.

Herzog Ernst. In der mittelhochdeutschen Fassung B nach der Ausg. von K. Bartsch mit den Bruchstücken der Fassung A. hrsg., übers., mit Anm. und einem Nachw. vers. von B. Sowinski. Stuttgart 1970 [u. ö.].

Spielmannsepik. Hrsg. von W. J. Schröder. Darmstadt 1977. (Wege der Forschung. 385.)

Bräuer, R.: Literatursoziologie und epische Struktur der deutschen »Spielmanns«- und Heldendichtung. Berlin 1970.

Curschmann, M.: Der »Münchener Oswald« und die deutsche spielmännische Epik. München 1964.

– »Spielmannsepik«. Wege und Ergebnisse der Forschungen von 1907–1965. In: Deutsche Vierteljahrsschrift für Literaturwissenschaft und Geistesgeschichte 40 (1966) S. 434–478.

Plate, B.: Orendel – König von Jerusalem. Kreuzfahrerbewußtsein (Epos des 12. Jahrhunderts) und Leidenstheologie (Prosa von 1512). In: Euphorion 82 (1988) S. 168–216.

Quak, A.: Spielleute in der sogenannten Spielmannsepik. In: Amsterdamer Beiträge zur älteren Germanistik 23 (1985) S. 143–152.

Schröder, W. J.: Spielmannsepik. Stuttgart 1962. ²1967. (Sammlung Metzler. 19.) [Mit Forschungsbericht.]

Szklenar, H.: König Rother. In: Die deutsche Literatur des Mittelalters. Verfasserlexikon. Bd. 5. Berlin / New York ²1985. Sp. 82 bis 94.

Szklenar, H. / Behr, H.-J.: Herzog Ernst. Ebd. Bd. 3. Berlin / New York ²1981. Sp. 1170–91.

Geistliche Spiele

Von Rolf Bergmann

Hore, heilge cristenheit,
dir wirt noch hude vorgeleit,
wie aller der werlte schopper
mit zeichen offenbere,
dar zů mit heilger lere
vnd auch bit grozer sere
gewandelt hat vf ertrich
vnd wart gemartelt dorch dich.
Daz merke wol bit sinnen.
Die rede s[al beg]innen,
wie er vz wazer mathe win.

Höre, fromme Christengemeinde, dir wird noch heute vorgeführt, wie der Schöpfer der ganzen Welt sichtbar mit Wundern, außerdem mit heiliger Lehre und auch mit großem Leiden auf der Erde gewandelt ist und um deinetwillen gemartert wurde. Darauf gib gut mit Aufmerksamkeit acht! Die Szene soll den Anfang bilden, wie er aus Wasser Wein machte.

Mit diesen Worten beginnt Augustinus den Prolog eines in einer St. Galler Handschrift überlieferten *Mittelrheinischen Passionsspiels* aus der ersten Hälfte des 14. Jahrhunderts. Prologsprecher, Anrede und Prologinhalt können die religiöse Prägung der Gattung des geistlichen Spiels in jeder Hinsicht veranschaulichen. Der christlichen Gemeinde wird die Darstellung der Wunder und der Lehre Jesu angekündigt sowie der um der angeredeten Gemeinde willen erlittenen Marter. Der mit dem Namen des Kirchenlehrers Augustinus bezeichnete Prologsprecher, der noch an zwölf weiteren Stellen des Spiels als Ankündiger und Kommentator auftritt, stellt von Anfang an die Beziehung zwischen dem dargestellten Geschehen und dem Publikum her (»um deinetwillen gemartert«) und ermahnt zu aufmerksamer Betrachtung. Das deutschsprachige religiöse Drama des Mittelalters dient insgesamt der Darstellung religiöser, insbesondere biblischer Stoffe, der Vermittlung christlicher Lehre und der geistlichen Erbauung. Es steht organisatorisch im Rahmen der Kirche und richtet sich an die gesamte Gemeinde der Gläubigen. Aus dieser religiösen Bindung ergeben sich wesentliche Besonderheiten der Gattung im Vergleich zum antiken und modernen Drama ebenso wie im Vergleich zu anderen mittelalterlichen literarischen Gattungen. Das geistliche Spiel ist nicht im modernen Sinn als Literatur konzipiert, es sind Texte mit religiösem Zweck. Die Bearbeiter verstehen sich im allgemeinen nicht als Autoren, sondern bleiben weitgehend anonym.

Die Kenntnis der Gattung beruht vor allem auf der erhaltenen handschriftlichen Überlieferung, daneben auch auf den Nachrichten von Aufführungen. Der nach handschriftlichen Zeugen geordnete Überlieferungskatalog der Spiele von Bergmann umfaßte zum Redaktionsschluß 1985 193 Nummern, denen bereits während der Drucklegung zwei weitere Spiele nachzutragen waren. Mit Neufunden ist immer noch zu rechnen. Neben Handschriften, die der Intention nach vollständige Spieltexte überliefern, sind auch verkürzte Regieauszüge, Einzelrollentexte, Rollen- und Spielerverzeichnisse und andere Regiematerialien in der angegebenen Zahl enthalten.

Chronikalische und archivalische Quellen, die Neumann in einer umfassenden Dokumentation zusammengestellt hat, geben uns über die handschriftliche Überlieferung hinaus Kenntnis von mehreren hundert Aufführungen. Dabei werden auch Spielinhalte genannt, die in keinem erhaltenen Spiel vorkommen.

Die Verwendung der deutschen Sprache in geistlichen Spielen beginnt mit dem 13. Jahrhundert. Das lateinische religiöse Drama des Mittelalters reicht noch weiter zurück. Seine Anfänge liegen in der Ausgestaltung der Osterliturgie zu einer szenischen und dialogischen Grabbesuchsszene (*Visitatio sepulchri*), die seit dem 10. Jahrhundert bezeugt ist. Mit dem antiken Drama besteht kein Zusammenhang.

Das deutschsprachige geistliche Spiel endet im allgemeinen mit der Einführung der Reformation, also zu Beginn des 16. Jahrhunderts, reicht aber bei entsprechenden lokalen Voraussetzungen auch bis ins 17. Jahrhundert hinein. Das seit dem 16. Jahrhundert entstehende moderne Drama hat mit dem mittelalterlichen geistlichen Spiel keinen Zusammenhang. Aufgrund der zeitlichen Erstreckung ist die Sprachstufe der Texte mittelhochdeutsch, anschließend frühneuhochdeutsch bzw. im Norden des deutschen Sprachgebiets mittelniederdeutsch.

Spieltexte oder andere handschriftliche Zeugnisse sind aus dem ganzen deutschen Sprachgebiet überliefert, jedoch mit charakteristischen regionalen oder lokalen Ballungen, und zwar im rheinfränkisch-hessischen Raum von Mainz und Frankfurt bis Alsfeld und Fritzlar, im südbairischen Tirol nördlich und südlich des Brenners sowie im hochalemannischen Luzern. Die Dokumentation der Aufführungsnachrichten ergänzt dieses Bild ganz erheblich, insbesondere um die Orte und Landschaften, aus denen keine Texte erhalten sind.

Die regionale Streuung der Spiele wirkt sich auch auf die sprachliche Form aus. Anders als in der hochmittelalterlichen Lyrik und Epik streben die Bearbeiter der geistlichen Spiele keine überregionale Sprachform an, vielmehr verwenden sie die lokalen und regionalen Sprachvarianten, was der eingeschränkten geographischen Reichweite des Einzeltextes entspricht, der im allgemeinen am Ort für den Ort bearbeitet wurde (vgl. dazu das südbairische Zitat S. 419). Zugleich wird daran deutlich, daß diese Gattung keinen literarischen

Ehrgeiz kennt, der auch sprachlich ein höheres, weniger ortsgebundenes Niveau angestrebt hätte.

Hoch- und Spätmittelalter sowie frühe Neuzeit kennen etwa vier Jahrhunderte lang im gesamten deutschen Sprachgebiet ein inhaltlich und formal vielgestaltiges religiöses Drama, das in der jeweiligen lokalen Volkssprache zentrale Inhalte des christlichen Glaubens und der biblischen und legendarischen Überlieferung der Gemeinde vor Augen führt. So abwegig ein solcher Vergleich auch im übrigen sein mag – vom Stellenwert im Leben der Gemeinde und vom sinnlichen Eindruck auf den einzelnen her ist das geistliche Schauspiel mit den modernen Massenmedien, vor allem mit dem Fernsehen vergleichbar. Im Gegensatz zu der Adelsliteratur der heroischen und höfischen Epik oder zu der Ordensliteratur der Mystik und zu anderen sozial begrenzten Gattungen wendet sich das religiöse Drama ganz ausdrücklich an jedermann (*Sterzinger Passionsspiel* von 1496 und 1503, V. 1–4):

> Nu merchkt, ir herren, all geleich,
> Payde arem und auch reych,
> Frawen und auch man,
> Bas ich ewch zw sagen han.

Freilich stellen sich einem geschichtlichen Verständnis dieser auch quantitativ bedeutenden Textüberlieferung erhebliche Schwierigkeiten entgegen.

Alle Überlieferung des geistlichen Spiels erweist sich bei näherer Betrachtung als unvollständig und deshalb vor einer Interpretation ergänzungs- oder rekonstruktionsbedürftig. Zunächst einmal ist prinzipiell festzuhalten, daß uns eine historische Aufführungswirklichkeit natürlich niemals zugänglich sein kann. Wir verfügen entweder über Material aus der Vorbereitung der Aufführung, wozu auch die Texthandschriften gehören, oder über Material, das über eine verwirklichte Aufführung Auskunft gibt, z. B. eine chronikalische Notiz oder eine Kostenberechnung. In den Texthandschriften sind im allgemeinen Bühnenanweisungen mitgegeben, aus denen gewisse Requisiten erschlossen werden können. Kostümangaben fehlen in den meisten Fällen. Der deutsche Text wird im allgemeinen vollständig gegeben; in Regieauszügen erscheint er verkürzt auf den jeweils ersten Vers einer Rede. Generell verkürzt werden die in vielen Spielen bis ins 16. Jahrhundert üblichen lateinischen Texte gegeben, deren vollständige Fassungen liturgischen Handschriften entnommen werden konnten. Häufig sind zu gesungenen Texten Noten angegeben, wie etwa in der Handschrift des *Egerer Passionsspiels*, aus dem die nebenstehende Abbildung stammt.

Ein charakteristisches Beispiel für die Angabe von Bühnenanweisungen, deutschem und lateinischem Text ist der als *Alsfelder Dirigierrolle* bezeichnete Regieauszug aus dem Anfang des 16. Jahrhunderts (Zl. 333a–335):

> Et sic ponunt se ad mensam prandendo. Prandio facto tunc venit maria magdalena cum ungento et cantat Viel sandes hot des meres grunt. Chorus canit Jhesu nostra redempcio et cetera, unum versum. Post hoc maria magdalena dicit:
>
> Ich clage dyr, ihesus herre,
>
> Et sic accedit ad pedes ihesu. Chorus canit Accessit ad pedes et cetera. Sub isto cantico maria magdalena lavat pedes ihesu et tergit capillis suis et ungit eum et postea dicit:
>
> O herre vatter ihesu crist.

> Und so setzen sie sich zu Tisch um zu speisen. Nach dem Mahl kommt Maria Magdalena mit der Salbe und singt: Viel Sand hat der Meeresgrund. Der Chor singt: Jesus, unsere Erlösung und so weiter, einen Vers. Danach sagt Maria Magdalena:
>
> Ich klage dir, Herr Jesus,
>
> und so geht sie zu Jesu Füßen. Der Chor singt: Sie trat zu seinen Füßen und so weiter. Während dieses Gesangs wäscht

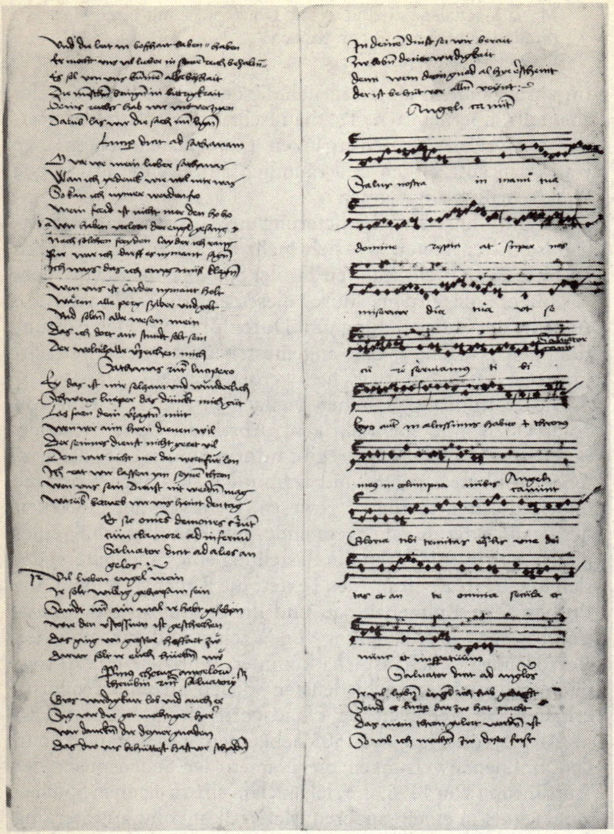

Aus dem »Egerer Passionsspiel«

> Maria Magdalena die Füße Jesu, trocknet sie mit ihren Haaren und salbt ihn und sagt danach:
>
> O Herr Vater Jesu Christ.

Im vorliegenden Fall lassen sich die deutschen Texte aus der ebenfalls überlieferten Texthandschrift des *Alsfelder Passionsspiels* relativ einfach ergänzen. Für die lateinischen Texte wäre man auf zeitlich und räumlich zutreffende liturgische Handschriften angewiesen.

Wo die Gunst der Überlieferung mehr als vereinzelte Texthandschriften bietet, wo sich mehr an Zeugnissen erhalten hat, wie aus Alsfeld, aus den Tiroler Spielorten und vor allem aus Luzern, da wird man durch diese Zeugnisse auf zahlreiche Aspekte der Vorbereitung und Durchführung einer Aufführung gelenkt, die für eine angemessene historische Betrachtung der Gattung mit gesehen werden müssen.

Die Aufführungen stehen vielfach in der Tradition von Spielzyklen mit mehrjährigem Abstand. Daher existiert bereits eine Textfassung, es gibt Informationen über die letzten Rollenbesetzungen, und vermutlich sind auch Kostüme und Requisiten verfügbar gewesen. Dem von der Obrigkeit der Stadt oder Kirchengemeinde gefaßten Beschluß einer neuen Aufführung folgt die Bestellung eines Spielleiters, der sich um die Bearbeitung des Textes, die Rollenverteilung, die Proben, den Bühnenaufbau und die Aufführungsorganisation bis hin zur Aufstellung von Wachen und zur leiblichen Versorgung der Schauspieler kümmert. Für alle diese Aktivitäten sind zu den verschiedensten Spielen einzelne Zeugnisse erhalten. So stehen in der Handschrift des *Sterzinger Passionsspiels* von 1496 und 1503 neben den Sprecherangaben in den Bühnenanweisungen die Namen der Schauspieler der Aufführung von 1496, die sich auch in einem eigenen Spielerverzeichnis in einem anderen Materialkonvolut aus Sterzing finden. In der Texthandschrift sind diese Angaben durchgehend mit kleinen Papierstreifchen überklebt, auf denen die Namen der Schauspieler der Aufführung von 1503 stehen. Beide Aufführungen sind durch archivalische Quellen bezeugt (vgl. Neumann, Nr. 2524–33). Allein zu der Luzerner Passionsspiel-Aufführung des Jahres 1583 sind außer der als Regiebuch verwendeten Texthandschrift für den ersten Teil des ersten Tages noch Spielerverzeichnisse, Aktübersichten, Angaben zur Musik, Bühneneinteilungen, Kostüm- und Requisitenübersichten, Kostenrechnungen und Bühnenpläne erhalten (vgl. Bergmann, Nr. 86–91, 93 f., 96–99, 105, 109).

Die gesamte Überlieferung ordnet sich um die Aufführung als das eigentliche Zentrum der Gattung. Alles Material, alle Organisation ist für die Aufführung gedacht. Das zeigt sich z. B. auch daran, daß die Bearbeitung eines Spieltextes abgebrochen wird, wenn die geplante Aufführung abgesagt werden muß wie bei dem für 1575 geplanten *Luzerner Heiligkreuzspiel*, auf dessen bereits angelegtem Spielerverzeichnis nachträglich die Überschrift angebracht wurde (vgl. *Katalog*, Nr. 103):

> Die ordnung zů dem spil deß / Heiligen Crützes erfindung / so gerüst war ze spilen vff / II Tag A° 1575 / Pestis hats erwört das es nit gespillt worden.

Die Aufführungswirklichkeit kann immer nur ansatzweise rekonstruiert werden, wobei über die mit dem volkssprachlichen Text befaßte deutsche Philologie hinaus vor allem auch Theater-, Liturgie- und Musikgeschichte zuständig sind. Eine solche Kooperation ist aber wegen des erheblichen Aufwands kaum realisierbar; außerdem reichen die Quellen dafür auch vielfach nicht aus. So muß sich die Einzeldisziplin bislang mit dem ihr zugänglichen Material begnügen. Das literaturgeschichtliche Bild der Gattung beruht daher in erster Linie auf der Analyse der deutschen Texte, denen im Hinblick auf Publikum und Intention zentrale Bedeutung zukommt.

An dieser Stelle ist in aller Kürze auf die entscheidenden Merkmale der Bühne des geistlichen Schauspiels hinzuweisen. Im Unterschied zur antiken und neuzeitlichen Sukzessionsbühne vollzieht sich das mittelalterliche geistliche Spiel auf einer Simultanbühne. Auf ihr sind alle Schauplätze wie z. B. der Tempel, der Ölberg, der Palast des Pilatus gleichzeitig vorhanden. Ortsveränderungen handelnder Personen werden als Ortsveränderungen auf der Bühnenfläche nachvollzogen, so daß auch mehrere gleichzeitig durchgeführte Handlungen möglich sind. Dieses Bühnenprinzip schließt ein Illusionstheater aus, nicht aber gegebenenfalls eine realistische Veranschaulichung von Details. Im übrigen wird natürlich auch keine historisch-realistische Vergegenwärtigung des meist biblischen Geschehens angestrebt, sondern im Gegenteil die »Verschmelzung des Dargestellten mit der Gegenwartswirklichkeit« (Wolff, S. 267).

Wie das Zitat zu Beginn aus dem Prolog des *St. Galler Mittelrheinischen Passionsspiels* verdeutlicht, geht es um die Darstellung der Wunder und der Lehre Jesu und seiner Passion. Die Verbindung von Leben-Jesu-Szenen mit Passionsszenen ist bereits in den ältesten Textzeugnissen des *Benediktbeurer Passionsspiels* der *Carmina Burana*-Handschrift (um 1230) und der *Himmelgartner Passionsspielfragmente* (Mitte des 13. Jahrhunderts) gegeben. Die *Himmelgartner Fragmente* beziehen sogar Weihnachtsszenen ein. In Spielen des 14. Jahrhunderts, wie dem *Maastrichter Ribuarischen Passionsspiel* und dem *Wiener Passionsspielfragment*, wird bis in die Schöpfungsgeschichte zurückgegriffen und so der heilsgeschichtliche Gesamtzusammenhang hergestellt: Durch den Abfall Luzifers und den Sündenfall Adams und Evas wird die Erlösung notwendig, Geburt und Leben Jesu führen zur Passion als dem Erlösungswerk. Die übrigen Texte des 14. Jahrhunderts wie die *Kreuzensteiner* und die *Osnabrücker Passionsspielfragmente* und die *Frankfurter Dirigierrolle* zeigen zumindest die Verbindung von Leben und Passion Jesu.

Im 15. Jahrhundert entwickeln sich die umfangreichen Passionsspielgruppen in einzelnen Landschaften, so die hessische, deren letztes Spiel das dreitägige *Alsfelder Passions-*

spiel im Umfang von über 8000 Versen ist. Der große Umfang kommt nicht in erster Linie durch stoffliche Erweiterungen, sondern vor allem durch realistische Ausmalungen in den Einzelheiten zustande. Das zu dieser Gruppe gehörige *Heidelberger Passionsspiel* ist wegen der durchgehenden Einfügung alttestamentlicher Szenen als Präfigurationen von besonderem Interesse. So geht der Auferweckung des Lazarus die Auferweckung des Sohnes der Witwe von Sarepta voraus.

Einen zweiten landschaftlichen Schwerpunkt der Passionsspiele des 15. und beginnenden 16. Jahrhunderts bildet Tirol. Die Tiroler Spiele, beispielsweise die *Sterzinger Passionsspiele* von 1486 und 1496/1503, die *Bozner Passionsspiele* von 1495 und 1514 usw. sind inhaltlich auf die Passions- und Ostertage selbst konzentriert. Die Gründonnerstagsteile dieser Spiele behandeln dementsprechend das letzte Abendmahl und die Gefangennahme Jesu.

Dagegen stellt sich die Luzerner Spieltradition mit Texthandschriften von 1545, 1571, 1583, 1597 und 1616 zu den stofflich weit ins Alte Testament ausgreifenden Passionsspielen.

In der lateinischen Tradition bildet die Osterfeier den Ausgangspunkt aller Dramatisierung. Im volkssprachlichen Bereich setzt mit den Fragmenten des *Osterspiels von Muri* (Mitte des 13. Jahrhunderts) die Überlieferung nur wenig später als die der Passionsspiele ein. Die deutschen Osterspiele des 14. und 15. Jahrhunderts zeigen im lateinischen Gerüst der liturgischen Gesänge und zum Teil auch in den deutschen Texten bemerkenswerte Übereinstimmungen, die zur Annahme eines westmitteldeutschen Urspiels geführt haben. Den Aussagekern der Osterspiele bilden die Auferstehung und die Höllenfahrt Jesu, bei der die Erzväter und Propheten befreit werden, sowie der Besuch der Frauen am leeren Grab und die Erscheinung Jesu vor Maria Magdalena, dann auch vor den Emmaus-Jüngern, vor Thomas usw.

Aus dem dem Grabbesuch vorangehenden Salbenkauf ergaben sich in manchen Osterspielen des 14. und 15. Jahrhunderts burleske und derbe Salbenkrämerszenen, so im Innsbrucker *Thüringischen Osterspiel*, im *Wiener Osterspiel*, im *Erlauer Osterspiel* u. a. Die Befreiung der in der Vorhölle gefangenen Seelen bot Anlaß zu Seelenfangszenen, in denen die Teufel die Hölle von neuem mit Sündern auffüllen, deren Missetaten im Rahmen ständekritischer Szenen berichtet werden. Im *Redentiner Osterspiel* (15. Jahrhundert) hat sich aus dem Seelenfang ein umfangreicher zweiter Teil des Osterspiels entwickelt, den der Conclusor, der Epilogsprecher, so resümiert (V. 2010–13):

Nu is us up dat leste en bylde gheven,
Wo de lude von allen ammeten werden to der helle dreven.
Dat en the sik numment to hone,
Men malk hebbe syner sunde schone.

Nun ist uns zuletzt vorgestellt worden, wie die Menschen aller Berufe zur Hölle getrieben werden. Das möge niemand als Hohn aufnehmen, sondern jeder habe auf seine eigene Sünde Aufmerksamkeit.

Andere, gleichzeitige und jüngere Spiele enthalten weder Salbenkrämer- noch Seelenfangszenen und zeigen teilweise ausgesprochen liturgienahen Charakter, so etwa das *Osnabrükker Osterspiel* (um 1500).

Über die Fülle weiterer Stoffe im geistlichen Spiel kann hier nur noch ein summarischer Überblick gegeben werden. Die Geburt Jesu mit der Anbetung durch die Hirten und die Könige ist Gegenstand von Weihnachtsspielen. Das nachösterliche Geschehen bis zur Himmelfahrt Jesu und Pfingsten wird in den umfangreichen Passionsspielen mit behandelt. Es sind aber auch selbständige Himmelfahrtsspiele sowie Spiele von Mariae Himmelfahrt überliefert.

Eine eigene Spielform entwickelt sich zum Fronleichnamsfest, an dem in Fronleichnamsspielen einerseits ganze Passionsspiele, andererseits zahlreiche Legendenszenen aufgeführt wurden, wobei die besondere Aufführungsform des

Prozessionsspiels entwickelt wurde, bei dem einzelne Szenen an verschiedenen Orten aufgeführt wurden. Legendenstoffe sind auch in Spielen einzelner Heiliger gestaltet, so etwa im *Augsburger Georgsspiel.* Eine besondere Rolle spielen die Marienlegendenspiele wie die von dem Teufelsbündler Theophilus, der auf Marias Fürbitte vor der ewigen Verdammnis bewahrt bleibt, sowie die Spiele zur Heiligkreuzlegende.

Schließlich bilden Antichristspiele, Zehnjungfrauenspiele und Weltgerichtsspiele eine bedeutende Gruppe von Spielen eschatologischen Inhalts, deren Schwerpunkt im 15. und 16. Jahrhundert liegt. Insbesondere die Weltgerichtsspiele dienen der Ermahnung der Menschen, im jetzigen Leben das künftige zu bedenken, ihre Sünden rechtzeitig zu bereuen und durch die Fürbitte Marias und der Heiligen Vergebung zu erlangen. Beim Jüngsten Gericht ist nämlich selbst Maria mit ihrer Fürbitte machtlos.

Bibliographische Hinweise

Altdeutsche Passionsspiele aus Tirol. Mit Abhandlungen über ihre Entwicklung, Composition, Quellen, Aufführungen und litterarhistorische Stellung hrsg. von J. E. Wackernell. Walluf bei Wiesbaden 1972. (Nachdr. der Ausg. Graz 1897.)

Das Donaueschinger Passionsspiel. Nach der Handschrift mit Einl. und Komm. neu hrsg. von A. H. Touber. Stuttgart 1985.

Das Innsbrucker Osterspiel. Das Osterspiel von Muri. Mittelhochdeutsch und neuhochdeutsch. Hrsg., übers., mit Anm. und einem Vorw. vers. von R. Meier. Stuttgart 1962 [u. ö.].

Das Mittelrheinische Passionsspiel der St. Galler Handschrift 919. Neu hrsg. von R. Schützeichel. Mit Beitr. von R. Bergmann, I. Frank, H. Stopp und einem vollst. Faks. Tübingen 1978.

Das Redentiner Osterspiel. Mittelhochdeutsch und neuhochdeutsch. Übers. und komm. von B. Schottmann. Stuttgart 1975 [u. ö.].

Treutwein, Ch.: Das Alsfelder Passionsspiel. Untersuchungen zu Überlieferung und Sprache. Edition der Alsfelder Dirigierrolle. Heidelberg 1987.

Die deutsche Literatur des Mittelalters. Verfasserlexikon. Bd. 1 ff. Berlin / New York ²1978 ff. [Mit Angaben zu den Editionen in den Einzelartikeln zu allen Spielen.]

Katalog der deutschsprachigen geistlichen Spiele und Marienklagen des Mittelalters von R. Bergmann unter Mitarb. von E. P. Diedrichs und Ch. Treutwein. München 1986. [Zit. als: Katalog.]

Bergmann, R.: Mittelalterliche geistliche Spiele. In: Reallexikon der deutschen Literaturgeschichte. Bd. 4. Berlin / New York ²1984. S. 64–100.

Brinkmann, H.: Die Eigenform des mittelalterlichen Dramas in Deutschland. In: Germanisch-Romanische Monatsschrift 18 (1930) S. 16–37, 81–98. – Wiederabgedr. in: H. B.: Studien zur Geschichte der deutschen Sprache und Literatur. Bd. 2: Literatur. Düsseldorf 1966. S. 193–231.

Creizenach, W.: Geschichte des neueren Dramas. Bd. 1: Mittelalter und Frührenaissance. Halle a. d. S. ²1911.

Linke, H.: Das volkssprachige Drama und Theater im deutschen und niederländischen Sprachbereich. In: Europäisches Spätmittelalter. Neues Handbuch der Literaturwissenschaft. Bd. 8. Wiesbaden 1978. S. 733–763.

Linke, H.: Drama und Theater. In: Die deutsche Literatur im späten Mittelalter. 1250–1370. Bd. 2: Reimpaargedichte. Drama. Prosa. Hrsg. von I. Glier. München 1987. (Geschichte der deutschen Literatur von den Anfängen bis zur Gegenwart. 3,2.) S. 153–233, 471–485.

– Vom Sakrament bis zum Exkrement. Ein Überblick über Drama und Theater des deutschen Mittelalters. In: Theaterwesen und dramatische Literatur. Beiträge zur Geschichte des Theaters. Bern 1987. S. 127–164.

Neumann, B.: Geistliches Schauspiel im Zeugnis der Zeit. Zur Aufführung mittelalterlicher religiöser Dramen im deutschen Sprachgebiet. 2 Bde. München 1988.

Rupprich, H.: Die deutsche Literatur vom späten Mittelalter bis zum Barock. Bd. 1: Das ausgehende Mittelalter, Humanismus und Renaissance. 1370–1520. München 1970. (Geschichte der deutschen Literatur von den Anfängen bis zur Gegenwart. 4,1.) S. 236–289, 756–761.

Schwietering, J.: Über den liturgischen Ursprung des mittelalterlichen geistlichen Spiels. In: Zeitschrift für deutsches Altertum 62 (1925) S. 1–20. – Wiederabgedr. in: J. Sch.: Philologische Schriften. Hrsg. von F. Ohly und M. Wehrli. München 1969. S. 254 bis 268.

Wolff, L.: Die Verschmelzung des Dargestellten mit der Gegenwartswirklichkeit im geistlichen Drama des deutschen Mittelalters. In: Deutsche Vierteljahrsschrift für Literaturwissenschaft und Geistesgeschichte 7 (1929) S. 267–304. – Wiederabgedr. in: L. W.: Kleinere Schriften zur altdeutschen Philologie. Berlin 1967. S. 319–349.

Spruchdichtung

Von Manfred Günter Scholz

Seit Karl Simrocks Übersetzung der Gedichte Walthers von der Vogelweide (1833) haben sich die Bezeichnungen ›Spruch‹ und ›Spruchdichtung‹ in der Forschung etabliert. Simrock hat dort die Beobachtung gemacht, daß in manchen Tönen[1] die Strophen so wenig Zusammenhang zeigten, daß jede von ihnen ein selbständiges Gedicht zu bilden scheine. Auch wenn einzelne näher zusammengehörten, verhielten sie sich eher wie eine Reihe von Sonetten über dasselbe Thema. »Solche Töne oder Strophen möchte man S p r ü c h e nennen«.[2] Trotz Simrocks Fehlinterpretation des Ausdrucks *sprüche* bei Walther (wie er in der S. 437 nach dem Faksimile der Handschrift C wiedergegebenen Strophe begegnet) und trotz vehementer Einwände mancher Forscher hat sich die Benennung bis heute gehalten.

Die Bezeichnung der Hauptgattungen der mittelhochdeutschen Lyrik als ›Minnesang‹ und ›Spruchdichtung‹ legt – zumal für den Laien – das Mißverständnis nahe, jene sei gesungen, diese aber gesprochen worden. Simrock freilich hielt das letztere für nicht wahrscheinlich, wenn er auch einen Vortrag »mehr recitativ oder parlando« erwog. In Wahrheit jedoch dürfte überhaupt kein Unterschied im Vortrag von Minnesang und Spruchdichtung bestanden haben, wie es die erhaltenen Melodien aus beiden Genres bezeugen. Um jedes falsche Verständnis auszuschließen, verwendet man in neuerer Zeit zunehmend den Terminus ›Sangspruchdichtung‹. Der Oberbegriff ›Spruchdichtung‹ darf gleichwohl bestehen bleiben, weil darunter auch die Sonderform des gesprochenen Spruchs (Sprechspruch) subsumiert werden kann.

Im folgenden soll es zunächst um die Frage gehen, ob Simrock mit der Differenzierung zwischen Liedstrophen und Spruchstrophen in der Sache richtig gesehen hat oder ob, wie von Maurer in den fünfziger Jahren propagiert, auch Sangspruchtöne ›Lieder‹ seien. Dabei kann es nicht um die gelegentlich praktizierte Verlegenheitslösung gehen, Spruchdichtung lediglich ex negativo thematisch zu definieren als etwas, das weder Minnesang noch Kreuzzugslyrik ist. Zu fragen ist vielmehr nach der Berechtigung einer Gattungsbezeichnung, wobei Befunde der Überlieferung und Rezeption, soziologische Kriterien und die Phänomenologie der Strophen und Töne maßgebend sein sollen.

Bereits die Tradierung der Texte in den Handschriften sondert die Genres, wenn auch nicht konsequent. So stellt etwa die Weingartner Liederhandschrift (B) in ihrem Walther-Teil 39 ›Spruch‹-Strophen an den Anfang, läßt ihnen 68 ›Lied‹-Strophen folgen, am Schluß stehen fünf weitere ›Spruch‹-Strophen. Die Jenaer Liederhandschrift (J) überliefert – von einem Sonderfall abgesehen – von Autoren, die erwiesenermaßen auch den Minnesang gepflegt haben, nur Spruchdichtung. Und die Rezeption durch den Meistersang endlich beschränkt sich dann ausschließlich auf Spruchdichter.

Auch vom soziologischen Standpunkt her sind – zwar nicht, was das Publikum, aber was die Träger der Dichtung betrifft – Minnesang und Spruchdichtung eindeutig zu scheiden. Die Produktion von Minnelyrik scheint vielfach Sache von adligen Dilettanten gewesen zu sein (nicht selten freilich fehlen Indizien für die ständische Zuordnung der Dichter), wohingegen als Spruchdichter in der Regel – mit wenigen, zudem meist unsicheren, Ausnahmen – nichtadlige Berufsdichter zu fassen sind. Der Seßhaftigkeit am Hof dort entspricht hier der Fahrenden-Status. Nur wenige Autoren vertreten beide Genres in Personalunion, als erster Walther von der Vogelweide, später etwa Konrad von Würzburg.

Von Beginn an ist für die Spruchdichtung das Prinzip der Einzelstrophigkeit bestimmend. Diesem Strophentyp ist eine größere Konzentration im Gedanklichen eigen als dem des Minnesangs, oft ist die Strophe auf das Ende hin konzipiert und weist Schlußpointierung auf. Nahezu immer ist die Spruchstrophe aus sich selbst heraus verständlich. Formal gesehen, sind die Strophen der Spruchdichtung in der Regel breiter, ausladender als die des Liedes. Das nicht von der Hand zu weisende Faktum, daß auch in Spruchtönen einzelne Strophen eng aufeinander bezogen, thematisch und formal miteinander verknüpft sein können, darf nicht dazu verführen, den fundamentalen Unterschied zwischen der Einheit von Spruch- und Lied-Tönen zu verwischen. Im Minnesang ist der Zusammenhang, das Aufeinander-angewiesen-Sein der Strophen viel enger, auch wenn das Lied nicht immer als ein klar strukturiertes Kontinuum erscheint, wie man es nach den Gesetzen moderner Logik erwarten möchte. Demgemäß ist die Strophenfolge in der Spruchdichtung noch weniger sicher bestimmbar als beim Lied, allerdings wird die Frage – aus der Natur der Sache heraus – auch nicht im gleichen Maße zum Problem wie beim Minnesang. Stellt sich das Minnelied als mehr oder weniger notwendig geschlossene Einheit dar, so ist der Spruchton im Grundsatz offen. Zumal bei vielstrophigen, oft thematisch disparaten Tönen wird man kaum einen zusammenhängenden Vortrag sämtlicher Strophen annehmen können. Einzelne Strophen schließen sich eher zu Gruppen und Reihen zusammen als andere, ja es können durchaus Sprüche aus verschiedenen Tönen vom Thema oder vom aktuellen Anlaß her engere Einheiten bilden als solche des gleichen Tons; auch mit wechselnden Zusammenstellungen zu verschiedenen Gelegenheiten ist zu rechnen.

Die angesprochenen Sachverhalte haben etwa anderthalb Jahrhunderte lang, von den Anfängen der Spruchdichtung nach der Mitte des 12. Jahrhunderts bis kurz nach 1300, Geltung. Um die Wende zum 14. Jahrhundert bahnt sich dann eine Entwicklung an, die spätestens 1350 zu einem Endpunkt gelangt ist: die Tendenz, das Prinzip der Einzelstrophigkeit zu verlassen, und die Konzeption mehrstrophiger, von vornherein als Einheit verstandener Gebilde, sogenannter Bare, eine Tendenz weg vom Sangspruch zum ›meisterlichen Lied‹.

Für das 13. Jahrhundert aber, die Blütezeit des Genres, ist der Terminus ›Spruchdichtung‹ nicht ersetzbar, auch nicht durch Sonderung von Untergruppen wie Gnomik, Lob- und Tadeldichtung, Heischelyrik etc., die als solche zur Präzisierung beiträgt, doch, indem sie andere Einheiten konstituiert, eine Gattungsbestimmung nicht in den Blick bekommt.

Bevor auf die Sangspruchdichtung einzugehen ist, soll ein kurzer Blick auf die gesprochene Spruchdichtung, den Sprechspruch, geworfen werden. Greifbar wird er in mittelhochdeutscher Zeit einzig im Werk eines Autors namens Freidank (das Werk entstand etwa 1215–30), der seiner lehrhaften Sammlung epigrammartiger Kurzsprüche den Titel *Bescheidenheit* (›Unterscheidungsvermögen‹, danach ›Lebensweisheit‹) gegeben hat. Hier dominiert der prägnant formulierte Reimpaarvers, doch finden sich (vor allem auch bei den Rom- und Akkon-Sprüchen) auch Aufschwellungen zu vier- und mehrzeiligen Formen. Freidanks Spruchcorpus speist sich vor allem aus den Quellen der Lebenserfahrung, des Vorliterarisch-Sprichworthaften, der Bibel, der Predigt, auch lateinische Schulbildung und Kenntnis der gelehrten Literatur hinterlassen ihre Spuren im Werk dieses Dichters, der als fahrender Kleriker im weiteren Sinne angesehen werden kann.

Freidank gibt Verhaltenslehren für ein dem gottgesetzten *ordo* gemäßes Leben, tadelt Mißstände in der Gesellschaft, bezieht in seinen Rom-Sprüchen, die in ihrer Schärfe gelegentlich den Anti-Papst-Strophen Walthers von der Vogelweide nahekommen, Position für den Kaiser und gegen den Papst und geißelt als Teilnehmer am Kreuzzug Friedrichs II. 1228/29 in seinen Akkon-Sprüchen die der Zielsetzung einer

Kreuzfahrt widerstreitende Realität. Ein Moralist mit nüchternem, illusionslosem Blick, rückt er von Intention und Thematik her in die Nähe der Sangspruchdichter des 13. Jahrhunderts. Mit der standesübergreifenden Tendenz seiner Sprüche wird Freidank sein Publikum nicht nur beim weltlichen Adel und in der Geistlichkeit gefunden haben, sondern auch in Kreisen des städtischen Bürgertums.

Der Themenkatalog der Sangspruchdichtung umfaßt zunächst gemäß dem sozialen Status ihrer Träger und deren Lohnabhängigkeit Herrensprüche (Lob und Schelte), Reflexionen über die *milte* (Freigebigkeit), Klagen über das Los des Fahrenden, sodann Religiöses, das breite Spektrum der Gnomik, Moral und Lebenserfahrung, Jugend- und Ständelehre, Wertediskussion, Betrachtungen über den Zustand von Welt und Gesellschaft, Erörterungen über den Stellenwert der Kunst, Persönliches und nicht zuletzt Politisches im engeren Sinne.

Von den zahlreichen Autoren, die sich in dieser Gattung betätigt haben, kann hier nur eine kleine Auswahl der bedeutendsten und fruchtbarsten gegeben werden, wobei die untere zeitliche Grenze durch die zuvor genannte Abkehr vom Prinzip der Einzelstrophigkeit in den Jahrzehnten nach 1300 markiert wird.

Wie beim Sprechspruch, so dürfte auch in der Sangspruchdichtung Vorliterarisches den ersten überlieferten Zeugnissen vorausgegangen sein. Diese, die in den Handschriften unter dem Namen »Spervogel« vereinigten Texte, werden heute zwei verschiedenen Dichtern zugeschrieben, die man als »Herger« und »Spervogel« benennen zu können glaubt. Beiden gemeinsam ist, daß sie nur je einen Ton verwenden und daß schon bei ihnen die Einzelstrophe selbständig ist. Bei Herger schließen sich die Strophen zu verschiedenen thematischen Gruppen zusammen, bei Spervogel ist dies kaum der Fall. Hergers knapp 30 Sprüche sind einfach strukturiert, parataktischer Satzbau herrscht vor. Sein Themenkreis ist weiter gezogen als der Spervogels, er umfaßt Religiöses, Gnomik, Tierfabel, Herrendienst, Fahrendenschicksal. Die Nennung bestimmter historischer Namen läßt darauf schließen, daß sein Publikum auf gräfliche und freiherrliche Familien beschränkt war. Spervogels Strophe (23 Sprüche sind überliefert) ist ausladender und kunstvoller, er verwendet häufig die reihende Priamelform, zum Teil in Verbindung mit dem Vergleich. Im Thematischen bleibt Spervogel auf Gnomik und die Fahrendenproblematik konzentriert, historische Namen nennt er nicht.

Da Walther von der Vogelweide in diesem Band ein eigener Artikel gewidmet ist, braucht hier nur kurz ganz allgemein auf seine Bedeutung für die weitere Konstituierung und Entwicklung der Gattung eingegangen zu werden. Walther ist der erste, der eine Vielfalt von Tönen in die Sangspruchdichtung einbringt: er schafft 13 Spruchtöne (dazu einige wenige, die nur durch eine Strophe vertreten sind), deren Umfang zwischen 3 Strophen, die meist auf eine thematische Einheit hin konzipiert sind, und etwa 20 sich zu kleineren Themengruppen verbindenden Strophen schwankt. Eine weitere entscheidende Innovation Walthers gegenüber seinen Vorläufern ist in der thematischen Ausweitung der Spruchdichtung auf die politische Sphäre zu sehen. Im übrigen verfügt er über die ganze Vielfalt des oben skizzierten Themenkatalogs.

In Walthers Nachfolge, stofflich und stilistisch an ihn anknüpfend, anfangs vielleicht noch in direkter Berührung mit ihm, stehen Bruder Wernher und Reinmar von Zweter, beide von den zwanziger Jahren bis um 1250 wirksam. Von Bruder Wernher kennen wir 76 Strophen in 8 Tönen, deren Umfang wie bei Walther stark variiert: die Tendenz zur thematischen Bindung von Strophen ist nur schwach ausgeprägt. Religiöses ist betont, so motiviert Bruder Wernher seine *milte*-Appelle durch den Verweis auf die christliche *caritas*. Reinmar von Zweter vollzieht, bei allen Gemeinsamkeiten mit Walther, insofern eine Rückkehr zu Herger und Spervogel, als er fast nur einen einzigen Ton verwendet (›Frau-

Ehren-Ton‹), und dies, obwohl sein Werk das bis dahin quantitativ reichhaltigste ist und in dieser Hinsicht auch später kaum übertroffen werden wird (von Reinmar stammen weit über 200 Strophen). Bemerkenswert an der Überlieferung ist, daß die Heidelberger Handschrift D die Reinmar-Strophen in einer thematischen Ordnung tradiert, die möglicherweise auf den Dichter selbst zurückgeht. Auch bei Reinmar findet sich eine Vielzahl von Themen, ein neuer Akzent ist, daß er sich verstärkt Minne- und Ehefragen zuwendet. Das Fehlen von Bettelstrophen läßt wohl kaum den Schluß zu, Reinmar sei kein abhängiger Fahrender gewesen. In manchen seiner Sprüche zeigen sich schon Anfänge des geblümten Stils und ein Einschlag von Gelehrsamkeit.

Gelehrt ist auch der Marner (Mitte des 13. Jahrhunderts), der neben deutschen auch lateinische Strophen verfaßt hat. Rätsel und Rätselallegorien treten bei ihm zu den bekannten Themen- und Formtypen hinzu. Mit Spervogel verbindet ihn eine Vorliebe für die Priamelform. Die Toneinheit ist beim Marner wieder in der seit Walther vertrauten doppelten Art und Weise realisiert. Neu ist, daß er in zwei Fällen auch im Ton eines anderen Meisters singt.

Im reichhaltigen Werk Konrads von Würzburg spielen seine gut 40 Spruchstrophen quantitativ nur eine geringe Rolle. Geistliche und politische Themen sind bei ihm nur schwach vertreten, er dichtet vor allem Herrenlehren, Lobsprüche über die *milte* und Strophen, die den Geiz tadeln. In der Thematik zeigt sich also Berührung mit der Lyrik der Heischenden, und dies vielleicht nicht von ungefähr, läßt doch eine spätere Erwähnung Konrads als *vagus* die Möglichkeit offen, daß er einen Teil seines Lebens als Fahrender zugebracht hat.

Friedrich von Sonnenburg (3. Viertel des 13. Jahrhunderts) verdanken wir über 70 Strophen in nur wenigen Tönen. Geistliche Thematik dominiert, daneben finden sich politische und didaktische Sprüche. Auffallend an seinem Werk ist das wiederholte Bemühen, den Status der Fahrenden und ihre

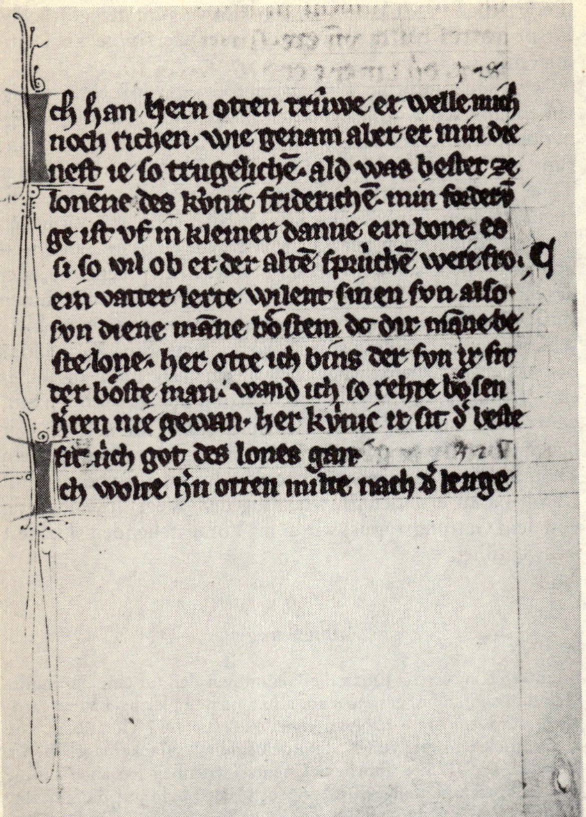
Ich han hern otten triuwe er welle mich
noch richen· wie genam aber er min die
nest ie so trugeliche· ald was bester ze
lonene des kvnic friderichē· min forder
ge ist vf in kleiner danne ein bone· es
si so vil ob er der altē sprüchē were fro·
ein vatter lerte wilent sinen son also·
son diene manne bösstem do dir manne be
ste lone· her otte ich bins der son ir sit
der böste man· wand ich so rehte bösen
hrren nie gewan· her kvnic ir sit d' beste
sit üch got des lones gan
Ich wolte hn otten milte nach d' lenge

Spruchstrophe von Walther von der Vogelweide
(»Ich han hern Otten triuwe«)

literarischen Produkte durch den Hinweis auf den göttlichen Ursprung sowohl der Kunst als auch der *milte* zu legitimieren.

Mit Frauenlob (um 1300) ist der Typus ›Spruchdichtung‹ auf einem nach Walther von der Vogelweide zweiten Kulminationspunkt und zugleich an seinem Ende angelangt. Seine rund 300 Spruchstrophen finden sich auf 9 meist vielstrophige Töne verteilt (in einem Fall über 100 Strophen). Im Stofflichen ist Frauenlob recht konservativ, alle traditionellen Bereiche finden sich bei ihm wieder; die Preisstrophen freilich entbehren, seinem elitären Habitus entsprechend, jeder devoten, um *milte* heischenden Haltung. Neu hinzu kommen Reflexionen über Sprache sowie über verschiedene Gebiete scholastischen Laienwissens. Form und Stil Frauenlobs heben sich von allem bisher Dagewesenen ab: Er verfügt über eine Vielfalt an Formen, er liebt den dunklen, geblümten Stil, der reich ist an schwierig aufzuschlüsselnden Metaphern. Wir begegnen in Frauenlobs Spruchdichtung der Neigung, ein Thema in einer Gruppe von Strophen (meist 3) zu behandeln. Damit bahnt er einer Entwicklung den Weg, die endgültig von dem Gattungstypus, wie er im Voranstehenden skizziert ist, wegführt.

Anmerkungen

1 Unter ›Ton‹ versteht man die Gesamtheit der auf eine bestimmte Melodie (*wîse, dôn*) gesungenen, also metrisch gleichgebauten Strophen. 2 *Gedichte Walthers von der Vogelweide*, 2 Tle., übers. von K. Simrock und erl. von K. Simrock und W. Wackernagel, Berlin 1833, Tl. 1, S. 175. – Simrocks Unentschiedenheit hat auch auf die spätere Forschung eingewirkt: ›Spruch‹ wird bald auf die einzelne Strophe, bald auf den ganzen Ton oder eine Gruppe von Strophen innerhalb eines Tons bezogen. Im Sinne terminologischer Eindeutigkeit sollte ›Spruch‹ als Strophe gelten.

Bibliographische Hinweise

Mittelhochdeutsche Spruchdichtung. Früher Meistersang. Cod. Pal. Germ. 350 [Handschrift D]. Bd. 1: Faksimile. Bd. 2: Einführung und Kommentar von W. Blank. Bd. 3: Beschreibung der Handschrift und Transkription von G. und G. Kochendörfer. Wiesbaden 1974.

Die Jenaer Liederhandschrift [Handschrift J]. In Abb. hrsg. von H. Tervooren und U. Müller. Göppingen 1972.

Des Minnesangs Frühling. Unter Benutzung der Ausg. von K. Lachmann und M. Haupt, F. Vogt und C. v. Kraus bearb. von H. Moser und H. Tervooren. Bd. 1: Texte. 38., erneut revid. Aufl. Stuttgart 1988.

Politische Lyrik des deutschen Mittelalters. Texte I: Von Friedrich II. bis Ludwig dem Bayern. Hrsg. von U. Müller. Göppingen 1972.

Frauenlob (Heinrich von Meissen): Leichs, Sangsprüche, Lieder. 2 Tle. Hrsg. von K. Stackmann und K. Bertau. Göttingen 1981.

Fridankes »Bescheidenheit«. Hrsg. von H. E. Bezzenberger. Aalen 1962. (Nachdr. der Ausg. Halle a. d. S. 1872.)

Freidanks »Bescheidenheit«. Ausw., mittelhochdeutsch – neuhochdeutsch. Übertr., hrsg. und mit einer Einl. von W. Spiewok. Leipzig 1985.

Die Sprüche Friedrichs von Sonnenburg. Hrsg. von A. Masser. Tübingen 1979.

Konrad von Würzburg: Kleinere Dichtungen. Bd. 3. Hrsg. von E. Schröder. Mit einem Nachw. von L. Wolff. Berlin ^{2}1959 [u. ö.]. (Nachdr. der Ausg. Berlin 1926.)

Der Marner. Hrsg. von Ph. Strauch. Berlin 1965. (Nachdr. der Ausg. Straßburg/London 1876.)

Die Gedichte Reinmars von Zweter. Hrsg. von G. Roethe. Amsterdam 1967. (Nachdr. der Ausg. Leipzig 1887.)

Die Gedichte Walthers von der Vogelweide. Hrsg. von K. Lachmann (1827). 13., aufgrund der 10. von C. v. Kraus bearb. Ausg. neu hrsg. von H. Kuhn. Berlin 1965.

Walther von der Vogelweide. 2 Bde. Hrsg. und erklärt von W. Wilmanns. 4., vollst. umgearb. Aufl. bes. von V. Michels. Halle a. d. S. 1916–24.

Die Lieder Walthers von der Vogelweide. Unter Beifügung erhaltener und erschlossener Melodien neu hrsg. von F. Maurer. 1. Bändchen: Die religiösen und die politischen Lieder. Tübingen 1955. [4]1974.

Walther von der Vogelweide: Werke. Text und Prosaübersetzung, Erläuterung der Gedichte, Erklärung der wichtigsten Begriffe. Hrsg. von J. Schaefer. Darmstadt 1972. [2]1987.

– Die gesamte Überlieferung der Texte und Melodien. Abbildungen, Materialien, Melodietranskriptionen. Hrsg. von H. Brunner, U. Müller, F. V. Spechtler. Mit Beitr. von H. Lomnitzer und H.-D. Mück. Göppingen 1977.

Bruder Wernher. 2 Bde. Abb. und Transkr. der gesamten Überlieferung von F. V. Spechtler. Göppingen 1982–84.

Mittelhochdeutsche Spruchdichtung. Hrsg. von H. Moser. Darmstadt 1972. (Wege der Forschung. 154.)

Repertorium der Sangsprüche und Meisterlieder des 12. bis 18. Jahrhunderts. Bd. 1 ff. Hrsg. von H. Brunner und B. Wachinger. Tübingen 1986 ff. [Mit Bibliographie.]

Brunner, H.: Die alten Meister. Studien zu Überlieferung und Rezeption der mittelhochdeutschen Sangspruchdichter im Spätmittelalter und in der frühen Neuzeit. München 1975.

Eifler, G.: Die ethischen Anschauungen in Freidanks »Bescheidenheit«. Tübingen 1969.

Franz, K.: Studien zur Soziologie des Spruchdichters in Deutschland im späten 13. Jahrhundert. Göppingen 1974.

Gerdes, U.: Bruder Wernher. Beiträge zur Deutung seiner Sprüche. Diss. Freie Universität Berlin 1969.

Hahn, G.: Walther von der Vogelweide. Eine Einführung. München/Zürich 1986.

Hahn, R.: Minnesang – Sangspruchdichtung – Meistergesang. Anmerkungen zu einem Problem der Literaturgeschichtsschreibung. In: Germanica Wratislaviensia 55 (1984) S. 181–194.

Halbach, K. H.: Walther von der Vogelweide. 4., durchges. und erg. Aufl. bearb. von M. G. Scholz. Stuttgart 1983.

Liechtenhan, M.: Die Strophengruppen Hergers im Urteil der Forschung. Eine wissenschaftsgeschichtliche Untersuchung zu den ›Sprüchen‹ im älteren ›Spervogelton‹. Bonn 1980.

Maurer, F.: Die politischen Lieder Walthers von der Vogelweide. Tübingen 1954. [3]1972.

Müller, U.: Untersuchungen zur politischen Lyrik des deutschen Mittelalters. Göppingen 1974.

Sayce, O.: The medieval German lyric 1150–1300. The development of its themes and forms in their European context. Oxford 1982.
Sowinski, B.: Der Spruch. In: Formen der Literatur in Einzeldarstellungen. Hrsg. von O. Knörrich. Stuttgart 1981. S. 378–384.
Tervooren, H.: Einzelstrophe oder Strophenbindung? Untersuchungen zur Lyrik der Jenaer Handschrift. Diss. Bonn 1967.
– Mittelhochdeutsche Spruchdichtung. In: Reallexikon der deutschen Literaturgeschichte. Bd. 4. Berlin / New York ^{2}1984. S. 160–169.
Walther von der Vogelweide. Hrsg. von S. Beyschlag. Darmstadt 1971. (Wege der Forschung. 112.)

Lehrdichtung

Von Werner Röcke

In seiner Notiz *Über das Lehrgedicht* hat Goethe eine didaktische ›Dichtart‹ neben der lyrischen, epischen und dramatischen ausgeschlossen: »Dieses begreift jedermann, welcher bemerkt, daß jene drei ersten der Form nach unterschieden sind und also die letztere, die von dem Inhalt ihren Namen hat, nicht in derselben Reihe stehen kann.« Zwar solle alle Poesie belehrend sein, aber »unmerklich«. Insofern sei »die didaktische oder schulmeisterliche Poesie [. . .] ein Mittelgeschöpf zwischen Poesie und Rhetorik; deshalb sie sich denn bald der einen, bald der anderen nähert, auch mehr oder weniger dichterischen Wert haben kann«.

Bereits in der antiken Kunstphilosophie, insbesondere in der *Poetik* des Aristoteles mit ihrer strikten Unterscheidung zwischen dichterischen (da menschliche Handlungen nachahmenden Dichtarten) und lehrhaften Genera, bedurfte lehrhafte Dichtung der besonderen poetologischen Legitimation; in der Regelpoetik und Kunstphilosophie des späten 18. Jahrhunderts wird das fortgesetzt. Im Mittelalter hingegen ist die kunstphilosophische Erörterung der Legitimität oder Illegitimität lehrhafter Dichtung unbekannt. Poetologische Reflexion ist nur insofern von Interesse, als sie der Verbesserung der literarischen Praxis und der Durchsetzung vorgegebener Zwecke dient. Maßstab der poetologischen Reflexion sind also der Gebrauch und der Nutzen der Literatur für außerliterarische Zwecke, nicht ihre Legitimität. Mittelalterliche Lehrdichtung verfolgt moralische, theologische, politische oder soziale Zwecke. Sie formuliert verpflichtende Verhaltensnormen und Überzeugungen; ruft sie in Erinnerung und begründet sie, präsentiert sie aber vor allem auch als Gegenbild zur miserablen Gegenwart. Dieser gegenbildliche Bezug von ethischer Norm und sozialer Wirklichkeit ist für die mittelalterliche Lehrdichtung insgesamt kennzeichnend. Unterschiede allerdings ergeben sich in den Zielen und Aufgaben, denen sich die Texte und ihre Verfasser verschrieben haben:

1. Das Bemühen um den Bestand und die Sicherung der ständisch geordneten Gesellschaft, die von Gott eingesetzt und deren Gefährdung deshalb als Sünde angesehen wird. Besondere Aufmerksamkeit widmen die Autoren den Aufgaben und Fehlern der einzelnen Stände selbst, aber auch ihrem wechselseitigen Nutzen, der den Bestand der arbeitsteiligen Gesellschaft erst garantiert und den sie durch Betrug und Habgier gefährdet sehen.

2. Die Begründung einer Adels-, Fürsten- und Hofethik, die eine gerechte, dem Frieden und Nutzen des Landes dienende Herrschaft ermöglichen, Zwietracht zwischen den Herrschenden verhindern und eine rationelle Verwaltung von Land und Herrschaft mit dem Hof als Zentrum ermöglichen soll.

3. Entwürfe zu einer Ethik und zur Verchristlichung des alltäglichen Lebens, so z. B. von Ehe und Familie, Kindererziehung und Tischzucht, Beruf und Stand, aber auch zur Unterweisung in den zentralen Lehren christlicher Verkündigung, kirchlicher Sakramente und christlichen Glaubens etc.

4. Die Vermittlung von Wissen aus den unterschiedlichsten Bereichen des Glaubens und des Rechts, der Natur- und Weltkenntnis, der Artes und anderer Wissenschaften.

Lehrdichtung des Mittelalters verwendet eine moralisch-intentionale Schreibweise, die sich unterschiedlicher literarischer Gattungen bedienen kann. Sie wiederholt längst Bekanntes und verschafft im Rückgriff auf die Tradition die Gewißheit von der Richtigkeit der Lehre. Denn was der Didaktiker lehrt, ist auch vor ihm schon gelehrt worden, ist also eine erneute Bestätigung dessen, was sein soll und was ist. Ein für die lehrhafte Dichtung des Mittelalters konstitutives Stilprinzip ist denn auch die Wiederholung: sie prägt das längst Bekannte erneut ein und erinnert an dessen Regeln, schafft sie aber nicht neu. Dabei appelliert sie an das Einverständnis zwischen Didaktiker und Publikum über die Gültigkeit des Gesetzes und der Ordnung Gottes. Mittelalterliche Lehrdichtung berichtet nicht von neuen, unerhörten Begebenheiten, sondern gemahnt an gemeinsame Überzeugungen und allgemein Gültiges, das nur überlagert und mißachtet worden ist. Diese Kollektivität mittelalterlicher Didaxe schließt jede Originalität und auch Individualität des Verfassers aus. Er begreift sich als Übermittler göttlichen Willens und der überkommenen moralisch-politischen Ordnung und deutet sie nach vertrauten Regeln.

Ständedidaxe und Gesellschaftslehre. Gesellschaft wird bis ins Spätmittelalter und in die frühe Neuzeit als hierarchische Ordnung verschiedener Stände (*status, ordines*) verstanden, die jeweils unterschiedliche Aufgaben erfüllen, sich aber wechselseitig ergänzen und unterstützen sollen. Die mittelalterlichen Didaktiker legen auf diesen Gesichtspunkt der wechselseitigen Hilfe aller Stände größten Wert, müssen zugleich aber auch ihre wechselseitige Übervorteilung, ihre Gewalt und ihren Betrug beklagen. So sind die herrschenden Stände des Feudaladels zu gerechter Herrschaft, zum Schutz der Schwachen und Waffenlosen, zur Bewahrung des Friedens und zur Förderung des gemeinen Nutzens im Land verpflichtet. Faktisch jedoch ist ihr Gericht bestechlich, ihre Habgier maßlos und ihre Gewalt zerstörerisch. Die Geistlichen sollen die Gemeinden lehren und leiten, sind aber ebenso der Geldgier, der Putzsucht und anderen Lastern verfallen. Die Bauern wiederum sind zu bestimmten Abgaben verpflichtet, suchen ihre Herren aber zu betrügen usf. Die Ständelehren folgen gleichermaßen der logischen Struktur der Konfrontation von moralischer Norm und miserabler Wirklichkeit, die Ordnung der Stände jedoch erfolgt nach unterschiedlichen Gliederungsprinzipien: Neben einfachen dualistischen (geistliche – weltliche Stände) oder triadischen Schemata (z. B. Klerus – Adel – Bauern) setzen sich seit dem 13. Jahrhundert differenzierte Ständemodelle durch, die neben sozialen und Berufskriterien auch andere Kriterien, wie z. B. Ehe oder Ehelosigkeit, berücksichtigen.

Universale lateinische Ständelehren sind bereits aus dem 10. Jahrhundert (Rather von Verona) überliefert. In der deutschen Literatur stehen Predigten des Franziskaners Berthold von Regensburg (insbesondere die 2. und die 10. Predigt) und das sogenannte *Buch der Rügen* von 1276/77 am Anfang. Beide bleiben insofern ambivalent, als sie einerseits die Notwendigkeit aller Stände behaupten, die einander in dieser Hinsicht auch gleich sind, andererseits aber ihre hierarchische Gliederung und Ungleichheit unterstreichen. Das *Buch der Rügen* geht auf eine lateinischsprachige Sammlung von Predigtanweisungen zurück (*Sermones nulli parcentes*), die um 1230 wohl im Dominikanerorden oder in seinem Umfeld entstanden sind. Dabei werden die geistlichen und weltlichen Stände jeweils gesondert kritisiert und ermahnt: vom Papst bis zu den Vaganten, vom Kaiser bis zu den Bauern; am Schluß beider Reihen stehen jeweils die geistlichen oder weltlichen Frauen. Auffällig ist die Schärfe, mit der die Geldgier, die Verweltlichung, die Simonie und die Unkeuschheit des hohen Klerus gegeißelt, den Mönchsorden aber ohne weitere Kritik nur ihre Aufgaben der Armut und der Keuschheit in Erinnerung gerufen werden. Bemerkenswert ist ebenfalls, daß dem unbekannten Verfasser – im Unterschied zur genauen Beschreibung von Verkaufs- und Handwerkerbetrug in den Predigten Bertholds von Regensburg – ein genauerer Begriff von Handel und Kauf bzw. Verkauf fehlt und daß er die Gruppe der Bauern in die »gehorsamen Bauern«, die ihre Abgaben freiwillig und ohne Murren leisten, und solche »gebaurn die sich zuo houe leuten geleichent« unterscheidet. Das Thema sozialer Mobilität im bäuerlichen Stand, das auch aus der zeitgenössischen Erzählliteratur bekannt ist (*Helmbrecht*, Stricker: *Hofhund und Jagdhunde*; vgl. auch *Seifrid Helblinc*), wird hier als moralisches Problem erörtert, nicht erzählt (zur Ständelehre in den Predigten Bertholds von Regensburg s. S. 315–318).

Bleiben das *Buch der Rügen* und Bertholds Predigten auf den moralischen Zweck beschränkt, die geistlichen und weltlichen Stände zu kritisieren und zu ermahnen, stellt sich die Ständerevue des Spätmittelalters bereits stärker literarisiert dar. Das betrifft vor allem die Allegorie des Schachspiels. Die lateinischsprachige Prosa-Schachallegorie des italienischen Dominikaners Jacobus de Cessolis aus dem späten 13. Jahrhundert (*De moribus et de officiis nobilium super ludo scaccorum*) hat erstmals die Ordnung der Spielfiguren als Ordnung der Stände beschrieben und damit in zahlreichen Volkssprachen einen neuen Literaturtypus begründet: die Schachliteratur des Spätmittelalters. In der deutschen Literatur hat Konrad von Ammenhausen, ein Benediktinermönch und Priester aus Stein am Oberrhein (er lebte vom 3. Viertel des 13. bis um die Mitte des 14. Jahrhunderts), mit seinem *Schachzabelbuch* (1337) eine Bearbeitung der lateinischen Prosa des Jacobus de Cessolis vorgelegt und die Schachliteratur des Spätmittelalters geprägt. Konrad beschränkt sich auf die weltlichen Stände mit ihren Lastern und Vergehen: König und Dame stehen für die Fürsten, die Läufer für die Richter, die Springer für die Ritter, die Türme für die Landvögte, die Bauern für Handwerker, Bauern, Kaufleute, Ärzte und andere Gewerbetreibende. Konrads *Schachzabelbuch* ist häufig abgeschrieben und wohl auch viel gelesen worden; noch im 15. und 16. Jahrhundert ist es verschiedentlich bearbeitet worden (Jakob Mennel, Konstanz; Meister Ingold: *Das goldene Spiel*, Straßburg).

Einer anderen Form der Literarisierung der Ständerevue bedient sich ein Anonymus, der wohl am Bodensee zu Hause war: der Verfasser von *Des Teufels Netz* (um 1420), der den Seelenfang des Teufels mit Hilfe eines großen Schleppnetzes und seiner sieben Knechte, der sieben Todsünden, beschreibt und dabei die einzelnen Stände mit ihren Sünden und Lastern konfrontiert. Im Unterschied zu Konrads *Schachzabelbuch* wird die Geistlichkeit in *Des Teufels Netz* nicht nur berücksichtigt, sondern auch in unerbittlicher Schärfe wegen ihrer Raffgier und Simonie, ihrer Unzucht und ihres sonstigen Sittenverfalls kritisiert. Erst in der Narrenliteratur des späten 15. und frühen 16. Jahrhunderts – in Brants *Narrenschiff* oder Murners *Schelmenzunft* und *Narrenbeschwörung* – wird die ständische Gliederung der Sünderrevue aufgehoben und zu einer lockeren Reihe aller nur denkbaren Übeltaten und Laster, Torheiten und moralischen Unzulänglichkeiten erweitert.

Adels-, Fürsten- und Hofethik. Lateinische Fürstenspiegel mit verbindlichen Regeln einer gerechten, dem Frieden und dem Nutzen des Landes dienenden Herrschaft datieren bereits aus der Karolingerzeit. Für das hohe Mittelalter sind insbesondere John of Salisbury mit seinem *Policraticus* und das pseudoaristotelische *Secretum Secretorum* bedeutsam geworden. Sie begründen die Macht des Fürsten (*potestas*) aus dem Willen Gottes, die Christenheit gegen äußere und innere Feinde zu schützen, die gesellschaftliche und rechtliche Ordnung durch ein unparteiisches Gericht zu bewahren (*iustitia*) und den Frieden des Landes zu garantieren (*pax*). Damit verbunden sind Regeln höfisch-ritterlichen Verhaltens, der angemessenen Repräsentation bei Hofe, der gesitteten Formen höfischer Unterhaltung und höfischen Spiels.

In der deutschsprachigen Literatur wird diesem Anspruch, ein umfassendes Reglement adlig-höfischen Verhaltens zu erstellen, am ehesten der *Welsche Gast* des Thomasin von Zerklaere gerecht; er wird durch Lehrgespräche zwischen Vater und Sohn ergänzt, die in spätantiken Spruchsammlungen vorbereitet worden waren, so z. B. dem *Deutschen Cato* von etwa 1250, dem *Winsbeke* von etwa 1210–20 (Ostfranken), der *Winsbekin* mit vor allem geistlichen Ermahnungen einer Mutter an ihre Tochter oder *Tirol und Fridebrant*, einer Herren- und Fürstenlehre eines Vaters an seinen Sohn.

Thomasin von Zerklaere war Italiener, wohl in Cividale (Friaul) um 1185 geboren, der als Geistlicher im Rang eines Domherrn am Hof des Patriarchen Wolfger von Aquileja, des früheren Bischofs von Passau (Wolfger von Erla) und Gönners Walthers von der Vogelweide, lebte. Seinen *Welschen Gast* verfaßte er 1215/16 in deutscher Sprache und verarbeitete dabei die üblichen moraltheologischen, moralphilosophischen und naturwissenschaftlichen Schulautoren der Zeit, war aber auch mit der weltlich-höfischen Erzählliteratur und – wie seine Kritik an der Papst-Polemik Walthers von der Vogelweide zeigt – mit der Lyrik seiner Zeit vertraut.

Der *Welsche Gast* verbindet enzyklopädische Darstellungen des moralphilosophischen und naturwissenschaftlichen Wissens seiner Zeit mit konkreten Anweisungen zur Ordnung des höfischen Lebens, zum Benehmen bei Tisch, zur Erziehung der Jugend, zum Verhältnis der Geschlechter, zum rechten Minnedienst usf. Er beginnt mit praktischen Regeln zur *courtoisie* oder *hövescheit*, die dazu verhelfen sollen, das jeweils eigene Interesse der jungen Adligen dem ihrer Standesgenossen unterzuordnen und damit ein Zusammenleben bei Hofe überhaupt erst zu ermöglichen. Elias hat den »Prozeß der Zivilisation« als Prozeß der Konzentration von Herrschaft und der zunehmenden Vergesellschaftung am landesherrlichen Hof beschrieben. Das höfische Reglement dient der Absicherung dieser Integration unterschiedlicher Interessen, der Organisation eines gesitteten Nebeneinanders und der Bewahrung des höfischen Friedens: so z. B. anläßlich der Vereinigung des Hofs zum gemeinsamen Mahl aller seiner Gewalt-und Funktionsträger, einem der wichtigsten Rituale höfischer Vergesellschaftung (›Tischzucht‹), zu Turnier und höfischer Unterhaltung, Minnegespräch und Minnedienst.

Die Hoflehre des *Welschen Gast* entspricht seiner moralphilosophischen Konzeption. Die oberste Tugend ist nach Thomasin die *staete*, das Prinzip der von Gott selbst einge-

Verhöhnung der Laster,
aus dem »Welschen Gast« von Thomasin von Zerklaere

setzten und geschützten Ordnung der Welt, die zu bewahren höchstes Gebot der Fürsten und aller Adligen ist. Sie folgen dem Gebot der *staete*, indem sie den höfischen Frieden sichern, ihre Herrschaft gerecht ausüben (*reht*) und den adligen Herrentugenden nacheifern, so vor allem dem Gebot der *mâze*, d. h. dem Bemühen, alle nur denkbaren Extreme der Affekte oder Interessen zu vermeiden, und dem Gebot der *milte*: der Freigebigkeit des Herrn, der mit seinen vielfältigen Gaben zwar seine Überlegenheit dokumentiert, aber auch zur Konsolidierung des Hofs und einer exklusiven Adelsethik beiträgt.

Thomasin hat diesen vier Kardinaltugenden der *staete*, der *mâze*, des *reht* und der *milte* jeweils ein Buch seines *Welschen Gast* gewidmet und sie mit einer Fülle enzyklopädischen Wissens angereichert. Die hohe Zahl überlieferter Handschriften deutet auf ein reges Publikumsinteresse an dieser universalen Adelslehre hin, das nicht zuletzt wohl auch durch die kunstvollen Bildprogramme der meisten Handschriften geweckt worden ist. Andere deutschsprachige Adelslehren des Spätmittelalters haben eine vergleichbare Verbreitung nicht mehr gefunden. Zwar sind Teilbereiche von Thomasins Adelsdidaxe vor und vor allem nach dem *Welschen Gast* verschiedentlich berücksichtigt worden (Minnelehren, Tischzucht-Literatur); in seiner universalen Anlage allerdings blieb der *Welsche Gast* einmalig. Das gilt gerade auch im Vergleich mit der Spiegel-Literatur des Mittelalters, so z. B. dem *Jüngling* Konrads von Haslau, einer Erziehungslehre für junge Edelleute aus dem 13. Jahrhundert, oder im Spätmittelalter für den *Ritterspiegel* des Eisenacher Stadtschreibers Johannes Rothe (1415/16), der ritterlich-adlige Verhaltensmuster bereits aus stadtbürgerlicher Perspektive beschreibt. Deutliche Analogien zum *Welschen Gast* hingegen finden sich in der deutschsprachigen Bearbeitung des *Moralium dogma philosophorum*, einer lateinischen Adaption von Ciceros *De officiis* aus dem 12. Jahrhundert durch Wernher von Elmendorf. Seinen Fürstenspiegel von etwa 1170/80, den Wernher im

Auftrag seines Probstes Dietrich von Elmendorf aus dem thüringischen Stift Heiligenstadt verfaßt hat, gliedert er – ebenso wie Thomasin seinen *Welschen Gast* – nach den Herrentugenden *reht, milte, staete, mâze*. Er begründet nicht, wovon die ältere Forschung noch überzeugt war, ein »ritterliches Tugendsystem« in der deutschen Literatur, sondern schreibt seine lateinische Quelle zu einer »praktischen Herrenlehre« um (Bumke), die sich auf die wichtigsten Voraussetzungen gerechter Herrschaft beschränkt.

Entwürfe zu einer allgemeinen Laienmoral und Ethik des alltäglichen Lebens. Bleiben Wernher von Elmendorf und Thomasin von Zerklaere auf die Fürstenlehre, das *Buch der Rügen* und die anderen Ständedidaxen des Mittelalters auf die Aufgaben und Laster der verschiedenen gesellschaftlichen Gruppen beschränkt, so greifen zwei Lehrgedichte des 13./14. Jahrhunderts weiter aus: einerseits die Spruchsammlung *Bescheidenheit* von einem gewissen Freidank, andererseits ein umfangreiches Lehrgedicht von dem Bamberger Schulmeister Hugo von Trimberg, das allerdings erst im 16. Jahrhundert von seinem ersten Herausgeber, dem Würzburger Protonotar Michael de Leone, mit dem Titel *Der Renner* (die Allegorie eines Reitpferds, das den Dichter allerdings nicht über Stock und Stein, wohl aber zu den unterschiedlichsten Aufgaben der Belehrung und Ermahnung bringt) versehen worden ist. Beide Texte zeichnen sich durch eine lockere, häufig assoziative Verbindung theologischer, glaubenspraktischer, gesellschaftlicher und politischer Lehren, Spruchweisheiten und Reflexionen aus, die alle Bereiche einer Laienmoral, einer Ethik des alltäglichen Lebens aller Stände und einer allgemeinen christlichen Glaubenslehre berücksichtigen. In ihrer literarischen Form allerdings weichen sie erheblich voneinander ab: ist Freidanks *Bescheidenheit* als Sammlung von Sprüchen, Sentenzen, Sprichwörtern und Epigrammen, d. h. kurzen Erfahrungssprüchen, konzipiert, die jeweils einzelne Überzeugungen, Lehren und Erfahrungen aufs prägnanteste zusammenfassen, entwickelt Hugo von Trimberg eine umfassende, auf eine innere Ordnung oder Gliederung weitgehend verzichtende Morallehre, deren Weitschweifigkeit Freidanks pointierter Spruchdichtung deutlich kontrastiert.

Freidank wurde um 1170/80 geboren und ist bald nach 1230 gestorben. Er war nichtadliger Herkunft und besaß wohl geistliche Bildung. Wahrscheinlich hat er – worauf seine Akkon-Sprüche verweisen – am Kreuzzug Friedrichs II. von 1228/29 teilgenommen; seine *Bescheidenheit* (das meint: moralisches und intellektuelles Urteilsvermögen) wird er gegen 1230 fertiggestellt haben.

Freidank verarbeitet geistliche und weltliche Quellen, so natürlich die Bibel und geistlich-patristische Literatur, die Fabeln des Aesop und vielleicht auch die Tierallegorien des *Physiologus*, wohl aber auch lateinische und volkssprachliche Sprichwortüberlieferungen. Er beginnt mit dem theologischen Grundwissen seiner Zeit, das er in knappen Spruchsammlungen zusammenfaßt und das somit – ähnlich einem Katechismus – jeweils neu in Erinnerung gerufen und als praktischer Leitfaden für ein christliches Leben genutzt werden kann. In diesen theologischen Rahmen der *Bescheidenheit* eingebunden sind die unterschiedlichsten Bereiche einer Standes- und Berufsethik, der Kritik an Wucher und Habgier, der Warnung vor Trunksucht und Freßgier, der Unterweisung in Fragen der Freundschaft und Treue, der Freigebigkeit und der Ehre, der Frauen und Liebe etc.

Freidanks *Bescheidenheit* bietet eine Enzyklopädie des moralischen, sozialethischen und theologischen Wissens seiner Zeit, das zur Besserung der Welt und aller Stände zusammengestellt worden ist. Sie öffnet sich allen nur denkbaren Bereichen der Welt, nennt sie beim Namen und will sie verändern. Ursprünglich war die *Bescheidenheit* wohl aus einer ungeordneten Folge von Sprüchen entstanden, doch scheint schon Freidank selbst eine sachliche Anordnung versucht zu haben, die dann in der späteren handschriftlichen und Drucküberlieferung verstärkt worden ist. Die *Bescheidenheit* gehört zu den am besten überlieferten deutschsprachigen Texten des Mittelalters; die Druckausgabe durch Sebastian Brant (zwischen 1508 und 1583 erschienen 7 Auflagen) hat ihre Beliebtheit in die Neuzeit hinein verlängert.

Auch der *Renner* Hugos von Trimberg zählt mit über 60 Handschriften und Drucken bis ins 16. Jahrhundert zu den am weitesten verbreiteten Büchern des Mittelalters. Außer dem *Renner* nennt Hugo noch weitere von ihm verfaßte Bücher, die bislang aber noch nicht aufgefunden worden sind.

Um 1230 wurde er im Bistum Würzburg geboren und war dann für lange Zeit Lehrer am Stift St. Gangolf in der Bamberger Teuerstadt; um 1313 ist er gestorben. Der umfangreiche *Renner* ist nach den sieben Todsünden gegliedert, doch verirrt sich der Argumentationsgang immer wieder über diese Grobgliederung hinaus. Eingefügte Fabeln und Exempla, Spruchweisheiten und Belege aus Natur und Geschichte tun ein übriges, um die Abfolge der Lehren und Ermahnungen zu verwirren. Der von Michael de Leone gewählte Titel scheint also durchaus angemessen zu sein. Ebenso wie Freidank widmet sich auch Hugo den unterschiedlichsten Aufgaben und Problemen seiner Zeit: der ständischen Ordnung; den Vergehen der Geistlichen, die ihren Aufgaben immer weniger gerecht werden; dem Miteinander der Geschlechter und verschiedenen Altersstufen; schließlich auch mit größter Entschiedenheit der Kritik an den Lügen der weltlichen Dichter. Und auch für Hugo von Trimberg gilt, daß alle Bereiche des alltäglichen Lebens berücksichtigt werden sollen, um es zu verbessern. Der Didaktiker verurteilt die Welt nicht, sondern öffnet sich ihr, um zu ihrer Verchristlichung beizutragen.

Enzyklopädien des Wissens: Natur, Kosmologie und Recht. Freidanks und Hugos Enzyklopädien einer Laienmoral und Glaubenslehre für alle Stände entsprechen zeitgenössischen Bemühungen um eine Zusammenstellung und Ordnung des naturkundlichen, rechtlichen und historiographischen Wissens für Laien in der Volkssprache. Wissenschaftliche Überlieferungen und Überzeugungen werden damit aber keineswegs einem theologischen Begründungszusammenhang entzogen. Die deutschen wissenschaftlichen Enzyklopädien des 12./13. Jahrhunderts belegen nicht eine Emanzipation der Laien aus geistlicher Vormundschaft oder gar eine Säkularisation des Wissens, sondern lediglich eine Veränderung seines Gebrauchs und seines Publikums. Öffnet sich die Laienmoral Freidanks, Hugos von Trimberg oder auch Bertholds von Regensburg allen nur denkbaren Bereichen der Welt, um sie insgesamt zu verchristlichen, so werden auch wissenschaftliche Kenntnisse in immer mehr gesellschaftlichen Bereichen gebraucht, sollen dabei aber der christlichen Lehre verpflichtet bleiben. Das gilt für die Kosmologie und ›Imagines Mundi‹ ebenso wie für die Rechtssummen, Weltgeschichten oder sonstige Gebrauchs- und Wissenschaftsprosa. Die Kodifizierung von Laienmoral und Laienwissen dient dem Zweck, die dünne Schicht der Gebildeten zu verbreitern, die gesellschaftlich wie theologisch notwendigen Kenntnisse zu erweitern und ihre Abschließung zur Arkandisziplin aufzuheben, dabei aber die theologische Legitimation des Wissens beizubehalten. Eine Enttheologisierung des naturkundlichen und kosmologischen Wissens ist erst im Übergang vom Mittelalter zur Neuzeit zu beobachten (Nikolaus von Cues, Kopernikus, Giordano Bruno).

Am Anfang der deutschsprachigen Wissenschaftsprosa des Mittelalters steht – in Gestalt eines Lehrgesprächs zwischen Meister und Schüler und in Prosaform – der *Lucidarius*, der von Heinrich dem Löwen in Auftrag gegeben und um 1190/95 verfaßt worden ist. Der *Lucidarius* ist in 3 Bücher unterteilt: das erste beschreibt die Schöpfung und die jenseitige Welt, d. h. Hölle, Himmel und Paradies, dann auch die drei Erdteile Asien, Europa und Afrika sowie verschiedene astrologische Erscheinungen. Im 2. Buch stellt der unbekannte, wohl geistliche Verfasser die wichtigsten Überzeugungen christlicher Glaubenslehre und -praxis zusammen. Das 3. Buch schließlich handelt von den zukünftigen Dingen: von Verdammnis, Auferstehung und Jüngstem Gericht. Bemerkenswert ist, daß Heinrich der Löwe – wie die Reimvorrede berichtet – auf der Prosaform des *Lucidarius* bestand, um somit die Wahrheit der Lehre zu unterstreichen; bemerkenswert ist aber auch die enorme Wirkungsgeschichte des Werks. Ist der *Lucidarius* bis zum Spätmittelalter bereits in zahlreichen Handschriften überliefert, wird er seit der Druckepoche auch immer stärker verändert und unterschiedlichen Zwecken angepaßt. So folgen dem Augsburger Erstdruck von 1479 eine Fülle von Neudrucken aus den verschiedensten Offizinen. Der Straßburger Druck von 1535 bietet eine protestantische Bearbeitung der theologischen Teile und notwendige Ergänzungen zur Weltbeschreibung. Vom 17. bis 19. Jahrhundert erscheint der *Lucidarius* unter dem Titel *Kleine Cosmographia*; 1806 wird sie zum letzten Mal gedruckt.

Einen zumindest bis in die Frühdruckzeit vergleichbaren Erfolg erzielte Konrad von Megenberg (1309–74) mit seinem auf dem *Liber de natura rerum* des Dominikaners Thomas von Chantimpré fußenden *Buch der Natur*, einer Darstellung der Naturgeschichte in 8 Büchern; ein Auszug des Werks wurde in der Frühdruckzeit unter dem Titel *Albertus Magnus* populär. Konrad beschreibt die Anatomie des Menschen, die Tiere und Pflanzen, die Edelsteine und Metalle, aber auch die Fabelwesen der Ferne, die Meerwunder usf. Er geht vom geozentrischen und anthropozentrischen Kosmos, d. h. dem vorkopernikanischen Weltbild aus, gibt aber einen guten Überblick über die naturwissenschaftlichen Kenntnisse seiner Zeit: Das *Buch der Natur* ist die erste umfassende Naturkunde in deutscher Sprache, die nicht für Gelehrte, sondern für ein breiteres, nicht lateinisch gebildetes Laienpublikum konzipiert worden ist.

Ähnliches gilt für die spätmittelalterlichen Rechtssammlungen, wie vor allem den *Sachsenspiegel* (*Spegel der Sassen*) des Eike von Repgow (Reppichau bei Dessau) aus den zwanziger oder dreißiger Jahren des 13. Jahrhunderts, den *Schwabenspiegel* (Augsburg, 1275–80) oder den *Deutschenspiegel* (ebenfalls Augsburg, um 1275), aber auch für die aufblühende Chronikliteratur (Landeschroniken, Stadtchroniken, Weltchroniken), die seit dem 13. Jahrhundert immer stärkere Beachtung findet. In beiden Fällen werden Wissensbereiche, die bislang in geistlicher Obhut standen, für praktische Belange des Rechts-, Gesellschafts- und Gerichtslebens in der Volkssprache und vor allem auch für ein Laienpublikum verständlich erarbeitet.

Bibliographische Hinweise

Buch der Rügen. Hrsg. von Th. v. Karajan. In: Zeitschrift für deutsches Altertum 1 (1842) S. 6–92.

Fridankes Bescheidenheit. Hrsg. von H. E. Bezzenberger. Aalen 1962. (Nachdr. der Ausg. Halle a. d. S. 1872.)

Hugo von Trimberg: Renner. 4 Bde. Hrsg. von G. Ehrismann. Mit einem Nachw. und Erg. von G. Schweikle. Berlin 1970. (Nachdr. der Ausg. Tübingen 1908–11.)

Konrad von Ammenhausen: Das Schachzabelbuch, nebst den Schachbüchern des Jakob von Cessole und des Jakob Mennel. Hrsg. von F. Vetter. Frauenfeld 1892.

Konrad von Megenberg: Das Buch der Natur, die erste Naturgeschichte in deutscher Sprache. Hrsg. von F. Pfeiffer. Hildesheim / New York 1971. (Nachdr. der Ausg. Berlin 1861.)

Lucidarius, aus der Berliner Handschrift. Hrsg. von F. Heidlauf. Dublin 1970.

Mittelhochdeutsche Minnereden. Bd. 1. Hrsg. von K. Matthaei. Bd. 2. Auf Grund der Vorarb. von W. Brauns hrsg. von G. Thiele. 2., unveränd. Aufl. hrsg. von I. Glier. Dublin/Zürich 1967.

Des Teufels Netz. Satirisch-didaktisches Gedicht aus der 1. Hälfte des 15. Jahrhunderts. Hrsg. von K. A. Barack. Amsterdam 1968. (Nachdr. der Ausg. Stuttgart 1863.)

Der wälsche Gast des Thomasin von Zirclaria. Hrsg. von H. Rückert. Mit einer Einl. und einem Reg. von F. Neumann. Berlin 1965. (Nachdr. der Ausg. Quedlinburg/Leipzig 1852.)
Grobianische Tischzuchten. Nach den Vorarbeiten A. Schirokauers. Hrsg. von Th. P. Thornton. Berlin 1957.
Höfische Tischzuchten. Nach den Vorarbeiten A. Schirokauers. Hrsg. von Th. P. Thornton. Berlin 1957.
Wernher von Elmendorf. Hrsg. von J. Bumke. Tübingen 1974.
Winsbeckische Gedichte. Hrsg. von A. Leitzmann. Tübingen [3]1962.

Berges, W.: Die Fürstenspiegel des hohen und späten Mittelalters. Leipzig 1938.
Boesch, B.: Lehrhafte Literatur. Lehre in der Dichtung und Lehrdichtung im deutschen Mittelalter. Berlin 1977.
Ehrismann, G.: Die mittelhochdeutsche didaktische Literatur als Gesellschaftsethik. In: Deutschkundliches. Festschrift für Friedrich Panzer. Hrsg. von H. Teske. Heidelberg 1930. S. 37–43.
Elias, N.: Über den Prozeß der Zivilisation. Soziogenetische und psychogenetische Untersuchungen. 2 Bde. Bern/München [2]1969.
Fabian, B.: Das Lehrgedicht als Problem der Poetik. In: Die nicht mehr schönen Künste. Grenzphänomene des Ästhetischen. Hrsg. von H. R. Jauss. München 1968. S. 67–89.
Franz, G.: Tugenden und Laster der Stände in der didaktischen Literatur des späten Mittelalters. Diss. Bonn 1957. [Masch.]
Heinemann, W.: Zur Ständedidaxe in der deutschen Literatur des 13.–15. Jahrhunderts. In: Beiträge zur Geschichte der deutschen Sprache und Literatur (Halle) 88 (1967) S. 1–90; 89 (1968) S. 290–403; 92 (1970) S. 386–437.
Rehm, W.: Kulturverfall und spätmittelhochdeutsche Didaktik. In: Zeitschrift für deutsche Philologie 52 (1927) S. 285–330.
Ritterliches Tugendsystem. Hrsg. von G. Eifler. Darmstadt 1970. (Wege der Forschung. 56.)
Sowinski, B.: Lehrhafte Dichtung des Mittelalters. Stuttgart 1971. (Sammlung Metzler. 103.)

Volksbuch

Von Jan-Dirk Müller

Was in Literaturgeschichten und Handbüchern der letzten Jahrzehnte als ›Volksbuch‹ bezeichnet wurde, trägt seinen Namen zumeist zu Unrecht. Joseph Görres veröffentlichte 1807 in Heidelberg seine Schrift *Die teutschen Volksbücher*, die 49 Schriften unterschiedlicher Art und Herkunft als Beispiel einer »Volksliteratur« (S. 176) vorstellte, die »durchbrach zu den untern Classen, unter ihnen wohnte, mit dem Volke selbst zum Volke, Fleisch von seinem Fleisch und Leben von seinem Leben wurde« (S. 173). Seine Sammlung enthält zum größeren Teil Prosaerzählungen aus Spätmittelalter und früher Neuzeit. Doch schließt sie Reiseberichte wie den fabulösen des Johann von Mandeville, Naturkundliches unter dem Namen des Albertus Magnus, Handwerkersprüche, Rätsel, eine Bauernpraktik u. ä. ein. Görres kam es nicht auf eine literarische Gattung, sondern eine »Buchgattung« (Kreutzer, S. 24) an, von der er glaubte, daß sie eine ursprüngliche Volkskultur repräsentierte, die der Kultur der Gebildeten entgegenzusetzen sei. Seine ›Volksbücher‹ sind Pendant zur Volksliedsammlung *Des Knaben Wunderhorn* von Clemens Brentano und Achim von Arnim (1806–08) und zu den *Kinder- und Hausmärchen* der Brüder Grimm (1812–15). Wie bei diesen galt als eigentlicher Urheber ein kollektives Subjekt, das ›Volk‹, wenn Görres auch wußte, daß die ihm vorliegenden Texte auf einzelne (möglicherweise störend eingreifende) Autoren zurückgingen. Letztlich vorliterarischen Ursprungs, lebten und veränderten sich die Texte mit dem Volk; Görres bevorzugte deshalb jüngere, möglichst noch zeitgenössische Drucke, obwohl ihm in der Bibliothek Clemens Brentanos ältere Exemplare zur Verfügung standen, denn es ging ihm um die Gegenwärtigkeit jener Volkspoesie, die, anders als die entstehende Massenliteratur, ein uraltes Erbe bewahrte.

Görres' Sammlung schloß Sachtexte ein, die in dem Maße ›poetisch‹ wurden, in dem ihr instrumenteller Wert sank. In der Folge verengte sich jedoch die Bezeichnung ›Volksbuch‹ auf die besonders stark repräsentierte Erzählliteratur aus dem Frühdruckzeitalter. Ihre Stoffe (z. B. Magelone, Melusine, Fortunatus, Kaiser Octavianus) regten die Romantiker zu Neubearbeitungen an (Tieck, Friedrich und Dorothea Schlegel, Fouqué, Brentano, Chamisso). Die überlieferten Historien selbst dagegen wurden in großangelegten Sammlungen (Schwab, Aurbacher, Marbach, Simrock) als Lektüre für das ›Volk‹ neu aufgelegt. Diese Sammlungen setzten, nun mit volkspädagogischem und nationalem Ziel, einen seit dem 16. Jahrhundert währenden Anpassungsprozeß der Texte an zeitgenössische Verstehensbedingungen und Geschmacksnormen fort. In den Frühdrucken geschah dies weithin ungelenkt: Altertümliche Schreibung und Sprachgebrauch oder Regionalismen wurden getilgt, Unverständliches ersetzt, Umständliches gestrafft, Anstößiges gemildert, wenn auch all dies nicht konsequent. Auf diese Weise konnten die Historien bis ins 19. Jahrhundert Leser finden, zuletzt als billige Heftchen »gedruckt in diesem Jahr«, von Kolporteuren verbreitet und auf Jahrmärkten feilgeboten. Mit wachsender Verbreitung sank freilich ihr Ansehen: Sie galten als Lektüre des Pöbels, der Ungebildeten, allenfalls noch von Frauen und Kindern. Dieser Abwertung war im 16. und frühen 17. Jahrhundert eine Diskussion ihrer literarischen Qualitäten vorausgegangen: Als bloße Unterhaltung mit fragwürdigen Inhalten (Liebespassion, Abenteuer, Krieg) galten sie Gelehrten, Pfarrern, Pädagogen als moralisch gefährlich, da nicht, wie es das konfessionelle Zeitalter forderte, didaktisch instrumentalisierbar; überdies als poetisch wertlos, da sie sich nicht auf antike oder humanistische Vorbilder berufen konnten und den am Latein geschulten rhetorischen und poetischen Normen nicht entsprachen. Je enger die deutsche Literatur sich an die volkssprachlichen Renaissance-Literaturen Süd- und Westeuropas anschloß, desto mehr veralteten sie thematisch und stilistisch, so daß sie aus der Sicht der literarischen Geschmacksträger nach 1600 nur einen zurückgebliebenen und ›pöbelhaften‹ Geschmack befriedigen konnten.

Während in Frankreich, wo die Entwicklung parallel verlief, dieser Texttypus seit langem als Bestandteil einer *culture populaire* Gegenstand mentalitätsgeschichtlicher Forschung ist, hat man sich in Deutschland, von Ausnahmen abgesehen, überwiegend mit der ursprünglichen Gestalt der Texte im 15. und 16. Jahrhundert befaßt. Sie waren freilich zu ihrer Zeit weder von ihrem literarischen Anspruch noch vom Publikum her ›Volksbücher‹, vielmehr für eine kleine Schicht finanzkräftiger, ständisch herausgehobener und literarisch interessierter Rezipienten bestimmt, die darin Modelle vornehmen oder klugen Verhaltens, Orientierung in einer immer schwieriger überschaubaren Welt, Informationen aus Geschichte und Natur, vor allem aber wunderbare und staunenswerte Begebenheiten finden konnten. Als Käufer kamen Mittel- oder Unterschichten in der Regel nicht in Betracht. Der Begriff ›Volksbuch‹ ist daher irreführend, zumal wenn er auf Erzähltexte aller Art ausgedehnt wird, unabhängig von Art und Häufigkeit ihrer Verbreitung. Er sollte daher auf die spätere Rezeptionsgeschichte (ab etwa 1550) beschränkt bleiben und unter streng literatursoziologischen Kriterien eine Buchgattung (nicht Textgattung!) bezeichnen.

Damit treten terminologische Schwierigkeiten für die Erzählliteratur um 1500 auf. Der ältere Volksbuch-Begriff bezog sich in der Regel auf Erzähltexte in Prosa, schloß jedoch Verstexte nicht gänzlich aus. Er umfaßte neben Prosaromanen auch Sammlungen kleinerer Erzählformen wie z. B. die *Sieben weisen Meister* (zuerst um 1470), eine Rahmengeschichte orientalischen Ursprungs, Johann Paulis Exempel-

Sammlung *Schimpf und Ernst* (1522) oder die umfangreichen Schwanksammlungen der zweiten Jahrhunderthälfte. Dieses literatursoziologisch vermeintlich homogene Corpus ist aufzulösen. Statt dessen sollten Gattungs- und Funktionstypen unterschieden werden, z. B. Abenteuer-, Schwankroman, Exempel-, Schwanksammlung, Novelle usw. Für die Zeitgenossen handelt es sich – wie bei einer Reihe anderer Textsorten – allemal um *historien*; daneben findet sich Unspezifisches wie *bůch*, *lesen*, so daß die zeitgenössische Terminologie wenig weiterhilft. Aus analytischen Gründen empfiehlt es sich jedoch, die Erzählungen größeren Umfangs herauszuheben, die den Hauptanteil der Volksbücher ausmachten und für die sich neuerdings die Bezeichnung ›Prosaroman‹ eingebürgert hat.

Die Bezeichnung ›Prosaroman‹ scheint redundant. Doch grenzen sich damit Prosaerzählungen des 15./16. Jahrhunderts ebenso vom mittelalterlichen Versroman ab wie vom neuzeitlichen Roman, für den der Zusatz ›Prosa‹ in der Tat überflüssig ist. Anfangs sind diese Prosaromane ausnahmslos Bearbeitungen. So übersetzt die Gräfin Elisabeth von Nassau-Saarbrücken (nach 1393–1456) in den dreißiger Jahren französische Heldenepen, die später gedruckt werden: *Huge Scheppel* (zuerst 1500), *Loher und Maller* (1514), *Herpin* (*Der wis Ritter*) (1514). Ihnen folgen im 16. Jahrhundert andere wie z. B. *Fierabras* (1533) oder *Die Haymons Kinder* (1535) aus der Druckerei des Herzogs Ludwig von Pfalz-Simmern oder der *Kaiser Octavianus* (1535) des Wilhelm Salzmann. Eine Prosabearbeitung deutscher Heldenepik findet sich erst viel später: *Der Gehörnte Siegfried* (1726). In der *Melusine* formt 1456 der Berner Schultheiß Thüring von Ringoltingen die Abstammungssage eines französischen Adelsgeschlechts aus einem Versroman (um 1400) in deutsche Prosa um (gedr. zuerst 1474). Mittelhochdeutsche Versromane werden von anonymen Bearbeitern in Prosa aufgelöst: *Wigoleis* (1493), *Tristrant* (1484), *Wilhelm von Österreich* (1481). Ins Deutsche übersetzt wird lateinische Erzählprosa wie die mittelalterliche Erzählung von *Herzog Ernst* (anonym 1493), die Renaissance-Novelle *Euryalus und Lucrezia* des Enea Silvio Piccolomini (durch Niklas von Wyle, 1462, gedr. um 1478), latinisierte Novellen aus Boccaccios *Decameron* oder eine Kompilation des *Alexander*-Romans (Johann Hartlieb, nach 1450, gedr. 1473). Die Erzherzogin Eleonore von Tirol (um 1433–1480) übersetzt wohl in den fünfziger Jahren den französischen Prosaroman *Pontus und Sidonia* (gedr. zuerst 1483), der Magister Veit Warbeck (um 1490–1534) für den sächsischen Hof die *Magelone* (1528, gedr. 1535). *Florio und Biancefora* (gedr. 1499) folgt dem *Filicolo* des Giovanni Boccaccio. Prosaromane, für die sich keine direkte Vorlage ausmachen läßt, treten erst später auf, so der *Fortunatus* (1509), dessen Thema Macht und Ubiquität des Geldes ist, oder die Historien des Colmarers Jörg Wickram (gest. vor 1562), der nach zwei höfischen Liebesromanen (*Galmy*, 1539; *Gabriotto und Reinhart*, 1551) nichtadelige Helden als Gegenstand des ernsthaften Genres entdeckt (*Knabenspiegel*, 1554; *Goldfaden*, 1557; *Von guten und bösen Nachbarn*, 1556). Selbständiger mit Vorlagen verfahren Schwankromane, die älteres Erzählgut auf eine bestimmte Figur oder Konstellation ausrichten wie z. B. der biographisch angelegte *Ulenspiegel* (1510/11), für den der Braunschweiger Zollschreiber Hermen Bote (um 1460 – um 1520) als Verfasser wahrscheinlich gemacht wurde, oder der ähnlich angelegte *Hans Clawert* (1587) des Bartholomäus Krüger. Im *Lalebuch* (1597; ab der 2. Auflage: *Schiltbürgerbuch*) werden solche Schwänke zur Geschichte eines Gemeinwesens geordnet, dessen Bürger aus Klugheit närrisch werden. *Faustbuch* (1587) und *Wagnerbuch* (1593) verarbeiten neben Schwänken naturkundliche, geographische oder theologische Texte in der Biographie des Schwarzkünstlers und Teufelsbündners.

›Prosaroman‹ bezeichnet also den größten gemeinsamen Nenner von Texten höchst unterschiedlicher Herkunft, in denen ganz unterschiedliche Erzählmodelle realisiert sind und ganz unterschiedliche soziale Milieus angesprochen wer-

Titelblatt der Erstausgabe des »Fortunatus«

den, von einer archaischen Adelswelt über den spätmittelalterlichen Hof, die Welt von Kaufleuten, Handwerkern oder fürstlichen Amtsleuten bis hin zu gesellschaftlichen Außenseitern. Die Autoren bzw. Bearbeiter verstehen sich überwiegend als Vermittler, ob sie nun fremde Vorlagen direkt benutzen oder nur überkommene Erzählmotive neu arrangieren. Dieser Selbsteinschätzung entspricht, daß ein Großteil der Texte anonym bleibt (so neben den Bearbeitungen sogar der *Fortunatus*, Wickrams *Galmy*, der *Ulenspiegel*, *Faust-* und *Wagnerbuch*) und daß selbst dort, wo anfangs noch der Autor genannt wird, sein Name im Laufe der Überlieferungsgeschichte verlorengehen kann. So vereinigt z. B. 1587 *Das Buch der Liebe* durchaus anonyme oder anonymisierte ritterliche Liebesgeschichten. Die Anonymisierung förderte wieder den Eindruck, es handle sich um Volksbücher.

Sie hängt mit der verbreiteten Auffassung zusammen, die volkssprachliche Prosa sei keine besondere Kunstform (bedeutendste Ausnahme: die Musterübersetzungen, *Translatzen*, des Niklas von Wyle, 1478), was sich im Verzicht auf die Schmuckformen der Versepik dokumentiere; demgegenüber gehe es – so zumal in der älteren Prosa – um den zentralen Sachverhalt, die *materi*, *substanz* o. ä. (Thüring von Ringoltingen, die *Tristrant*-Prosa, die Vorrede des *Wigoleis*). In der Tat entsteht fiktionale Prosa in größerem Umfang erst seit dem 15. Jahrhundert, während das volkssprachliche Sachschrifttum – Historiographie, Naturkunde, religiöse Literatur usw. – sich schon seit dem 13. Jahrhundert zunehmend der Prosa bedient. Die Prosa gilt als geeigneter für eine zuverlässige Vermittlung von Sachverhalten, da sie nicht von zusätzlichen Vertextungsregeln eingeengt wird, wenn auch von einer Gleichsetzung Vers/Lüge bzw. Prosa/Wahrheit nicht die Rede sein kann. Infolge sprachgeschichtlicher Veränderungen und mundartlicher Differenzierung wird die Reimstruktur älterer Verstexte zerstört. Auch verliert der Vers mit zunehmender Lese- und Schreibfähigkeit seine Funktion als Erinnerungsstütze und als vornehmlich akustisches Schmuckmittel. Der Übergang der Erzählliteratur zur Prosa spiegelt also den Verschriftlichungsprozeß in der Volkssprache und eine langsame Veränderung der Rezeptionsgewohnheiten. Den Begleittexten zufolge sind die Prosaromane zwar in der Regel noch zum Hören und Lesen bestimmt, in einigen Schwankzyklen scheint man sogar an freie mündliche Weitergabe des schriftlich fixierten Textes zu denken, doch verschieben sich zumal nach 1500 die Rezeptionsanweisungen deutlich zugunsten des Lesens, das freilich Vorlesen, also gemeinschaftliche Rezeption, noch einschließt, jedoch auch schon Einzellektüre meinen kann.

Die Annäherung an pragmatisches Schrifttum, in dem – wie im Lateinischen – die Prosa schon vorherrscht, hat Konsequenzen für den Wahrheitsanspruch. Auch die ›schönen‹ Historien wollen (mit unterschiedlicher Emphase) Tatsachen vermitteln: aus der Geschichte, aus der Natur, aus der alltäglichen Erfahrung. Wahrheit wird als Tatsachenwahrheit gefaßt. Das liegt besonders bei den historischen und pseudohistorischen Gegenständen nahe, wie dem Alexander- oder Troja-Stoff, der Geschlechtermythologie der *Melusine* und den Chanson-de-geste-Bearbeitungen aus dem Kreis um Karl den Großen. Statt die Historizität bloß naiv zu behaupten, bemüht man sich um Verifikation der erzählten Begebenheiten, chronologische Stimmigkeit, Anschluß an Historiographie, Einfügen angeblicher Dokumente, überprüfbare, bis in die Gegenwart hineinragende Monumente, die die Wahrheit des Erzählten »beweren«. Diesen Verifikationsgestus übernehmen auch Texte, deren Fiktionscharakter mindestens den Verfassern bewußt ist (die ›Dokumente‹ des *Faustbuchs*!), ebenso den Anspruch, Wissen und Realien zu vermitteln (*Fortunatus*, *Faust-* und *Wagnerbuch*). Die Tatsachenwahrheit wird allerdings zweifelhaft, wo ein Bearbeiter die Erzählung selbständig erweitert und umgestaltet (*Hug Schapler*) oder überhaupt die Autorität einer älteren Vorlage fehlt. Hier muß ›Wahrheit‹ anders begründet werden. Auf der einen Seite finden sich Lösungen, die mit der mittelalterlichen *inte-*

gumentum-Lehre verwandt sind: Eine moralische Wahrheit wird in einer fabulösen Einkleidung dargeboten, z. B. die Frage, ob Reichtum oder Weisheit vorzuziehen sei, im *Fortunatus* an der Geschichte vom Besitzer eines Geldsäckels abgehandelt, das wunderbarerweise sich immer wieder mit Goldstücken in der passenden Landeswährung füllt. Eine andere Lösung ist, daß man sich für die Wahrheit des Erzählten auf den allgemeinen ›Lauf der Welt‹ beruft, auf die ›wahrscheinliche‹ kausale Verknüpfung von Begebenheiten, wie sie der Leser aus seiner eigenen Alltagswelt kennt (ansatzweise: Wilhelm Ziely, *Olwyer und Artus*, 1521; *Hug Schapler*, 1537; ausgeführt in Jörg Wickrams *Dialog von einem ungeratenen Sohn*). Mit dem Wahrheitsprinzip ›wahrscheinliche Verknüpfung zu einem stimmigen Kontext‹ deuten sich ganz rudimentär Positionen der Erzähltheorie des 18. Jahrhunderts an.

Unabhängig vom Fiktionsverständnis schließt der *Historia*-Begriff ein neues Interesse an Realien, an kausal miteinander verbundenen Begebenheiten und psychologisch einsehbaren Motivationen ein. Dies gilt freilich in unterschiedlichem Maße und zunächst nur im Verhältnis zu den älteren Erzählungen, die zu Prosaromanen umgeformt werden. Zum einen werden Reflexionen, Erzählerkommentare, Beschreibungen, rhetorischer *ornatus* getilgt bzw. auf den handlungsrelevanten Kern, die *summa facti*, konzentriert. Zum anderen werden fehlende Handlungsglieder eingefügt, Motivationslücken gefüllt, Figurenkonstellationen vervollständigt und Situationskontexte ergänzt. An einzelnen Texten ist dieser Prozeß von Stufe zu Stufe zu verfolgen, so von dem handschriftlichen *Huge Scheppel* der Elisabeth von Nassau-Saarbrücken über die Redaktion Konrad Heindörfers im Erstdruck von 1500 bis zur Bearbeitung von 1537. In anderen Fällen zeichnet sich dieselbe Tendenz im Vergleich mit den älteren Vorlagen ab. Man hat dies als unpoetische Nüchternheit und Pedanterie kritisiert und als Zeichen von Verbürgerlichung zu erklären versucht. Doch sind die literatursoziologischen Voraussetzungen durch den Überlieferungsbefund nicht gedeckt, die Kriterien für Bürgerlichkeit teils ahistorisch aus dem 19. Jahrhundert übertragen. Wenn unstreitig das Stadtbürgertum weit stärker an diesen fiktionalen Texten partizipiert als in voraufgehenden Epochen, so läßt sich doch der Wandel des Wirklichkeitsverständnisses nicht auf diese Gruppe einschränken. *Historia* umgreift für die Zeit in antiker Tradition das gesamte Feld des menschlichen Erfahrungswissens, also Geschichte und Natur. Fremderfahrung erweitert den eigenen Horizont, ist insofern immer lehrreich. Trotz scheinbar abstruser Gegenstände bieten auch die ›schönen‹ Historien *erfarung*. Es versteht sich, daß man keine modernen Kriterien für Erfahrungswirklichkeit zugrunde legen darf; so schließt sie um 1500 etwa durchaus noch die *mirabilia mundi* – Monstren, Doppelwesen, Dämonen – ein, deren Wirken Gottes Schöpferallmacht zuläßt. Doch werden auch sie grundsätzlich dem Anspruch der Erfahrbarkeit unterworfen (Beispiel *Melusine*). Das Fremde und Archaische wird aus den besonderen Umständen einer fernen Welt oder einer längst vergangenen Zeit zu erklären versucht. Wo eine wunderbare Instanz wie die Jungfrau des Glücks im *Fortunatus* in die Erfahrungswirklichkeit eingreift, da wird dieser Eingriff als Fiktion gekennzeichnet, und er dient nur der Zuspitzung von Konflikten und der besseren Einsicht in Mechanismen einer kontingenten Alltagswelt. Mit der Säkularisierung des Wirklichkeitsbegriffs und dem Vordringen der Erfahrungswissenschaften in der frühen Neuzeit werden die tradierten Wirklichkeitsmodelle als unzureichend empfunden. Zu Recht hat daher Clemens Lugowski (1932) gezeigt, wie ein älteres, nicht empirisch-kausal, sondern ganzheitlich-final strukturiertes Wirklichkeitsverständnis, von Lugowski »mythisches Analogon« genannt, den frühen Prosaroman kennzeichnet, das erst allmählich, etwa bei Wickram, ›zersetzt‹ werde. Doch gilt dies vor allem im Vergleich mit der ›pragmatischen‹ Erzählweise des 18. Jahrhunderts, während der ›Zersetzungsprozeß‹ schon in der Gegenüberstellung mit mittelalterlichen Heldenepen oder höfischen Romanen zu beobachten ist.

Das Interesse an einer im weitesten Sinne erfahrbaren Wirklichkeit und an nachvollziehbaren Begebenheiten ist aber nur der eine Pol. Es wird konterkariert vom Interesse am Wunderbaren, Abseitigen, Abenteuerlichen, Fremden und Außerordentlichen. Eine Erzählung wie Wickrams *Von guten und bösen Nachbarn*, die sich auf die Lebensverhältnisse von Kaufleuten und Handwerkern beschränkt, ist die Ausnahme und scheint nicht allzu erfolgreich gewesen zu sein. Die ›schönen Historien‹ erzählen von den Grenzen der Erfahrungswelt: von fremden Ländern (*Alexander*, *Fortunatus*, *Faustbuch*), fernen Zeiten (die Prosabearbeitungen französischer Heldenepen oder mittelhochdeutscher Ritterromane), von Wunderwesen (*Melusine*, einzelne Gestalten im *Wigoleis*, *Wilhelm von Österreich* usw.), von wunderbaren Fügungen (*Fortunatus*), außerordentlicher Liebespassion (*Tristrant*, *Magelone*) oder von gesellschaftlichen Außenseitern wie Faust oder Eulenspiegel. Freilich wird gerade diese fremde Erzählwelt auf alltägliche Erfahrungsmöglichkeiten rückbezogen, so daß an Hug Schapler, dem Metzger, der zum König von Frankreich aufsteigt, die Wechselfälle des Glücks erörtert werden können, am Schlangenweib Melusine die Gebrechlichkeit irdischer Verhältnisse, an der magischen Liebe Tristrants die erotischen Erfahrungen von Erzähler und Rezipient, am Besitzer des Glückssäckels Regeln des Überlebens in einer vom Geld bestimmten Welt. So scheint der frühe Prosaroman, wie unterschiedlich im Einzelfall auch immer, ein Bedürfnis nach Evasion und nach Orientierung in der eigenen Alltagswelt zu befriedigen, ob nun im Fremden allgemein verbindliche Lebensregeln entdeckt werden, ob unter den Bedingungen einer ständisch oder historisch fernen Welt ausspekuliert werden kann, was die Alltagsrealität an Handlungen oder Erfahrungen versagt, oder ob über die Negativität des Außenseiters (Faust, Eulenspiegel) sich das Bewußtsein von der richtigen Weltordnung stabilisiert. Je mehr dann die Orientierungsfunktion verlorenging, die ursprünglichen Handlungsmodelle und Weltdeutungsmuster an Verbindlichkeit verloren, weil die umgebenden Lebensverhältnisse sich änderten, desto mehr näherten sich die ›schönen‹ Historien der Funktionsweise späterer Trivialliteratur an. Erst durch die Wirkungsgeschichte können die sogenannten Volksbücher als deren Vorstufe verstanden werden. Im Kontext ihrer Entstehungszeit sind sie das Bindeglied zwischen mittelalterlichen Versepen und -romanen und den höfisch-heroischen, komisch-satirischen bzw. bürgerlichen Erzählformen des 17. und 18. Jahrhunderts.

Bibliographische Hinweise

Die teutschen Volksbücher [1807]. In: J. Görres: Gesammelte Schriften. Bd. 3. Köln 1926.

Volksbücher vom sterbenden Rittertum. Hrsg. von H. Kindermann. Weimar/Leipzig 1928.

Deutsche Volksbücher in Faksimiledrucken. Bd. 1 ff. Hrsg. von L. E. Schmitt und R. Noll-Wiemann. Hildesheim / New York 1975 ff.

Deutsche Volksbücher. 3 Bde. Hrsg. von P. Suchsland. Berlin/Weimar 1982.

Romane des 16. Jahrhunderts. Hrsg. von J.-D. Müller. Frankfurt a. M. 1989.

Ein kurtzweilig Lesen von Dil Ulenspiegel. Nach dem Druck von 1515 mit 87 Holzschnitten. Hrsg. von W. Lindow. Stuttgart 1966 [u. ö.].

Fortunatus. Studienausgabe. Nach der Editio princeps von 1509. Mit Materialien zum Verständnis des Textes hrsg. von H.-G. Roloff. Stuttgart 1981.

Historia von D. Johann Fausten. Text des Druckes von 1587. Krit. Ausg. Mit den Zusatztexten der Wolfenbütteler Handschrift und der zeitgenössischen Drucke. Hrsg. von S. Füssel und H. J. Kreutzer. Stuttgart 1988.

Das Lalebuch. Nach dem Druck von 1597. Mit den Abweichungen des Schiltbürgerbuchs von 1598 und zwölf Holzschnitten von 1680. Hrsg. von S. Ertz. Stuttgart 1982.
Messerschmidt, Georg: Brissonetus (1559). Hrsg. von J. Knape. Tübingen 1988.
Der Roman von der Königin Sibille in drei Prosafassungen des 14. und 15. Jahrhunderts. Hrsg. von H. Tiemann. Hamburg 1977.
Tristan und Isalde. Hrsg. von A. Brandstetter. Tübingen 1966.
Wickram, Georg: Sämtliche Werke. Hrsg. von H.-G. Roloff. Bd. 1: Ritter Galmy. Bd. 2: Gabriotto und Reinhart. Bd. 3: Knabenspiegel. Dialog vom ungeratenen Sohn. Bd. 4: Von guten und bösen Nachbarn. Bd. 5: Goldfaden. Berlin 1967–69.

Beyer, H.: Die Volksbücher und ihr Lesepublikum. Diss. Frankfurt a. M. 1962.
Bollenbeck, G.: Till Eulenspiegel der dauerhafte Schwankheld. Zum Verhältnis von Produktions- und Rezeptionsgeschichte. Stuttgart 1985.
Brandstetter, A.: Prosaauflösung. Studien zur Rezeption der höfischen Epik im frühneuhochdeutschen Prosaroman. Frankfurt a. M. 1971.
Heitz, P. / Ritter, F.: Versuch einer Zusammenstellung der deutschen Volksbücher des 15. und 16. Jahrhunderts nebst deren späteren Ausgaben und Literatur. Straßburg 1924.
Kartschoke, D.: Jörg Wickrams »Dialog vom ungeratenen Sohn«. In: Daphnis 7 (1978) S. 377–401.
Knape, J.: Historie im Mittelalter und früher Neuzeit. Begriffs- und gattungsgeschichtliche Untersuchungen im gattungsgeschichtlichen Kontext. Baden-Baden 1984.
Kreutzer, H.-J.: Der Mythos vom Volksbuch. Studien zur Wirkungsgeschichte des frühneuhochdeutschen Romans seit der Romantik. Stuttgart 1977.
Lugowski, C.: Die Form der Individualität im Roman. Mit einer Einl. von H. Schlaffer. Frankfurt a. M. 1976. (Nachdr. der Ausg. Berlin 1932.)
Müller, J.-D.: Melusine in Bern. Zum Problem der »Verbürgerlichung« höfischer Epik im Spätmittelalter. In: Literatur – Publikum – historischer Kontext (1977). Hrsg. von G. Kaiser. Bern / Frankfurt a. M. / Las Vegas 1977. S. 29–77.
– Volksbuch/Prosaroman im 15./16. Jahrhundert – Perspektiven der

Forschung. In: Internationales Archiv für Sozialgeschichte der deutschen Literatur. Sonderh. Forschungsreferate 1 (1985) S. 1 bis 128.

Roloff, H.-G.: Stilstudien zur Prosa des 15. Jahrhunderts. Die Melusine des Thüring von Ringoltingen. Köln/Wien 1970.

Schenda, R.: Volk ohne Buch. Studien zur Sozialgeschichte der populären Lesestoffe 1770–1910. München ²1977.

Schmitt, A.: Die deutschen Volksbücher. Ein Beitrag zur Begriffsgeschichte und zur Tradierung im Zeitraum von der Erfindung der Druckkunst bis 1550. 2 Tle. Diss. Berlin [Ost] 1973. [Masch.]

Schnell, R.: Prosaauflösung und Geschichtsschreibung im deutschen Spätmittelalter. Zum Entstehen des frühneuhochdeutschen Prosaromans. In: Literatur und Laienbildung im Spätmittelalter und in der Reformationszeit. (Wolfenbütteler Symposion 1981.) Hrsg. von L. Grenzmann und K. Stackmann. Stuttgart 1984. S. 214–248.

Spriewald, I.: Vom »Eulenspiegel« zum »Simplicissimus«. Zur Genesis des Realismus in den Anfängen der deutschen Prosaerzählung. Berlin [Ost] 1974. ²1978.

Wahrenburg, F.: Funktionswandel des Romans und ästhetische Norm. Die Entwicklung seiner Theorie in Deutschland bis zur Mitte des 18. Jahrhunderts. Stuttgart 1976.

[illegible] des [illegible] 'Volksbuch' [illegible] Sonder[illegible] [illegible] 1955. S. 1 bis 28.

Rupp, H.-G.: [illegible] im Prosaroman des 15. Jahrhunderts. [illegible] Köln/Wien 1973.

Abbildungsnachweis

Verzeichnis der Mitarbeiter

Prof. Dr. Herbert Backes, Saarbrücken
Prof. Dr. Rolf Bergmann, Bamberg
Prof. Dr. Horst Brunner, Würzburg
Prof. Dr. Klaus Düwel, Göttingen
Dr. Arne Holtorf, Tübingen
Prof. Dr. Dieter Huschenbett, Würzburg
Prof. Dr. Dieter Kartschoke, Berlin
Prof. Dr. Fritz Peter Knapp, Passau
Prof. Dr. Rüdiger Krohn, Karlsruhe
Prof. Dr. Volker Mertens, Berlin
Prof. Dr. Jan-Dirk Müller, Hamburg
Prof. Dr. Werner Röcke, Bayreuth
Dr. Michael Schilling, München
Prof. Dr. Horst Dieter Schlosser, Frankfurt a. M.
Prof. Dr. Manfred Günter Scholz, Tübingen
Prof. Dr. Werner Schröder, Marburg
Prof. Dr. Ursula Schulze, Berlin
Prof. Dr. Günther Schweikle, Stuttgart
Prof. Dr. Anton Schwob, Graz
Prof. Dr. Bernhard Sowinski, Köln
Prof. Dr. Helmut Tervooren, Duisburg
Dr. Gisela Vollmann-Profe, Tübingen
Prof. Dr. Roswitha Wisniewski, Heidelberg
Dr. Hans-Joachim Ziegeler, Wankheim

Verzeichnis der Dichter und anonymen Werke